高等院校经济、管理类专业"十二五"规划教材

人力资源管理

RENLIZIYUANGUANLI

GAODENGYUANXIAOJINGJIGUANLILEIZHUANYESHIERWUGUIHUAJIAOCAI

中南大学出版社
www.csupress.com.cn

U0668872

主　编：阳　芳　沈　鸿
副主编：朱良华　王海玲
撰稿人：（按编写章节先后排序）
　　　　阳　芳　王海玲　邹晓辉　覃　燕
　　　　沈　鸿　朱良华　胡　娜　马　丽

内容提要

　　本书共 14 章。第一章和第二章为理论基础篇,主要介绍人力资源和人力资源管理的概念、基本理论和基本原则,战略人力资源管理的产生、发展的历程和战略人力资源管理系统。第三、四、五、六、七、八、九、十、十一章为职能实操篇,主要介绍人力资源管理的九大基本职能,涉及到工作分析、人力资源规划、招聘录用、员工培训、职业生涯规划、绩效考评和薪酬管理、员工安全和劳动关系等方面的内容,本部分除了阐述相关的管理原理外,更突出了各种职能实际操作方法的介绍,强调了理论与实践的结合。第十二、十三、十四章为发展趋势篇,主要介绍当前人力资源管理出现的新事物、新问题,即跨文化人力资源管理问题、网络化人力资源管理问题和人力资源外包的问题,本部分突出了时代性和创新性,表现了人力资源管理与时俱进的特点。

图书在版编目(CIP)数据

人力资源管理/阳芳,沈鸿主编. —长沙:中南大学出版社,2011.7
ISBN 978-7-5487-0346-4

Ⅰ.人…　Ⅱ.①阳…②沈…　Ⅲ.人力资源管理　Ⅳ.F241

中国版本图书馆 CIP 数据核字(2011)第 145047 号

人力资源管理

主编　阳　芳　沈　鸿

□**责任编辑**　谭晓萍
□**责任印制**　文桂武
□**出版发行**　中南大学出版社

　　　　　社址:长沙市麓山南路　　　　邮编:410083
　　　　　发行科电话:0731-88876770　　传真:0731-88710482
□**印　　装**　长沙市宏发印刷厂

□**开　　本**　787×1092 1/16　□**印张** 20　□**字数** 485 千字
□**版　　次**　2011 年 7 月第 1 版　□2013 年 2 月第 2 次印刷
□**书　　号**　**ISBN 978-7-5487-0346-4**
□**定　　价**　**35.00 元**

图书出现印装问题,请与经销商调换

高等院校经济、管理类专业"十二五"规划教材

编审委员会

（按姓氏笔画排序）

马　璐（广西工学院管理系主任、教授）

王海东（中南大学出版社社长、教授、博导）

王新哲（广西民族大学商学院院长、教授）

韦浩明（贺州学院人文与管理系主任、副教授）

刘宁杰（广西财经学院工商管理学院院长、教授）

李伯兴（广西财经学院经济与贸易学院教授）

胡国强（广西财经学院会计与审计学院院长、教授）

严志强（广西师范学院经济管理学院院长、教授）

佘秋平（桂林电子科技大学商学院院长、副教授）

罗知颂（广西师范大学经济管理学院院长、教授）

周永生（桂林理工大学管理学院院长、教授）

周建胜（广西财经学院金融与保险学院院长、教授）

侯　雁（广西工学院经济系主任、教授）

唐拥军（广西财经学院副院长、教授）

夏　飞（广西财经学院副院长、教授）

莫世有（梧州学院管理系主任、教授）

曹垂龙（梧州学院经济系教授）

阎世平（广西大学商学院院长、教授）

蒋满元（广西财经学院经济与贸易学院院长、教授）

董再平（广西财经学院财政与公共管理学院院长、教授）

谢焕文（广西民族大学商学院书记、副教授）

前　言

　　以人为本的管理时代已经到来。这意味着人力资源必然成为企业管理的核心要素。人力资源管理是人力资源和企业绩效关系的中间变量。拥有正确的人力资源管理是人力资源效率最大化的必要条件。但这并不意味着，有了优越的人力资源就一定能产生企业绩效。因为，代表着企业知识、技能和能力水平的人力资源需经开发方能产生功效。当前，企业所面临的市场需求瞬息万变，技术创新不断加速，产品生命周期不断缩短，市场竞争日趋剧烈。任何方面的管理创新都比较容易被竞争对手模仿，只有人力资源管理的创新才容易为企业形成管理竞争力，人的创造力与潜力的有效发挥是企业实现生存的基础。因此，人力资源管理任重而道远。

　　随着国外先进的人力资源管理的理论与最新研究成果的传播，人力资源管理这门学科在我国得到了蓬勃的发展，越来越多的高校关注人力资源管理理论的研究，企业也越来越意识到人力资源管理在企业管理中的战略作用。在这种环境下，高校设置的人力资源管理专业课程，如何将西方现代人力资源管理的先进理论与国内企业的管理实践结合起来，建立具有中国特色的人力资源管理学，是摆在我们面前亟待完成的任务。这一任务的完成，需要理论工作者和实际工作者的共同努力。

　　本书在拥有最新资料、综合最新人力资源管理理论和实践的基础上，融入编者们在教学科研中的理论思考和最新体会，以浅显易懂的文字阐述了人力资源管理的基本概念、原理和管理技巧，还与时俱进地汲纳了诸如跨文化管理、网络化管理和外包问题等当前人力资源管理的新问题和新现象，在案例的精述上突出了经典性和本土化特点。每一章都附有学习目标、重点和难点、导入案例、思考与练习题等，以便读者在学习每一章内容时都能做到有的放矢，增强学习效果；导入案例通过引发学员的思考来激发学员的学习兴趣，本章小结、思考与练习对学员所学知识的巩固和加深大有裨益。本书还在每一章后附有拓展学习的网站，读者可以通过这些网站了解目前人力资源管理发展的最新动态，达到全面透彻地理解掌握人力资源管理理论知识和方法的目的。编写人员具有丰富的教学经验和较高的理论研究水平。本书可作为大专院校的学生、研究生的教材，也可作为 MBA 以及企业管理人员培训的教材，还可作为有关科研人员的研究参考用书。

　　本书主要由广西师范大学、桂林理工大学和梧州学院等高校长期从事人力资源管理教学和研究的教师共同编写的。本书共分十四章，各章作者安排如下（以章为序）：阳芳：第一章、第二章；王海玲：第三章、第五章；邹晓辉：第四章；覃燕：第六章、第十二章；沈鸿：第七章、第八章；朱良华：第九章、第十章、第十一章；胡娜：第十三章；马丽：第十四章。本教材由阳芳提出编写大纲，并由沈鸿、王海玲等共同讨论通过，全书最后由阳芳、沈鸿共同审定、修改和定稿。

　　在教材即将出版之际，我们非常感谢中南大学出版社给予我们的扶持和激励，感谢编写小组成员所在学院领导给予的帮助和支持。特别是广西师范大学经济管理学院院长罗知颂教授，对本书的出版给予了高度的重视和热心的指导。本书借鉴和使用了大量国内外学者的研究成果,在此表示衷心的感谢。

为方便教师教学,本教材配有电子课件和习题答案,各位老师可以选择使用,欢迎索取(55212660@qq.com)。

由于时间仓促和经验的不足,错误和遗漏在所难免,恳切希望使用本书的教师和学生及相关人员提出批评和建议,以使本书得以不断充实和完善。

阳芳

2011 年 5 月 16 日

目 录

第一章　人力资源管理概述

【学习目标】

通过本章学习，掌握人力资源和人力资源管理的定义；了解人力资源管理的职能；理解和掌握人力资源管理的基本理论和基本原则；了解人力资源管理发展和演变。

【重点难点】

1. 人力资源和人力资源管理的定义。

2. 人力资源管理的主要内容。

3. 人力资源管理的基本理论和基本原则。

【导入案例】

白铭为何要跳槽？

白铭在大学毕业后被一家中日合资企业聘为销售员。工作的头两年，他的销售业绩确实让人不敢恭维。

但是，随着对业务逐渐熟练，又跟那些零售客户搞熟了，他的销售额就开始逐渐上升。到第三年年底，他根据与同事们的接触，估计自己当属全公司的销售冠军。不过，公司的政策是不公布每人的销售额，也不鼓励互相比较，所以小白还不能肯定。

去年，小白干得特别出色，到9月底就完成了全年的销售额，但是经理对此却没有任何反应。

尽管工作上非常顺利，但是小白总是觉得自己的心情不舒畅。最令他烦恼的是，公司从来不告诉大家谁干得好坏，也从来没有人关注销售员的销售额。

他听说本市另外两家中美合资的化妆品制造企业却在搞销售竞赛和奖励活动，公司内部还有通讯之类的小报，对销售员的业绩做出评价，让人人知道每个销售员的销售情况，并且要表扬季度和年度的最佳销售员。想到自己所在公司的做法，小白就十分恼火。

上星期，小白主动找到日方的经理，谈了他的想法。不料，日本上司说这是既定政策，而且也正是本公司的文化特色，从而拒绝了他的建议。

几天后，令公司领导吃惊的是，小白辞职而去。听说是给挖到另外一家竞争对手那去了。而他辞职的理由也很简单：自己的贡献没有获得充分的重视，没有得到相应的回报。

正是由于缺乏有效、正规的考核，这家公司无法对小白做出评价并且给予相应的奖励，才使公司失去了一名优秀的员工。

（资料来源：廖泉文. 人力资源管理经典案例. 北京：高等教育出版社，2005. ）

第一节　人力资源概述

在经济领域，资源泛指投入生产活动中去创造财富的各种生产条件。按来源的不同，资源可分为两大类，一是来自于自然界的物质，可称为物力资源；一是来自于人类自身的知识和体力，可称为人力资源。人力资源是最活跃的能动资源，是所有资源中最宝贵的资源。随着知识经济的到来，人力资源越来越被人们所重视，已被视为是第一资源。因此，人力资源的开发与管理已成为知识经济时代企业的核心任务。

一、人力资源及相关概念

(一)人力资源的内涵

"人力资源"(Human Resource)这一概念曾经先后在 1919 年和 1921 年约翰·R.康芒斯的两本著作《产业信誉》和《产业政府》使用过，康芒斯被认为是第一个使用"人力资源"的人。但他当时所指的人力资源的含义与现在我们所理解的人力资源的含义相差甚远，只是用了相同的词语而已。

对于"人力资源"概念，学界至今没有统一。

本书认为，要给"人力资源"下一个科学定义，必须既包括量的规定性，又要包括质的规定性。所谓量的规定性，主要指以劳动法规或有关制度规定或确认的劳动年龄来确定的劳动资源的数量表现。所谓质的规定性，主要指以科学文化水准如自然、心理和社会文化素质为重要标识的劳动力资源的质量表现。因此，人力资源是指拥有知识、经验、健康的，具有个性化、情绪化特征的有劳动能力的适龄劳动人口及实际参加社会劳动的劳动年龄以外的人口总和。

(二)人力资源、人口资源和人才资源的联系和区别

人口资源是指一个国家或地区所拥有的人口的数量，它是一个最基本的底数。它主要表现为人口的数量。一切人力资源、人才资源皆产生于其中。

人才资源是指一个国家或地区中具有较多科学知识、较强劳动技能，在价值创造过程中起关键或重要作用的那部分人，即优质人力资源。

人力资源、人口资源和人才资源三个概念的本质不同，人力资源的本质是体力和脑力，人口资源和人才资源的本质是人，从本质上讲，它们之间并没有什么可比性。人口资源与人才资源又有区别，关注的重点不同，前者是一种数量概念，后者则是一种质量概念。但三者在数量上又存在一种包含关系，如图 1－1 所示。

(三)人力资源和人力资本的联系和区别

"人力资源"和"人力资本"也是两个容易混淆的概念。

西奥多·舒尔茨认为，人力资本是劳动者身上所具有的两种能力，一种能力是个人与生俱来的由先天遗传获得，另一种是后天获得的，由个人努力经过学习而形成的，而读写能力是任何民族人口的人力资本质量的关键成分。

人力资源与人力资本既有联系又有区别。相同之处在于两者都是以人为基础的概念，研究的对象均是人所具有的脑力和体力。人力资本理论是人力资源理论的重点内容和基础

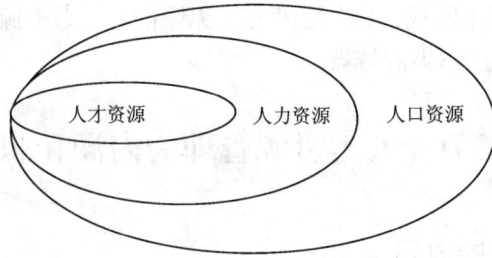

图 1 - 1　人口资源、人力资源和人才资源的数量关系图

部分,现代人力资源理论大都是以人力资本理论为根据的。不同之处主要表现在三个方面:一是在与社会财富和社会价值的关系上不同。人力资本是由投资而形成的,强调以某种代价获得的能力或技能的价值,强调投资的回报,它与社会价值的关系是一种由因索果的关系。人力资源强调人力作为生产要素在生产过程中的生产、创造能力,它在生产过程中可以创造产品、创造财富,促进经济发展。它与社会价值的关系是一种由果溯因的关系。二是两者研究问题的角度和关注的重点不同。人力资本是从成本收益的角度研究人在经济增长中的作用,研究的是价值增值的速度和幅度,关注的重点是收益问题。人力资源则不同,它将人作为财富的来源来看待,是从投入产出的角度来研究人对经济发展的作用,关注的重点是产出问题,即人力资源对经济发展的贡献率。三是计量的形式不同。人力资源是存量的概念,人力资本则兼有存量和流量的概念。前者指一定时间、一定空间内的所具有的对价值创造起贡献作用的并且能够被组织所利用的体力和脑力的总和。而人力资本,如果从生产活动的角度看,往往是表现为经验的不断积累、技能的不断增进、产出量的不断变化和体能的不断损耗,表现与流量核算有关;如果从投资活动看,则与存量核算相联系,表现为投入到教育培训、迁移和健康等方面的资本在人身上的凝结。

二、人力资源的特点

人力资源与物力资源相比较主要具有以下特点:

(1)主观能动性。人力资源是劳动者所具有的能力,而人总是有目的、有计划地在使用自己的脑力、体力,这也是人和其他动物的本质区别。在价值创造过程中,物力资源只是开发利用的对象和客体,而人力资源不仅是开发的对象和客体,而且也是开发的动力和主体,是劳动过程中最积极、最活跃的因素。人力资源的开发和利用,是通过自身有目的的、能动的活动来完成,同时对物力资源的开发起重大的作用。

(2)社会性。物力资源的发展变化,受自然规律的制约。人类劳动以结合的方式进行,人具有社会属性,个人所具有的体力和脑力明显受时代和社会因素的影响。社会环境、文化氛围的不同,必将导致人力资源质量的不同。

(3)时效性。人力资源存在于人的自然生命体之中,以人类自身再生产为存在方式,存在着生命周期和世代更替的问题。因此,人力资源受人的自然生命规律限制,如果不被适时地开发、利用,就会随时间的流逝降低甚至丧失其作用,因而具有时效性。

（4）可开发性。一般来说，物力资源价值是客观限定的，而人的创造力可以通过教育培训以及实践经验的积累不断成长，人的潜力是无限的，人力资源具有可开发性。而且人力资源开发具有投入少、产出大的特点。

第二节 人力资源管理的内涵和职能

一、人力资源管理的内涵

关于人力资源管理有很多说法。当代著名管理学家彼得·德鲁克（Petert F. Drucker）1954 年提出人力资源概念后，1958 年社会学家怀特·巴克（E. Wight Bake）将人力资源管理视为企业的一种普通的管理职能。其后众多国内外学者从人力资源管理的目的、过程、实体、主体或综合的视角等方面阐释了此概念。

应当说，从综合的角度来解释人力资源的含义更有助于揭示它的含义。因此，本书综合前人的研究成果，认为人力资源管理是指由一定管理主体为实现人力扩大再生产、合理分配使用而进行的人力开发、配置、使用、评价诸环节的总和。

二、人力资源管理的职能

人力资源管理实际上是一个过程，它不仅要完成获取、培训、评价和报酬雇员的工作，同时还要处理劳资关系、雇员的健康和安全问题以及与公平有关的其他一些问题。对于人力资源管理的职能和活动，国内外学者也存在各种不同的观点。综合学者们的观点，本书认为，人力资源管理主要包括下列职能：人力资源规划、职位分析和职位评价、计划招聘、录用甄选、绩效管理、薪酬管理、培训与开发、员工关系管理等。对于人力资源管理的各项职能，应当以一种系统的观点来看待，它们之间相互联系、相互影响，共同形成了一个有机的系统，如图 1-2 所示。

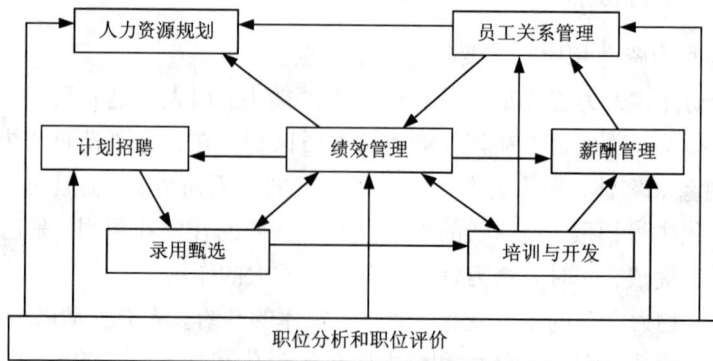

图 1-2 人力资源管理职能关系图

第三节　人力资源管理及其理论的产生与发展

一、人力资源管理产生的基础

（一）工业革命的影响

在 17～18 世纪，工作的人们处于手工业系统的规范之下。在这个系统中，商品或服务由一小群人在一个相对狭小的工作场所——通常在家庭作坊里制作出来，师傅带徒弟的职业发展路径非常清晰，工资上不存在讨价还价。这个系统维持了 200 多年。

随着对产品需求的增加，这个手工系统变得无法满足需要。人们开始使用机器，这些机器生产出的产品质量高，速度比经验丰富的工匠还快得多，大大地提高了劳动生产率。这些变化催生了工业革命，带来了工场管理的变革。

工业革命有三大特征，即机械设备的发展；人与机器的联系；需要雇用大量人员的工厂的建立。这场革命导致了两个现象：一是劳动专业化的提高；二是工人生产能力的提高，工厂生产的产品数量激增。"劳动分工"已成为这次革命的强有力的共同呼声。亚当·斯密的《国富论》、查尔斯·巴比奇（Charles Babbage）的《论机器和制造业的经济》均指出了劳动分工的好处和优点。但劳动分工也存在不少弊端，最大的问题是最终导致人的异化。

最早试图解决由劳动分工产生的消极问题的改革家是罗伯特·欧文（Robert Owen）。他在苏格兰的新拉纳克以合伙形式创建了一家棉纺厂，在那里他实施了改善对工作中的人的管理的措施，还创建了最早的工作绩效考核系统。由于他的努力，欧文还被称为"人事管理之先驱"。工业革命的产生与发展要求人们思考如何管理组织中人的问题。

（二）集体谈判的出现

分工的专业化使同一专业的工人很容易联合起来维权。因此，工会迅速发展壮大起来。随之而来的就是罢工次数的增加和范围的蔓延。比较典型的是 1886 年芝加哥麦考密克收割机厂为争取 8 小时工作日进行的罢工。

1935 年是一道分水岭。之前，美国法院一直站在管理当局一边，是坚决反对工会的，但 1935 年颁布了《国家劳工关系法案》（也称《瓦格纳法案》）之后，局面发生逆转。法案明确地规定了工人组织和集会的权利以及与雇主进行集体谈判的权利。集体谈判的出现，使组织内的劳工关系发生了变化，推动了人事管理的发展。

（三）科学管理运动的推动

随着提高产量的机器和工厂生产方法的普遍使用，工人们如何协作才能有效地操作机器，这些新问题迫使管理人员去制定规章制度和操作规程来管理工人。规章制度提高了工作的专业化，但也使工作变得重复而单调。工作的专业化对管理人员的能力提出了更高的要求。这段期间最重要的发展之一就是被称为科学管理的过程形成。

科学管理之父费雷德里克·泰勒（Frederick Winslow Taylor）提出的科学管理的前提假设是存在一个最佳方法来完成一件工作。这个最佳的方法是以最低成本、最快速度、最有效率地执行任务的方法。这个过程可能不是最安全或最符合人性的，但它一定是最能使公司赚到最多利润的。

　　但是，科学管理不是把工人当做人来看，而是当成工具看待，压抑人性，使员工开始产生不满。为了改善工作环境，公司雇用了福利秘书来负责统筹员工的福利计划，例如，建立图书馆和娱乐设施，制订经济支援计划和医疗健康等来缓解员工的不满。这种福利计划就是现代的福利组合计划的前身，福利秘书是现在的人力资源经理的前身。

　　（四）早期工业心理学的实践

　　早期工业心理学家研究人的效率问题，在这方面做出突出贡献的研究工作者有甘特、福莱特、莉莲、吉尔布雷思、谢尔顿等一批管理思想家，他们为管理思想的新发展做了开创性的工作。其中雨果·缪斯特伯格的《心理学和工业效率》和亨利·丹尼森的《组织工程学》等对人的行为和心理研究备受人们关注。

　　（五）人际关系运动和行为科学的发展

　　人力资源开发过程中一个具有重要意义的阶段出现在 20 世纪 20 年代到 30 年代早期，即霍桑实验研究（Hawthorne Studies）阶段。埃尔顿·梅奥（Elton Mayo）和弗里茨·罗利斯伯格（Fritz Roethlishberger）的研究结论是：人们之间的互动和研究者带来的对于工人的关注使得劳动生产率得到提高。这是第一个表明工作环境的社交因素，可以对工人劳动生产率产生巨大影响的研究成果。

　　在霍桑研究结果的激励下，学者们又进行了关于社交因素和个人如何对社交因素反应的研究。这些研究的结果表明：为了使工人满意进而实现高效率劳动，管理者必须理解并满足他们的需要。工人与他（她）的上司的沟通以及对参与性的工作氛围的需求都得到了强调。但是，在多数的情况中，快乐的工人就是高效率的工人的观点并没有得到证实，因此，许多观点被修正或摈弃了。有趣的是，我们注意到人际关系管理时代的焦点，正是今天更加时髦的员工参与计划的支柱，而员工参与计划已经被证明是可以提高工人劳动生产率和公司利润的。

　　在人际关系学派的基础上，行为科学诞生了。行为科学更多地关注整个组织而不是个人。它研究工作场所如何影响单个员工，以及单个员工又是如何影响工作场所。之后研究组织中雇员行为的学科——组织行为学，研究怎样改变雇员和组织的态度和信念的学科——组织发展学及人力资源管理也在行为科学的基础上产生了。

二、人力资源管理的发展进程

　　人力资源管理发展经历了一个半世纪的演变过程。要想对目前的人力资源管理有一个更全面的了解，有必要对它的发展进程进行一个简要的回顾。目前关于人力资源管理的发展阶段主要有五类代表性的观点：六阶段论、五阶段论、四阶段论、三阶段论和二阶段论。下面主要介绍六阶段论和二阶段论。

　　（一）六阶段论

　　以美国华盛顿大学的 W. L. 弗伦奇（French, 1998）为代表从管理的历史背景出发将人力资源的发展分为六阶段，如表 1 - 1。

表 1－1　W. L. 弗伦奇等人的人力资源管理发展演进理论的内容

阶段	代表人或事件	特点
科学管理运动阶段	以泰勒和吉尔布雷斯(Gilbreth)夫妇为代表	关注重点主要是工作分析、人员的选拔、培训和报酬方案的制订等
工业福利运动阶段	企业出现了所谓的福利部、福利秘书或社会秘书	他们主要负责员工福利方案的制订和实施。管理者主要关心员工的待遇和报酬问题
早期工业心理学阶段	以心理学家雨果·缪斯特伯格为代表	对个人的心理特点与工作绩效的关系和人员选拔中预测效度的研究，推动了人事管理工作的科学化进程，使人事管理开始从规范步入科学化的轨道
人际关系运动时代	梅奥的霍桑实验为序幕	人际关系运动在整个管理学界引起了革命，也促使人力资源管理开始从以工作为中心转变到以人为中心，把人和组织看成一个统一的社会系统
劳工运动阶段	美国的工会运动从 1842 年美国马萨诸塞州最高法院对劳工争议案的判决→1869 年形成了全国性的网络→1886 年美国劳工联合会成立→大萧条时期工会处于低潮→1935 年美国劳工法案——《瓦格纳法案》的颁布，工会重新兴盛→集体谈判→20 世纪 60 年代和 70 年代，美国联邦政府和州政府连续颁布了一系列关于劳动和工人权利的法案，促进了劳工运动的发展，人力资源管理成为法律敏感行业	视雇用者与被雇用者的关系为人力资源管理的重要内容。对工人利益和权利的重视，成为组织内部人力资源管理的首要任务。
行为科学与组织理论时代	20 世纪 80 年代以来组织管理的特点发生了变化	人的管理成为主要任务，但管理已从单个的人扩展到组织，把个人放在组织中进行管理，强调文化和团队的作用

（资料来源：钱振波. 人力资源管理理论·政策·实践. 北京：清华大学出版社，2005）

（二）二阶段论

中国学者赵曙明从人事管理和现代人力资源管理之间的差异性角度，将人力资源管理的发展历史划分为人事管理和人力资源管理两个阶段。

1. 人事管理阶段

人事管理阶段又可分为：科学管理理论阶段、霍桑实验和人际关系运动阶段、组织行为学理论的早期发展阶段。

2. 人力资源管理阶段

人力资源管理是作为替代传统的人事管理的概念提出来的，它重在将人看作为组织中的一种重要资源来探讨如何来对人力资源进行管理和控制，以提高人力资源的生产效率，帮助组织实现其目标。

20 世纪 70 年代中期，人力资源管理的定义发生了变化，"人力资源管理"一词已为企业所熟知。在最初，人力资源管理的概念和传统的人事管理非常接近，两者基本上没有本质的区别。但随着理论的不断成熟和实践的不断发展，人力资源管理逐步和人事管理区分开来。关于两者的区别，学者们纷纷提出了自己的看法。概括来说，现代人力资源管理与传统人事管理的区别主要表现在如下方面，如表 1-2 所示。

表 1-2　传统人事管理与现代人力资源管理的比较

比较内容	传统人事管理	现代人力资源管理
管理思想	以事为中心，重视组织权威，人是企业的成本	人与事的统一，重视人心和人性的管理，人不仅是成本，更是资本
管理目标	吸引、保留和激励员工	发现人，培养人，开发人，以实现组织的竞争力、利润、生存能力、竞争优势和劳动力的灵活性等方面的目标
管理范围	狭窄事务性，主要是管理人的活动，如简单的招聘、考勤考核、薪资管理、档案管理、办理升降调动等	除了管理人的业务以外，更重要的是制定人力资源战略和策略，进行人力资源规划管理，从事人力资源开发，调适内部员工关系，参与塑造企业文化，等等
管理功能	执行功能，注重的是开发人力资源的产品和服务，一般是局限与微观的劳动人事行政业务	要求从事许多决策型管理工作，参与企业战略管理，更为关注人力资源对企业的影响
管理的特点	以个体为中心	以团队为中心
管理策略	封闭、被动适应、经验管理	开放、主动开发、动态、是科学、技术与艺术的统一
管理技术与手段	简单僵化，手工技术含量低	专门方法与技术，技术含量提高

（资料来源：桂兰，魏海燕. 人力资源管理. 北京：清华大学出版社，2005）

总之，传统劳动人事管理着重于"管理"二字，而人力资源管理则重于"资源"二字。

另外，随着人力资源管理理论的发展，学者们更多地开始探索人力资源管理如何为企业的战略服务，即提出了战略人力资源管理的观点。在战略人力资源管理理论中，最具影响力的观点是由麦克尔·比尔等人于 1984 年在《管理人力资本》一书中提出来的，他们认为应该在组织中统一管理个体的不同方面，人力资源管理综合了组织行为学、劳工关系以及人事行政管理学等学科的特点。并且，他们还指出人力资源管理的研究领域已经拓展为对影响组织的员工之间关系的所有决策和活动的研究。

第四节　人力资源管理的基本理论

一、工业革命以来的西方主要人事管理思想

（一）科学管理理论的人事管理思想

工业革命的到来，催生了泰勒的科学管理理论。科学管理理论冲破了长达几千年来沿袭下来的落后的经验管理办法，将科学方法引入管理领域，从抽象的经验管理发展到具体科学的标准化管理，创立了一套行之有效的科学管理方法和操作程序，使生产效率显著提高，极大地推动了生产的发展。它的诞生标志了人类管理学科的一次飞跃和革命。

泰勒的科学管理主要有两大贡献：一是管理要走向科学；二是劳资双方的精神革命。前者是有效管理的必要条件；后者是有效管理的必要心理。泰勒第一次将科学管理的观念引入到人事管理中，提出了以金钱为主要激励要素的激励理论，揭示了人事管理和劳动生产率以及工作绩效之间的关系，说明实施科学管理可以提高员工的劳动生产率和工作绩效，从而达到提高企业的绩效的目的。这一时期的人事管理是以把员工视为"经济人"为前提的物本管理。人事管理主要目的是激励、控制和提高员工尤其是新员工的劳动生产率水平。

然而，科学管理理论没有考虑员工的感受，仅仅把员工看成与机器设备一样的生产资料来对待，使员工对工作开始产生不满，从而影响了激励效果。

随着人类社会的发展和管理实践不断向纵深的延伸，昔日的"科学管理"显出其明显的不科学成分。它忽略了人本思想的重要性，其研究的范围始终没有超出劳动作业的技术过程，最多只能是一套优秀的车间管理理论。而21世纪是人才的世纪，对人才的开发和利用以及如何对人进行有效的管理才是管理者的主要任务之一。以人为本，实行人本管理，解决人的系统问题已成为21世纪管理理论与实践的核心问题。

（二）人际关系学的人事管理思想

20世纪20年代，资本主义国家中许多企业尽管采取了泰勒的科学管理，但劳资纠纷和罢工还是此起彼伏，此种情况促使资产阶级的管理学者们深入研究究竟是什么决定工人的劳动效率。梅奥（Elton Mayo）的霍桑实验，揭开了对组织中的人的行为研究的序幕，并创立了以"社会人"为基础的人际关系学说。梅奥指出，工人是社会人，不是单纯意义上的"经济人"；企业中存在着非正式组织；员工的士气是提高劳动生产率的首要条件，高士气来源于物质和精神两种需求的合理满足。

梅奥的研究成果被广泛应用于人事管理中，主要表现在：设置培训管理、强调对员工的关心和支持、增强员工和管理人员之间的沟通、人事管理人员负责设计和实施上述各项方案，极大地丰富了人事管理的职能。毋庸置疑，人际关系管理方法的运用改进了员工的工作环境。

但由于没有考虑员工的个体差异、没能认识到工作结构、员工行为控制的重要性和夸大人际关系对保持员工激励的作用等原因，其在提高员工的产出和增加员工的满意度上，只取得了微不足道的成功。从20世纪50年代开始，人际关系的人事管理方法逐渐衰落，不能适应当时的人事管理的要求，但追求良好的人际关系仍然是组织的一个重要目标，只

是这种管理方法不再是组织中的主要管理风格。不管怎样，"社会人"假设的提出和人际关系学说的创立，具有重要的历史意义，它在管理史上首次明确了人在管理中的重要地位，更接近人的本质，向人本管理迈出了一大步。

（三）组织行为学派的人事管理思想

组织行为学是和社会学、心理学以及政治学等密切相关的学科，其分支是工业心理学（又称组织心理学）。组织行为学是研究组织中人的心理和行为表现及其规律，提高管理人员预测、引导和控制人的行为的能力，以实现组织的既定目标。组织行为学在形成个体、群体行为的动机和原因上的研究成果对今天的企业管理特别是人力资源管理有着巨大的现实指导作用。它所包含的人事管理要义散见于当时的著名的社会学家、心理学家的思想里，如20世纪40年代以后的马斯洛（Abraham H. Maslow）的需求层次论、赫茨伯格（Frederick Herzberg）的双因素理论、阿吉里斯（Chris Argyris）的"不成熟—成熟"理论、麦格雷戈（Douglasm Mcgregor）的X理论和Y理论、埃德加·沙因（Edgar Schein）的"复杂人"理论、莫尔斯（John Morse）和洛希（Joy W. Lorsch）的"超Y理论"等。进入20世纪70年代以后，组织行为学中的激励理论有了很大的发展，如奥德佛（Alderfer）的ERG理论、麦克利兰（McClelland）的成就理论、亚当斯（Adams）的公平理论和弗罗姆（Vroom）的期望理论等。这些理论都各有千秋，从不同的方面回答了如何影响个体、群体的生产力水平以及生产绩效的问题，对人事管理产生了多方面的影响，并被广泛应用于人力资源管理理论与实践中。而行为科学本身也仍然在不断的发展之中。

二、后工业社会西方的人力资源管理思想

（一）人力资源管理的提出

最早提出"人力资源"一词的是美国的著名管理学家彼得·德鲁克（Petert F. Drucker），1954年他在其《管理的实践》中提出管理有三个广泛的职能：管理企业、管理经理人和管理员工及他们的工作，在讨论管理员工及其工作时，他引入了"人力资源"这一概念。他认为，"和其他所有资源相比较而言，唯一的区别就是它是人"，并且是经理们必须考虑的具有"特殊资产"的资源。他指出当时的人事管理存在着三个错误：一是假设员工不想工作；二是忽视对员工及其工作的管理，把人事管理作为专业人员的工作而不是经理的工作；三是把人事管理活动看成是"救火队的工作"，是"消除麻烦的工作"，而不是积极的和建设性的活动。这样的人事管理已经不能适应组织对员工进行有效管理，他指出人力资源拥有当前其他资源所没有的素质——协调能力、融洽能力、判断力和想象力。经理们可以利用其他资源，但是人力资源只能自我利用，"人对自己是否工作绝对拥有完全的自主权"。因此，他要求管理人员在设计工作时要考虑到人的精神和社会需要，要采取积极的行动来增进员工的激励，为员工创造具有挑战性的工作以及对员工的开发，也就是使人事管理开始向人力资源管理转变。

（二）人力资源管理的早期思想

1. 巴克的人力资源职能理论

1958年怀特·巴克（E. Wight Bake）在《人力资源功能》书中详细地阐述了有关管理人力资源的问题，他认为人力资源管理是管理的普遍职能之一，对于组织的成功来讲与其他职能如会计、生产、营销等一样至关重要，而这一职能常常被忽略。他还说明了人力资源

管理职能如何成为一般管理职能以及这一管理职能的标准与原则。根据巴克的观点，人力资源职能包括人事行政管理、劳工关系、人际关系以及行政人员的开发等方面，具体包括如下内容：一是人力资源管理职能成为一般管理职能，必须适应一定的标准，这个标准是"理解、保持、雇佣或有效地利用以及使这些资源成为整个工作的一个整体"；二是人力资源管理必须在任何组织活动的开始就要加以实施；三是人力资源管理职能的目标不仅是使个人快乐，而且要使企业所有员工能有效地工作和取得最大的发展机会，在最充分可能的范围内，利用他们所有的与工作相关的技能使工作达到更高的效率；四是人力资源管理职能既包括和人事劳动相关的薪酬和福利，又包括企业中人们的工作关系；五是人力资源管理职能不只和员工有关，而且与组织中各层次的人员都有关；六是人力资源管理职能必须通过组织中负责监督他人的每一个成员来实现；七是人力资源管理职能要实现企业和员工根本利益的同时实现。这一理论在工会理论、管理理论和公共理论方面都很有影响，然而还是在随后的年代里被忽视了。

2. 迈勒斯的人力资源模式理论

1965 年雷蒙德·迈勒斯（Raymond E. Miles）在《哈佛商业评论》的一篇论文中关于"人力资源"概念引起了学术界与实务界的关注。他关于管理态度的调查显示，大多数经理在对下属的管理工作中倾向于使用人事关系的管理模式，而且倾向于要求他们的主管使用一定的人力资源模式来对他们进行管理。他建议用人力资源代替员工的概念；管理人员应把员工作为一个单个的人，要通过沟通来关心员工的福利和幸福；员工的经验和知识对组织具有很大的价值；员工参与和人力资源的充分利用都能达到改进决策和自我控制的目的，从而实现提高员工生产力和工作满意度的目标。可见，迈勒斯的人力资源模式理论可用于指导管理人员如何才能充分满足员工的经济需求。

（三）人力资源管理理论的发展

在 20 世纪 70 年代早期，人力资源管理理论几乎没有什么发展。在 1972 年，作为经理培训组织的美国管理协会出版了达特尼克编著的《改革人力资源管理》一书，这是一本供高级管理人员和员工关系管理人员阅读的实用手册。书中阐述了员工的需求、兴趣、期望与组织目标之间的一致性以及"在组织中、人是最重要的资源"的观点。美国管理协会也变成了人事经理协会，开始着力于提高人事经理的作用。人力资源管理被定义为人事管理，主要研究管理人员尤其是人力资源管理人员所从事的工作。

那么，人事管理真的就是人力资源管理的代名词？1992 年斯托瑞（Storey）通过对人力资源管理内在特征的分析回答了上述问题，他从信念和假设、战略领域以及重要程度三大类 27 个方面区别了人事管理与人力资源管理。而且，根据斯托瑞的理论，人力资源管理的活动已经从国内转向国外乃至全球。现在人们越来越重视包括生态环境在内的人力资源管理的环境，以及人力资源的健康保护和受教育程度。这些都反映了人事管理在向人力资源管理转变过程中人事管理活动的变化。

进入 20 世纪 80 年代，企业高层管理者不再把人事管理视为"政府的职责"，而是把它真正地视为企业自己的"组织的职责"，人力资源的管理和开发成为企业人事部门的职责。彼得·德鲁克和怀特·巴克关于人力资源管理的特征被重新提起。这一时期的人力资源管理理论主要集中在讨论如何实施有效的人力资源管理活动，以及通过对员工行为和心理的分析来确定其对生产力和工作满意度的影响，从而使人力资源管理理论更加关注员工的安全与健康。

人们尝试提出一种人力资源管理的一般理论，来解释、预测和指导实际工作者和研究人员的人力资源管理活动，以此解决以前在员工关系方面所忽视的问题，编制一种旨在提高组织绩效且包含人力资源管理在其中的战略计划，这就是战略人力资源管理的思想。战略人力资源管理和人事管理的根本区别在于人力资源管理活动计划的制订必须和组织的总体战略计划相联系。

三、人力资本理论的出现

在传统经济学理论里，企业三种基本的生产要素——资本、劳动力与土地之间是可以相互替换的，其中资本是最稀有和珍贵的，劳动力只被看作是一种在生产过程中可替换的零部件。而伴随着各国经济的现代化，农田和其他资本的经济重要性在下降，技能和知识的重要性在上升，这种变化引发了人们对现代经济增长中究竟什么是最重要的因素这一问题的思考。

20 世纪 60 年代初舒尔茨和贝克尔创立了人力资本理论，他们将资本划分为人力资本和物质资本，提出了"人力资本"的概念，突破了传统理论中的资本只是物质资本的束缚，从全新的视角来研究经济理论和实践。舒尔茨认为与对物质资本进行投资相比，对人力资本投资可以显著提高生产效率和经营管理水平，因此，同样可以获得回报，而且往往回报率更高。

贝克尔则将经济学的分析方法引入教育领域，解释了人力资本的形成过程。他特别强调在职培训的作用。他还认为培训可分为一般培训与特殊培训①，一般培训的受益者是员工，费用应由员工支付；特殊培训的利益则大部分被企业占有，费用应由企业支付。

另外一些学者做了大量的实证研究来证实人力资本对经济增长的贡献，如 20 世纪 60年代的丹尼森、70 年代的萨卡罗坡洛斯（G. Psacharopoulos）等发表了一系列论著来证实了人力资本对经济增长的贡献和人力资本的投资收益。

人力资本概念的提出和人力资本理论的发展，引起了人们对企业中人的因素的高度重视，为人本管理理论和方法的产生和发展提供了理论基础。随着知识经济的兴起，传统意义上资本的作用和功能削弱了，而知识型人才在企业中的作用与日俱增，人力资本代替物质资本成为对企业发展更为重要的稀缺资源，对人力资本强调实行优先投资，以实现人力资本投资→劳动生产率提高→成本减少→较高的产出→人力资本投资→劳动生产率提高……这一良性循环。正因为如此，20 世纪 80 年代，随着世界经济进入新一轮的增长，关于经济增长的研究也发展到一个新的阶段，其标志是"内生性增长"的理论的形成，该理论的核心是科学技术进步和人力资本作为经济增长和发展的内生性要素，并支持着经济在长时期内保持持续增长。人本管理作为一种新型的管理理论和方法最终成型，为众多企业所普遍关注和接受。

---

① 一般培训是对工人进行对所有企业都有用的具有共性的知识、技能的培训。特殊培训指只对本企业有用的、专用性很强的技能和知识的培训，它可以大幅度提高本企业的生产率，但对其他企业的影响很小，或根本没有影响。

四、人性假设理论中的人本管理思想

自工业革命以来，西方国家在员工管理问题上从不同的人性假设出发提出了不同的人事/人力资源管理思想，我们在这里把它们统称为人性假设理论中的人本管理思想。总体来看，有六种典型的代表思想：如前面所述的以泰勒科学管理思想为代表的基于"经济人"人性观的物本管理思想；以人际关系学说为代表的基于"社会人"的人本管理思想；以组织行为学说为代表的基于"自我实现人"和基于"复杂人"的人本管理思想；以 Z 理论为代表的基于"文化人"的人本管理思想以及以学习型组织理论为代表的基于"学习人"的人本管理思想。从其理论基础来看，它们都是基于当时的主流人性认识、经济环境变化和社会需求而诞生、发展和壮大的，都适应了提高组织管理效率与效益的终极目标。前四种人性假设的人事/人力资源管理思想在前面已有阐述，这里只介绍后两种思想。

（一）Z 理论与"文化人"管理思想

1972～1982 年间，美国的生产率年均增长 0.6%，而同期的日本增长 3.4%，日本经济这种咄咄逼人的气势引起了美国各界人士的不安和关注，引发了美日管理模式比较研究的热潮。美国日裔学者威廉·大内研究分析了日本企业的管理经验，发现日本的经营管理方式普遍比美国的效率高，其主要原因是在日本企业不单纯是经济组织，人也不单纯是创造财富的工具，日本企业管理以人为本，重视人性；以和为基础，以忠诚为先，重视培育团队精神。威廉·大内于 1981 年提出了 Z 理论——对美国公司应结合本国的特点，借鉴日本企业管理经验形成自己的管理方式的理论概括。日本企业的成功经验让美国管理学界更充分地认识到一切企业的成功离不开信任、敏感和亲密，人的积极性和创造性的充分发挥，是现代管理活动成功的保证，因此美国公司应借鉴日本经验向 Z 型组织转变，以坦白、开放、沟通作为原则进行民主管理，一切管理工作均应以调动人的积极性、做好人的工作为根本。

1982 年特雷斯·E.迪尔(Terrence E. Deal)和阿伦·肯尼迪(Allan Kennedy)出版了《企业文化——现代企业的精神支柱》一书，在书中他们阐述，人是环境的动物，环境是自变量，人是因变量，人的本性是不可知的。然后通过收集总结美国数百家企业大量的资料，他们得出结论：只有强有力的企业文化是企业成功的金科玉律。可以看出，无论是威廉·大内的"Z 理论"，还是迪尔和肯尼迪的企业文化，它们的实质都是对企业员工进行了"文化人"的人性假设。

"文化人"的提出及企业文化在管理中日益受到重视，最终导致在行为科学理论的基础上，升华出一种新的管理理论和方法——以"文化人"为基础的人本管理，从此，这种人本管理受到企业界普遍的关注和重视。

（二）学习型组织理论与"学习人"管理思想

美国的《财富》杂志报道：20 世纪 70 年代被该杂志列为世界 500 强的企业，自 80 年代起每年有 30 家企业从 500 强中消失。据报道，现代公司的平均寿命只有 40 年，比人的寿命还要短。又有研究表明，在一些组织里，组织成员的智商都很高(在 120 分以上)，而组织的智商却很低(只有 62 分)。为什么会出现这些现象呢？这说明组织的智商可能妨碍了组织成员的发展。因此，现代组织仅有员工个人素质的提高还不够，还需要积极提升组织的素质，只有组织具有高素质，人才才能在组织工作中发挥其个人竞争力。这就要求组织不断地学习，创建学习型组织。1990 年当代最杰出的新管理大师美国麻省理工斯隆管理学院的教授彼得·圣吉(Peter M. Senge)出版了《第五项修炼——学习型组织的艺术与实务》一书。该书的问世得到了西方管理界和社会的广泛关注，并奠定了彼得·圣吉的"学习型组织理论"创始人地位。

学习型组织理论指出企业持续发展的源泉是企业的整体竞争优势和整体竞争能力，而企业的整体竞争优势和整体竞争能力来自于企业全体员工全身心投入学习、善于学习、持续学习的学习型组织的形成与发展。

在学习型组织理论里，彼得·圣吉也提出了他的人力资源管理思想。他继承了前人以人为本的管理思想，但他基于不同的人性假设——"学习人"假设提出了全新的人力资源管理模式。他认为，在新世纪里组织中的人是具有自我超越、完善心智模式、系统思考、共同愿景、团队学习特点的"学习人"，因此，对他们的管理应选择全新的管理模式：一是以团队价值观为导向进行工作设计，加强横向联系和沟通，重视团队建设；二是加强员工的培训，培训的内容广泛，鼓励员工自主学习、自我管理；三是在组织中创建新型的人际关系，工作中注重以考核团队、班组为主要目标，把是否具有创新意识和新做法作为考核的标准之一。薪酬管理注意团队内部的公平性，同时对有特殊贡献者给予特殊的奖励，体现人性组织化和组织人性化。

从"X 理论"到"Y 理论"到"超 Y 理论"和"Z 理论"，从"经济人"到"社会人"、"自我实现人"、"复杂人"再到"文化人"和"学习人"，可以清晰地看到人本管理理论和方法不断演进和发展的人性假设基础，如表 1–3 所示。

表 1–3　人性假设与相应的人力资源管理模式

人性假设 / 人力资源管理模式 / 人力资源管理作业	X 理论 经济人 / 传统层级式管理	社会人 / 人际关系管理	Y 理论 自我实现人 / 以人为本的管理	复杂人 / 权变观点多样化管理	文化人 / 企业文化管理	学习人 / 自主学习自我管理
工作设计	以任务为导向，高效、严格、结构化	以人为导向，沟通、授权、结构化	以价值观为导向，广泛、灵活	根据人、任务环境的变化而调整，灵活多样	以企业文化为导向，广泛、灵活	以团队为导向，创新、柔性、非规范化
招募、选拔	面向外在劳动力市场，选拔简单，配置稳定	面向内、外劳动力市场，选拔较全面深入，配置稳定	面向内在劳动力市场，选拔全面深入，配置灵活广泛	视具体情况而定，配置灵活广泛	面向内在劳动力市场，选拔全面深入，配置灵活广泛	面向内在劳动力市场，选拔全面深入，配置灵活广泛
培训	培训内容应用范围局限，从任务出发，目的在于员工熟练劳动	培训内容应用范围适中，从员工需要出发，目的在于提高劳动熟练程度	培训内容应用范围广泛，从员工需要出发，目的在于提升员工素质	培训内容视情况而定，目的以环境的变化而变化	培训内容应用范围广泛，以企业文化为基础，重视培育团队精神	培训内容广泛，从团队发展出发，目的为员工自主学习、自我管理提供帮助

续表 1 -3

人性假设 人力资源管理模式 人力资源管理作业	X 理论 经济人 传统层级式管理	社会人 人际关系管理	Y 理论 自我实现人 以人为本的管理	复杂人 权变观点 多样化管理	文化人 企业文化管理	学习人 自主学习 自我管理
绩效考评	短期绩效、结果导向和个人导向	中、短期绩效、结果导向、小组导向	长期绩效、行为与结果导向、个人与小组导向	一切视情况的变换而定	长期绩效、行为与结果导向、团队导向	长期绩效、行为与结果导向、团队导向多以自评的方法为主
薪酬奖励	工资水平低，奖酬方式狭窄，注重对外公平，员工归属感低	工资水平中等，奖酬方式较广泛，注重对内公平，员工归属感高	工资水平高，奖酬方式广泛、灵活，注重对内公平，员工归属感高	不确定，根据情况而进行调整	工资水平中等，奖酬方式广泛、灵活，注重对内公平，员工归属感高	工资水平中等，奖酬方式灵活多样，注重团队内公平，员工归属感高

（资料来源：俞文钊. 人力资源管理心理学. 上海：上海教育出版社，2005）

第五节　人力资源管理的发展趋势

一、当前人力资源面临的挑战

人力资源管理从 20 世纪 80 年代确立至今，已经历了 20 多年的发展。这期间，我们的社会从后工业社会迈入了知识经济社会，全球的社会经济环境发生了巨大变化，以计算机技术和现代通信技术为代表的信息科技正改变着我们生活、工作的方方面面。组织赖以生存的外部环境和组织的竞争方式也正进行深入持久的变革，组织的各种管理职能必须顺应潮流，不断改变自身以应对正在改变着的世界。

戴维·沃尔里奇认为，组织要想取得成功，要想在全球化的竞争中保持竞争优势，人力资源必须克服八大挑战：一是全球化；二是竞争力和人力资源的价值链；三是通过降低成本和加速增长来创造利润；四是以能力为本；五是广泛的变化；六是技术的创新；七是吸引、留住和衡量有能力的优秀人才；八是转型并非改良。

人力资源环境和人力资源管理面临的挑战，要求人力资源管理的理论与实践必须适应这一挑战，这就要求人力资源管理的活动、管理作用和管理职能也应随之发生变化。

二、人力资源管理的发展方向

作为上述变化的回应，21 世纪的人力资源管理将怎样发展呢？关于人力资源管理发展趋势，中国学者纷纷提出了看法。

中国人民大学劳动人事学院的彭剑锋教授认为21 世纪的人力资源管理发展呈现出十

大趋势：一是策略导向型的人力资源规划成为企业战略不可分割的一部分；二是人力资源管理状况成为识别企业优势的重要指标；三是人力资源管理人员要具备人力资源管理专业知识和经营管理通才，人力资源管理职位成为通往 CEO 的途径；四是以人为本的业绩辅导流程管理方式成为主流；五是人力资源管理的某些服务活动开始外包；六是注重企业与员工共同成长的规划和职业生涯设计；七是动态目标管理绩效评价体系的建立成为人力资源核心课题；八是激励导向的薪资制度与自助餐式的福利制度；九是实行开放式的管理，企业内部股份由高级经理人、中层管理者及员工持有；十是充分开发利用人力资本，使之成为企业巨大的竞争优势。

中国人民大学劳动人事学院的曾湘泉教授认为，对于中国而言，21 世纪的人力资源开发和管理"必须走三条路：第一条道路就是市场化的道路；第二条道路是规范化道路；第三条道路叫做国际化道路。"市场化道路有三个特点，第一，利益主体多样化，不仅要承认国家的利益，还要承认企业和员工的利益；第二，员工跟组织是一种契约关系；第三，利益和风险的分享与共担。规范化道路就是构建一个程序化、流程化的制度。国际化道路有两个含义：第一是国际化的经营理念也就是思想、行动、行动和销售都要国际化；第二是国际化的人才战略。因此，中国企业的人力资源管理需要做的是：一是构造新的人力资源管理理念，以能力为导向、以绩效为导向，吸纳、维系和激励员工发挥最大的潜能，使绩效最大化。二是从建立科学的人力资源管理入手，反向推动企业战略和制度改革。三是学习和引进发达国家的技术方法，推动人力资源管理队伍的专业化和职业化，从技术和方法层面解决我国人力资源管理的问题。

在全球经济一体化、文化多元化的冲击下，伴随着远程职工（Telestaff）、虚拟组织（Virtual Organization）、质量小组（QC）、全面质量管理（TQM）、经营过程重构（BPR）等新的管理概念和管理方法的出现，也有学者提出未来的人力资源管理会出现四种可能的趋势。趋势之一：企业人力资源管理部门职能的弱化及向直线管理部门的回归。趋势之二：人力资源职能的分化，人力资源管理的全部职能可以简单概括为人力资源配置即人力资源规划、招聘、选拔、录用、调配、晋升、降职、轮换等；培训与开发即技能培训、潜能开发、职业生涯管理、组织学习等；工资与福利即报酬、激励等；制度建设即组织设计、工作分析、员工关系、员工参与、人事行政等四大类。如果说这四大类职能是在其发展过程中逐步形成与完善的话，那么，随着企业外部经营环境的变化，以及社会专项咨询服务业的发展，这些职能将再次分化，一部分向社会化的企业管理服务网络转移，实行业务外包。趋势之三：人力资源管理的强化。人力资源管理的强化趋势，看起来似乎与上述两方面的内容相互矛盾，实则是同一个问题的不同侧面。这里的"强化"是指人力资源管理更趋于强调战略问题，强调组织对风险共担者的需求是否敏感，开发人力资源迎接未来挑战，确保员工精力集中实现组织的理想与使命。趋势之四：政府部门与私营机构的人力资源管理方式渐趋一致。在这些变革中，最引人瞩目的是改变公务员的终身雇佣制度和长俸制度，开始逐步实行有弹性的入职和离职制度，建立以工作表现为基础的激励机制。同时，通过适当的培训开发制度，不仅提高公务员的知识技能水平，而且加强公务员为公众服务的责任感和使命感。这种种改革，一方面使政府部门形成了类似私营机构的具有竞争性的人力资源管理新体制，另一方面创造出以公正、效益为本的政府管理新文化，反过来又进一步影响着私营机构的经营理念与管理哲学。尽管政府与私营机构的最终目的仍然差异巨大，但两者在管理方式上的逐步接近趋势却越来越明显。[①]

【本章小结】

本章从人力资源和人力资源管理的概念和特征入手，主要介绍了人力资源管理的五个历史基础、四种基本理论和五种演进观点，分析了经济全球化和知识经济背景下人力资源面临的挑战，展望人力资源管理的发展趋势及研究热点。

人力资源是指拥有知识、经验、健康，具有个性化的、情绪化的特征的有劳动能力的适龄劳动人口及实际参加社会劳动的劳动年龄以外的人口总和。人力资源具有主观能动性、时效性、社会性、可开发性四大特点。

人力资源管理是指由一定管理主体为实现人力扩大再生产和合理分配使用而进行的人力开发、配置、使用、评价诸环节的总和。主要职能有：人力资源规划、职位分析和职位评价、计划招聘、录用甄选、绩效管理、薪酬管理、培训与开发、员工关系管理等。

人力资源管理的四种基本理论：(1)工业革命以来的西方主要人事管理思想：科学管理理论、人际关系学和组织行为学派中的人事管理思想；(2)后工业社会西方的人力资源管理思想；(3)人力资本理论；(4)人性假设理论中的人本管理思想。

人力资源管理产生的四大基础：(一)工业革命的影响；(二)集体谈判的出现；(三)科学管理运动的推动；(四)早期工业心理学的实践；(五)人际关系运动和行为科学的发展。

人力资源管理发展经历了一个半世纪的演变过程。关于人力资源管理的发展阶段主要有五种代表性的观点：六阶段论、五阶段论、四阶段论、三阶段论和二阶段论。

企业要在全球化的竞争中保持竞争优势，戴维·沃尔里奇认为，人力资源必须克服八个挑战：全球化；竞争力和人力资源的价值链；以降低成本和加速增长来创造利润；以能力为本；广泛的变化；技术的创新；吸引、留住和衡量有能力的优秀人才；转型并非改良。为了应对挑战，人力资源管理的活动、管理作用和管理职能也应随之发生变化。

关于21世纪人力资源管理发展的趋势，学者们纷纷提出了看法。彭剑锋教授认为21世纪的人力资源管理发展呈现出十大趋势；曾湘泉教授认为21世纪中国的人力资源开发和管理必须走三条路；也有学者提出未来的人力资源管理会出现四种可能的趋势。

【关键概念】

人力资源　人力资本　人力资源管理　人事管理　人本管理思想

【思考与练习】

1. 人力资源管理有哪些主要职能？
2. 人力资源管理的四种基本理论的内容是什么？谈谈你对它们的认识。
3. 现代人力资源管理与传统的人事管理有何区别？

---

① 张二军. 加入WTO后中国人力资源管理变化的现状和趋势[J]. 内蒙古统计, 2005

4.人力资源管理面临着哪些挑战？你如何看待未来人力资源管理的发展趋势？

【拓展学习】

1. 中国人力资源开发网：http://www.chinahrd.net
2. 中国人力资源网：http://www.hr.com.cn
3. 人力资源管理网：http://www.rlzygl.com

第二章　战略性人力资源管理

【学习目标】

通过本章学习，掌握战略性人力资源管理的含义和了解人力资源战略的含义、地位和作用；了解人力资源战略的种类、特征、制定程序与实施方法；掌握人力资源战略的选择理论；理解人力资源战略、企业战略和企业竞争优势的相互关系；掌握人力资源战略和企业战略相匹配的理论。

【重点难点】

1. 战略性人力资源管理的含义。

2. 人力资源战略的含义、种类、特征。

3. 人力资源战略的选择。

4. 人力资源战略与企业战略的匹配。

5. 人力资源战略和企业竞争优势的关系。

【导入案例】

摩托罗拉公司基于公司企业战略的人力资源战略

当摩托罗拉公司开始执行一项计划时，总会运用公司的全部资源来规划和执行自己的战略。在高科技行业中，产品、顾客需要、市场及技术本身都处于不断变化之中，无论是摩托罗拉还是与之类似的其他企业，都不仅需要内部成长战略和外部成长战略，同时也需要预定战略和突变战略。而为了实现这些战略，它们都必须依靠人——人的技术能力、工作能力及创新的思维方式。现在我们可以通过微观世界来看一看，摩托罗拉是如何利用高绩效工作系统(团队工作、授权、培训、新技术的教育开发等)在位于伊利诺伊州新哈佛地区的新工厂中推行其战略的。摩托罗拉选择耗资 1 亿美元在该地区建立新工厂就是因为该地区聚集着高质量的工人(一般情况下，摩托罗拉都从 10 个应聘者中招聘 1 个人，而在这里，65% 的工人都被录取了)。选择在该地区建厂的另外一个原因是，它临近摩托罗拉的另外一家蜂窝电话生产厂商。该地区的这块 300 英亩的地皮也是摩托罗拉建厂的原因之一(如果有必要的话，摩托罗拉可以扩大工厂的规模)。所有这些方面的考虑都是预定战略的一个组成部分。

摩托罗拉的战略不仅仅局限于本公司内部。在哈佛地区，摩托罗拉公司的触角已经延伸到了当地的学校，对这些未来工人的教育和培训质量的重视，已经达到了摩托罗拉公司对其产品开发和产品制造同等重视的程度。在公司的学习团队领导力的帮助下，摩托罗拉公司通过举行各种会议和制订各种计划，帮助这些学校的教师和行政的教师和行政管理人员开发出一些课程，从而帮助学生更顺利地进入快速变化的 21 世纪，为他们面对竞争以及在未来的工作岗位上取得成功做好准备。在课程开发出来以后，教师团队要与学生一起完成这些课程，学生们同样要以团队的形式来完成这些学习计划。

摩托罗拉在移动通信领域是无可争议的技术领袖,人们之所以作出这样的判断,是基于以下这几个方面的原因:首先,摩托罗拉的战略总是具有超前性。"我想这主要是因为他们对研究和开发有着不可动摇的重视",就职于加利福尼亚州弗洛斯特·沙利文公司的通信行业分析专家弗雷登克斯这样说,其次,摩托罗拉的突变战略和预定战略具有同等的重要性,再次,摩托罗拉公司总是比其他人都超前一步,这就迫使其他公司总是在不断地追赶它,最后,在摩托罗拉公司,质量不仅仅是其产品开发和产品生产的驱动力,同时也是对人(员工、供应商以及公司所在社区学校的学生)进行开发的驱动力。

(资料来源:J. Rondy. makeover by Motorola. Illinois Business, 3rd quarter, 1995:41–49)

从上述案例可知,摩托罗拉之所以能在移动通信领域成为无可争议的技术领袖,主要的原因在于摩托罗拉公司在应对复杂的环境变化时总能采取超前性的战略,而且总能做到人力资源战略与公司战略相匹配。

第一节　战略性人力资源管理概述

目前世界经济迅速发展,企业所面对的环境急剧变化,在变化的环境中寻找竞争优势为企业发展所需。这些变化对人力资源管理也提出了严峻的挑战。

一、变化中的人力资源管理环境

(一)经济全球化发展

20世纪90年代以来,人类进入了信息和知识经济时代。随着世界经济一体化步伐的加快,随着欧盟、北美自由贸易区、亚太经合组织等区域性经济合作组织的产生,国与国之间的界限变得越来越模糊。无论是发达国家还是发展中国家的企业,都对世界经济的依赖程度越来越强,各国经济在你中有我、我中有你的全球化市场中相互依赖、相互竞争。这种无国界竞争格局的逐步形成,又反过来进一步加快了经济全球化的进程。这一进程正在深刻地改变世界经济面貌。

经济全球化导致社会的物质和资本在全世界范围内重新优化配置,加快了人力资源在不同国家和地区、不同产业和组织间流动,大大改变了劳动力市场的格局。经济全球化还促进企业间并购与重组在重大范围内产生。所有这一切都对人力资源管理产生了重大影响。人力资源管理部门需根据组织目标和经营战略的调整对组织进行重新设计,对人力资源进行重新配置,还要在开放的国际劳动力市场上寻找需要的各类人才。在新环境中,人力资源管理成为企业获得竞争优势的根本。在本国以外发展业务的企业要在国际竞争中获胜就必须制定国际化战略,提高人力资源国际化管理水平,国际人力资源管理与国内人力资源管理有些不同,国际公司的人力资源部必须特别关注两个方面:一是文化环境,即一个国家的语言、宗教、价值观、态度、教育、社会组织、技术、政治和法律等方面;二是东道国,即国际公司进行业务活动所在的国家的政策、法律、企业管理模式和企业人力资源管理的特征等。

(二)信息技术全面渗透

电子通信、计算机、互联网和其他互动技术的迅猛发展,对企业管理方式产生了巨大影响。技术进步对企业产生两种效应：一方面它使生产率逐步提高；另一方面也将进一步使就业机会从某些职业转移到另外一些职业。

目前，信息技术正不断渗透到企业经营的每一个环节，人力资源管理也不例外。一些企业的总公司已在人力资源管理中使用组织人力资源信息系统（Human Resources Information System，HRIS）。人力资源信息系统是指提供现时和准确数据的计算机系统，用于控制和决策的目的。在这种意义上，它已超越了简单的存储和更正信息，其应用的范围也已扩大到诸如编制报告、预测人力资源需求、战略计划、职业生涯、晋升计划、评估人力资源的政策及实践等领域。

网络组织结构改变了原来自上而下的信息传递方式，组织结构趋于扁平化，横向联系大大加强，组织更具弹性和灵活性。现已出现了不需要到某固定办公室来统一办公的"远程职工"，相互不见面而只靠电脑和互联网联系的虚拟组织。如何管理这种类型的组织和员工是当今时代向人力资源管理提出的重大挑战。

（三）管理的变革加速

技术和全球化只是推进组织和人力资源管理的两种力量。正如 GE 前任总裁杰克·韦尔奇的所言："如果你不能很快地适应种种变化，你就容易被淘汰。这对世界上的每一个国家的每一项事业的每一部分，都是真理。"

环境变化加速，要求企业管理也要快速变革。企业的变革一方面指反应性的变革，涉及在全面质量、持续改进、再造、外包以及所有诸如此类的组织为了获得更大成功所采取的变化措施，这些变化是组织的绩效受到外部因素的影响而产生的结果；另一方面指主动的变化，即由管理者主动做出改变，以抓住优势目标机会，特别是在快速变化的行业，跟随者是不能成功的。

面对变化，企业必须运用人力资源来管理变化。为了管理变化，管理人员不得不放眼未来，与员工沟通这一远景，对绩效提出明确的期望，通过重新组合人员和重新配置资产来发展这种能力。因此，所有的管理者，包括那些人力资源经理，在变化更容易的过程中扮演着重要的角色，特别是当要帮助员工沟通业务以及倾听员工的呼声时。

（四）市场变化的挑战

对任何一个组织来说，满足消费者的要求都是其立足之本。除了内部管理问题，管理者必须满足消费者的有关质量、革新、变化的需求，并作出反应。这些标准成了当今竞争世界成功者和失败者的分水岭。如何才能使公司了解消费者的需要？如何才能快速地开发新产品并进入市场？如何才能对反应施以特别的关注？等等，这就要求企业时常结合消费者需求进行管理创新。管理创新，例如全面质量管理和流程再造，只是对消费者作出反应的各种方法中的两种，每一种都直接涉及人力资源。

（五）人才的激烈争夺

目前，世界各国已都把争夺人才，尤其是高端人才，置于争夺的重点。2000 年全球性的人才大战达到白热化程度，跨国公司凭借其优厚的待遇和巨大发展空间吸引着世界上最优秀的人才，各国政府也辅之推出一系列政策。德国内阁通过了给予非欧盟国家引进技术人才的"绿卡"规定。新加坡宣布引进高科技人才不受指标限制。中国已于 2002 年提出人才强国战略，2006 年把人才强国战略写入了"十一五"规划纲要，众多的国内企业也主动地加入到人才争夺的行列。如今，各国企业对人才的竞争越来越重视。

　　可见，由于全球化、信息技术全面渗透、管理的变革加速、市场的变化、人才的激烈争夺使人力资源管理面临的挑战和机会，人力资源管理评价重点发生了转移，企业竞争已演变成人才的竞争。人力资源被视为第一资源，已成为衡量企业竞争力的标志。把人力资源作为一种竞争优势的观点导致一个新的研究领域的出现，这就是战略性人力资源管理（Strategic Human Resource Management）。

二、人力资源战略的含义、内容与地位

（一）人力资源战略的含义

　　人力资源战略是指人力资源管理部门及其管理者在对企业内外部环境分析的基础上，根据企业战略来制订的用来帮助企业实现战略目标的方向性指导计划。例如，联邦快递公司（FedEx）的战略目标之一就是通过富有献身精神的雇员来达到提高水平的客户服务质量以及较高的利润率。因此，该公司的基本人力资源管理目标就是，努力培养一支富有献身精神的雇员队伍。联邦快递公司通过各种具体的人力资源战略来实现这一目标，它通过各种管理机制如特定的争议处理程序来进行良好的双向沟通；把那些不具有以人为本的价值观的潜在管理者筛选出来；公平对待所有的雇员并且对所有的雇员提供保障；提供具有高竞争力的薪酬和绩效奖励；利用内部晋升和人员的开发向所有员工提供施展才华的机会等。可见，人力资源战略的实施过程不仅仅包括对人才的获取、配置、保持、激励和开发等，还包括对企业文化的培育和调整、对组织结构的再造，因此，人力资源战略是企业为实现企业战略目标而对员工的甄选、录用、培训、绩效、薪酬、激励、职业生涯管理等方面所做各种决策的总称。

（二）人力资源战略的内容

1. 人力资源开发战略

　　人力资源开发战略，就是指有效地发掘企业和社会上的人力资源，积极地提高员工的智慧和能力，所进行的长远性的谋划和方略。可供选择的人力资源开发战略方案有：（1）引进人才战略；（2）借用人才战略；（3）招聘人才战略；（4）自主培养人才战略；（5）定向培养人才战略；（6）鼓励自学成才战略。

2. 人才结构优化战略

　　可供选择的企业人才结构优化战略方案有：（1）人才层次结构优化战略；（2）人才学科结构优化战略；（3）人才职能结构优化战略；（4）人才智能结构优化战略；（5）人才年龄结构优化战略。

3. 人才使用战略

　　可供选择的企业人才使用战略方案有：（1）任人唯贤战略；（2）岗位轮换使用战略；（3）台阶提升使用战略；（4）职务、资格双轨使用战略；（5）权力委让使用战略；（6）破格提拔使用战略。

4. 人力资源战略的选择

　　企业应结合以下因素来选择以上的各种人力资源战略：（1）国家有关劳动人事制度的改革和政策；（2）劳动力市场和人才市场的发育状况；（3）企业的人力资源开发能力；（4）企业人力开发投资水平；（5）社会保障制度的建立情况。

（三）人力资源战略的地位

一般来说，企业战略分为三个层次：公司战略、经营单位战略和职能战略。人力资源战略，与经营战略、成本战略、产品战略、研发战略一样，也是一种重要的职能战略，处于第三层次，如图 2 - 1 所示。

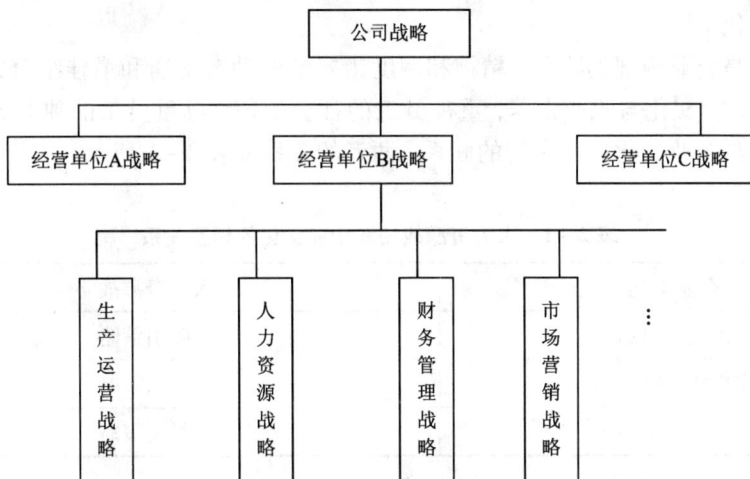

图 2 - 1　战略的层次

公司战略，亦称企业总战略，是指一个企业的总体方向，是企业为谋求长期生存和发展，在对外部环境和内部环境分析基础上，对企业发展目标、经营方向、重大经营方针和实施步骤做出长远、系统和全局的谋划。公司战略类型包括发展型战略、稳定型战略、紧缩型战略。

经营单位战略，亦称事业层战略，是指某个具体的战略事业单位（如事业部或子公司）采用什么样的策略来获取自己的竞争优势，保持本战略事业单位的成长与发展，以及如何来支持公司层面的总体战略。经营单位战略类型包括：成本领先战略、差异化战略、集中化战略。

职能战略是指企业的主要职能部门在执行公司战略、经营单位战略时采用的方法与手段，在企业战略体系中起到了基石和支撑作用。职能战略包括生产运营战略、市场营销战略、财务战略、人力资源战略等。

企业这三个层次战略相互配合、相互支持，形成一个不可分割的整体。但是，如果一个企业规模小，只在单一产品领域内经营，就不会设事业部，也就没有经营单位战略了，企业战略就可能只有两个层次，即企业总战略和职能战略。

第二节　人力资源战略的选择

一、影响人力资源战略的因素

影响人力资源战略的因素很多，总体上可以归纳为两个方面：

（一）企业内部的影响因素

1.经营目标的变化

随着时代的发展，市场竞争的加剧，企业为了能保持长期稳定的发展，必须根据外部环境的变化和自身情况的变化不断地调整经营目标，而企业经营目标的改变必然会影响到企业人力资源的需求，因此，企业人力资源战略必须做出相应的调整，以适应经营目标的变化。

2.企业文化

企业文化是企业内部的物质、精神和制度诸要素的动态平衡和最佳结合，它的精髓是提高员工的道德、文化与职业素养，重视员工的社会价值，尊重员工的独立人格。人力资源战略的确定与企业文化存在密切的联系，两者的关系如表2-1所示。

表2-1　　人力资源战略和企业文化的相互关系

企业文化	人力资源战略
官僚式＋市场式	吸引策略
家族式＋市场式	参与策略
发展式＋市场式	投资策略

3.企业高级管理人员的观念

不同的高层管理人员对人力资源管理所持的观念和态度不同，会直接影响到他们对企业人力资源管理活动的支持程度，进而影响到他们对人力资源战略的重视程度，也影响着企业对人力资源战略的具体制定和实施。

4.生产技术

技能能够成为引发组织战略变革的原动力。不同的技术装备对员工的素质和技能有不同的要求，它直接对企业员工的招聘、选拔、配置和开发提出了具体的标准和要求。

5.财务实力

企业的财务状况直接关系到人力资源战略的定位，直接影响到企业的招聘能力、劳动关系、绩效考评、薪酬福利等人力资源运作模式的选择和各种具体制度的制定。

（二）企业外部的影响因素

1.劳动力市场的变化

劳动力市场是劳动力供给与劳动力需求相互作用的场所。素质不同、要求各异、个性多样的劳动者，始终是劳动力市场的供给方。而在一定时期需要补充一定数量和素质的劳动力的企业，形成了劳动力市场运作的主角。劳动力市场上的供给和需求的任何一方发生变化都会影响企业的人力资源战略，企业必须根据不同时期劳动力市场的供求关系及时地调整正确的人事政策和用人策略。

2.政府政策的变化

政府相关政策的变化，也会影响企业的人力资源战略。如，允许人才自由流动的政策、鼓励大学生自主创业的政策的实施，就会促使企业制定相应的人力资源招聘政策。

3.劳动法律法规的健全程度

随着1994年我国《劳动法》的颁布执行和2001年新修改的《工会法》的发布，我国的劳动人事法律法规体系正在逐步健全和完善。企业中的劳动者只要诚实劳动、遵守法规，他们的正当的合法权益就能得有效保护，作为企业无论实施何种人力资源战略和政策都必须符合国家和地方政府发布的各种法律和法规。

4. 工会组织的作用

在我国，中华全国总工会及下属的各级各类分会是唯一合法的代表企业员工合法权益的社团组织和法人。随着我国社会主义经济体制的发展和完善，工会组织的作用也越来越大。工会的基本职责是维护职工合法权益，工会通过平等协商和集体合同制度，协调劳动者和用人单位的劳动关系，维护职工劳动权益。

5. 行业发展状况的变化

行业发展状况也会影响企业的人力资源战略。如"朝阳型行业"（如高新技术行业），因为发展前景光明，发展潜力大，就应该把吸引和激励人才作为人力资源战略的重点，才能保证企业持续发展的需要，而"夕阳型行业"（如传统行业）则采取相反的人力资源战略，侧重于引进或培养企业转型所需的人才，同时进行必要的裁员，降低人力资源成本。

二、人力资源战略的种类

人力资源战略是有关人力资源措施的决策模式。目前，国外学者依据不同的分析方法构建了五种主要的人力资源战略。

（一）以雇主—员工交换关系为基础的人力资源战略

这种人力资源战略类型的划分有两个假设：（1）雇主把员工看做资产还是成本？（2）员工关系是内部劳动力市场还是外部劳动力市场？如果员工关系是内部劳动力市场，那么雇主将人力资源看做资产，愿意为员工提供工作保障和职业生涯发展计划，不是根据当时的市场行情而是按照内部资产标准设定员工的薪酬。为了培养员工一系列的独特行为方式，企业将充分利用员工的知识，来建立持续的竞争优势。相比而言，如果员工关系是外部劳动力市场，那么，雇主将人力资源看做成本。这类雇主如果认为劳动力成本降低了自己的收入，就可能根据市场行情确定工资标准，也可能随意设立工资标准。

1. 奥斯特曼的四种人力资源战略模型

奥斯特曼（Osterman）在上述两个假设基础上提出了的四种不同的人力资源战略模型：技能战略（craft strategy）、第二种战略（secondary strategy）、产业战略（industrial strategy）、工资化的战略（salaried strategy）。

（1）技能战略。技能战略假定：劳动力市场的参与者拥有熟练的技能，追求个人职业生涯的发展。在这种情况下，劳动力的流动是不可避免的。企业完全从外部劳动力市场获取员工，以降低劳动力成本和保持灵活的人员配置来建立竞争优势，他们按市场行情付给工资，这样在需求下降的情况下，就可以解雇员工，降低开支。企业不为员工提供工作保障，而员工因为丧失了工作保障可能要求企业提供市场化的工资。

（2）第二种战略。第二种战略认为，只需要最基本技能的工作岗位的薪酬标准相应较低，没有工作保障，也没有职业生涯发展计划，比如一些看门人和送信人。员工因丧失了工作灵活性、对工作过程的控制和工作安全感，从而要求获得市场化的工资。

（3）产业战略。产业战略是一种混合战略。在采取这种战略的企业中，员工的工作范围狭小，工作责任明确，工作流动性较差，比较强调资历。比如，这类企业的工资水平主要参照资历和实际工作业绩，而不大受外部劳动力市场的影响，雇主只提供有限的职业生涯发展计划。相应地，员工为了获得有限的工作保障和待遇会放弃对工作过程的控制。

（4）工资化的战略。采取工资化战略的企业将员工看做持续竞争优势的一种关键资源。这类企业通常提供强有力的工作保障，可以变动的工作职责，灵活的分配方式，明确的职业生涯发展计划，依赖杰出人才，工资差别较大。相应地，这类企业要求员工对企业忠诚及更高的工作投入。工资化的战略是一种典型的内部劳动力市场观点。

2.戴勒瑞和多提的三种理想的人力资源战略模型

在奥斯特曼研究的基础上，近期戴勒瑞（Delery）和多提（Doty）提出了三种理想的人力资源战略模型：市场战略（Market Strategy）、内部战略（Internal Strategy）、中间道路（Middle of the Road）。他们特别强调企业战略与人力资源战略之间逻辑联系，并指出，那些人力资源战略与企业战略相互协调的企业的经营业绩，要比那些人力资源战略与企业战略相互不协调的企业的经营业绩好得多。

采取市场战略的企业热衷于降低劳动力成本，员工内部发展机遇较少，主要从企业外部招聘，几乎没有正式的培训，实行大范围的利润分享和有限的工作保障，员工很少有机会参与企业决策。而采取内部战略的企业则强调充分发挥员工的能力，实行内部劳动力市场导向，从企业内部选聘人才，提供广泛的在职培训，提倡员工之间的交流，主要根据工作表现而不仅仅是工作成果来评估绩效。

强调员工的发展，提供完全的工作保障，鼓励员工参与决策。中间道路战略则介于两者之间。

3.贝荣和克瑞普斯的三种人力资源战略模型

贝荣（Baron）和克瑞普斯（Kreps）不是把员工看做一种资源或者成本，而是根据企业有效获得、发展和维护人力资产方式，将人力资源战略划分为三种类型：内部劳动力市场战略（an ILM Strategy）、高承诺战略（High-Commitment Strategy）和混合战略（Hybrid Strategy）。与上述两类战略模型不同的是，贝荣和克瑞普斯提出的人力资源战略模型表明了任何企业战略的成功实施都依赖于企业独特的、持续的人力资源能力。

（1）内部劳动力市场战略。这种战略强调两个人力资源目标：维护企业独特的知识；选聘和培训成本最小化。为了实现这些目标，企业设计了复杂的招聘和筛选系统，加强员工的交流，提供广阔的发展机会，鼓励员工安心工作，以内部资产帮助确定薪酬。除了初级岗位外，其他所有岗位都从内部选聘合格人选。

（2）高承诺战略。高承诺战略的目标是最大限度地提高员工产出，使员工对工作有较强的认同感。在这种人力资源战略指导下，企业有一个复杂的招聘和筛选系统，来保障企业录用合格的人才；报酬制度鼓励员工增加工作的灵活性并且提倡员工参与的企业文化。与内部劳动力市场战略的官僚等级制不同的是，高承诺战略建立了平等的意识。内部劳动力市场战略通过提供工作保障和广阔的职业生涯发展前景，鼓励企业内部员工提高工作能力，积累企业独特的知识。比较而言，高承诺战略一方面通过市场力量取得这些知识和能力，主张员工要有一定程度的流动率。另一方面，则通过团队工作，结构扁平化，详细交流公开化和机遇工作成果的差别化报酬制度，将员工流动的损失降到最小。

（3）混合战略。这种战略是既参与了内部劳动力市场战略的工作保障和内部提拔人才，又采用高承诺战略下的团队工作结构和基于成果的绩效评估。比如，日本电气公司

（NEC）等日本企业和克莱斯勒等美国企业都采取这类战略。另外，贝荣和克瑞普斯的研究发现，越来越多的美国企业选择了另一种形式的混合战略。这类混合战略就是对关系到企业竞争优势的核心岗位采用高承诺战略，而对一些非关键岗位采用从外部劳动力市场选聘人才的战略。

（二）以雇主监督、控制员工绩效为基础的人力资源战略

戴尔和霍德（Holder）从控制角度提出三种人力资源战略：诱导战略（Inducement Strategy）、投资战略（Investment Strategy）、参与战略（Involvement Strategy）。

（1）诱导战略。这种战略主要是通过丰厚的薪酬去诱引和培养人才，从而形成一支稳定的、高素质的员工队伍。常用的薪酬制度包括利润分享计划、奖励政策、绩效奖酬、附加福利等。由于薪酬较高，人工成本势必高。为了控制人工成本，企业在实行高薪酬的诱引战略时，往往需要严格控制员工数量，所吸引的都是高技能的专业人才，招聘和培训费用相对较低。这类企业管理上采用以单纯利益交换为基础的严密的科学管理模式，强调目标承诺，同时工作权责明确，以降低生产过程中的不确定性，工作报酬主要参照个人努力程度。一般而言，处于激烈竞争环境的企业常常采用诱导战略。

（2）投资战略。这种战略是通过聘用数量较多的员工形成一个备用的人才库，储备多种专业人才，以备企业所需，提高企业的灵活性。采取这种战略的企业有一定的适应性和灵活性，拥有多方面的技能。但是决策集中、层级分明、工作职责广泛、报酬形式多样，以鼓励创新，重视员工的发展，鼓励员工积累这种内部知识。但是，投资战略的缺陷在于企业内部较多的指挥，过程监督和烦琐的报告系统可能影响员工的工作积极性。这种战略常被那些差别化的企业所采用。

（3）参与战略。采取参与战略的企业大都有扁平和分权的组织结构，能够在对竞争者和生产需求做出快速反应的同时，有效地降低成本。这种战略谋求员工有较大的决策参与机会和权力，使员工在工作中有自主权，管理人员更像教练一样为员工提供必要的咨询和服务。为鼓励创新，这些企业的人力资源管理政策强调人员配备、工作监督和报酬，员工多数是高技术水准的专业人员，可以达到企业人力资源战略目标。提供挑战性的工作，鼓励参与，把报酬与成果密切联系在一起，从而实现战略目标。

戴尔和霍德认为人力资源战略是有关主要人力资源目标的决策以及实现目标的手段。他们认为人力资源战略主要实现四种主要的目标：贡献（Contribution）、组合（Composition）、能力（Competence）和承诺（Commitment）。贡献指对员工绩效水平的期望，比如效率、创造性和创新能力；组合指企业员工的构成，如种族结构、性别结构、技能结构等；能力指员工的知识和技能水平，也即是员工拥有的实现企业战略目标的能力；承诺指员工对企业的忠诚程度。

（三）以人力资源获取和控制方式为基础的综合模型

综合模型是根据人力资源获取和控制方式两个维度来划分人力资源战略，以此可以获得四种主要的人力资源战略。

（1）资源获取维度。资源获取维度涉及外取还是自有。也就是说，企业内部人力资源政策是自己培养员工的能力，还是通过购买获得这种能力。

（2）控制方式维度。控制方式维度主要是指企业是倾向于监督员工行为，使其遵守操作标准，还是将员工利益与企业利益联系在一起，提高员工的积极性，发挥其独特的能力

以实现企业的目标。

根据上述两个维度，可以得到如表 2 - 2 所示的四种人力资源战略。

表 2 - 2　综合模型的四种人力资源战略①

	从内部获取资源	从外部获取资源
结果控制	承诺战略	自由战略
过程控制	家长式战略	次级战略

当企业管理人员缺乏对投入产出过程的了解，或没有能力对员工的行为进行监督、评价时，采取承诺战略比较合适。企业通过承诺战略，可以激励员工为了共同的利益而努力，员工能够自觉保持与企业目标一致的行为。相应地，企业应当重视员工的培训和开发，并从内部选拔人才，也就是说要以内部劳动力市场为基础。

当内部劳动力成本比较高时，企业可以采取自由战略，通过外部劳动力市场来获取稳定的专业服务。因为许多企业发现与其提高规范生产过程来降低不确定性，还不如从外部购买一些专家的服务。例如，建筑业中承包人一般都是根据需要，随时聘用大量的熟练工人。这些工人在所负责的一部分工程完工后，就返回劳动力市场，寻找下一份临时工作。

家长式战略在强调过程控制的同时，采取了部分内部劳动力市场措施来确保生产过程的稳定性，通过多任务小组和团队生产方式开发员工的能力，以此获得部分竞争优势，也就是说，工人同意对其生产过程进行直接监督。在对人员配备可能进行一些临时调整的情况下，管理人员不仅承诺从内部选拔人才，还提供就业保障。

次级战略则比较适合那些依赖成本稳定的生产过程为主要竞争优势的企业所采用。为了降低成本，企业强调过程控制，同时必须确保工作足够简单，一般从外部劳动力市场招聘工人，使转换和培训成本最小，而且劳动力成本是可变的。例如，我们常常可以看到越来越多的低成本、大批量的生产企业将其制造基地迁往劳动力成本比较低的地方。

勒派克(Lepak)和斯内尔(Snell)最近对 7 个行业的 153 家企业所做的实证研究同样提出了类似的四种战略，分别为：①承诺战略，类似表 2 - 2 中的承诺战略；②传统战略，类似表 2 - 2 中的家长式战略；③服从战略，类似表 2 - 2 中的次级战略；④合作战略，类似表 2 - 2 中的自由战略。

需要指出的是，从企业总体来说，大多数企业所采取的人力资源政策与主导的人力资源战略相符合；从企业微观层次上来讲，企业可能根据不同的员工而采取不同的措施。

（四）以时间维度为基础的人力资源战略

美国学者舒勒把人力资源战略分成三大类：累积型、效用型和协助型

累积型战略：这种战略主要是采用长远观点看待人力资源管理，注重人才的培训，通过甄选获取合适的人才。管理上以终身雇佣为原则，实行以职务及年资为标准的薪酬，员工晋升速度慢。高层管理者与新员工工资差距不大。

效用型战略：这种战略采用短期观点来看待人力资源管理，较少提供培训。不采用终

---

① B. Peter, M. Ilan. Human resource strategy: Formulation, Implementation, and Impact. Sage Publications, Inc. , 1999

身雇佣制，员工晋升速度快，薪酬以个人的能力为基础。

协助型战略：这是介于累积型和效用型战略之间，个人不仅需要具备技术性的能力，还需要与同事建立良好的人际关系。

（五）以企业变革的程度为基础的人力资源战略

史戴斯和顿菲认为人力资源战略可能因企业变革的程度不同而采取四种战略：家长式战略、发展式战略、任务式战略和转型式战略，如表2－3所示。

表2－3　史戴斯和顿菲对人力资源战略的分类

人力资源战略	管理方式	适用的企业	管理特点
家长式战略	指令式管理为主	基本稳定，微小调整的企业	集中控制人事的管理；强调程序、先例和一致性；硬性的内部任免制；强调操作和督导，人力资源管理的基础是奖惩和协议
发展式战略	咨询式管理为主，指令式管理为辅	处于不断变化和发展的经营环境的企业	注重发展个人和团队；尽量从内部进行招聘；大规模的发展和培训；运用内在激励多于外在激励；重视绩效管理和企业整体文化；优先考虑企业的总体发展
任务式战略	指令式管理为主，咨询式管理为辅	局部改革的企业	非常注重业绩和绩效管理；强调人力资源规划、工作再设计和工作常规检查；内、外部招聘并重；进行正规的技能培训；注重物质奖励；有正规程序处理劳动关系；非常强调组织文化
转型式战略	指令式管理与高压式管理并用	处于必须总体改革的企业	进行影响到整个企业和事业结构的重大变革；调整员工队伍的结构；进行必要的裁员；从外部招聘管理骨干；对管理人员进行团队训练，建立新的"理念"

三、人力资源战略与企业战略的匹配

企业战略是一组企业活动的决策，企业战略目标的实现依赖于一系列功能性战略，而这一系列功能性战略中人力资源战略最为重要。戈梅斯（Gomez）和梅西亚（Mejia）指出人力资源战略与企业战略相匹配，可以有助于企业利用市场机会提升企业内部的组织优势，帮助企业达成战略目标。问题是如何使人力资源战略与企业战略相匹配。

（一）与波特的竞争战略相协调的三种人力资源战略

迈克尔·波特（Michael Porter）提出，企业有三种基本的战略选择，即总成本领先战略、差异化战略，目标集聚战略。戈梅斯和梅西亚等人提出了与波特的竞争战略相对应的三种人力资源战略，如表2－4所示。

表 2-4　与波特的竞争战略相协调的人力资源战略

企业战略	一般组织特点	人力资源战略
成本领先战略	持续的资本投资;严密的监督员工;严密的成本控制,要求经常、详细的控制报告;低成本的配置系统;结构化的组织和责任;产品设计上以制造上的便利为原则	有效率的生产;明确的工作说明书;详细的工作规划;强调具有技术上的资格证明与技能;强调与工作有关的特定培训;强调以工作为基础的薪酬;使用绩效的评估当做控制的机制
差异化战略	营销能力强;产品的策划与设计;基础研究能力强;公司以品质或科技领导者著称;公司的环境可吸引高技能的富有创造力的员工、高素质的科研人员	强调创新和弹性;工作类别广;松散的工作规划;外部招募;团队基础的培训;强调以个人为基础的薪酬;使用绩效评估作为发展的工具
集中化战略	结合了成本领先战略和差异化战略组织特点	细分市场,满足特定人群的需要,并结合了上述人力资源战略

　　当企业采用成本领先战略时,主要是通过低成本来争取竞争优势,其表现形式是"人有我强",往往立足于最大限度地减少研发、服务、推销、广告等方面的成本费用,严格控制成本和加强预算。为了配合低成本的企业战略,人力资源战略强调的是有效性,借助于低成本市场、高结构化的程序来减少不确定性,并且不鼓励创造性和革新性。

　　当企业采用差异化的企业战略时,其表现形式是"与众不同",也就是以经营特色和标新立异来获得超常收益。这种战略思想的核心在于通过创造产品或服务的独特性来获得竞争优势,对竞争对手造成排他性,抬高进入壁垒。因此,这种战略的一般特点具有较强的营销能力,强调产品的设计和研究开发,公司是以产品的品质著称。此时的人力资源战略则是强调创新性和弹性,以团队为基础的培训和考评、差异化的薪酬策略。

　　当企业采用差异化战略时,则是建立在细分市场,满足特定人群的需要上的,此时的企业战略的特点是综合了低成本战略和差异化战略,相应的人力资源管理也将相应地采用上述人力资源战略。

　　(二)与迈尔斯和斯诺的企业战略相协调的人力资源战略

　　伯德(A. Bird)和比齐勒(S. Beechler)根据迈尔斯(Raymond Miles)和斯诺 Charles Snow)对企业战略的分类确定了与之相对应的人力资源战略。迈尔斯和斯诺把企业战略分为三种类型:防御者战略(Defender Strategy)、探索者战略(Prospector Strategy)和分析者战略(Analyzer Strategy)。伯德和比齐勒认为要与三种企业战略相一致,则必须采取相互协调的人力资源战略,如表 2-5 所示。

表 2-5　与迈尔斯和斯诺的企业战略相协调的人力资源战略

企业战略	组织特点	人力资源战略
防御者战略	维持内部的稳定性;有限的环境分析;集中化的控制系统;标准化的运作程序	累积者战略;基于建立极大化员工投入与技能培养;获取员工的最大潜能;发展员工的能力、技能和知识

续表 2 – 5

企业战略	组织特点	人力资源战略
分析者战略	弹性；严密和全盘的规划；提供低成本的独特产品	协助者战略；基于新知识和新技能的创造；获取自我动机强的员工；鼓励和支持能力、技能和知识的自我发展；在正确的人员配置及弹性结构化团体之间协调
探索者战略	不断的陈述改变；广泛的环境分析；分权的控制系统；组织结构的正式化程度；低资源配置快速	效用者战略；基于极少的员工承诺和高技能的利用；雇佣具有目前所需要的技能且可以马上使用的员工；使员工的能力、技能与知识能够配合特定的工作

（三）以麦迪思的企业生命周期战略为基础的人力资源战略

企业生命周期理论是美国著名管理学家伊查克·麦迪思提出的。他在《企业生命周期》一书中，他将生命周期划分为三个阶段：成长阶段、盛年阶段、衰退阶段，对企业生命历程及其面临的问题进行了详细的论述。本书结合中国企业的实际情况及人力资源管理的需要，把企业生命周期划分为创立期、成长期、成熟期和衰退期。这样，人力资源战略与企业发展阶段不同时期的企业战略相匹配，如表 2 – 6 所示。

表 2 – 6 以麦迪思的企业不同生命周期战略为基础的人力资源战略

企业不同时期	企业战略特点	人力资源战略的重点
创立期	还没有明晰的发展战略，企业主要求生存与发展，尽快渡过创业期	吸引和获取企业所需的关键人才，满足企业发展需要；制定鼓励关键人才创业的激励措施和办法，充分发挥关键人才的作用，加速企业发展；发现和培养核心人才，制订核心人才培养计划
成长期	发展型战略，企业规模不断扩大，企业寻求持续、快速和稳定的发展	确保企业快速发展对人力资源数量和质量的需要；完善培训、考评和薪酬机制；充分调动全体员工的工作热情，加速企业发展；建立规范的人力资源管理体系，使企业人力管理工作逐步走上法制化轨道
成熟期	稳定型战略。企业发展的黄金时期，企业考虑的是如何使成熟期延长并力争使企业进入到一个新的成长期	严格控制人员进入；完善绩效考评，增加考评指标体系中创新指标的权重；调整人力资源管理政策，向创新岗位和创新人员倾斜；建立鼓励创新的职业生涯管理模式，提倡创新文化和危机教育，培养创新人才队伍
衰退期	紧缩型战略。组织压缩，精简业务，寻求企业重整和再造，使企业再获新生	制定企业裁员计划并妥善实施；控制人力资源成本；提出妥善处理劳资关系的相关办法，搞活用工制度，吸引并留住优秀人才

第三节　人力资源战略和企业竞争优势

一、人力资源战略提升企业竞争优势的实践证据

人力资源管理实践是企业人力资源战略的具体表现和有力证据。我们可以研究企业的人力资源管理实践来分析人力资源战略。斯坦福大学的教授杰夫瑞·菲弗（Jeffery Pfeffer）通过研究发现，有16种体现企业人力资源战略的实践可以提升企业竞争优势。

（1）就业安全感。组织向雇员提供长期承诺，任何一位雇员不会因为工作的缺乏而被解雇，这有利于雇员的忠诚和愿意为组织付出额外的努力。

（2）招聘时的挑选。以正确的方式挑选员工，一方面可以确保招聘到合格的雇员，合格的雇员的劳动生产率一般高出不合格员工的两倍。另一方面，可以向求职人员传递一种信息，即他们是经过挑选而来，他们加入的是精英团队，组织对于他们的高绩效寄予了高的期望。

（3）高工资。高于市场的工资可以吸引更加优秀的求职人员，也可以减少员工的流失。

（4）诱因薪金。让那些提升了赢利水平的雇员分享津贴，体现了公平和公正，有利于保持优秀员工的进取心。

（5）雇员所有权。通过股票、期权和利润分享方案等把组织的所有权利润给予雇员，使雇员与其他股东成为利益共同体，有利于增强优秀员工的忠诚，长期地激励他们努力提高劳动生产率。

（6）参与和授权。实践表明，参与既能提高雇员的满意度，又能提高劳动生产率，扩大工人的参与和授权是组织提高绩效非常有效的办法。

（7）信息分享。

（8）团队和工作再设计。

（9）培训和技能开发。

（10）交叉使用和交叉培训。培训人们去从事几项不同的工作。让人们去做多项工作可以使工作变得丰富而有意思，并使经理们安排日常工作更富弹性。

（11）象征性的平等主义。减少社会类别的体现有可能减少员工对管理层的对立，如可以通过取消经理餐厅和泊车位之类的行动。

（12）缩小雇员间薪金差别。

（13）内部晋升。

（14）长期观点。组织必须明白，通过劳动力达到竞争优势需要树立长期的观点。在短期内，解雇员工和减少培训经费是保持短期利润的快捷方式，但是维持就业安全感更有利于保持人力资源的持久优势。

（15）对实践的测量。测量能够通过指明何者重要而指引行为，而且能为公司和雇员提供反馈。

（16）贯穿性的哲学。通过根本的管理理念把个体的实践连接成一个凝聚性的整体，指引他们的行为。

二、人力资源战略提升企业竞争优势的理论模型

克雷曼以人力资源实践为分析起点，指出一系列的人力资源管理实践可以直接或间接地提升企业竞争优势。直接地提升企业竞争优势是指贯穿某种人力资源管理实践的方法本身能够对竞争优势产生一种直接影响，间接地提升企业竞争优势是指某种人力资源管理实践能够通过导致某些结果去影响竞争优势，具体可以通过以员工为中心的结果引发以组织为中心的结果，来提升企业竞争优势，如图 2-2 所示。

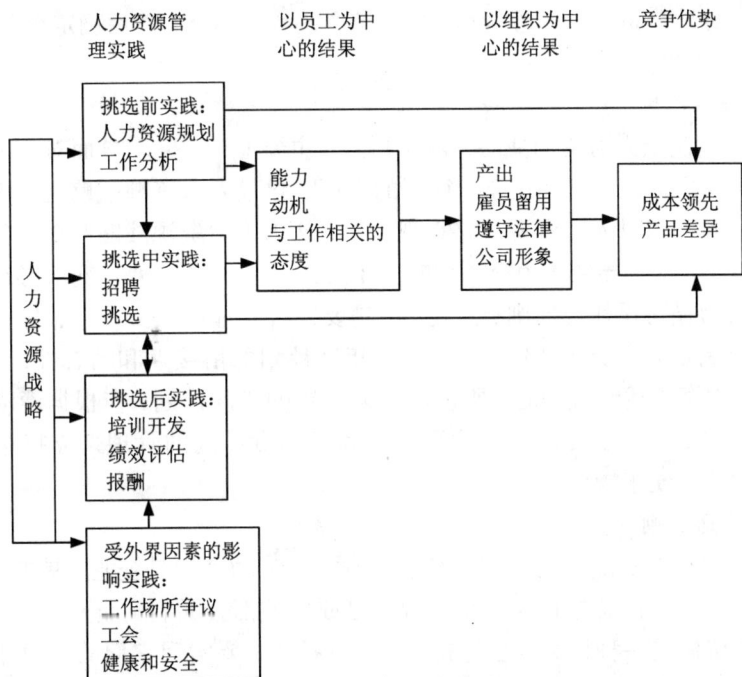

图 2-2　人力资源战略提升企业竞争优势理论模型

（资料来源：Lawrence S. Kleiman. Human Resource Management：A managerial Tool for Competitive Advantage. China Machine Press，2003）

三、通过人力资源战略获得持续的企业竞争优势

巴尼（Jay B. Barney，1991）提出了企业运用其资源保持持久性竞争优势的五个特性：有价值性；稀缺性；无法复制性；无法替代性；以低于其价值的价格为企业所取得。

适合的人力资源战略能有效地吸引、激励和稳定核心人力资源，为企业保持持续的竞争优势。而核心人力资源就完全符合巴尼的赢得和保持持久性竞争优势的条件。核心人力资源对企业的现在和将来而言必然具有非常重要的价值，而且也必然是稀缺的，否则就不会称之为核心资源；核心员工是无法被仿制的（或被复制的）；人力资源是其他资源无法替代的；能否以低于其价值的价格为企业所取得并不是所有的企业都能做到，只有企业采取恰当的人力资源战略才能做到，也才有可能赢得和保持持久性竞争优势。

第四节 人力资源战略的制定

一、人力资源战略制定的原则

(一)目标先行原则

先确定企业战略目标,然后根据目标制定实现目标需要采取的人力资源战略,最后制定实施人力资源战略的具体规划。企业在制订人力资源战略规划时,往往先有一个心理预期目标,然后充分地分析内外部环境后,再调整心理预期目标,然后确定企业的经营目标,最后确定人力资源战略。

(二)可操作性原则

目前很多企业制定人力资源战略常流于形式,主要原因是:一方面对人力资源战略理解不够,总认为人力资源战略是很空、很玄的东西,导致人力资源战略无法落到实处;另一方面,人力资源部门对人力资源战略重视不够,认为人力资源战略是做给领导看的花架子,没有实际意义,这也导致人力资源战略流于形式。要改变这种状况就必须在制定人力资源战略规划时遵循可操作性原则,做到:一是要结合企业的实际,在做好企业内外部环境分析的基础上制定人力资源战略;二是注意年度计划的衔接性和动态性,企业在制定 3 ~5 年的滚动人力资源战略规划时,要包括最近一年的年度计划,应根据滚动战略规划第一年的分目标来制定;三是要以成本预算管理和目标责任制的管理来支持企业的年度计划,使人力资源战略便于操作。

(三)相互沟通原则

人力资源战略与企业战略之间需要经常"沟通"。人力资源是企业发展的基础,经营战略是企业发展的导向,两者中任何一个出现不足或偏差都会影响到企业的可持续发展,可以说,企业人力资源是一种推力,经营战略是一种拉力,要实现它们的合力作用的最佳效果,就必须使人力资源战略与经营战略之间经常"沟通",通过"沟通"达到"协调"和"合作",以此实现企业可持续发展的目标。

二、人力资源战略制定的程序

与企业的生产、市场营销、采购和企业财务等职能一样,人力资源战略是一个职能战略。人力资源战略应当与公司战略相配合,从而达到互动。要制定有效的人力资源战略必须经过以下程序,如图 2-3 所示。

(一)战略准备

(1)定义组织宗旨,阐述企业使命。这是企业战略和人力资源战略的核心。具体内容:确定企业的特定(目标)客户群和创造稳定高价值顾客群的基本政策;明确需要采取的行动,如招聘优秀人才,促进员工发展与成功,满足社会需求,获得最好的收益水平等。

(2)外部环境分析。对影响企业的各种外部环境因素如劳动力市场、政府政策、法规和社会文化等进行系统分析。

(3)内部环境分析。主要是对企业自身分析,如组织内部资源、企业战略与文化和员工期望等分析。

战略准备	战略制定	战略实施	战略评估
定义组织宗旨和使命 外部环境分析 内部环境分析 SWOT分析	确定战略与目标 战略的实施计划 实施保障计划 战略平衡 资源的合理配置 人力资源计划	人力资源开发与管理 组织、个人利益协调 组织内部资源与技术的利用	战略与现实差异 战略的调整 战略的经济效益

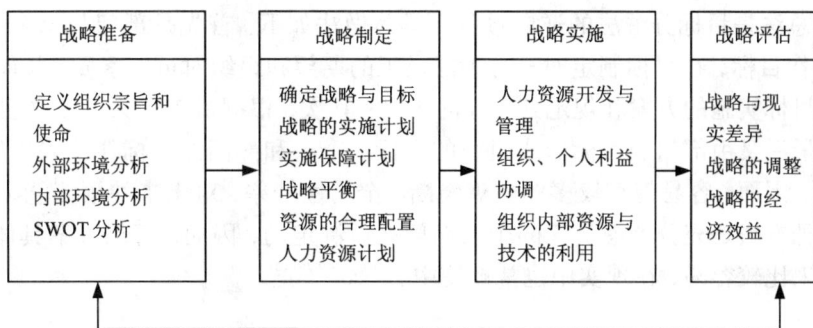

图 2 - 3　人力资源战略制定流程图

（4）SWOT 分析。是对企业人力资源的优势、劣势、机遇和威胁分析和未来变化分析，识别内外部环境中的变化和特点。

（二）战略制定

制定人力资源战略，首先要确定人力资源开发与管理的基本战略与目标。人力资源战略是根据组织的发展战略目标、人力资源现状和趋势、员工的期望综合确定的。人力资源战略是对未来组织内人力资源所要达到的数量结构、素质与能力、劳动生产率与绩效、员工士气与劳动者态度、人力资源政策、开发与管理的成本。

（三）战略实施

战略实施需要将员工期望、组织设计、人员配备及能力开发、绩效管理与战略密切结合起来。人力资源战略实施过程中，最重要的工作则是日常人力资源开发与管理工作，它将人力资源战略与人力资源规划落到实处，并检查战略与规划的实施情况，对管理方法提出改进方案，提高员工满意度，改善工作绩效。

（四）战略评估

战略评估阶段主要是在战略实施过程中寻找战略与现实的差异，发现战略的不足之处，并及时调整，使之更符合组织战略和现实情况过程。战略评价同时也是对人力资源战略的经济效益进行评价的过程，也就是进行成本与收益的分析。战略评价重点在结果的评价上，而不是放在日常活动和运作效率上。

三、人力资源战略制定的方法

人力资源战略的制定有两种方法：一是目标分解法；二是目标汇总法。

（一）目标分解法

目标分解法是根据组织发展战略对人力资源管理的要求，提出人力资源战略的总目标，然后将此目标层层分解到部门与个人，形成各部门和个人的目标与任务。分解总体目标、确定子目标需要注意：一是根据部门、员工的自身条件与能力；二是分解后的目标应为具体的任务，具有可操作性、可监控性。这种方法的优点是：战略系统性强，对重大事件与目标把握较为准确、全面，对未来的预测性较好；缺点是战略易与实际相脱离，易忽视员工的感受和期望，且经过的层级多，过程非常烦琐，常会因管理人员的素质问题的不同导致目标在分解中容易发生偏差。

（二）目标汇总法

目标汇总法是目标分解法的逆向过程。具体做法如下：首先是部门与每个员工讨论，制定个人工作目标，在目标制定时充分考虑员工的期望和组织对员工素质、技能和绩效的要求，提出目标实施的方案和规定其实施的步骤；其次，根据员工个人的工作目标形成部门的目标；最后又由部门的目标形成组织的目标。个人和部门的目标往往采用经验估计、趋势估计法，因而，容易带有较多的主观臆断，全局性较差，对未来的预测能力较弱。但是，由于这种方法是充分考虑员工的个人期望之后制定的，因而，行动方案具体、操作性强，执行起来比较容易，在现实中也常被使用。

【本章小结】

在面对经济全球化发展、信息技术全面渗透、管理的变革加速、市场变化的挑战和人才激烈争夺的人力资源管理环境里，人力资源被视为一种竞争优势，导致了一个新的研究领域——战略性人力资源管理的产生。

战略性人力资源管理是为了提高企业绩效水平，培育富有创新性和灵活性的组织文化而将企业的人力资源管理活动同战略目标和目的联系在一起的管理方式。它所有工作和活动都是围绕着组织战略目标展开，强调人力资源是组织最重要的战略资源，在不断变化的环境中提出未来组织战略所需要的人力资源管理，在这过程中它扮演着战略决策角色、战略职能角色、信息和问题解决角色、行政管理角色和变革推动者角色。

人力资源战略是人力资源管理部门及其管理者在对企业内、外部环境分析的基础上，根据企业战略来制定的用来帮助企业实现战略目标的方向性指导计划，其实施的过程包括对人才的获取、配置、保持、激励和开发等，因此，人力资源战略包括人力资源开发、人才结构优化、人才使用和人力资源战略的选择。

人力资源战略的选择要考虑内、外部因素的影响。内部因素主要有经营目标的变化、企业文化、企业高级管理人员的观念、生产技术和财务实力等，外部因素主要有劳动力市场的变化、政府政策的变化、劳动法律法规的健全程度、工会组织的作用和行业发展状况的变化等。

人力资源战略主要有五种类型：以雇主—员工交换关系为基础的人力资源战略；以雇主监督、控制员工绩效为基础的人力资源战略；以人力资源获取和控制方式为基础的综合模型；以时间维度为基础的人力资源战略和以企业变革的程度为基础的人力资源战略。

人力资源战略需要与企业战略相匹配。主要有三种观点：(1)戈梅斯和梅西亚等人提出了与波特的三种基本的企业战略——总成本领先战略、差异化战略，目标集聚战略与之相对应的三种人力资源战略；(2)伯德和比齐勒提出了与迈尔斯和斯诺提出的防御者战略、探索者战略和分析者战略相一致的三种人力资源战略。(3)本书结合中国企业的实际情况及人力资源管理的需要，把企业生命周期划分为创立期、成长期、成熟期和衰退期，并提出与企业发展阶段不同时期的企业战略相匹配的四种人力资源战略。

人力资源战略关系到企业的竞争优势。斯坦福大学的教授杰夫瑞·菲弗研究发现有16种体现企业人力资源战略的实践可以提升企业竞争优势。克雷曼以人力资源实践为分析起点，指出一系列的人力资源管理实践可以直接或间接地提升企业竞争优势。巴尼提出了能保持企业持久性竞争优势的资源有五个特性，而核心人力资源就完全符合保持持久性竞争优势的条件。因此，核心人力资源对企业的现在和将来必然具有非常重要的价值。企业只有采取恰当人力资源战略才能取得和保有核心人力资源，才有可能赢得和保持持久性竞争优势。

制定人力资源战略要遵循三个原则：目标先行原则；可操作性原则；相互沟通原则。人力资源战略制定要经过四个步骤：战略准备—战略制定—战略实施—战略评估。人力资源战略的制定有两种方法：一是目标分解法；二是目标汇总法。

【关键概念】

战略性人力资源管理　人力资源战略　竞争优势

【思考与练习】

1. 影响人力资源战略选择的因素有哪些？
2. 人力资源战略选择如何与企业战略相匹配？
3. 人力资源战略提升企业竞争优势的理论模型的内容。

【拓展学习】

1. 中国人力资源开发网：http://www.chinahrd.net
2. 中国人力资源网：http://www.hr.com.cn
3. 人力资源管理网：http://www.rlzygl.com

第三章　工作分析与工作设计

【学习目标】

掌握工作分析的概念；了解工作分析的意义及其在人力资源管理中的作用；掌握工作分析的内容；重点掌握工作分析的方法；学习编制工作说明书；了解不同工作设计的方法与基本模式。

【重点难点】

1. 工作分析的内容和方法。
2. 工作说明书的编制。
3. 工作设计与工作分析的关系。
4. 工作设计的方法和基本模式。

【导入案例】

工作分析——走出人力资源管理的混沌状态

A公司是我国中部省份的一家房地产开发公司。近年来，随着当地经济的迅速增长，房产需求强劲，公司有了飞速的发展，规模持续扩大，逐步发展为一家中型房地产开发公司。随着公司的发展和壮大，员工人数大量增加，众多的组织和人力资源管理问题逐步凸现出来。

公司现有的组织机构，是基于创业时的公司规划，随着业务扩张的需要组建扩充而形成的。在运行的过程中，组织与业务上的矛盾已经逐步凸显出来。部门之间、职位之间的职责与权限缺乏明确的界定，扯皮推诿的现象不断发生；有的部门抱怨事情太多，人手不够，任务不能按时、按质、按量完成；有的部门又觉得人员冗杂，人浮于事，效率低下。

公司的人员招聘方面，用人部门给出的招聘标准往往含糊，招聘主管往往无法准确地加以理解，使得招来的人大多差强人意。同时目前的许多岗位往往不能做到人事匹配，员工的能力不能得以充分发挥，严重挫伤了士气，并影响了工作的效果。公司员工的晋升以前由总经理直接做出，现在公司规模大了，总经理已经几乎没有时间来与基层员工和部门主管打交道，基层员工和部门主管的晋升只能根据部门经理的意见来做出。而在晋升中，上级和下属之间的私人感情成为了决定性的因素，有才干的人往往不能得到提升。因此，许多优秀的员工由于看不到自己未来的前途，而另寻高就。在激励机制方面，公司缺乏科学的绩效考核和薪酬制度，考核中的主观性和随意性非常严重，员工的报酬不能体现其价值与能力，人力资源部经常可以听到大家对薪酬的抱怨和不满，这也是人才流失的重要原因。

面对这样严峻的形势，人力资源部开始着手进行人力资源管理的变革，变革首先从进行工作分析，确定工作价值开始。工作分析究竟如何开展，如何抓住工作分析的关键点，为公司本次组织变革提供有效的信息支持和基础保证，是摆在A公司面前的重要课题。部门之间、职位之间的职责与权限如何进行明确的界定？公司进行人员招聘的依据是什么，如何才能做到人事相宜？通过本章的学习，你应能够对 A 公司的工作分析面临的问题做出解答。

（资料来源：彭剑锋. 人力资源管理. 上海：复旦大学出版社，2008）

第一节 工作分析概述

一、工作分析的内涵

人力资源管理具有两类不同性质的管理活动：第一，日常例行的管理活动；第二，维持和发展组织系统的活动。工作分析属于第二类管理活动。工作分析（Job Analysis）又称职位分析、岗位分析或职务分析，它是人力资源管理的基础和平台，是整个人力资源管理的依据和参考，离开了工作分析，一切的管理工作都是感性行为，毫无科学性可言。一个企业的工作分析是否科学合理，在很大程度上决定了企业的管理水平。近一个世纪以来，国内外学者根据他们对工作分析的不同理解，对工作分析进行了不同的界定。

我们认为工作分析是通过收集、分析相关工作的信息，对工作的具体特征做出描述，并由此确定各项工作所需的知识、技能和职责的系统过程。

二、工作分析的内容

工作分析的侧重点使用的描述指标不同，产生的结果不同，在人力资源管理各环节中的应用也不同。但一般来说，工作分析包括以下两方面的内容：描述工作的性质及特征并规定担任相关工作所需具备的资格条件。这种工作分析将为人员的录用和配置、工作评定、薪金的确定、晋升等提供基础资料。

（一）工作描述

工作描述是指正确描述工作的内容和实质，主要说明任职者应该做什么、怎样做以及在什么条件下履行职责。工作描述无统一的标准，规范的工作描述一般包括以下几个方面。

（1）工作名称。工作名称应当简明扼要，力求能标识工作的责任、在组织中所属的地位或部门。如银行经理、内科医师助理就是比较好的工作名称，而顾问、包装工则不够明确。如果需要，工作名称还可以有别名或代号。

（2）工作内容。工作内容是工作描述的主体部分，必须详细描述。工作内容需要说明所要完成的任务与责任、所使用的原材料与设备、工作流程与规范、完成工作所连接的工作关系、被监督的性质与内容等。

（3）物理环境。物理环境需要说明工作地点的温度、湿度、照明度、振动、噪音、粉尘、异味、空间、油渍、安全条件以及工作人员和这些因素接触的时间，还包括工作的地理位置等。

（4）社会环境。社会环境需要说明工作团体成员的数量及基本情况、同事之间的关系、与各部门之间的关系，组织内外的文化和生活设施、社会风俗等。

（5）工作待遇。人们常常根据工作待遇的情况来分析和解释工作描述的其他内容，所以这部分的说明特别重要。工作待遇需要说明工作时间、工资结构及支付方式、福利待遇、该工作在组织中的正式位置、晋升机会、工作的季节性、培训、进修和提高的机会等。

一般来说，在工作描述中容易出现两种倾向：第一种情况就是把工作内容、职责等过于详细地描述出来；第二种情况就是描述得过于简略。在第一种情况下，各种工作界定得太清楚，可能让员工有"各扫门前雪"的心理，不利于团结协作；第二种情况，描述过于简略则易流于形式，起不到明确工作职责的作用。所以，对于不同的工作，工作描述的详略应有所差异。对于非常具体、独立的工作，如机床维修工，可以非常详细地描述其工作内容和职责；而对于需要协作才能完成的工作，如公司的员工，在明确主要职责的同时，应留出一定的模糊空间，容许交叉，以便灵活安排，保证组织任务的完成。

（二）任职资格

任职资格是指对任职者胜任某项工作所必须具备的资格条件所做的规定。只说明任职者在承担该工作时的最低要求，并不是最理想的任职者形象。大体上包括以下三类要求：

（1）一般要求：年龄、性别、学历、外语水平、计算机运用水平、工作经验等。

（2）生理要求：健康状况、视力与听力、力量与体力、运动的灵活性、身体的协调性与灵活性、感觉器官的灵敏度、耐力等。我们可以将每一种能力划分为几个等级，来确定工作所要求的能力范围以及对哪几种能力要求更严格。

（3）心理要求：观察能力、学习能力、记忆能力、解决问题的能力、语言表达能力、人际交往能力、决策能力、创造力、压力承受力、事业心、合作性、性格、气质、兴趣爱好等。不同类型的考试可以鉴别不同的心理能力，如一般的认知考试测验的是记忆、分析、判断、推理等能力，而心理测验则能说明一个人的个性特征。

通过这三类要求的指引，可以正确引导员工达到公司所要求的工作目标。

三、工作分析的意义

如第一章所述人力资源管理的主要职能包括人力资源规划、工作分析、招聘、录用甄选、培训开发、薪酬管理、绩效管理、员工关系管理等8个方面的内容，它们一起构成了人力资源的管理职能系统。在这个系统中，工作分析是平台，是源头，是其他7项管理职能实施的基础。工作分析具有重要的意义，具体表现在：

（一）有利于制订科学的人力资源规划

人力资源规划是要解决组织发展过程中"人"与"事"相互适应的问题。工作分析是人力资源规划的基础。通过工作分析，逐一列举并分析影响工作的因素，可以明确每项工作内容的多少、责任的大小、环境的限制、时间的约束等，从而确定组织需要设置哪些工作以及每项工作所需的人力，继而制订符合组织需要的人力资源规划。

（二）有利于选拔和任用合格人员

人员的招聘、甄选、录用要解决的是进入组织中人员的质量问题。要确保进入的人员质量，就必须依靠科学的工作分析。科学的工作分析通过明确规定工作责任，说明工作的程序，列出内容，提出任职人员知识、技能、品格、体能等方面的要求及任用标准，能够为人员招聘、选拔、录用等提供科学的依据，保证组织录用到合格的人员。

（三）有利于开展培训开发工作

员工的培训与开发解决的是任职者的知识、技能和素质与职位相互匹配的问题。但到底应该培训谁？培训什么？如何培训？这些问题可以从工作分析中找到答案。工作分析中有关职责、权限、任职资格等内容的设定，形成了基本的工作规范和要求，通过这个标尺的衡量，管理者就可以知道哪些员工需要接受培训、需要接受何种技能的培训，由此可以有针对性地制订出培训计划，提高培训的效率和效果。

（四）有利于设计合理的薪酬制度

薪酬制度是人力资源管理中最为重要的激励手段。工作的性质不同，其激励手段是有区别的，其薪酬水平和奖励制度也不一样。而要理解工作的性质显然离不开工作分析。工作分析根据工作职责的大小，任务的难易程度，技能要求的高低，工作经验、劳动强度、工作负荷以及劳动环境的优劣建立一套完整的评定指标体系和评定标准，从而判断了每一种工作对于组织的重要程度，以及相对于组织目标所具有的价值，也为确定每种工作的薪酬水平提供了依据。以工作分析为基础的薪酬制度有利于贯彻按劳分配，实现了薪酬的内部公平性。

（五）有利于实行科学的绩效考核

绩效考核就是要将员工的实际工作业绩与要求达到的工作绩效标准进行比较。其前提就是需要一个绩效考评的标准。这个标准离不开对工作的深入分析。工作分析以岗位为中心，分析和评定各个岗位的功能和要求，明确每个岗位的职责、权限，每一项工作的内容都有明确界定。员工应该做什么，不应该做什么，应该达到什么要求，都十分清楚。这些为科学设计考核内容、指标体系和等级评定标准提供了客观依据，也为考核结果的公正性提供了保障。

（六）有利于优化员工关系管理

所有涉及企业与员工、员工与员工之间联系和影响的方面，都是员工关系管理体系的内容。员工关系管理针对员工个人的发展方向和工作兴趣，为员工提供了职业发展的通道。工作分析信息对员工关系管理是很重要的。工作分析提供了工作内容和任职资格，对能力素质也提出了要求，当考虑到对员工进行提升、调动或降职的问题时，工作分析提供了一个比较个人才干的标准。员工还可以根据自身发展目标，结合自身的素质特长，清晰地规划自身的发展道路。

第二节 工作分析的实施

工作分析是一项技术性很强的工作，是一个对工作全面评价的过程。工作分析需要具有与组织人力资源管理活动相匹配的科学的、合理的操作程序，需要把握好工作时机、内容及选择适合的方法，才能保证工作分析的有效性，才能有利于整个人力资源管理大厦的坚固和稳定。

一、工作分析的时机

工作分析这项工作非常重要。组织什么时候需要进行工作分析呢？

（一）组织新成立时

对于新成立的组织要进行工作分析，这样可以为后续的人力资源管理工作打下基础。组织新成立时，工作分析最迫切的用途是在人员招聘方面。由于很多职位还是空缺的，所以工作分析应该通过组织结构、发展计划等信息来进行，制定一个粗略的工作分析。工作分析的结果仅仅满足能够提供招聘人员的依据："工作职责"和"任职资格"即可。更为详细的工作分析可以在组织稳定运行一段时间之后进行。

（二）职位有变动时

当职位的工作内容等因素有所变动时，应该对该职位的变动部分重新进行工作分析。职位变动一般包括职责变更、职位信息的输入或输出变更、对职位人员任职资格要求变更，等等。在职位变更时，要及时进行工作分析，以保证工作分析成果信息的有效性和准确性。要注意的是，在职位变动时，往往并不是一个职位发生改变，而是与之相关联的其他职位也会发生相应的改变。在进行工作分析时，一定要注意上述问题，不能漏掉任何一个职位，否则很可能会使工作分析出现矛盾的结果。

（三）组织没有进行过工作分析的时候

有些组织已经存在了很长时间，但由于组织一直没有人力资源部，或者人力资源部人员工作繁忙，所以一直没有进行工作分析。这些组织应该及时进行工作分析。特别是对于新上任的人力资源部经理，有时会发现组织的人事工作一团糟，根本无法理出头绪，这时就应该考虑从工作分析来切入工作。

二、工作分析的基本原则

（一）系统原则

所谓系统，就是由若干既相互区别又相互依存的要素所组成、处于一定环境条件中、并具有特定结构和功能的有机整体。一个组织就是一个系统，各要素相互依存，所以要根据组织发展战略来进行组织结构设计，根据组织结构设计来进行职能分解，根据职能分解来做岗位设置，根据岗位设置来做工作分析。当具体到对某一项工作进行分析时，要注意该工作与其他工作的关系以及该工作在整个组织中所处的位置，从总体上把握该工作的特征及对从事该工作的人员的要求。

（二）岗位原则

工作分析的出发点是从岗位出发，分析工作的内容、性质、关系、环境以及人员的胜任特征，即完成这个岗位工作的从业人员至少需要具备什么样的资格与条件，而不是分析在岗的人员如何。否则，会使员工产生防御心理等不利于工作分析结果的问题。

（三）目的原则

工作分析的目的不同，决定了工作分析的侧重点不同。如果工作分析的目的是为了明确工作职责，那么分析的重点在于工作范围、工作职能、工作任务的划分；如果工作分析的目的在于选聘人才，那么分析的重点在于任职资格的界定；如果工作分析的目的在于决定薪酬福利的标准，那么分析的重点则在于对工作责任、工作量、工作环境、工作条件的界定等等。

（四）动态原则

工作分析的结果不是既定不变的，面对不断变化的组织内外环境，人不断地成长，组织不断地发展，工作分析也要根据组织战略意图、环境变化、业务的调整，对工作分析的相关内容定期或不定期地予以修订。这样才能确保工作分析的适用性。

三、工作分析的步骤

工作分析过程包括明确目标阶段、准备阶段、调查阶段、整理分析阶段以及完成阶段五个相互联系、相互影响的步骤。

(一)明确目标阶段

工作分析过程一个极其重要的方面是从管理者和员工那里收集资料之前先做一个规划。规划中最重要的是明确工作分析的目标,更新工作描述、制订招聘计划、进行绩效评估、修订薪酬计划等都可以包括在这个范围内。不管确定的目标是什么,至关重要的是要得到组织高层管理者的支持。

(二)准备阶段

准备阶段是工作分析的第二个阶段,主要任务是了解情况,确定工作分析对象样本,建立关系,组成工作小组。准备阶段的具体工作如下:①针对组织的特征和现状,为确保工作分析的有效进行,应组成专门的工作分析小组,组员由工作分析专家、组织内在职人员、上级领导组成。工作分析小组的成员应事先进行一段时间的集中培训。②熟悉现有文件与资料,如各部门的部门说明书、工作流程图和工作说明书等。在此基础上对工作的主要任务与责任、工作的流程与规范等进行分析总结,找出原来的工作分析文件所存在的问题。根据规划中所明确的工作分析的目标,重新确定各项工作的基本标准要求。③调查对象的选择主要考虑其代表性,这样调查结果才能真实地反映同类事物的共性。④为了搞好工作分析,应做好员工的心理准备工作,降低工作分析对员工心理和态度的不确定性影响,建立起友好的合作关系。

(三)调查阶段

调查阶段是工作分析的第三阶段,主要任务是广泛深入地收集有关工作岗位的各种数据和资料,包括工作的内容、程序、职责、劳动负荷、工作的要求、工作的环境和条件等。在信息收集中,一般可灵活运用问卷法、访谈法和观察法等方法。①使用问卷调查,最好先把问卷交给员工的主管或管理者审阅一下,然后再让员工进行填答。与问卷同时发放的应该有一份解释调查目的以及如何填答问卷的说明。②一般来说,在进行广泛的问卷调查时,还可对主管人员和"典型"员工进行深入地访谈。访谈内容的选择很重要,应饱满,以提高访谈的有效性和效率。③观察法则是到工作场地观察工作流程、必要的设备,记录关键事件,考察工作的物理环境与社会环境。

(四)整理分析阶段

本阶段是工作分析中的关键环节。它根据调查的结果,进行深入的分析和全面的总结。这一阶段并不是简单机械地收集和积累信息,而是要对工作的特征和要求做出全面考察,创造性地揭示工作的主要成分和关键因素。具体工作如下:①按照组织单元、工作类别将获取的信息进行分类,这样可以比较从组织内相似工作得来的资料,选择代表性的工作进行分析是十分必要的,这样既可以节约人力,又可以减少分析的时间。②分析并确定有关工作描述和工作任职资格的关键要点。把初步整理的资料反馈给被调查的员工,特别是他们的主管,听取意见和建议,以减少可能出现的偏差。③修改并最终确定所收集的工作信息的适用性和实用性,作为编写工作说明书的依据。

（五）完成阶段

完成阶段是工作分析的最后阶段，任务是编制工作分析的成果性文件——工作说明书，并加以应用。工作说明书由工作描述和工作任职资格两部分内容组成。本阶段具体工作包括：①根据工作的要求和经过整理分析的信息草拟工作说明书。②将草拟的工作说明书与实际工作对比并进行修正。③将新的工作说明书应用于实际工作中，对相关员工进行培训，让员工充分认识到新文件改变的环节，让员工明确他们的责任与权利，督促其相应地改变行为、态度和工作绩效，使工作说明书对组织人力资源管理工作起到实质性的作用。④注意收集应用的反馈信息，不断完善工作说明书，同时注意归档保存，为今后的工作分析工作提供经验与信息基础。

四、工作分析的方法及其选择

（一）主要的工作分析方法

工作分析的方法是运用恰当的分析技术手段，获取工作分析所需的相关信息的过程。工作分析的不同内容决定了工作分析调查的侧重点及所收集的信息的不同，也决定了工作分析所采用的方法不同。工作分析的方法很多，如按照结果的可量化程度，可划分为定性分析法和定量分析法两种；按照所采用的方式不同，可划分为观察法、面谈法、问卷法、关键事件法、现场工作日记法，等等。

1. 观察法

观察法也称直接观察法，是指由工作分析员直接到工作现场，针对某些特定对象（一个或多个任职者）的作业活动进行观察，收集、记录有关工作的内容、工作间的相互关系、人与工作的关系，以及工作环境、条件等信息，并用文字或图表形式记录下来，然后进行分析和归纳总结的方法。由于不同观察对象的工作周期和工作突发性有所不同，观察法具体可分为直接观察法、阶段观察法和工作表演法。

（1）直接观察法。工作分析人员直接对员工工作的全过程进行观察，适用于工作周期很短的职务。如保洁员的工作基本上是以一天为一个周期，工作分析员可以一整天跟随着保洁员进行直接工作观察。

（2）阶段观察法。有些员工的工作具有较长的周期性，为了能完整地观察到员工的所有工作，必须分阶段进行观察。比如行政人员，他（她）需要在每年年终时筹备企业总结表彰大会，工作分析人员就必须在年终时再对该职务进行观察。

（3）工作表演法。对于工作周期长及突发事件较多的工作比较适合。如保安工作，除了有正常的工作程序以外，还有很多突发事件需要处理，如盘问可疑人员等，工作分析人员可以让保安人员表演盘问的过程，来进行该项工作的观察。

在现场观察时，工作分析人员应事先准备好观察表格，以便随时进行记录。条件好的组织，可以用摄像机等设备，将员工的工作过程记录下来，以便进行分析。另外，观察的行为应尽量不引人注目，不影响员工的情绪，不干扰其正常工作，以保证观察的真实性。当分析员观察完某工作场所人员如何执行某工作后，有条件的话，最好再到其他两三处工作场地再予以观察，以证实其工作内容。因为，有些员工喜欢炫耀自己，所以表现得比平常出色。还有一些人知道自己的表现与薪酬绩效等有关系，总是尽力而为，这些都会影响到分析员对真实情况的了解。分析员应注意的是，观察法多应用于了解工作条件、工作环境、所使用的工具及设备等方面，观察研究的目的是工作而不是个人的特性。一般来说，观察法所获得的资料往往不足以供撰写工作说明书之用，它一般会与面谈法结合使用。

2. 面谈法

面谈法是指由工作分析员与任职者面对面地交谈来收集工作信息的一种方法。这种方法通过访问任职者，了解他们所做的工作内容，为什么这样做与怎么样做，由此获得工作的资料。对于某些工作不可能去现场观察或者存在难以观察的情况，或需要进行短时间或长时间的心理特征分析，以及被分析的对象是对文字的理解有困难的人，诸如此类情况下，需要采用面谈法。面谈法适合提取工作的内部信息，如任职资格、培训需求、责任和权利等。分析员能够及时控制和引导面谈现场，当场评价信息质量，决定取舍。

面谈的程序包括：根据工作分析的目的，拟定面谈提纲；设计面谈方法和技巧；组织面谈培训，熟悉面谈法的一些准则；与将要接受面谈的任职者提前沟通；进行面谈；面谈资料的整理与分析。

示例：面谈法的典型提问方式（部分）

⊙ 你所做的是一种什么样的工作？

⊙ 你所在职位的主要工作是什么？你是如何做的呢？

⊙ 你的工作环境与别人的有什么不同呢？

⊙ 做这项工作需要什么受教育程度、工作经历和技能？它要求你必须有什么样的工作许可证？

⊙ 你都参与了什么活动？

⊙ 你的责任是什么？衡量你工作绩效的标准有哪些？

⊙ 你所从事的工作对身体有什么要求吗？工作对情绪和脑力有什么要求？

⊙ 工作对安全和健康的影响如何？在工作中你的身体可能受到伤害吗？你在工作时会处于非正常的工作条件之下吗？

在与任职者进行面谈时，工作分析员要注意：必须使面谈成为一种有目的的交谈，面谈中提出的问题要与工作分析的目的相关；营造一种轻松的气氛来进行交谈，使任职者消除拘束、疑虑等心理障碍；不应诱导任职者做倾向性的回答，提问不要超出对方的知识及信息范围，也不要涉及会引起对方不满的私人问题。

面谈的形式可分为个人面谈和集体面谈两种。无论采取何种面谈方法，面谈过程中一般都要做记录。在做记录之前，分析员应事先征求任职者的意见，对于有顾虑的任职者，分析员应对其做好思想工作，对其讲明面谈内容的保密性、所获得信息的用途，等等。若任职者仍然不能消除顾虑，则可在交谈时不记录，待交谈结束后分析员再做记录。记录的方式有两种：笔记和录音。任职者一般都不愿意接受录音这种方式，故录音前必须征得对方同意，否则容易引起对方误会和不安，影响面谈的顺利进行。

3. 问卷法

上述的几种方法都属于传统的定性分析方法，具有潜在的主观性。问卷法作为普遍使用的一种定量分析方法，可以收集到更加客观的信息。问卷法是根据工作分析的目的、内容等，事先设计一套调查问卷，由被调查者填写，再由调查者将问卷加以汇总，从中找出有代表性的回答，用于对工作相关信息进行描述的一种方法。在设计问卷时应注意：内容要和调查主题密切相关；运用语言要求精练、简洁；不要提诱导式的问题；易于回答的问题放在前面，难以回答的开放式问题放在后面。采用不同的形式提问，有助于引起回答者的兴趣。在使用问卷时，也要注意：调查人员一定要经过工作分析的专业训练；在调查时，对调查问卷中的调查项目应进行必要的说明和解释；及时回收问卷，以免遗失。

问卷法从问卷的使用上可以分为封闭式、开放式和混合式三种：封闭式是一种标准化的问卷，指问卷上的问题都对回答作了限制性的规定，类似于全部都是是非题、选择题或者仅仅是对某一个状态给予一个等级，如好、中、差。被调查者在其中选择合适的答案即可。对于被调查者来说，封闭式问卷的填答比较方便，因此拒访率比较低。封闭式问卷要求规范化、数量化，适合于用计算机对结果进行统计分析，适用于大样本。但它的设计比较费时，也不易获得较为全面的信息。开放式的问卷有利于得到探索性的意外结果，可能回答比较深入、具体，适用于小样本调查（即被调查者比较少的情况下）。但是会有拒绝作答、所答信息不全面或者答非所问的现象。最终，分析员也会因为答案的非标准性在量化处理的时候带来不具有可比性的麻烦。因此，通常情况下，会使用混合式的问卷，就是将开放式和封闭式两种问卷结合起来，取其优点，这样会得到最佳的效果。

示例1：一般工作分析问卷（部分）

⊙ 职务名称 _____

⊙ 比较适合任此职的性别是

A. 男性　　　　　　B. 女性　　　　　　C. 男女均可

⊙ 最适合此职的年龄是 _____

A. 20 岁以下　　　B. 21 ~ 30 岁　　　C. 31 ~ 40 岁

D. 41 ~ 50 岁　　　E. 50 岁以上

⊙ 能胜任此职的受教育程度是 _____

A. 初中以下　　　B. 高中、中专　　　C. 大专

D. 本科　　　　　E. 硕士研究生以上

⊙ 此职的工作地点在 _____

A. 本地市区　　　B. 本地郊区　　　C. 外地市区　　　D. 外地郊区

⊙ 此职的工作（指 75% 以上的时间）主要在 _____

A. 室内　　　　　B. 室外　　　　　C. 室内室外各一半

⊙ 任此职的一般智力最好在 _____

A. 90 分以上　　　B. 70 ~ 89 分　　　C. 30 ~ 69 分

D. 10 ~ 29 分　　　E. 9 分以下

⊙ 此职务工作信息的来源主要是 _____

A. 书面材料（文件、报告、书刊杂志、各种材料，等等）

B. 数字材料（数据、图表，等等）

C. 图片材料（设计草图、照片、X 照、地图，等等）

D. 模型装置（模型、模式、模版，等等）

E. 视觉显示（信号灯、仪器，等等）

F. 测量装置（气压表、气温表等各种表具）

示例2：销售人员工作分析问卷（部分）

说明以下职责在你工作中的重要性。按重要程度打分，分为 0～10 分，数字越大，表示越重要。分数标在右侧的横线上。

- ⊙ 与客户保持联系 _____
- ⊙ 接待好每一位客户 _____
- ⊙ 详细介绍产品的性能 _____
- ⊙ 正确记住各种产品的价格 _____
- ⊙ 拒绝客户的不正当送礼 _____
- ⊙ 掌握必要的销售知识 _____
- ⊙ 善于微笑 _____
- ⊙ 送产品上门 _____
- ⊙ 参加在职培训 _____
- ⊙ 把客户有关质量的问题反馈给相关部门 _____
- ⊙ 准备好各种推销工具 _____
- ⊙ 每天拜访预定的客户 _____
- ⊙ 在各种场合推销本产品
- ⊙ 讲话口齿清楚 _____
- ⊙ 思路清晰 _____
- ⊙ 定期向经理汇报工作 _____
- ⊙ 每天总结工作 _____
- ⊙ 每天锻炼身体 _____
- ⊙ 和同事保持良好的关系 _____
- ⊙ 自己设计一些小型促销活动 _____
- ⊙ 不怕吃苦 _____

问卷法具有统一、客观、高效的特点，属于标准化、书面化、间接性的信息搜集方法。一份在理论上完备、实际上又有很强操作性的问卷可以将回答者可能造成的误差降至最低。

4. 关键事件法

关键事件法又称关键事件技术，是上级主管记录使工作成功或失败的行为特征或事件，在预定的时间，通常是半年或一年之后，利用累计的记录，由主管与被评价者讨论相关事件，为测评提供依据的方法。它由美国学者福莱·诺格（John Flanagan）和伯恩斯（Bens）在1954年共同创立。其主要原则是认定员工与工作有关的行为，并选择其中最重要、最关键的部分来评定其结果。具体需要描述的关键事件问题包括：导致事件发生的主要因素；不同工作行为的后果；任职者能否支配或控制上述后果。要求主管指出哪一位任职者工作完成得最好，他是如何进行工作的。通过对某一项工作大量典型事例的收集，就可以分析它们的发生频率、重要程度、工作特征和任职要求。

示例 3：销售工作的 15 种关键行为

⊙ 善于把握客户订货信息和市场信息
⊙ 密切注意市场需求的瞬间变化
⊙ 善于与销售部门的管理人员交流信息
⊙ 善于与生产部门的管理人员和执行人员交流信息
⊙ 对上级和客户忠诚，讲信用
⊙ 说到做到
⊙ 坚持为客户服务，了解和满足客户的要求
⊙ 积极收集产品的售后反馈信息
⊙ 向客户宣传企业的其他产品
⊙ 积极扩大企业的销售额及市场占有率
⊙ 不断掌握新的销售技术和方法
⊙ 在新的销售途径方面有创新精神
⊙ 维护公司形象，树立企业良好声誉
⊙ 结清账目
⊙ 工作态度积极主动

5. 现场工作日记法

现场工作日记法也称为工作日志法，是由员工本人自行记录工作细节的一种信息收集方法。现场工作日记的记录一般事先由工作分析人员设计好详细的工作日记表，由员工将自己每天所从事的关于工作的每一项活动按时间顺序以日记的形式记录下来，要记录的信息一般包括工作任务、工作程序与工作方法、工作职责、工作权限以及各项工作所花费的时间等。工作日记一般要连续记录 10 天以上。这种方法的基本依据是，从事某项工作的人对该工作本身的具体情况和要求最为清楚，因此由员工本人进行记录是最为经济和有效的。而且对于那些有经验的员工而言，即使某些工作没有在工作日记填写期内发生，也可以根据以往的经验将一个完整的工作周期内的主要内容补充完整。当然这种方法也可能会因为记录者本身或多或少的主观色彩而造成记录偏差，这一问题可以通过员工的直接上级进行必要的检查和校正得以解决。如表 3 - 1 所示的是工作日记表实例。

工作日记填写说明

⊙请您在每天工作开始前将工作日记表放在手边，按工作活动发生的顺序及时填写，比如以 10 分钟、15 分钟为一个周期，切勿在一天工作结束后一并填写。

⊙要严格按照表格要求进行填写，不要遗漏那些细小的工作活动，以保证信息的完整性。

⊙请您提供真实的信息，以免损害您的利益。

⊙请您注意保留，防止遗失。

感谢您的真诚合作！

表 3 - 1 工作日记填写表格

日期:2010 年 9 月 15 日   星期三   部门:销售部   职务:业务经理
姓名:李铭   工作开始时间:9:00   工作结束时间:18:00

序号	工作活动名称	工作活动内容	工作活动结果	耗费时间	备注
1	打印	协议文件	7 份	9 分	承办
2	起草公文	贸易代理委托书	1200 字	1 小时 27 分	报上级审批
3	贸易洽谈	文具出口	1 次	3 小时 08 分	参与
4	布置工作	对美出口业务	1 次	34 分	指示
⋮	⋮	⋮	⋮	⋮	⋮
16	请示	佣金数额	1 次	17 分	报批
17	计算机录入	销售数据	35 条	1 小时 03 分	承办

现场工作日记法的概念和操作看起来十分简单,但在实际操作过程中由于涉及人员多、员工个人素质又参差不齐,所以要让员工充分理解填写工作日记的规范和要求,才能确保整个日记填写及随后信息整理分析过程的顺利进行。员工在填写工作日记的时候要注意记录有变化(如实行冬季作息时间)和有影响的事件(如谁因几句闲话挨了公司领导的批评,谁因把办公室清理得整洁而受到了表扬,等等)。工作日记要尽量记得详细,但也不可能像工作汇报一样,最重要的还是要把事情记清楚。应当注意:单纯陈述性的内容,可以写得简略些;需要办理的事要记得具体些(如情况如何,要解决什么问题,解决的方法是什么),以免办理起来出差错。

(二)如何选择工作分析方法

工作分析的每种方法都各有其优缺点,没有"最好的方法",只有"最合适的方法"。本书介绍两种选择工作分析方法的思路。

1.工作分析方法与工作特点相匹配

选择一个适合组织实际情况的工作分析方法必须了解两方面的情况:一是组织所要分析的工作的特点;二是各种工作分析方法的优缺点和适用范围。只有了解这两方面的情况之后再来选择工作分析方法,才能找到适合的工作分析方法,使工作分析取得成功。

(1)各种工作分析方法的优缺点。

工作分析的方法可以分为非结构化和结构化两大类。前者收集的工作信息以非计量的、叙述性的居多,主要目的是对工作职务有关信息做出书面记事性描述,主要有:观察法、面谈法、关键事件法和现场工作日记法。后者一般采用问卷的形式,最大的特点是可以利用计算机对工作信息进行定量分析。不同的工作分析方法有自己的优缺点,如表 3 - 2所示。

表 3 - 2　工作分析方法优缺点比较

方 法	优 点	缺 点
观察法	直观、全面地了解工作过程；获得的信息比较客观准确；对观察人员的培训相对容易	被观察者的反应会影响观察结果的有效性
面谈法	能简单而迅速地收集资料；能对受访者的工作态度与工作动机等较深层次的内容进行比较详细的了解	要有受过专门训练的工作分析人员；较费口才和时间，成本较高；整理分析资料比较困难，答案难以归总；受访者对面谈动机往往持怀疑态度，在回答问题时有所保留，且容易从自身利益考虑而导致信息失真
问卷法	能够快速、高效地从众多员工中获取所需信息；通过结构化的问题设计，可以获得标准化的工作信息	问卷的开发与编制费时费力、成本较高；会面临操作复杂、数据分析专业能力要求高等的限制；由于问卷答案的准确性取决于被调查者的耐心、受教育水平、理解能力及所了解的信息等因素，所以也不能避免人为的误差
关键事件法	可以直接描述人们在工作中的具体活动；可以确定行为的任何可能的利益和作用（例如它在认定员工特殊的良好表现和劣等表现方面是十分有效的，而且对于制定改善不良绩效的规划也是十分方便的）	费时，需要花大量的时间去收集那些关键事件，并加以概括和分类；此法针对的是工作绩效有效或无效的事件，对中等绩效的员工难以涉及，全面的工作分析就不能完成
工作日记法	提供的信息完整详细、客观性强、可靠性较高；工作内容一目了然	要克服员工有意夸大工作重要性的问题

（2）根据工作的特点选择适宜的工作分析方法。

进行工作分析时，要依据企业组织中的每一份工作自身的特点，选择适合它的工作分析工具。如果是大量标准化的、工作内容和工作程序相对静止、周期较短的以体力为主的工作，如装配工人、保安人员等的工作分析适用于观察法。如果是工作周期较长，以及员工的行为对组织任务的完成具有重要影响作用的工作分析，适用于关键事件法，但关键事件法一般不会单独使用，它常常被用做等级评价技术的一种补充。规模大、岗位设置繁杂、工作分析结果应用要求高的组织一般可使用问卷法。事务性较强的基础岗位则适用现场工作日记法。面谈法对于脑力劳动和体力劳动的工作都适用。

2. 工作分析方法与人力资源管理活动相联系

当今企业人力资源管理的大部分工作都建立在工作分析的基础之上。表 3 - 3 给出了工作分析方法与各种人力资源管理活动之间的相互关系，供大家参考。

表3-3 工作分析方法与人力资源管理活动的关系

方法 \ 目的	工作说明	考核	面试	工作评估	培训方案设计	绩效评估系统	职业生涯规划
工作日记法		×	×		×	×	
关键事件法	×	×	×		×		
观察法		×	×				
面谈法	×	×	×				
问卷法	×	×	×	×		×	×

注:"×"号代表方法和目的相适应。

工作分析方法各有利弊,组织的很多方面都会对其起到影响作用,因此,工作分析人员在实践中要综合考虑各方面因素,选择工作分析方法时,关键要考虑到方法与目的的匹配、成本可行性以及该方法对所研究情况的适用性。有时也不仅仅只用一种方法,而是将各种方法结合起来使用,这样的效果更好。比如在分析生产性工作时,可以采用面谈法和观察法来获取必要的信息。由于工作的性质不断变化,对工作者的知识技能提出了更高的要求,因此,未来工作分析方法的发展趋势是综合衡量考虑影响工作的诸多因素,实现多种方法的有机结合。

第三节 工作说明书的编制

每个组织都有自己的目标,都在追求自身利益的最大化,为了实现这个目标需要设置一系列的"事",而这些"事"是由"人"来做的,那么"识事"和"知人"就成为组织开展人力资源工作的基础。工作说明书是一份重要的人事性书面文件,用于指导我们实现"人"与"事"之间的最佳匹配。

一、工作说明书的内容和结构

工作说明书的编写无固定模式,需要根据组织工作分析特点、目的与要求具体确定编写的条目。工作说明书一般按照以下结构编排内容。

(一)工作的识别部分

识别部分位于工作说明书的最前列,有识别和确定某项工作的作用。包括工作名称、工作所在部门、工作代号、工作地点、工作沟通关系、最近修改工作说明书的时间,等等。

在这里,我们重点介绍工作沟通关系。工作沟通关系具体分为两部分:企业内部沟通关系和企业外部沟通关系。

1.内部沟通关系

内部沟通关系就是在企业内部将与谁打交道。

(1)上级:这个岗位直接受哪个岗位领导。

(2)平级:这个岗位在企业里将要和哪些相关的部门、岗位打交道。一般只选择两个或三个经常打交道的部门进行填写。

沟通关系不填写下级，只填写上级和平级，因为下级是必然要沟通的。但是，在沟通关系的下面要填下级的人数：包括直接领导的人数，间接领导的人数和总数。

2.外部沟通关系

外部沟通关系就是指在企业外部需要跟哪些相关单位打交道。外部沟通关系一般分为以下几类：

（1）政府部门：例如企管部负责企业的注册登记，要和工商局打交道；技术开发部要跟标准局、技术监督局打交道，统计工作人员要和统计局打交道。

（2）相关部门或人员：相关部门或人员指上下游部门或人员。上游部门或人员指原材料供应商，而下游部门或人员包括运输、客户等。

（3）中介机构：包括律师事务所、会计事务所、咨询公司、培训公司等。

（二）工作的功能部分

功能部分是描述应完成的工作任务和职责，说明工作活动本身的特性和进行工作的环境特性，等等。这部分首先是确定工作的任务和职责。任务是指员工要完成的工作，具体包括制造产品或提供服务的行为。职责则是一系列主要任务的集合，工作的职责依据完成任务的时间和重要性依次序排列。工作职责的确定如下：

1.职责范围

按照职责重要性依次列出每项职责及其目的，是职责范围的精确描述。基层工作人员可能三至五项，中层人员可能五至十项，高层人员可能十几项。

2.职责负责程度的确定

就是负什么样的责任，是负全部责任，部分责任，还是支持责任。

（1）全责：在同一个级别上除了一个职位的任职者没有其他职位的任职者对某项工作负责，那么这个责任叫全责。纵向可能有两个职位负全责，横向不允许有两个职位同时负全责。例如人力资源部经理，对员工管理、薪酬管理、培训、考核都是负全责。下属所负的全责之和应该和上级部门经理负的全责一致。

（2）部分责任：当某一项工作需要大家配合，或者工作责任有交叉的时候，就负部分责任。例如进行员工培训，培训专员负主要责任，但是员工管理者也要负部分责任，因为他负责筛选员工，决定哪些员工需要培训，所以负部分责任。

（3）支持责任：例如企业的生产管理部有部长，还有负责调度的工作人员，负责计划的工作人员，负责统计的工作人员，等等，那么负责统计的工作人员对生产、管理、调度和计划工作都有支持责任，因为统计资料要提供给其他几个人看。对某一项工作进行编制的工作说明书上，一般不设置太多的支持责任。一项工作有很多的支持责任，就会造成工作职责界定不明确的问题。

除此之外，这部分还要说明工作手段和工作环境的相关内容。工作手段即员工在完成工作的过程中所用到的机器、工具和辅助装置。工作环境是说明工作是处在何种环境状态完成的，如在室内外、温度、湿度、或是需站立、久坐、受电磁、噪音、有害气体、传染病等不良环境状态，它提供员工工作环境方面的信息。

（三）工作的说明部分

说明部分反映为胜任某项工作所要具备的任职资格。通常是描述从事该工作的员工应该具备的知识、经验等条件和能力、技术，等等。

任职资格的确定如下：

1. 学历、学位和技术要求

（1）学历要求：一般要求某某学历及以上。

（2）学位要求：要求学士学位、硕士学位或博士学位。

（3）专业要求：要求具备哪些专业知识。一般不必写得很详细，只要求哪一个专业。

（4）技术职称：要求初级职称、中级职称或高级职称。

（5）所需资格证书：不是职称，是指从事本工作所必需的证照。例如出纳必须有会计证才能上岗；储运公司客车队班车司机需要"大客车驾驶执照"。

2. 技能要求

（1）基本技能：是指完成各种工作时都需要具备的通用的操作技术。通常指"写作能力、外语能力和计算机能力"。这些技能都应区分其熟练程度。对于外语和计算机的应用等技能可以参照国家统一规定的级别来区分。例如：大学英语四级、国家计算机二级。对于国家没有统一规定的技能可以用行业标准或本组织的标准来加以区分。

（2）业务技能：指要求了解那些与所从事行业相关的知识，并运用所掌握的知识和技术完成工作的能力。例如，对于一个一级预算工程师来说，应该具备的业务技能是：能够独立从事大型项目（30 万平方米以上）的标书编制、标底计算、工程预结算。

3. 经验要求

（1）工作经验：要求在本行业工作多少年以上。

（2）相关经验：要求了解相关行业。

（3）培训经历：要求经过某种培训。例如公司要招一名进出口部经理，那么就要求除了有行业工作经验和相关经验之外，还要经过 WTO 基本知识的培训。

下面，就某科技集团公司人力资源部人事培训专员的任职资格举一个例子。学历要求：大学本科以上；经验要求：三年以上大中型企业或外资企业相关岗位工作人员（这不是要求他在人力资源行业做过三年，而是要求他有三年的培训工作经验，而且是在大中型企业或者是外资企业工作过）；专业知识要求：懂得人力资源管理、员工培训管理、法律行政管理；业务了解范围：了解国家有关政策法规、人力资源管理的新知识、新动向、本公司人力资源管理的体系和职能，国际、国内人力资源管理的新政策，新的发展趋势。

一般情况下，组织的工作说明书除了具备工作的基本信息和职责信息之外，还要说明设置这个岗位的目的。岗位设置目的就是岗位的作用，一般写这个岗位的必要性和所起的作用。例如，人力资源部的人事培训专员的岗位设置目的是：根据公司的发展战略，组织协调各个部门的员工培训工作，开发员工潜能，提高员工素质，为公司的经营管理提供人力资源的支持和保障。

其他方面的信息则根据管理的需要和工作分析的具体目的，选择性地进行内容和结构的安排。

二、编制工作说明书的原则

工作说明书是人力资源管理中十分重要的基础性文件，编写质量要求很高，为此，编写者应注意做到以下几点：

第一，清晰明确。工作说明书中要使用书面语言，描述要清晰，避免出现工作中的"无人区"和"越界"现象，让任职者或管理者读过以后，可以明确该工作的工作范围、工作程序与工作要求等。尽量使用非技术语言来解释，对专业难懂的词汇必须说明清楚，避免使用笼统含糊的语言，以免造成理解上的困难。

第二，符合逻辑。一般说来，一项工作通常有多项职责，在工作说明书中罗列这些职责并不是杂乱无章的、随机的，而是按照一定的逻辑顺序来编排。许多具体的工作，所出现的频率、各项职责所占的时间比重都有所不同，因此，可考虑按主次程度自上而下排列；或者根据各项职责出现的频率对应地说明该职责在总的职责中所占的比例。这样有利于任职者或管理者使用工作说明书。

第三，规范具体。工作说明书要指出工作的种类、复杂程度、任职者须具备的技能、应承担的具体责任范围等。在具体描述时，每一条职责，都应该尽量以流程的形式描述。标准的职责描述格式应该是"动词＋名词宾语＋进一步描述任务的词语"。例如，对某办公室主任来说，经分析有文秘管理、档案管理、日常行政管理、部门管理这四大块的职责。对于文秘管理中的第一条职责，"动词"是"组织拟定并审核"，"名词宾语"是"本所各种公文、报告和会议文件行文规范、签发程序制度"，"进一步描述任务的词语"是"提出意见，批准后督导实施"。一般来说，由于基层员工的工作更为具体，其工作说明书中的描述也更为具体、详细。实际上，许多企业是使用"作业指导书"和"岗位操作规程"来替代的。

第四，标准恰当。工作说明书中应规定完成任务和员工表现的最低可接受标准，而不是那些偶尔才表现出来的要求过高的行为。这样，工作说明书才能更好地在人力资源管理的各项活动中得到应用。

三、工作说明书的范例

上面针对工作说明书的几大部分内容逐一进行了说明，并指出编写工作说明书要注意的事项。为了帮助大家对工作说明书有个更直观的了解，表3－4所示的为某公司记账会计的工作说明书。

表3－4　某公司记账会计的工作说明书

工作名称	记账会计	工作代号	305132
所在部门	财务部	工作地点	公司总部
直接上级	财务部经理	工作等级	中级
直接下级	无	工作定员	2人
所辖人员	无	编制日期	2009年4月27日

职责总述：

(1)本类人员是在主管人员监督状态下，办理基层单位会计工作

(2)遵守国家和企业的各种规章制度、法规以及主管部门（或主管人）的原则指示，编制预算或决算，审核原始凭证，处理账目，核算成本

(3)处理各种数据要准确无误

(4)按时按质按量向有关主管人员呈报财务统计表及文字说明

续表 3 - 4

具体职责与工作任务

职责一	职责表述：核实原始票据并分类记账		工作时间百分比：20%
	工作任务	核实各类凭证的真实性与完整性	
		填制各类总分类账、二级明细账	
职责二	职责表述：通过会计电算化手段管理各类会计档案		工作时间百分比：60%
	工作任务	审核各类原始凭证和会计凭证，并进行装订整理	
		编制与录入记账凭证	
		编制会计报表	
		负责汇总会计报表	
职责三	职责表述：实施会计监督与管理		工作时间百分比：10%
	工作任务	检查债权债务、销售收入回收情况，实施不良债权清理的具体工作	
		定期清查、核实固定资产、流动资产情况，并编制相应报表	
职责四	职责表述：负责工资、养老保险、大病统筹等费用的分配		工作时间百分比：5%
职责五	职责表述：完成财务部经理交付的其他任务		工作时间百分比：5%

权利：
(1)各类原始凭证的审核权
(2)各类会计报表的审核权

所受监督：
(1)直接接受财务部经理的指令和监督
(2)在规定的权限内，一般例行公事可独立处理；重要事项，须向上级请示，经批准后方可执行

所施监督：在一般情况下，无监督、指挥他人的权限

任职资格：年龄：25~35 岁

学历及专业：大学本科及以上，财务会计专业或者其他相关会计专业

培训经历：财务管理培训、会计培训

所需资格证书：会计师资格证

工作经验：1 年以上会计工作经验

技能技巧：了解国家及地区有关的政策、法令、规定；能够熟练使用各种办公软件和各种财务软件；具备基本的网络知识、人际交往能力、沟通能力、计划与执行能力

其他

工具设备：计算机、一般办公设备(电话、传真机、打印机、Internet 网络)

工作环境：办公室

工作时间：在制度时间内工作，上白班(8：30 至 17：30)，偶尔需要加班

所需记录文档：报告、总结公司文件，会计报表，原始凭证，记账凭证

备注

既然工作说明书这么重要，一旦它被确定并被公布出来以后，是否还能对其进行更改呢？应该明确的是，工作说明书不是一成不变的，它应该隔一段时间进行一次修订，而且这种修订应该与企业的人力资源规划结合在一起，以此来确保工作说明书的适用性和实用性。

一般来说，一家企业在 5 年之内，应该重新制定一次企业的发展战略。对于传统的制造型企业和生产型企业，一般是 5 年重新修订一次；对于一些高新技术企业，技术进步特别快，产品更新换代的速度也很快，市场形势的变化也特别快，可能经过 2 年或者 3 年就需要重新调整或者制定企业的发展战略。在企业发展战略调整之后，可能会引起组织结构的调整和变化，例如产品有变化，原来某产品的生产部不复存在；也可能增加了一个新产品，那么就会增加一个新的部门；或者产品的研发力度加大了，需要增设新的研发部门。这时组织的结构就变了，职能也有所变动，所以岗位也要有所变动：会出现一些新的岗位，或者一些老岗位消失，此外，有些岗位的职责内容也会有所变化。

提倡根据企业发展战略的调整，企业组织结构的变化，岗位的变化，重新修订工作说明书。这个时间应该基本上和企业发展战略制定的时间相吻合。如果说企业每一年有小的变化，工作说明书就应该做一些微调。例如某个岗位的职责增加几项，另外一个岗位的职责减少几项。这项工作由人力资源部主持，和相关的部门共同研究决定，之后再由人力资源部进行总的调整和修订。

第四节　工作设计

一、工作设计的内涵

(一)工作设计的概念

工作设计(Job Design)又称职位设计、岗位设计或职务设计，是指确定员工工作的内容、职责以及工作关系的管理活动，通过满足员工与工作有关的需要来提高工作绩效，实现组织目标。

工作设计需要利用工作分析的信息，它与工作分析之间有着密切而直接的关系。工作分析的目的是明确工作的性质和特征以及完成这些工作所需要的人的特点。工作设计所关心的是工作的结构化，其重点在于通过工作设计，改善员工工作生活质量，创造更高的生产力，提高员工的工作满意度。工作设计有两种情况：一种是对组织中新设置的职位按照一定的要求和原则进行设计；另一种是对目前组织中已经存在的缺乏激励因素和满意度较低的职位进行重新设计，对要求已经发生变化的职位进行设计。从人力资源职能的角度看，工作体系的重新设计是发生在组织中的一个最根本也是最常见的变化。所以，工作设计也成为以员工为中心的工作再设计。在进行工作设计研究时，一般选择中等水平的人作样本，这样的样本更具代表性。

(二)工作设计的内容

工作设计涉及工作系统的各个方面，主要包括人员特性、工作内容、工作职责和工作关系的设计四个方面。人员特性方面的设计涉及相应工作中对人的特性要求等。工作内容的设计是工作设计的关键，一般包括工作广度、深度、工作的自主性、工作的完整性以及工作的反馈五个方面。工作职责的设计包括工作的责任、权利、工作业绩、工作方法以及工作的沟通协作等方面。组织中的工作关系，表现为协作关系、监督关系等各个方面。

（三）工作设计的时机

在以下几种情况出现时，人力资源部经理就可以考虑工作设计的问题了。

1. 职位设置不合理

职位设置不合理，是指有些职位工作量大，员工经常无法按时完成工作；有些职位工作量小，员工上班时有很多空余时间。这样的职位设置，造成人力资源成本上升，同时破坏了员工之间的公平与和谐，会让某些员工产生抵触情绪，影响工作进展。

2. 组织进行管理改革

由于组织的发展，或市场的变化，组织计划对现有的经营模式和管理模式进行改革时，人力资源部门应该配合企业的改革，进行相应的工作设计，使工作岗位能够适应新形势的需要。

3. 员工工作效率下降

员工工作效率下降的原因很多。如果是因为员工已经对现有工作没有兴趣或新鲜感而产生的效率下降，就应该考虑对这些工作进行重新设计。

二、工作设计的方法

研究表明，在各种学科中（比如心理学、管理学、工程学以及人类工程学），一共有四种基本的方法是与工作设计的问题有关的。雷蒙德·A.诺伊等人将广泛流行的工作设计方法归为机械型工作设计法、激励型工作设计法、生物型工作设计法和知觉运动型工作设计法等四种，认为所有工作的特征都可以通过这四种方法中的任意一种确定下来。

（一）机械型工作设计法

机械型工作设计法源于古典工业工程学。机械型工作设计法旨在找到一种效率最高，方法最简单的方式来构建工作。也就是说，让工作变得尽量简单，这样任何人只要经过短暂的培训就能轻易地完成它。

科学管理是一种出现最早同时也是最为有名的机械型工作设计法。致力于科学管理的理论家和实践者们想要找到完成工作的"一种最好方法"，他们以"经济人"假设为前提，通过金钱刺激激励工人在工作中发挥最大能力，从而使生产率达到最大化。其工作设计方法是把工作设计成较小、标准化的简单任务，根据工作特点配备"一流工人"，按照完成工作的"最优方式"来对工人进行培训，从而制定出"合理日工作量"和奖惩标准。

科学管理方法在之后的若干年中得到进一步的确立，这导致一种机械型工作设计法的产生，这种工作设计法的特征是把工作设计得越来越简单，劳动分工日益精细化。按照这种方法来进行工作设计，一方面，减少了组织对单个工人的依赖；另一方面，简单的工作所带来的枯燥乏味给工人带来的心理磨损日益加剧，造成了降低工作效率的不良后果。

（二）激励型工作设计法

激励型工作设计法扎根于组织心理学和管理学文献中。激励型工作设计法假设工作设计和激励相联系，主要考虑员工的心理状态对工作绩效的影响。与机械法形成鲜明对比的是，机械法只考虑工作效率的最大化，而激励法却把态度变量（比如员工满意度、内在激励、组织承诺、工作参与）以及出勤率、绩效等行为变量看成是工作设计最重要的结果。激励型工作设计法强调通过工作扩大化（增加所需完成的工作类型）、工作丰富化（增加工作的决策权)等方式来提高工作的复杂性，它同时还强调要围绕社会技术系统来进行工作的构建。Hack man 与 Oldham 提出的基于工作激励的工作特征模型(JCM)就是激励型方法的一个典型代表。它提出五种主要的工作特征，并分析了这些特征之间的关系，以及它们对员工生产率、积极性和满意度的影响。模型选择了员工成长需要特征作为工作各维度与四大效果之间联系的主要因子。由此，我们可以得到诸如合并任务，形成自然的工作单元，建立客户关系，纵向拓展工作和开通反馈渠道等一些对设计工作有益建议。

极大影响激励型工作设计思想的一个重要人物是赫兹伯格。赫兹伯格在双因素理论中指出，相对于工资报酬这些工作的外部特征而言，个人在更大程度上是受到像工作内容的有意义性这类内部工作特征激励的。[①] 赫兹伯格指出，激励员工的关键并不在于金钱刺激，而是在于通过对工作进行重新设计来使工作变得更有意义。

研究表明，激励型工作设计法在大多数情况下提高了员工的满意度和绩效质量，但并非总能带来绩效数量的增加。同时，由于这个模型是基于个人未必存在的心理状态设计的，因此，管理者很难直接应用它。

(三)生物型工作设计法

生物型工作设计法主要来源于生理机械学(也就是对身体运动进行研究的学科)、工作心理学以及职业医学。生物型工作设计法主要关注个体生理特点与工作的物理环境之间的关系，目的是以人体工作的方式来对物理工作环境进行结构性安排，从而将员工的身体紧张程度降到最低。生物型工作设计法的策略包括：力量设计、工作位置设计、运动设计、工作间隔设计、环境设计等。

生物型工作设计法所注重的是人的身体能力和身体局限，通过降低某些工作的体力要求，从而使每个人都能够去完成它们。因此，在对体力要求比较高的工作进行再设计时，生物型工作设计法得到了广泛运用。此外，许多生物型工作设计法还强调，对机器和技术也要进行再设计，比如调整计算机键盘的高度来最大限度地减少人在工作中的机体疲劳。

生物型工作设计法的积极效果是通过舒适的外部工作环境降低了员工的身体疲劳度和医疗事故，减少了员工在工作中的体力支出和健康抱怨，从而提高了员工的工作满意度，达到员工的低缺勤率和低离职率。然而由于生物型工作设计法强调对设备以及环境的改造，其缺点便是高额的财务成本。

(四)知觉运动型工作设计法

知觉运动型工作设计法可以在对人性因素进行阐述的文献中找到其深厚的基础。生物型工作设计法所注重的是人的身体能力和身体局限，而知觉运动型工作设计法所关注的是人类的心理能力和心理局限。知觉运动型工作设计法所要设计的是工作对人的注意力和集中注意的程度的要求，以便从事操作的时候不需要工作人员太多的心理能量，花费最少的精力。在进行工作设计的时候，工作设计者首先需要了解的是工人所能够达到的基础能力水平，然后再按照与其具有同等能力水平的员工也能够完成的标准来确定工作的要求。知觉运动型工作设计的策略主要包括：视觉性设计、听觉性设计、心理性设计。

知觉运动型工作设计法比较适合只有很低的技能要求，从而也只能获得相应的较低工资率的工作，如事务性的工作和流水线上的工作。像高科技工作、研发工作等需要进行大

---

① F. Herzberg, "One More Time: How Do You Motivate Employees?" Harvard Business Review 65(1987), pp. 109~120.

量的信息加工、有很高技能要求的工作，知觉运动型工作设计法就不适合。在适用的范围内，此法产生的积极结果是出现差错、发生事故、出现精神负担与压力的可能性降低，更少的培训时间，更高的利用率；其消极的结果是较低的工作满意度、激励性。

不同方法侧重的角度不同，机械型工作设计法和激励型工作设计法是基于工作内容本身是否满足员工要求，知觉运动型工作设计法和生物型工作设计法关注的是工作环境。几种工作设计方法有着不同的特点，工作设计活动应根据企业的具体情况进行选择。如表3－5所示的是对不同类型工作设计方法的一个简要总结。

表3－5　不同工作设计方法的结果总结

工作设计方法	积极的结果	消极的结果
机械型方法	更少的培训时间 更高的利用率 更低的差错率 精神负担和压力出现的可能性降低	更低的工作满意度 更低的激励性 更高的缺勤率
激励型方法	更高的工作满意度 更高的激励性 更高的工作参与度 更高的工作绩效 更低的缺勤率	更多的培训时间 更低的利用率 更高的错误概率 精神负担和压抑出现的更大可能性
生物型方法	更少的体力付出 更低的身体疲劳度 更少的健康抱怨 更少的医疗性事故 更低的缺勤率 更高的工作满意度	由于设备或工作环境的变化而带来更高的财务成本
知觉运动型方法	出现差错的可能性降低 发生事故的可能性降低 精神负担和压力出现的可能性降低 更少的培训时间 更高的利用率	较低的工作满意度 较低的激励性

（资料来源：Organizational Dynamics，Winter 1987. American Management Association. New York：All rights reserved）

三、工作设计的基本模式

工作设计理论的发展，经历了由工作专业化到抵制过分专业化而采取的工作轮换和工作扩大化，再到当代的工作丰富化和社会技术系统。

（一）工作专业化

工作专业化是通过动作和时间研究，将工作分解为若干很小的单一化、标准化及专业化的操作内容与操作程序，并对员工进行培训和适当的激励，从而达到提高生产效率的目的。工作专业化是机械法的核心策略，一直是很多企业工作设计的主要目标。一般来说，工作专业化程度越高，所包含工作任务的范围就越窄，重复性就越强。因此，一种观点认为，越这样做效率越高。但是在这种情况下，相应的所需的工作技能范围比较窄，要求也不高。一个成长需要较弱的人和循规蹈矩的员工可能满足于这种工作设计，标准化的工序和操作规程也便于管理部门对员工的生产数量和质量方面进行控制。不过这种工作设计忽略了员工的反应。因此，工作专业化所带来的高效率有可能被员工的不满和厌烦情绪所造成的旷工或辞职所抵消。

（二）工作轮换

工作轮换是将员工轮换到另一个内容相似、技术要求相近的工作职位上去工作。员工长期从事同一职位的工作，特别是那些从事常规性工作的员工，时间长了会觉得工作很枯燥，缺乏变化和挑战。很多员工也不希望自己只掌握一种工作技能，而是希望能够掌握更多不同的工作技能以提高对环境的适应能力。因此，工作轮换常常与培养员工多样化的工作技能结合在一起，也被称为交叉培训法。工作轮换扩宽了员工的工作领域，增加了工作体验。工作轮换的不足之处在于需要增加培训成本，而且因人员的熟练程度不足还会导致短期内工作效率和绩效的下降。另外，由于员工实际从事的工作并没有得到真正的改变，轮换后的员工一直循环在几种常规的简单工作之间，最终还是会感到厌烦，甚至是更加严重的厌烦感。

（三）工作扩大化

工作扩大化通过扩大职务范围，使其同时承担几项工作，从而给员工增加了工作种类和工作强度。工作扩大化使员工有更多的工作可做，使员工掌握更多的知识和技能，丰富工作经验，提高工作兴趣。有研究报告表明，工作扩大化增加了员工的工作满意度，提高了工作质量，也导致了企业薪酬成本和设备检查成本的增加，但是由于工作扩大化带来的工作质量的改进、员工满意度的提高抵消了增加的成本费用。不过工作扩大化在"参与、控制与自主权"方面，没有增加任何新东西。所以，工作扩大化并没有改变员工工作的枯燥和单调，它试图避免过度专业化造成缺乏多样性，但实际上它可能压根就无法给员工的活动提供多少意义和挑战性。

（四）工作丰富化

工作丰富化是指增加工作要求，同时赋予员工更多的自主权和控制权，使员工有机会参与工作的计划和设计。"每一位员工都是经理人"是工作丰富化的基本精神。工作丰富化与工作轮换、工作扩大化都不同，它强调通过提高工作的挑战性和自主性，增加工作的责任来达到向工作的纵深方面发展，以提高工作对员工的激励。工作丰富化为员工提供了获得更大的进步、赏识和成长的机会，提高了员工的工作满意程度，提高了员工生产效率和产品质量，降低了员工的离职率和缺勤率。但工作丰富化存在一定的风险，如果没有相应的薪酬体系和良好的培训，却增加员工的工作内容和难度，恐怕会适得其反。

（五）社会技术系统

社会技术系统主要关注的是对那些具有各种不同的能力（社会系统），使用工具、机器和技术（技术系统），为消费者和其他利益相关者创造产品和服务的人进行合理的组织和安排。这样，在进行工作设计时，就需要使社会系统和技术系统相互协调，以满足外部环境中消费者、供应商和其他利益相关者的需要。由于它涉及的范围比较广泛，因此社会技术系统就比较复杂，对整个组织的工作方式都会产生一定的影响。而且这个模型在很大程度上会影响到组织的有效性。

社会技术系统分析的目标是寻找可利用的技术、所涉及的人和组织的需要之间可能存在的最佳匹配关系。这种方法的一个关键方面是发现任务之间的相互依存关系，这种关系是团队形成的基础。团队形成之后就应当考虑团队成员所要完成的特定任务，以及所有这些任务之间的相互关系。就像工作丰富化一样，这种模型在工业组织中的运用大部分已经取得了成功。社会技术系统模型还强调对外部利益相关者（消费者、供应商、股东、受规章约束的代理商、债权人等）的需求以及针对这些需求所做的内部调整。

【本章小结】

工作分析是现代人力资源科学管理的基础。工作分析为人力资源预测与规划、招聘录用、培训开发、薪酬管理、绩效管理、员工关系管理等方面提供了科学的依据。工作分析是一个对工作全面评价的过程，这一过程包括五个阶段：明确目标阶段、准备阶段、调查阶段、整理分析阶段以及完成阶段。

工作分析所需信息大体可以分为两类：（1）工作描述，包括对工作名称、工作内容、工作的物理环境和社会环境、工作待遇等五个方面的特征做出描述；（2）任职资格，包括对担任不同工作所需具备的一般要求、生理要求和心理要求做出规定。为了获取这些信息，工作分析常用的方法有观察法、面谈法、问卷法、关键事件法和现场工作日记法。组织在进行具体的工作分析时要根据工作分析的目的，不同工作分析方法的利弊，被调查者的不同，选择不同的工作分析方法。

工作说明书是工作分析的重要成果，具体包括三部分的内容：工作的识别部分、工作的功能部分和工作的说明部分。编制工作说明书要注意合理组织工作职责，避免出现工作中的"无人区"和"越界"现象；尽量避免使用专业技术性过强的术语；按照职责的主次程度进行编排，同时注明各职责的比重情况；清楚陈述每一项职责，尽量以流程的形式描述；规定完成任务的标准要恰当。

【关键概念】

工作分析　工作说明书　工作设计

【思考与练习】

1.工作分析在人力资源管理中处于怎样的地位？发挥何种作用？

2.选择工作分析方法有什么技巧？

3.不同工作设计方法的优势与不足是什么？你认为进行工作设计时哪一种方法应该得到优先考虑，为什么？

4.案例分析：

工作职责分歧

中新模具制造公司是新加坡一家已成一定规模的模具公司。1997 年在国内投资了子公司——坐落于江南一座中等城市城郊结合的新开发区,现有员工 215 人。该公司承袭母公司的管理风格,强调规范管理和规章制度的作用,同时重视以人为本的管理理念。

初建公司的前两年,中新模具公司的中层管理人员大多是母公司外派来的。这些外派管理人员有些是新加坡人,有些则是 20 世纪 90 年代初从中国到新加坡,现已获得新加坡永久居住证的人员。近两年来,随着中新模具公司在国内市场业务的不断发展,公司开始实施本土化经营策略,不断聘用本土员工加盟管理队伍。但随之也时有一些问题或冲突发生。

一天,一个机床操作工把大量的液体洒在他机床周围的地板上。车间主任让操作工把洒在地板上的液体扫干净,操作工拒绝执行,理由是工作说明书里并没有包括清扫的条文。车间主任顾不上去查工作说明书上的原文,就找来一名服务工来做清扫。但服务工同样拒绝,他的理由是工作说明书里也没有包括这一类工作,这个工作应由勤杂工来完成,因为勤杂工的责任之一是做好清扫工作。车间主任威胁说要解雇他,因为,这种服务工是分配到车间来做杂务的临时工。服务工勉强同意,但是干完以后立即向公司投诉。

有关人员看了投诉以后,审阅了这三类人员的工作说明书:机床操作工、服务工和勤杂工。机床操作工的工作说明书规定:操作工有责任保持机床的清洁,使之处于可操作的状态,但并未提及清扫地板。服务工的工作说明书规定:服务工有责任以各种方式协助操作工,如领取原材料和工具,随叫随到,即时服务,但也没有明确写明包括清扫工作。勤杂工的工作说明书中确实包含了各种形式的清扫,但他的工作时间是从日班工人下班以后开始。

(资料来源:余凯成等著. 人力资源管理. 大连:大连理工大学出版社,1999)

问题:(1)操作工、服务工和勤杂工,你认为谁应该做清扫液体的工作?
　　　(2)对于服务工的投诉,你认为该如何解决?有何建议?
　　　(3)如何防止类似意见分歧的重复发生?

【拓展学习】

1. 中国人力资源开发网:http://www.chinahrd.net/
2. 人资网:http://www.hrdb.net/

第四章　人力资源规划

【学习目标】

通过本章的学习，了解和掌握人力资源规划的含义；企业经营战略和人力资源战略规划之间的关系；人力资源战略规划的价值和内容；人力资源规划的操作程序和方法；人力资源需求与人力资源供给的影响因素及其预测方法；平衡人力资源供给与需求的政策和措施；人力资源战略规划的实施。

【重点难点】

1. 关于人力资源规划的基本概念。
2. 人力资源需求预测的方法。
3. 人力资源供给预测的方法。
4. 人力资源规划的实施。

【导入案例】

手忙脚乱的人力资源经理

D 集团在短短 5 年之内由一家手工作坊发展成为国内著名的食品制造商，企业最初从来不订什么计划，缺人了，就去人才市场招聘。企业日益正规后，开始每年年初定计划：收入多少，利润多少，产量多少，员工定编人数多少，等等，人数少的可以新招聘，人数超编的就要求减人，一般在年初招聘新员工。可是，因为一年中不时地有人升职、有人平调、有人降职、有人辞职，年初又有编制限制不能多招，而且人力资源部也不知道应当多招多少人或者招什么样的人，结果人力资源经理一年到头拼命地往人才市场跑。

近来由于 3 名高级技术工人退休，2 名跳槽，生产线立即瘫痪，集团总经理召开紧急会议，命令人力资源经理 3 天之内招到合适的人员顶替空缺，恢复生产。人力资源经理两个晚上没睡觉，频繁奔走于全国各地人才市场和面试现场之间，最后勉强招到 2 名已经退休的高级技术工人，使生产线重新开始了运转。人力资源经理刚刚喘口气，地区经理又打电话给他说自己公司已经超编了，不能接收前几天分过去的 5 名大学生，人力资源经理不由怒气冲冲地说："是你自己说缺人，我才招来的，现在你又不要了！"地区经理说："是啊，我两个月前缺人，你现在才给我，现在早就不缺了。"人力资源经理分辩道："招人也是需要时间的，我又不是孙悟空，你一说缺人，我就变出一个给你？"……

（资料来源：彭剑锋. 人力资源管理概论. 上海：复旦大学出版社，2003）

上述案例出现的情况其实曾经在中国的很多企业出现过。在 20 世纪 90 年代以前中国企业的成功往往不需要战略，因而也不需要对组织的人力资源进行长远的规划，一般什么时候缺人了，什么时候再去招聘，虽然招来的人不是十分满意，但对企业的发展也没什么大的影响，所以企业从来没把时间和金钱花在招人问题上面。但是随着市场的日益规范，企业的日益壮大，企业出现了发展的瓶颈——缺少人才，企业想要进一步发展壮大，想要长治久安，就必须依靠源源不断的人才。但是，很多企业仅限于发现缺人，却不知道为什么缺人，以及如何解决这一问题。对此，本章中将会有相应解答。

第一节　人力资源规划概述

一、人力资源规划的定义、制定的原则和目标

（一）人力资源规划的定义

人力资源规划的定义有狭义和广义之分。狭义的人力资源规划是以追求人力资源的平衡为根本目的，对可能的人员需求、供给情况作出预测，并据此储备或减少相应的人力资源。它主要关注的是人力资源供求之间的数量、质量与结构的匹配。狭义的人力资源规划，按照年度编制的计划主要有：人员配备计划、人员补充计划和人员晋升计划。广义的人力资源规划是指根据组织的发展战略、目标及组织内外环境的变化，预测未来的组织任务和环境对组织的要求，以及为完成这些任务和满足这些要求而提供人力资源的过程。换言之，广义的人力资源规划是从战略层面考虑人力资源规划的内容和作用，强调人力资源对组织战略目标的支撑作用，它既包括了人力资源数量、质量与结构的系统规划与安排，也包括了实现人力资源战略目标的策略与相应职能的系统安排。其作用等同于人力资源管理战略，是企业竞争战略的有机组成部分。广义的人力资源规划，按照年度编制的计划，除了狭义的人力资源规划三种人员计划之外，还包括：人员培训开发计划、员工薪酬激励计划、员工职业生涯规划和其他计划如劳动组织计划、员工援助计划、劳动卫生与安全生产计划等。

（二）人力资源规划的制定原则

1. 充分考虑内部、外部环境的变化

人力资源规划只有充分地考虑了内外环境的变化，才能适应需要，真正做到为企业发展目标服务。内部变化主要指销售的变化、开发的变化，或者说企业发展战略的变化，还有公司员工的流动变化等；外部变化指社会消费市场的变化、政府有关人力资源政策的变化、人才市场的变化等。为了更好地适应这些变化，在人力资源规划中应该对可能出现的情况做出预测和风险变化，最好能有应对风险策略。

2. 确保企业的人力资源保障

企业的人力资源保障问题是人力资源规划中应解决的核心问题，它包括人员的流入预测、流出预测、人员的内部流动预测、社会人力资源供给状况分析、人员流动的损益分析等。只有有效地保证企业的人力资源供给，才可能去进行更深层次的人力资源管理与开发。

3. 使企业和员工都得到长期的利益

人力资源规划不仅是面向企业的规划，也是面向员工的规划。企业的发展和员工的发展是互相依托、互相促进的关系。如果只考虑企业的发展需要，而忽视了员工的发展，最终也会影响企业发展目标的实现。成功的人力资源规划，一定是能够使企业和员工共同发展的规划。

（三）人力资源规划的目标

1. 规划人力资源的发展

人力资源的发展包括人力资源预测、人力资源增补及人员培训，这三者紧密联系，不

可分割。人力资源规划一方面对目前人力资源现状予以分析，以了解人事动态；另一方面，对未来人力资源需求做出预测，以便对企业人力资源的增减进行通盘考虑，再据此制定人员增补和培训计划。所以，人力资源规划就是实施人力资源发展的过程。

2. 合理配置人力资源

现实中只有少数企业的人力资源的配置符合理想的状况，而相当多的企业仍是一些人的工作负荷过重，而另一些人的工作过于轻松；一些人的能力有限，身心疲惫，而另一些人感到能力有余，未能充分利用。人力资源规划就是要改善这种人力资源配置的不平衡状况，使人人有活干，且做到人尽其才、人尽其用，以此实现人力资源的合理配置。

3. 配合组织发展的需要

随着知识经济的到来，越来越多的人认识到人力资源是组织发展的第一资源，任何组织的生存和发展都离不开人力资源的获得与运用。因此，顺应时代的发展和环境的变化，组织如何才能适时、适地、适量、适质地获得所需的各类人力资源，那就必须依靠人力资源规划。换句话说，就是人力资源规划必须以配合组织发展的需要为目标，方可实现组织的可持续发展。

4. 降低用人成本

影响企业结构用人数目的因素很多，如业务、技术革新、机器设备、组织工作制度、工作人员的能力等。人力资源规划可对现有的人员结构作一些分析，并找出制约人力资源有效运用的瓶颈，然后通过制定合理人力资源规划，提升人力资源使用效能，最终降低组织的用人成本。

二、企业经营战略与人力资源规划

（一）企业经营战略是人力资源规划的基础

人力资源规划是人力资源战略的具体实施。人力资源战略必须与企业经营战略相匹配，所以，人力资源规划也必须与企业经营战略相协调。如图 4 - 1 所示，企业在分析外部环境的变化之后制定明确而清晰的经营战略，进而制定与经营战略相匹配的人力资源战略，完成了如上工作之后才进入人力资源规划及其执行阶段。

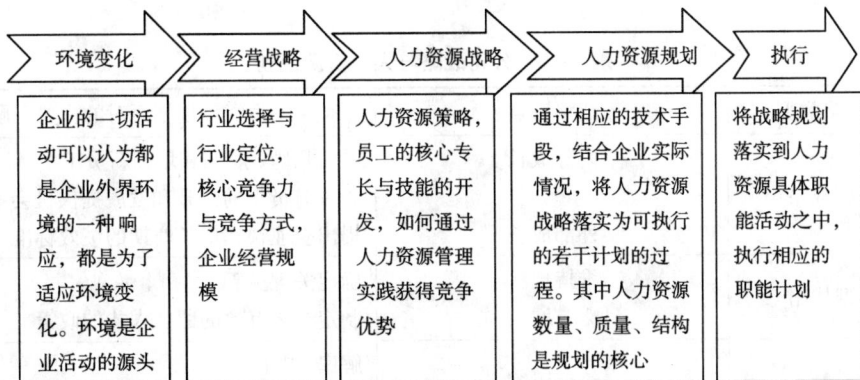

环境变化	经营战略	人力资源战略	人力资源规划	执行
企业的一切活动可以认为都是企业外界环境的一种响应，都是为了适应环境变化。环境是企业活动的源头	行业选择与行业定位，核心竞争力与竞争方式，企业经营规模	人力资源策略，员工的核心专长与技能的开发，如何通过人力资源管理实践获得竞争优势	通过相应的技术手段，结合企业实际情况，将人力资源战略落实为可执行的若干计划的过程。其中人力资源数量、质量、结构是规划的核心	将战略规划落实到人力资源具体职能活动之中，执行相应的职能计划

图 4 - 1　企业经营战略与人力资源规划

　　一般我们也把企业经营战略制定的过程看做是企业计划的制订过程。企业计划按时间的长短来分可分为长期的计划(即战略计划)、中期的计划(即经营计划)和短期的计划(即年度预算),这三种层次的计划依次成为人力资源规划分析问题、预测需求和制定行动方案三个环节的基础。人力资源规划过程离不开企业计划过程,两者的关系如图4-2所示。

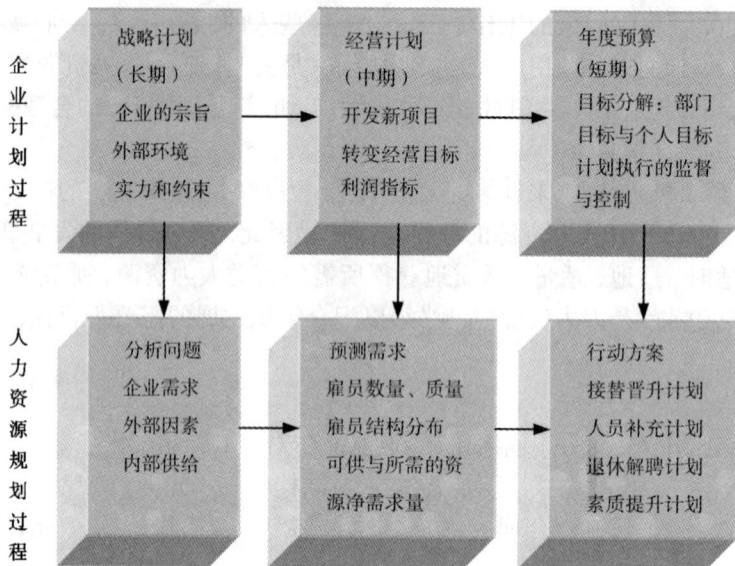

图4-2　企业计划过程与人力资源规划过程

(二)企业经营战略与人力资源规划关系的具体表现

　　企业经营战略有三个层次:公司战略、经营单位战略和职能战略,对应着三个层次企业经营战略,人力资源战略的重点不同,人力资源规划面对的主要问题也不同,具体表现如下:

　　1.公司战略与人力资源规划

　　公司战略类型包括发展型战略、稳定型战略、紧缩型战略。对应这三种公司战略,人力资源规划面对的主要问题如表4-1所示。

表4-1　公司战略与人力资源规划

公司战略类型	战略重点	人力资源规划面对的主要问题
发展型战略	内部成长 外部成长	及时招聘、雇佣和培训新员工 为现有员工的晋升和发展提供机会 提出企业快速增长时期的绩效标准
稳定型战略	维持现状 略有增长	确定关键员工 制定行之有效的留住人才的政策
紧缩型战略	组织压缩 精简业务	解雇、中止合同 员工提前退休 提出妥善处理劳资关系的相关办法

2. 经营单位战略与人力资源规划

经营单位战略，亦称事业层战略，主要有三种类型：成本领先战略、差异化战略、集中化战略。对应着经营单位的三种类型的战略，人力资源战略的侧重点和人力资源规划面对的主要问题均不同，具体如表4－2所示。

表4－2　经营单位战略与人力资源规划

经营单位战略类型	战略重点	人力资源规划面对的主要问题
成本领先战略	效率 稳定性 成本控制 增长	实行以内部晋升为主的体制 培训现有员工的技能 加大外部招聘比重
差异化战略	创新 差异化	为获得竞争优势而雇佣和培训员工 拥有权责宽广的、柔性的工作与员工 组织要为创新提供更多的激励
集中化战略	细分市场 满足特定群体的需求	雇佣符合目标市场对象的人 培训员工，提高员工对顾客需求的理解

3. 职能战略与人力资源规划

职能战略包括市场营销战略、财务战略、研究与开发战略、生产管理战略、人力资源战略。人力资源战略是企业为实现公司战略目标而在雇佣关系、甄选、录用、培训、绩效、薪酬、激励、职业生涯管理等方面所做决策的总称。人力资源战略是一种集成，它与公司战略、经营单位战略、其他职能战略纵向整合，并与自身内部的各环节横向整合。人力资源规划只是人力资源职能战略中的一个组成部分。

三、人力资源规划的制定程序

人力资源规划的具体步骤分为七步进行，其流程如图4－3所示。

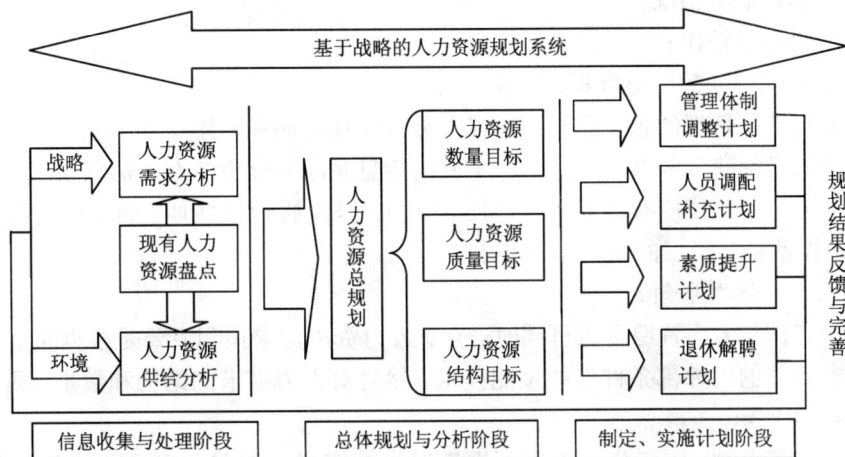

图4－3　人力资源规划流程图

（一）确认现阶段的企业经营战略

明确此战略决策对人力资源规划的要求，以及人力资源规划所能提供的支持。

（二）现有人力资源盘点

弄清企业现有人力资源的状况，是制订人力规划的基础工作。实现企业战略，首先要立足于开发现有的人力资源，因此必须采用科学的评价分析方法。人力资源主管要对本企业各类人力数量、质量、结构、利用及潜力状况、流动比率进行统计。这一部分工作需要结合人力资源管理信息系统和职务分析的有关信息来进行。如果企业尚未建立人力资源管理信息系统，这步工作最好与建立该信息系统同时进行。一个良好的人事管理信息系统，应尽量输入与员工个人和工作情况的资料，以备管理分析使用。人力资源信息应包括以下几个方面：

（1）个人自然情况，如姓名、性别、出生日期、身体自然状况和健康状况、婚姻、民族和所参加的党派等；

（2）录用资料，包括合同签订时间、候选人征募来源、管理经历、外语种类和水平、特殊技能，以及对企业有潜在价值的爱好或特长；

（3）教育资料，包括受教育的程度、专业领域、各类培训证书等；

（4）工资资料，包括工资类别、等级、工资额、上次加薪日期以及对下次加薪日期和量的预测；

（5）工作执行评价，包括上次评价时间、评价或成绩报告、历次评价的原始资料等；

（6）工作经历，包括以往的工作单位和部门、学徒或特殊培训资料、升降职原因、有否受过处分的原因和类型、最后一次内部转换的资料等；

（7）服务与离职资料，包括任职时间长度、离职次数及离职原因；

（8）工作态度，包括生产效率、质量状态、缺勤和迟到早退记录、有否建议及建议采纳数、有否抱怨及抱怨内容等；

（9）安全与事故资料，包括因工受伤和非因工受伤、伤害程度、事故次数类型及原因等；

（10）工作或职务情况；

（11）工作环境情况；

（12）工作或职务的历史资料，等等。

用计算机进行管理的企业和组织可以十分方便地存储和利用这些信息。

这一阶段必须获取和参考的另一项重要的信息是职务分析的有关信息情况。职位分析明确地指出了每个职位应有的职务、责任、权利，以及履行这些职、责、权所需的资格条件，这些条件就是对员工的质的水平要求。

（三）人力资源需求预测

这一步工作与人力资源盘点可同时进行，人力资源需求预测主要是根据企业的发展战略规划和本企业的内外部条件选择预测技术，然后对人力需求的结构和数量、质量进行预测，如图4-4所示。

预测人员需求时，应充分考虑以下因素对人员需求的数量上和质量上以及构成上的影响：

（1）市场需求、产品或服务质量升级或决定进入新的市场；

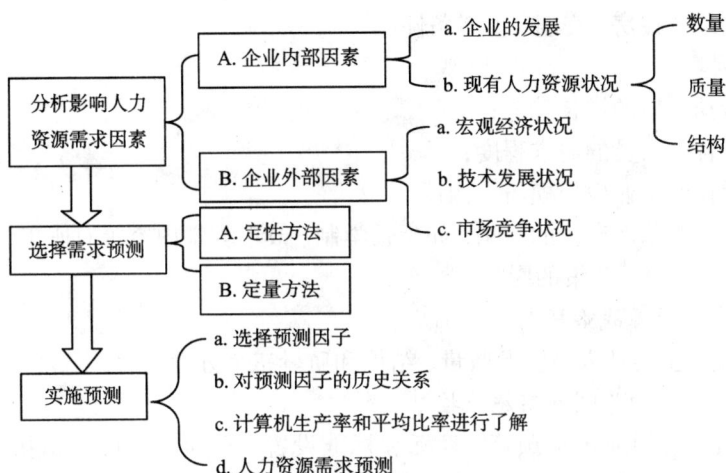

图4-4　人力资源需求预测程序与方法

（2）产品和服务的要求；

（3）人力稳定性，如计划内更替（辞职和辞退的结果）、人员流失（跳槽）；

（4）培训和教育（与公司变化的需求相关）；

（5）为提高生产率而进行的技术和组织管理革新；

（6）工作时间；

（7）预测活动的变化；

（8）各部门可用的财务预算。

在预测过程中，预测者及其管理判断能力与预测的准确与否关系重大。一般来说，商业因素是影响员工需要类型、数量的重要变量，预测者通过分离这些因素，并且收集历史资料去做预测的基础。从逻辑上讲，人力资源需求是产量、销量、税收等的函数，但对不同的企业或组织，每一因素的影响并不相同。

（四）人力资源供给预测

人力资源供给预测包括两个内容：一是内部供给预测，即是根据现有人力资源及其未来变动情况，确定未来所能提供的人员数量和质量；另一种是对外部人力资源供给进行预测，确定未来可能的各类人员供给状况。

内部人力资源供给的技术和方法会在后面做详细介绍，这里就不再赘述。外部人力资源供给主要受两个因素的影响：地区性因素和全国性因素。

1. 地区性因素

（1）公司所在地和附近地区的人口密度；

（2）其他公司对劳动力的需求状况；

（3）公司当地的就业水平、就业观念；

（4）公司当地的科技文化教育水平；

（5）公司所在地对人们的吸引力；

（6）公司本身对人们的吸引力；

（7）公司当地临时工人的供给状况；

（8）公司当地的住房、交通、生活条件。

2. 全国性因素

（1）全国劳动人口的增长趋势；

（2）全国对各类人员的需求程度；

（3）各类学校的毕业生规模与结构；

（4）教育制度变革而产生的影响，如延长学制、改革教学内容等对职工供给的影响；

（5）国家就业法规、政策的影响。

（五）制订人力资源战略规划

人力资源规划主要从人力资源数量、结构和质量三个方面入手进行规划。

（六）执行人力资源规划和实施监控

人力资源战略规划应包括预算、目标和标准设置，它同时也应承担执行和控制的责任，并建立一整套报告程序来保证对规划的监控。可以只报告对全公司的雇佣总数量（确认那些在岗的和正在上岗前期的）和为达到招聘目标而招聘的人员数量。同时应报告与预算相比雇佣费用情况如何，损耗量和雇佣量的比率变化趋势如何。

（1）执行确定的行动计划。在各分类规划的指导下，确定企业如何具体实施规划，是这一步的主要内容。一般来说，在技术上或操作上没有什么困难。

（2）实施监控。实施监控的目的在于为总体规划和具体规划的修订或调整提供可靠信息，强调监控的重要性。在预测中，由于不可控因素很多，常会发生令人意想不到的变化或问题，如若不对规划进行动态的监控、调整，人力资源规划最后就可能成为一纸空文，失去了指导意义。因此，执行监控是非常重要的一个环节。此外，监控还有加强执行控制的作用。

（七）人力资源规划的评价

在评价人力资源规划时，首先，可以从以下几个方面对人力资源的合理性进行间接的判断：

（1）预测所依据的信息的质量、广泛性、详尽性、可靠性，以及信息的误差及原因；

（2）预测所选择的主要因素的影响与人力需求的相关度，预测方法在使用的时间、范围、对象的特点与数据类型等方面的适用性程度；

（3）人力资源战略规划者熟悉人事问题的程度以及对它们的重视程度；

（4）他们与提供数据和使用人力资源战略规划的人事、财务部门以及各业务部门经理之间的工作关系如何；

（5）在有关部门之间信息交流的难易程度（如人力资源战略规划者去各部门经理处询问情况是否方便）；

（6）决策者对人力资源战略规划中提出的预测结果、行动方案和建议的利用程度；

（7）人力资源战略规划在决策者心目中的价值如何；

（8）规划实施的可行性。评估预测结果是否符合社会、环境条件的许可，能否取得达到预测成果所必需的人、财、物、信息、时间等条件。

其次，可以对人力资源规划的实施结果，即人力资源规划所带来的效益进行评价，以判断人力资源规划合理性和有效性。在评价时可以通过以下几个方面的比较来鉴别：

（1）实际招聘人数与预测需求人数的比较；

（2）劳动生产率的实际提高水平与预测提高水平的比较；

（3）实际的执行方案与规划的执行方案的比较；

（4）实际的人员流动率与预测的人员流动率的比较；

（5）实施行动方案后的实际结果与预测结果的比较；

（6）劳动力的实际成本与预算成本的比较；

（7）行动方案的实际成本与预算成本的比较。

以上项目之间的差距越小，说明人力资源规划越合理。在对人力资源规划的检查与评价过程中还要注意选择正确的方法，以保证审查与评价的客观、公正与准确。

对审查与评价的结果进行及时的反馈是实行人力资源规划不可缺少的步骤。通过反馈，可以知道原规划的不足之处，对规划进行动态的跟踪与修改，使其更符合实际，更好地促进企业目标的实现。

第二节　人力资源需求预测

一、影响人力资源需求的因素

企业对人力资源的需求受到诸多因素的影响，其中市场对企业产品的需求是最重要、最根本的。在此基础上，其他影响因素可以被归结为两大类。

（一）企业内部因素

1. 企业规模的变化

企业规模的变化主要包括两种情况：

（1）业务范围不变时，规模的扩大或缩小使企业对人力资源数量的需求随之增加或减少。

（2）业务范围改变时，规模的变化不仅会对人力资源需求的数量产生影响，导致人力资源的结构需求发生变化，新的业务需要掌握新技能的人员。

2. 经营方向的变化

经营方向发生变化时，企业的规模不一定改变。因此，对人力资源在数量上的需求不一定变化，但人力资源的结构却要随之改变，因为不同的经营领域需要具有不同技能的人员。

3. 技术与管理的变化

企业内部引进新的生产技术或管理技巧，一方面会因为劳动生产率的提高而使企业所需要的人员数量减少；另一方面会对管理人员和技术人员在数量和质量上的需求增加。

4. 人员流动比率

人员流动比率是指由于辞职、解聘或合同期满后终止合同等原因引起的职位空缺规模。人员流动比率的大小会直接影响企业对人力资源的需求。

（二）企业外部因素

影响人力资源需求的外部因素主要包括经济、政治、法律、技术和竞争者等。外部因素的影响多是间接影响，通过内部因素而起作用。例如，经济环境的变化会影响企业的规模和经营方向，技术环境的变化会影响企业的技术水平等，从而间接地影响企业的人力资源需求。

二、人力资源需求的预测方法

人力资源需求预测是以与人员需求有关的组织因素为基础，来估计未来某个时期组织对人员的需求。具体的预测方法有定性预测和定量预测两种。

(一)定性预测方法

1. 管理人员判断法

管理人员判断法是指企业内的管理人员凭借个人的经验和直觉，对企业未来的人力资源需求进行预测。这是一种简单的方法，主要用于短期预测。这种方法既可以单独使用，也可以与其他方法结合使用。

2. 分合性预测法

分合性预测方法是一种比较常用的预测方法。首先，企业组织要求下属各个部门、单位根据各自的生产任务、技术设备等变化的情况，先对本单位将来对各种人员的需求进行预测；然后，在此基础上，把下属各部门的预测数进行综合平衡，从中预测出整个组织将来某一时期内对各种人员的需求总数。这种方法要求在人事部门或专职人力资源规划人员的指导下，下属中各级管理人员能充分发挥在人力资源预测规划中的作用。

分合性预测法有很大的局限性，由于会受到各层管理人员阅历、知识的限制，很难对长期做出准确预测，因此这种方法比较适用于中、短期的预测规划。

3. 描述法

人力资源部门对组织未来的目标和相关因素进行假定性描述、分析，并作出多种备选方案。描述法通常用于环境变化或企业变革时的需求分析。

4. 工作研究法(岗位分析法)

工作研究法是根据具体岗位的工作内容和职责范围，在假设岗位工作人员完全适岗的前提下，确定其工作量，最后得出人数。工作研究法的关键是首先制订出科学的岗位用人标准，其基础是职位说明书。当企业结构简单、职责清晰的时候，此法较易实施。

5. 德尔菲法

德尔菲法最早出现于20世纪50年代末，是当时美国为了预测在其"遭受原子弹轰炸后，可能出现的结果"而发明的一种方法，它也是美国兰德公司在50年代初与道格拉斯公司协作，用于技术预测的一种预测方法。

德尔菲法的实施步骤：

(1)确定问题。通过一系列精心设计的问卷，要求成员提供可能的解决方案(采用函询方式就所要预测的内容向有关领域内的专家提出问题)。

(2)每一个成员匿名独立完成第一组问卷(各个专家独立地提出各自的意见和看法)。

(3)每一组问卷的结果集中在一起编辑、撰写和复制(将专家的意见收集起来进行综合整理)。

(4)每个成员收到一本问卷结果的复制件(将结果反馈给所有专家)。

(5)看过结果后，再次请成员提出他们的方案。第一轮的结果常常是激发出新的方案或改变某些人的原有观点(每个专家根据综合整理的结果，在慎重考虑其他专家的意见后，或修正自己的意见，或提出新的论证和方案)。

（6）重复（4）、（5）两步直到取得大体上一致的意见。

德尔菲法的优点是：它避免了群体决策中面对面的争论，能使参与决策者畅所欲言；缺点是：耗时多，较复杂，信息处理工作量大。

（二）定量预测方法

在定量预测方法中，最常用的有趋势外推法、工作负荷预测法、回归预测法、任务分析法和生产函数预测法等。

1. 趋势外推法

趋势外推法是通过对企业在过去五年或者更长时间中的员工雇佣变化情况进行分析，然后以此为依据来预测企业未来人员需求的技术。这种方法既可以对企业进行整体预测，也可以对企业的各个部门进行结构性预测。

趋势外推法的典型步骤如下：

第一，选择相关变量。选择一个相关的因素，这个因素直接影响到企业对人力资源的需求，例如销售额、生产率等。

第二，分析相关变量与人力资源需求的关系。分析此因素与所需员工数量的比率形成一种劳动率指标，例如，生产量/每人时等。

第三，计算生产率指标。根据以往5年或5年以上的生产率指标，求出均值。

第四，计算所需人数。用相关变量除以劳动生产率得出所需人数。

[例4－1]　某空调制造公司2006—2010年的产量、劳动生产率和员工需求量如表4－3所示。

表4－3　某空调制造公司的人力资源需求

年份	产量(万台)	劳动生产率(台/人)	员工需求量(人)
2006	20	50	4000
2007	30	55	5455
2008	40	55	7273
2009	60	50	12000
2010	70	60	11667
2011	80	54	14815
2012	100	54	18519

说明：2011年和2012年的数据是预测值，产量、劳动生产率和员工需求量的关系按照下面公式计算，产量÷劳动生产率＝员工需求量。

根据历史数据，算出2006—2010年的平均生产率为54台/人，根据公司的产量预测可以推知预测2011年的员工需求量为：$800000 \div 54 \approx 14815$（人）

2012年的员工需求量为：$1000000 \div 54 \approx 18519$（人）

具体数据如表4－3所示。

趋势外推法作为一种初步预测是很有价值的，但它有很大的局限性。因为企业人力资源需求不可能只受单个因素的影响，比如，企业管理的改善可能少用员工，企业成本预算会使企业人力资源需求受到更多的局限。在使用它时，一定注意下列前提条件是假定企业比较稳定，如企业生产技术不变，单位产品的人工成本才大致保持不变，才可以根据产量来预测员工需求量。趋势外推法　般适合短、中期预测或比较稳定的预测。

2. 工作负荷预测法

工作负荷预测法是根据工作分析的结果算出劳动定额，再按未来的产品生产量目标算出总工作量，然后折算出所需的人数。确定岗位人员需求量即所谓"定员"的方法很多，要根据具体情况而定。

第一，效率定员法。即按照劳动定额计算人员需求量的一种方法。该方法适用于一切能用劳动定额表现生产工作量，适用于操纵设备作业工种的定员。公式为：

$$M = \frac{\sum (T \times Q) + C + B}{t \times p \times a}$$

式中：M 为定员人数；$\sum$ 为求和符号；T 为单位产品工时定额；Q 为产品产量；C 为计划期废品工时；B 为零星任务工时(机械工业一般为 5% ~ 10%)；t 为制度工时；p 为工时利用率；a 为工时定额完成率。

第二，设备定员法。即根据完成一定的生产任务所必须开动的设备台数和班次，按照单机定员设备计算人员编制的方法。该方法适用于操纵设备作业工种的定员。公式为：

$$M = \frac{\sum (n \times m \times s)}{K}$$

式中：M 为定员人数；$\sum$ 为求和符号；n 为同型设备开台数；m 为单位定员标准；s 为该型设备平均开动班次；K 为出勤率。

第三，岗位定员法。即按岗位定员标准、工作班次和岗位数计算人员需求量的方法。一般在石油、化工、钢铁、汽车、家电等企业常用该方法。

$$M = \frac{\sum (m's'n)}{K} \times E$$

式中：M 为岗位定员数；$\sum$ 为求和符号；m' 为岗位定员标准；s' 为班次；n 为同类岗位数；K 为出勤率；E 为系数。

第四，比例定员法。即以服务对象的人数为基础，按定员标准比例来计算人员需求量的方法。该方法适用于辅助生产服务性工作或教育、卫生等单位的人员需求量的确定。

$$M = \frac{F}{m}$$

式中：M 为比例定员；F 为服务对象的人数；m 为定员标准比例。

第五，职责定员法。即按既定的组织机构和它的职责范围以及机构内部的业务分工和岗位职责来确定定员方法。该方法适用于企业和工程技术人员的定员。由于工作的复杂性，其工作定额也难以量化，故无法用适当的数学公式表示。一般可以根据其职责和工作量，参照效率定员和岗位定员的方法进行计算。影响职责定员的主要因素有：管理层次，机构设置与分工，工作效率等。

3. 回归分析法

这是一种非主观的预测方法，对人力资源需求预测有相当实用价值。回归模型旨在一种或多种独立变量条件下，建立生产经营活动水平与人员需求量之间的数学关系，并用这种关系推测未来。具体方法如下：

（1）单变量趋势外推模型（一元线性回归分析方法）。

回归分析方法是根据企业过去的情况和资料，建立数学模型并由此对未来趋势做出预测的方法。一元线性回归分析方法的典型步骤如下：

第一，选择相关变量。选择一个相关因素，对这个因素进行调查，找出它与人力资源的需求量在 5 年以上的历史数据；

第二，建立一元线性方程，根据历史资料确定线性方程的系数；

第三，由一元线性方程求出目标值所对应的人力资源需求量。

［例 4 - 2］　某医院要建立一个住院部，需要预测护士的需求量，医院聘请了一个专家组，对 5 个典型的医院进行了调查，发现护士的需求量与住院部的病床数存在很大的相关性，5 个医院的病床数与护士人数情况如表 4 - 4 所示。根据表 4 - 4 预测此医院建立一个 500 个病床位的住院部需要护士多少？

表 4 - 4　医院病床数与护士人数情况

被调查医院	病床数（X_i）	护士人数（Y_i）	X_iY_i	X_i^2
甲医院	350	39	13650	127500
乙医院	420	41	17220	176400
丙医院	610	58	35380	372100
丁医院	470	50	23500	220900
戊医院	530	54	28620	280900

下面用回归分析方法预测医院所需护士的人数。由回归分析方法找到所需护士的人数与病床数假定：

$$Y = a + bx$$

式中：Y 为所需人数；x 为床位数；a，b 为根据其他医院经验数字假定的系数。

实际预测中，一元线性回归预测模型的建议，就是如何根据企业一组已知的数据，如其他医院的护士数（Y_i）和其他医院的病床数（X_i），来估计回归方程 $Y = a + bx$ 的系数 a，b 的问题。

有多种方法可以估计 a 和 b 的值。如最小二乘法，其计算公式为：

$$b = \frac{\sum X_iY_i - \bar{X}\sum Y_i}{\sum X_i^2 - \bar{X}\sum X_i}, \quad a = \bar{Y} - b\bar{X}$$

式中：$\bar{Y}$，$\bar{X}$ 分别是 Y，X 的平均值，即 $\bar{Y} = \frac{1}{n}\sum Y_i$，$\bar{X} = \frac{1}{n}\sum X_i$

$\sum X_i = 2380$，$\sum Y_i = 242$，$\sum X_iY_i = 118370$，$\sum X_i^2 = 1172800$，$N = 5$

第二步，按照已经建立的一元线性回归预测模型，把其他医院的数据和要预测医院的预计病床数代入，由此求得需预测医院的护士需求量。

从 5 组经验数据，可计算出：

$$\overline{X} = \frac{2380}{5} = 476, \overline{Y} = \frac{242}{5} = 48.4$$

$$b = \frac{\sum X_i Y_i - \overline{X} \sum Y_i}{\sum X_i^2 - \overline{X} \sum X_i} = \frac{118370 - 476 \times 242}{1172800 - 476 \times 2380} = 0.07945$$

$$a = \overline{Y} - b\overline{X} = 48.4 - 0.07945 \times 476 = 10.5818$$

线性方程为：$Y = 10.5818 + 0.07945x$

把 $x = 500$ 的目标值代入式中，即有：$Y \approx 50$（人）

即预测结果为 50 人。

下面再看一例。

[例 4 - 3]　已知某企业过去 12 年的人力资源数量如表 4 - 5 所示，预测未来第三年的人力资源需求量。

表 4 - 5　某企业过去 12 年的人力资源数量

年度	1	2	3	4	5	6	7	8	9	10	11	12
人数（人）	510	480	490	540	570	600	640	720	770	820	840	930

解：根据表 4 - 5，将年度作为横坐标，人数作为纵坐标，绘制出散点图（图 4 - 5）。

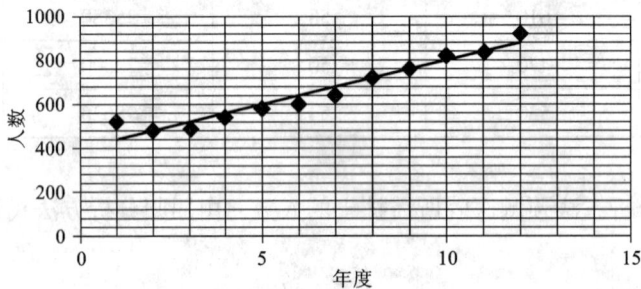

图 4 - 5　某企业人力资源散点图

由散点图可知，应该建立直线方程：

$$Y = a + bX \qquad\qquad (2 - 1)$$

式中：Y 为人数；X 为年度。

利用最小二乘法，可以得出 a、b 的计算公式：

$$b = \frac{\sum_{i=1}^{n}(X_i - \overline{X})(Y_i - \overline{Y})}{\sum_{i=1}^{n}(X_i - \overline{X})^2}$$

代入数据可得：$a = 390.8$，$b = 41.3$

$$Y = 390.8 + 41.3X$$

所以，未来第三年的人力资源需求量为：$Y = 390.8 + 41.3 \times 15 = 1010$（人）

回归分析方法是一种比较精确的预测方法，但预测的准确程度与相关变量的选取有很大的关系，这要求我们在选取相关变量时，一定要选取与人力资源需求量相关的变量。

（2）指数平滑模型。公式为：$Y'_{t+1} = (\alpha)Y_t + (1-\alpha)Y'_t$

式中，Y'_{t+1} 为现期递推 1 年的预测人员需求数量；Y_t 为现期实际人员数量；Y'_t 为现期预测的人员需求数量；t 为现期时间标号；α 为经验或试算权数。

[例 4-4]　如表 4-6 所示的数据为当年实际数。

表 4-6　预测示例

年份	2000	2001	2002	2003	2004	2005	2006	2007	2008	2009	2010	2011
产品产量（千台）	11	12	14	14	17	16	19	21	20	24	28	31
人员数量（人）	21	22	23	25	28	30	32	31	32	34	34	36

表 4-6 的资料，若采用 $\alpha = 0.1$ 为例，则可以得到指数平滑的预测数据：

$Y_{2001} = (0.1 \times 21 + 0.9 \times 21) \approx 21(人)$

$Y_{2002} = (0.1 \times 22 + 0.9 \times 21) \approx 21(人)$

$Y_{2003} = (0.1 \times 23 + 0.9 \times 21) \approx 21(人)$

$Y_{2004} = (0.1 \times 25 + 0.9 \times 21) \approx 22(人)$

从上面的例子可以看出，当 α 值为 0.1 时，2002 年的人员需求量与 2001 年基本相同，因而可采用 0.1 进行预测，显然，这种模型不适用于产品产量将发生急剧变化的场合。

（3）考虑生产水平时的各种变量的复杂模型。

$$Y'_t = \frac{Y_1}{P_1}P'_t + \left(\frac{Y_1}{P_1} - \frac{Y_0}{P_0}\right)P'_t$$

式中，Y'_t 为 t 时刻时人员需求量；Y_0，Y_1 分别为 $t=0$，$t=1$ 时的人员需求量；P_0，P_1 为 $t=0$，$t=1$ 时的生产水平；P'_t 为 t 时刻的生产水平。该模型把劳动生产率的变化已考虑在内。运用此模型需对未来的生产水平进行预测。

（4）多变量回归模型（多元线性回归分析方法）。

$$Y'_t = a_0 + a_1X'_{1t} + a_2X'_{2t} + \cdots + a_\varepsilon X'_{\varepsilon t}$$

式中，a_0，a_1，a_2，$\cdots$，a_ε 是常数项和各自变量相应系数。可根据历史资料求得。

该模型表示了人力资源需求量和假定决定人力资源需求量的多个变量之间的定量关系。必须借助计算机系统求得。

在企业有比较长而且比较稳定的历史，从而能够发现各种变量之间的可靠关系的情况下，统计模型是非常有用的。

4. 任务分析法

将某部门所承担的任务分成 A，B，C 三类，A 类为日常性工作，几乎天天发生；B 类为周期性工作，如计划部门制订年度计划，财务部门发放工资等；C 类为临时性或突发性工作，具有不可预见性。然后根据过去的统计数据以及计划期内任务的变动情况，对各项任务的工作量进行估计。最后将每类中的各项任务的工作量进行加总，如表 4-7 所示。

工作量可按小时或工作日计算，由以下公式可计算出该部门的人力资源需求量：

$$N_A = \sum W_A/q, \quad N_B = \sum W_B/q, \quad N_C = \sum W_C/q$$

$$N = N_A = N_B = N_C$$

式中：q 为每个员工的实际工作时间定额；N_A 为 A 类任务的人力资源需求量；N_B 为 B 类任务的人力资源需求量；N_C 为 C 类任务的人力资源需求量；N 为部门总的人力资源需求量。

表 4 - 7　任务分析表

A 类		B 类		C 类	
任　务	工作量 W_A	任　务	工作量 W_B	任　务	工作量 W_C
1	W_{A1}	1	W_{B1}	1	W_{C1}
2	W_{A2}	2	W_{B2}	2	W_{C2}
3	W_{A3}	3	W_{B3}	3	W_{C3}
⋮	⋮	⋮	⋮	⋮	⋮
合计	$\sum W_A$	合计	$\sum W_B$	合计	$\sum W_C$

5. 生产函数预测法

生产函数预测法是通过建立生产函数来预测人力资源需求的方法，常见的生产函数有考伯－道格拉斯生产函数，它假定产出水平取决于劳动力和资本两种要素的投入水平，于是可列出如下公式：

$$P_t = CM_t^a K_t^b U_t$$

式中：C 为常数；M_t 为 t 时期内使用的劳动力总数；K_t 为 t 时期内使用的资本总额；U_t 为对数正态分布误差项；P_t 为产出水平；a 与 b 分别为劳动力和资本的产出弹性，并且在劳动力和资本互补时，$a + b = 1$。

对式 $P_t = CM_t^a K_t^b U_t$ 取对数并调整以后可以得到以下公式：

$$\lg M_t = \frac{1}{a}\lg P_t - \frac{1}{a} = \lg C - \frac{b}{a}\lg K_t - \frac{1}{a}\lg U_t$$

因此，如果已知 t 时期的产出水平和资本总额，通过上式就可以计算出 t 时期的劳动力需求量。

第三节　人力资源供给预测

在进行了人力资源需求的预测之后，就应开始对人力资源供给进行预测，即估计在未来一段时间内，企业可获得的人力资源的数量和类型。人力资源供给预测同人力资源需求预测一样是人力资源规划的重要环节，但它与人力资源需求预测存在重要差别，即需求预测只研究企业内部需求，而供给预测则包括两个方面，即企业内部人力资源供给预测和企业外部人力资源供给预测。

一、企业内部人力资源供给预测

虽然企业人力资源供给来自企业内部和企业外部两个方面，但是企业内部人力资源供给通常是企业人力资源的主要来源，所以为了满足企业未来对人力资源的需求，应该先从企业内部着手，充分挖掘现有人力资源的潜力，通过内部的人员选拔来补充未来可能出现的空缺职位或新增职位。

（一）对企业内部选拔的评价

从企业内部选拔合适的人员来满足企业的人力资源需求具有以下明显优势：

（1）从选拔的有效性和可信度来看，管理者和员工之间的信息是对称的，不存在"逆向选择"（员工为了入选而夸大长处，弱化缺点）问题或"道德风险"问题。因为内部员工的历史资料有案可查，管理者对其工作态度、素质能力以及发展潜能等方面有比较准确的认识和把握。

（2）从企业文化角度来分析，员工与企业在同一个目标基础上形成的共同价值观和信任感，体现了员工和企业的集体责任及整体关系。员工在企业中工作过较长一段时间，已融入到企业文化之中，视企业为他们的事业和命运的共同体，认同企业的价值观念和行为规范，因而对企业的忠诚度较高。

（3）从企业的运行效率来看，现有的员工更容易接受指挥和领导，易于沟通和协调，易于消除摩擦，易于贯彻执行方针决策，易于发挥企业效能。

（4）从激励方面来分析，内部选拔能够给员工提供一系列晋升机会，使员工与企业同步成长，容易鼓舞员工士气，形成积极进取、追求成功的氛围，以实现美好的愿景。

但是，内部选拔的不足之处也是不容忽视的，例如：内部员工的竞争可能影响企业的内部团结；企业内的"近亲繁殖"、"长官意志"等现象，可能不利于个体创新；领导的好恶可能导致优秀人才外流或被埋没；可能出现"裙带关系"，滋生企业中的"小帮派"、"小团体"，削弱企业的效能。

（二）企业内部人力资源供给的预测方法

1. 人力资源盘点法

人力资源盘点法是对现有企业内人力资源质量、数量、结构和各职位上的分布状态进行核查，以便确切掌握人力拥有量。在企业规模不大时，核查是相当容易的。若企业规模较大，组织结构复杂时，人员核查应建立人力资源的信息系统。这种方法是静态的，它不能反映人力拥有量未来的变化，因而多用于短期人力拥有量预测。虽然在中、长期预测中使用此法也较普遍，但终究受企业规模的限制。

2. 人员接续计划

人员接续计划可以预测企业中具体岗位的人力资源供给，避免人员流动带来的损失。人力资源接续计划的过程是：首先，通过工作分析，明确工作岗位对员工的要求，确定岗位需要的人数；然后，根据绩效评估和经验预测，确定哪些员工能够达到工作要求、哪些员工可以晋升、哪些员工需要培训、哪些员工需要被淘汰；最后，根据以上数据，企业就可以确定该岗位上合适的补充人员。如图 4-6 所示为人员接续模型。其中：$B = D + H$

制定人员接续计划，可以避免企业人力资源的中断风险。通过人员接续计划，建立后续人才储备梯队，根据职位要求提早进行相关培训，这样既培养了后备人才，又有效避免

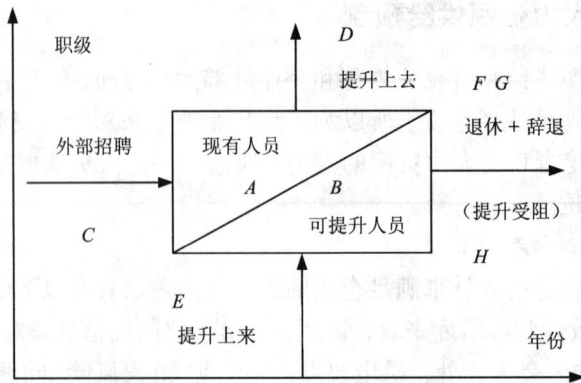

图 4 – 6 人员接续模型

了企业的风险。

3. 管理人员晋升计划

管理人员晋升计划是预测企业内部管理人员供给的一种简单有效方法。制订该计划的步骤如下：

(1)确定管理人员晋升计划包括的管理岗位；

(2)确定各个管理岗位上的可能接替人选；

(3)评价各位接替人员的当前绩效和提升潜力。根据评价结果，当前绩效可划分为"优秀""令人满意"和"需要改进"三个级别；提升潜力可划分为"可以提升""需要培训"和"有问题"三个级别；

(4)确定职业发展需要，并将个人目标与企业目标结合起来。

具体的管理人员晋升模型，如图 4 – 7 所示。

通过管理人员晋升计划，可以优先提拔培养企业的内部人员，为企业的内部人才提供一个良好的发展平台，同时也确保了企业有足够合格的管理人员供给，为企业的持久发展提供了保障。

4. 马尔可夫模型

马尔可夫模型是一种定量分析预测企业内部人力资源供给的方法。它是根据企业内某项工作的人员转移的历史数据，来计算未来某一时期该项工作的人员转移的概率，即人员转移概率的历史平均值，从而来预测企业内该项工作的人力资源供给。

[例 4 – 5] 某会计事务所有四类人员：合伙人(P)，经理(M)，高级会计师(S)，会计员(J)。其初始人数和转移矩阵如表 4 – 8(a)所示。表 4 – 8(a)表明，在任何一年里，有80% 的合伙人仍留在该所，20% 的合伙人退出；有70% 的经理仍在原职，10% 的经理成为合伙人，20% 的经理离开；有5% 的高级会计师升为经理，80% 的高级会计师仍在原职，5% 的高级会计师降为会计员，10% 的高级会计师外流；有15% 的会计员晋升为高级会计师，20% 的会计员另谋他职。用这些历史数据代表每类人员转移流动的转移率，可以推算出人员变动情况。即起始时刻每一类人员的数量与每一类人员的转移率相乘，然后纵向相加，就可以得到下一年的各类人员的供给量，如表 4 – 8(b)所示。

总裁

人事副总裁	执行副总裁	市场副总裁	财务副总裁
★ 王辉 50 ☆	● 成行 45 ○	★ 宋娜 45 ☆	● 珍南 40 ○
● 杜云 45 ○	★ 张江 42 ☆	▲ 胡可 48 △	▲ 赵云 52 △
▲ 白宇 45 △	▲ 李历 38 ○	● 朱丹 35 △	★ 卢波 45 ○

家电部总经理	服装部总经理
● 陈晓 43 △	★ 于平 50 ☆
★ 李小路 40 ☆	● 张良 45 △
▲ 宋琦 38 ○	● 何丽 36 ○

人事经理	财务经理	人事经理	财务经理
● 赵单 40 ○	★ 李佳 40 ☆	▲ 薄凤 45 △	● 郭军 45 ☆
● 王季 37 ☆	▲ 赵亮 42 ○	● 冯英 36 ○	▲ 龙伟 40 △
▲ 朱迅 49 △	● 沈丹 33 ○	● 李克 39 ○	▲ 李晶 39 ○

生产经理	销售经理	生产经理	财务经理
★ 魏丹 50 ○	★ 孙辉 42 ○	● 陆南 45 ☆	● 张坤 46 △
● 金俊 45 ☆	▲ 江南 45 △	▲ 韩红 38 △	★ 罗辉 42 ☆
▲ 宗华 40 △	▲ 程凯 38 △	▲ 遥远 42 ○	● 马凡 35 ○

优秀：★ 可以提升：☆ 令人满意：● 需要培训：○ 有待改进：▲ 有问题：△

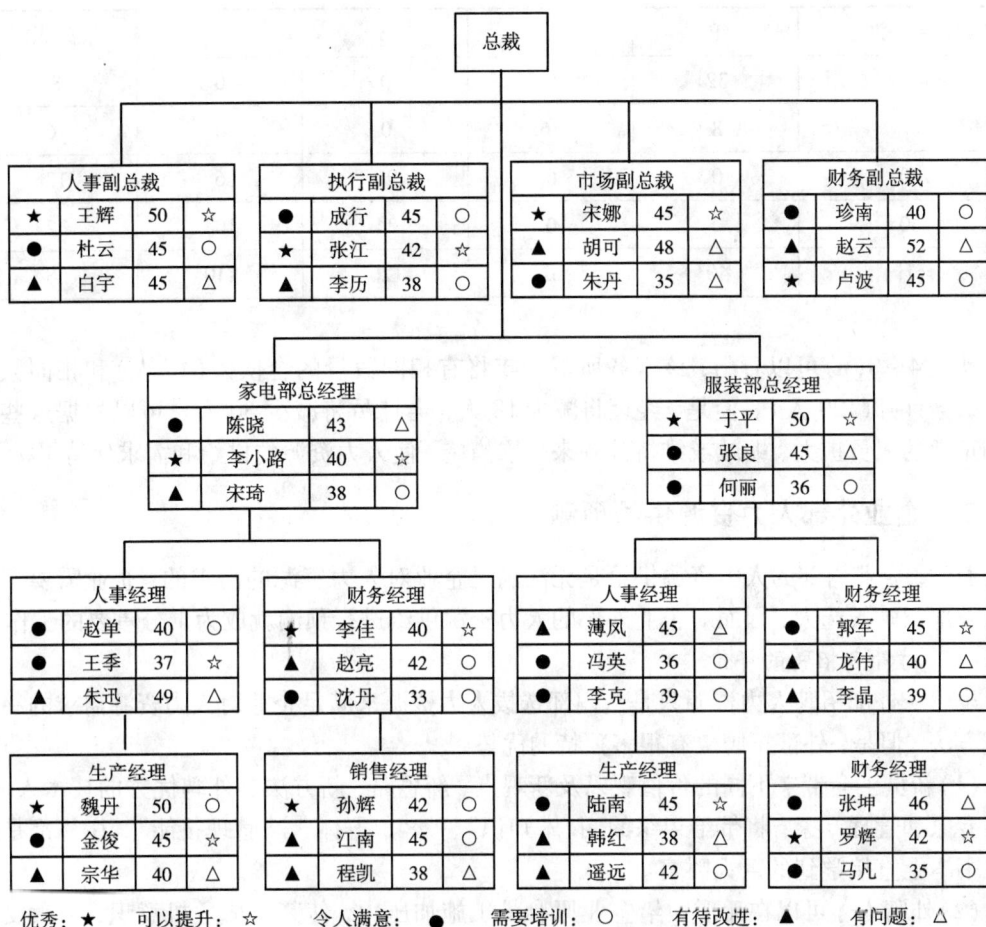

图 4 – 7 管理人员晋升模型

表 4 – 8 某会计事务所人力资源供给情况的马尔可夫模型

(a)

初始人数	P	M	S	J	离职
40	0.8				0.2
80	0.1	0.7			0.2
120		0.05	0.8	0.05	0.1
160			0.15	0.65	0.2

(b)

初始人数	P	M	S	J	离职
40	32	0	0	0	8
80	8	56	0	0	16
120	0	6	96	6	12
160	0	0	24	104	32
合计	40	62	120	110	68

从表4-8(b)可以看出，该事务所下一年将有相同数量的合伙人(40人)和相同数量的高级会计师(120人)。但是，经理将减少18人，会计员将减少50人。可以根据这些数据和正常的人员扩大、缩减或维持计划来采取措施，使人力资源的供给和需求保持平衡。

二、企业外部人力资源供给预测

通常，企业内部的人力资源供给是无法满足企业对人力资源的需求的，企业需要不断地从外部招聘候选人，因而对企业外部的人力资源供给进行预测就成为十分重要的工作。

（一）对外部招聘的评价

虽然从外部招聘人力资源只是从内部选拔人力资源来满足企业对人力资源需求的一个补充方法，但是，外部招聘也有很多独特的优势。

（1）新员工会带来不同的价值观以及新观点、新思路、新方法。外聘优秀的技术人才、营销专家和管理专家，将带给组织的"技术知识"、"客户群体"、"管理技能"，往往都是无法从书本上直接学到的巨大财富。

（2）外聘人才可以在无形中给企业原有员工施加压力，使其形成危机意识，以激发出斗志和潜能，共同促进企业的发展。

（3）外部挑选的余地很大，使企业能招聘到许多优秀人才，尤其是一些稀缺的复合型人才，这样还可以省大量内部培养和培训的费用，并促进合理的、社会化的人才流动。

（4）外部招聘也是一种有效的信息交流方式，企业可以借此树立积极改革、锐意进取的良好形象。

当然，外部招聘也不可避免地存在着不足。例如，由于信息不对称，往往造成筛选难度大、成本高，甚至出现"逆向选择"；外聘的员工需要花费较长时间来进行培训和定位；可能挫伤有上进心的内部员工的积极性和自信心；可能引发内、外部员工的冲突等。

（二）影响企业外部人力资源供给的因素

影响企业外部人力资源供给的因素是多种多样的，在进行人力资源外部供给预测时应考虑以下几个方面：

1. 宏观经济形势

宏观经济形势越好，失业率越低，劳动力供给越紧张，企业招聘越困难；宏观经济形势越差，失业率越高，劳动力供给越充足，企业招聘越容易。

2. 人口状况

人口状况是影响企业外部人力资源供给的重要因素，主要包括：

（1）人口总量和人力资源率。它们决定了人力资源供给总量。人口总量越大，人力资源率越高，则人力资源供给越充足。

（2）人力资源的总体构成。它主要包括人力资源的年龄、性别、教育、技能、经验等构成，这决定了在不同的层次与类别上可以提供的人力资源数量与质量。

3.劳动力市场的状况

劳动力市场，是指劳动力供应和劳动力需求相互作用的市场，即员工寻找工作、雇主寻找雇员的场所。它主要从以下六个方面来影响人力资源的供给：（1）劳动力供应的数量；（2）劳动力供应的质量；（3）劳动力的职业选择；（4）当地经济发展的现状与前景；（5）雇主提供的工作岗位的数量与层次；（6）雇主提供的工作地点、工资、福利等。

4.政府的政策法规

政府的政策法规是影响企业外部人力资源供给不可忽视的一个因素。各地政府为了各自经济的发展，为了保护本地劳动力的就业机会，都会颁布一些相关的政策法规。例如，防止外地劳动力盲目进入本地劳动力市场；不准歧视妇女就业；保护残疾人就业；严禁童工就业；员工安全保护法规；从事危险工种保护条例等。

第四节　人力资源规划的实施

一、人力资源规划的承担者

传统意义上的人力资源工作主要由人事部门从事，例如招聘、培训、员工发展、薪金福利设计等，随着现代企业对人力资源部门工作要求和期待的提升，人力资源部门角色逐渐发生了转变，人力资源部门不再是单纯的行政管理的职能部门，而是逐步向企业管理的战略合作伙伴关系转变。同时，现代的人力资源管理工作也不仅仅是人力资源部门的责任，也是各层管理者的责任，人力资源规划也是如此。企业人力资源规划的基础是接替晋升计划、人员补充计划、素质提升计划、退休解聘计划等，而这些计划都是在各部门的负责人制订本部门的人员调配补充、素质提升、退休解聘等计划的基础上层层汇总到人力资源部门，再由人力资源管理者依据人力资源战略分析、制订出来的，而非人力资源管理者凭空创造出来的。

人力资源规划应有健全的专职部门来推动，可考虑下列几种方式：

（1）由人力资源部门负责办理，其他部门与其配合；

（2）由某个具有部分人事职能的部门与人力资源部门协同负责；

（3）由各部门选出代表组成跨职能团队负责。

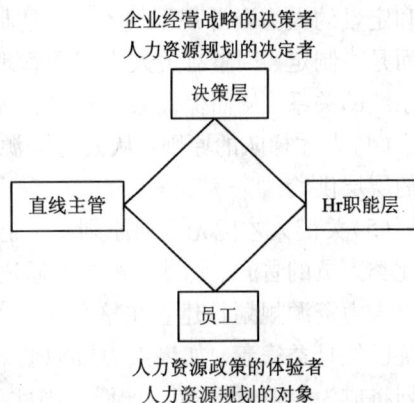

企业经营战略的决策者
人力资源规划的决定者

决策层

直线主管　　　　Hr职能层

员工

人力资源政策的体验者
人力资源规划的对象

图4-8　人力资源规划的承担者

在推行过程中各部门必须通力合作而不是仅靠负责规划的部门推动，人力资源规划同样也是各级管理者的责任，如图4-8所示。

二、人力资源规划的层次

人力资源规划要与企业经营战略相协调，由此形成了以公司战略层次、经营单位层次及职能层次构成的人力资源规划系统。在这个人力资源规划系统中涉及三级执行机构，它们在人力资源规划实施中分别发挥着不同的作用。

公司战略层次的人力资源规划需要企业"一把手"的亲自参与，尤其是企业经营战略对人力资源规划的影响及其指导方针、政策，以及人力资源规划对人力资源管理各个体系的影响，必须由企业高层决策。

经营单位层次的人力资源规划需要企业副总裁级别的管理者执行，即对各个部门人力资源规划的执行情况进行协调和监督，并对人力资源规划的实施效果进行评估。

职能层次上的人力资源规划又分为两种情况：一是人力资源部门不但要完成本部门的人力资源规划工作，还要担任"工程师＋销售员"的角色，指导其他部门的人力资源规划工作顺利进行；二是每个部门经理又是人力资源规划工作最基层的执行者，但由于在企业中许多部门经理是由业务人员提拔的，对于管理和人力资源管理都没有经验，更不要说进行人力资源战略规划了。因此，对于这些新提拔的业务经理，人力资源部应对他们提供培训，提高他们的人力资源规划的执行能力。

三、人力资源规划的实施原则

执行人力资源规划时需要遵循以下五条原则。

（1）战略导向原则：依据战略目标制订人力资源规划以及具体的人力资源计划，避免人力资源规划与企业战略脱节。

（2）螺旋式上升原则：人力资源规划并非一劳永逸，企业每年都需要制订新的人力资源规划，即各类人员计划都会随着内外环境的变化、战略的转变而改变，但同时它们又是在过去的基础上制订的，且一年比一年准确、有效。

（3）制度化原则：人力资源规划分为两个层次：一是技术层面，即前面所说的各种定性和定量的人力资源规划技术；二是制度层面，一方面是指将人力资源规划制度化，另一方面是指制定、调整有关人力资源管理制度的方向、原则，从机制的角度理顺人力资源各个系统的关系，从而保证人力资源管理的顺利进行。

（4）人才梯队的原则：从人力资源规划实施的过程中建立人才梯队，从而保障工作人员的层层供给。

（5）关键人才优先规划原则：对企业中的核心人员或骨干人员应首先进行规划，即设计此类人员的晋升、加薪、替补等通道，以保证此类人员的充足供给。

人力资源规划是建立在整个人力资源管理系统的平台之上的，而人力资源管理的其他系统已经日益完善，如果人力资源规划系统继续滞后于其他人力资源管理体系，人力资源规划将成为企业管理的"短板"。因此，人力资源规划必须从技术层面上升到制度层面，从静态管理转到动态管理，从滞后于其他体系到前瞻于其他体系，只有这样，人力资源规划才能真正成为整个人力资源管理的统帅。

四、人力资源规划实施的辅助工具

有效的信息管理系统不但有利于企业更好的制订和执行人力资源规划，还有利于整个人力资源管理的顺利实施。所以也把人力资源管理信息系统称为人力资源规划的辅助工具。

1. 人力资源管理信息系统概述

人力资源管理信息系统 HRMS(Human Resource Management System)就是将人力资源管理的新思想，如"客户导向"，"全面人力资源管理"、"战略性人力资源管理"、"利润中心"、"战略伙伴"等，融入到信息技术之中，使信息技术真正成为管理者的助手。

人力资源管理信息系统将帮助人力资源部门实现数据的集中管理和共享，优化业务流程及人力资源作业流程，为人力资源部门进一步提高日常工作效率，提升部门整体业务水平提供强有力的支持，成为人力资源部门信息化、职业化、个性化的管理平台。同时，通过有效利用人力资源管理信息系统中提供的统计分析、决策支持等工具，将逐步对企业中长期的人力资源规划起到积极影响。

2. 人力资源管理信息系统的作用

人力资源管理信息系统可以从以下两个方面为人力资源规划提供支持。

(1)提高人力资源部门的工作效率。人力资源规划中的工作可以分为两类：一类是定性工作，指管理制度的制订、薪酬水平的确定、绩效考核标准的确定、人力资源分析报告等，这些工作必须依据企业战略和企业文化进行，需要经过主观思考和判断才能完成；另一类是定量工作，是根据既定的制度与流程完成对客观事务的处理，如统计员工人数、年龄、学历等工作，这类工作一般是事务性工作，但又是需要经常处理的重复性工作，往往占据了人力资源管理工作的大部分时间，降低了人力资源部门的整体工作效率。

(2)为人力资源规划提供数据和信息。通常，人力资源管埋信息系统可以提供如下信息：①企业战略、经营目标及常规经营计划信息，根据这些内容可以确定人力资源战略规划的种类及框架。②企业外部的人力资源供求信息以及这些信息的影响因素。例如，外部劳动力市场上各类人员的供求状况及未来趋势，国家劳动政策法规的变化等，均对人力资源战略规划产生影响。③企业现有人力资源的信息。例如，员工数量、年龄、学历、绩效考核结果、薪酬水平等。

人力资源规划依靠的是人力资源信息的及时更新与反馈，缺少了信息和数据的支持，人力资源战略规划将成为无源之水、无本之木。

例如，下面是某外国公司的人力资源管理信息系统所提供的信息，如表4-9所示。

表4-9 人力资源基础信息

人员基础信息	工作经历
姓名	职务或工作名称与编号
工资号	职务或工作开始日期
性别	过去工作的性质
出生日期	工作变化的日期
雇员身体概况(身高、体重等)	职位空缺的日期
家属姓名、性别、出生日期	个人离职的类型(升迁、平调、辞退等)
婚姻状况	如果是升迁、提升前的工作性质
参加社会团体情况	在组织结构中工作的重要性
社会团体类型	检查工作报告的经理
招聘	生产线经验
招聘信息首次公布日期	管理/监督经验
招聘或面谈的主要负责人	外语的听、说、读、写能力
涉及的监督者或经理的姓名	出版作品情况
空缺的工作名称/职位	对工作有潜在价值的独特技能或偏好
需控制名额的工作	专利权
工作职责	可胜任的职位
要求的受教育程度	相关工作的交换频率
要求的经验	经理或监督人员的监管经历
可能的薪资范围	被现任经理挑选作为其继任者
需补充职位的日期	特殊推荐或奖励的内容和日期
同等职位的平均受教育程度	在经理看来你逐级增长的潜能
同等职位的平均薪水	前一次被考虑提升的日期
本单位的空缺职位数目	降职日期
解雇比例(在一个代表性的日期)	降职原因
候选人来源(报纸、雇用机构等)	最后一次内部流动的日期
候选人申请感兴趣的职位日期	现在的工作安排
面谈日期	做学徒或其他专门训练的日期
承诺雇用日期	被排除做学徒或专门训练的原因
列入工资单日期	受惩处的日期、类型、原因
候选人被选中日期	工作或解雇的持续时间

续表 4 – 9

人员基础信息	工作经历
候选人拒绝就职的日期	雇用日期
面谈得分	成为资深人员的日期
适合候选人的工作类型	解雇日期
先前雇主的姓名及地址	解雇前的工资水平
以前雇佣状况年序表	重新被招回的原因
服兵役情况	雇员态度/士气
拥有的工作技能	生产率/质量的大小
对企业文化的接受度与认知度	缺勤记录
对管理的/诚实度的态度	提供的建议(通常是正式的建议计划)
对工作、报酬、监督者等的态度	不满
工会成员	匿名请示/抱怨
工会成员/代表情况	对管理公正性的接受程度
正发生效用的工会合同	受经理或监督者处分的相对频率
工会官员情况	经理或监管人员对雇员严格或密切配合的倾向
正常查视情况	补偿/工作分配
住址/联络	非工作与工作时间比例
家庭住址	小时工资或月工资
所在城市邮编	当前薪酬水平
工作安排的地理位置	实行当前薪资水平的日期
办公室电话	预计下一次薪酬增加的日期和数量
紧急情况下的联络方式	以前的薪酬及持续时间
安全与福利	以前薪酬增加的绝对额和相对比例及增薪日期
医疗/人身/失业保险计划参加情况	企业的薪酬水平
养老金计划参加情况	职位头衔
储蓄计划参加情况	加班工资额
非工作时间的报酬支付(休假、疾病、事故等)	受教育程度
工作中有害或化学物品的暴露情况	学位、高等学校毕业证书、受教育水平
受害者记录(事故日期、医疗记录)	授予学位的专业
受伤害类型(伤残或非伤残、误工时间)	授予学位的日期
伤害所造成的生理限制	曾入过的学校
职工的补偿要求	由雇主赞助完成的特殊课程

续表 4 – 9

人员基础信息	工作经历
离职	拥有的专业技术证书
离职日期	工作评价/提升的可能性
离职原因	个人兴趣
未来住址	工作偏好
新雇主的姓名及地址	地域偏好
在新雇主处报酬增加的数量	理想职位
再雇用的合适条件	在当前工作组中依贡献价值排列的名次
安全/事故	在单位的加班时数
工作环境	劳动力市场
	该地区人员供给量分析
	不同技能、职业、年龄、性别等的失业率
	未来人力资源需求预测
	判定人力资源稀缺或过剩
	薪酬情况

3. 人力资源管理信息系统的构成

优秀的人力资源管理信息系统应是对人力资源管理的所有领域提供最佳支持的系统。因而应具备以下功能：人员信息管理、人力资源规划、招聘管理、考勤管理、绩效管理、培训与开发管理、薪酬管理、合同管理等，同时还应具备向管理者与员工提供不同层面的自助服务的功能。典型的人力资源管理信息系统的功能结构图，如图 4 – 9 所示。

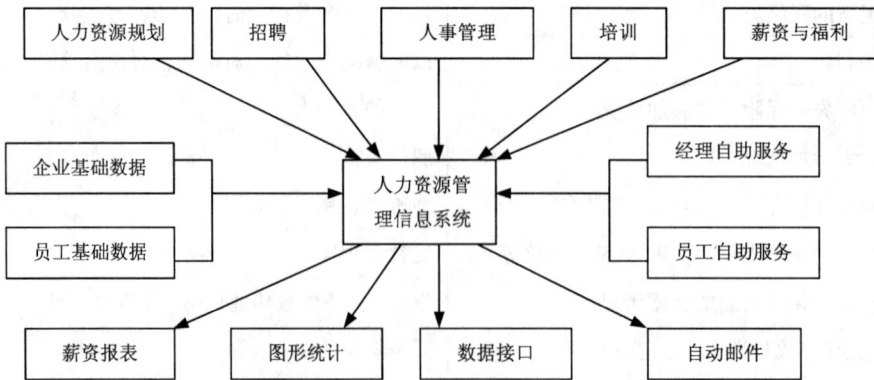

图 4 – 9　人力资源管理信息系统结构

典型的人力资源管理信息系统从功能结构上应分为三个层面：基础数据层、业务处理层和决策支持层。

基础数据层主要是变动较小的静态数据，主要有两大类，一类是员工的个人属性数据，如姓名、性别、学历等；另一类是企业数据，如企业组织结构、职位设置、工资级别等。基础数据是构建整个系统的基础，在管理信息系统初始化时就要用到。

业务处理层是对应于人力资源管理具体业务流程的系统功能。这些功能将在日常管理中不断产生与积累更新，如新员工数据、薪资数据、培训数据和考勤休假等数据。

决策支持层建立在基础数据与大量业务数据组成的人力资源数据库基础之上，通过数据的统计和分析，就能快速获得所需信息，如工资状况、员工考核情况等。

4. 人力资源管理信息系统成功实施的要素

(1)确实摆正企业和信息集成商之间的关系。企业信息化建设过程中，摆正企业与信息集成商之间的关系非常关键，企业的信息化建设不可能由信息集成商独立完成，企业信息化的"主角"是企业家本身，而信息集成商仅仅是"配角"的身份，信息集成商应该放在咨询、顾问和具体实施的地位。摆正了关系，才能更好地进行合作，将双方的优势集中，实现"专业人做专业事"。

(2)确实摆正技术先进和技术实用性问题。技术的领先性和技术的实用性一直困扰企业的信息化建设时的选型，单纯追求技术的先进性和实用性都是不足取的，企业应该结合企业自身的实际，在追求先进性的同时强调实用性，并且一定要站在整个企业信息集成的角度来选择软件，并且要切实注重于系统的集成和开放。

(3)确实摆正技术、软件、实施、培训和服务的关系。企业信息化建设是一个系统工程，企业要树立技术先导、软件跟上，实施、培训和服务并重的整体规划，同时企业要注意，信息化建设过程中的服务是要企业进行投入的，根据成功实施的案例来看，无疑都是企业在注重选型的同时，更加注重最终的实施效果。

(4)确切领会"一把手工程"，即不仅仅是企业的最高领导亲自参与主持，还应该包括整个决策层的参与决策，是一个企业的高层领导组成的领导班子，是广义上的"一把手"。

(5)能与企业其他管理系统良好整合，实现数据分享。人力资源管理信息系统如果孤立地运行，不能取得最大的效益，必须将人力资源管理信息系统与企业的项目管理、财务管理系统加以整合，才能实现独立的信息系统不能实现的功能。

(6)确实领会信息系统的"三分技术、七分管理、十二分数据"。在建立人力资源管理系统的过程中，企业必须明白数据的重要性，没有准确的数据收集与输入，再先进的技术也无能为力。

(7)整个实施过程要分阶段进行，确实领会"整体规划、分步实施、效益驱动"。整体规划是系统的"整体"，是系统的"整体规划"，是实现整个系统的"技术途径"，总体规划一般不承担具体的项目设计，是整个系统研制工作中不可缺少的技术总纲。

在具体实施过程中，要从简单技术入手，迅速向广度和深度发展。在应用的基础上启发更广泛、更深入的需求，同时通过效益驱动可以树立企业建设信息化的信心，减少企业一次投入过多、负担过重而带来不必要的风险，分步实施同时可以紧跟信息技术发展的前沿。

【本章小结】

人力资源规划是指一个企业为实现中长期发展战略目标，在对企业人力资源现状与未来供求进行科学分析的基础上，通过制定相应政策措施，使恰当数量的合格人员在合适的时间进入合适的工作岗位，与企业预期的空缺相匹配，使企业和个人都获得长期利益的系统。

在确定了制定人力资源规划的任务、指导思想和原则的基础上，人力资源规划的制定与实施大体可分为四个阶段：收集研究相关信息阶段、人力资源供求预测阶段、总体规划与业务规划制定阶段、人力资源规划执行阶段。

一般来说，人力资源需求的预测方法可分为两大类，定性分析预测法和定量分析预测法。定性分析预测法包括：管理人员判断法、德尔菲法。定量分析预测法包括：趋势分析法、回归分析法、比率分析法和任务分析法。

人力资源供给的预测包括两个方面：企业内部人力资源供给的预测和企业外部人力资源供给的预测。对企业内部人力资源供给的预测，有人员接续计划、管理人员晋升计划和马尔可夫模型等。

【关键概念】

人力资源规划　战略性人力资源管理规划　人力资源需求预测　人力资源供给预测
人力资源总体规划　人力资源业务规划

【思考与练习】

1. 人力资源规划与企业战略之间的关系是什么？
2. 影响人力资源规划的因素有哪些？
3. 制定人力资源规划的程序是什么？
4. 预测人力资源供给和需求的方法有哪些？
5. 平衡人力资源供求的政策和措施是什么？
6. 案例分析：鼎文酒店集团的扩张。

鼎文酒店集团最初只是一家普通的国有宾馆，由于地处国家著名的旅游景点附近，故迅速发展壮大，原有宾馆已经推倒重建成为一家五星级大酒店。集团在此尝到甜头后，先后在四个旅游景点附近收购了四家三星级的酒店。对于新收购的酒店，集团只是派去了总经理和财务部人员，其他人员都采取本地招聘的政策。因为集团认为服务员容易招到，而且简单培训就可以上岗，所以只是进行简单的面试。只要应聘者长相顺眼就可以，同时，为了降低人工成本，服务员的工资比较低。

赵某是集团新委派的下属一家酒店的总经理，刚上任就遇到酒店西餐厅经理带着几名熟手跳槽的事情，他急忙叫来人事部经理商谈此事，人事部经理满口答应立即解决此事。第二天，赵某去西餐厅视察，发现有的西餐厅服务员摆台时把刀叉经常摆错，有的不知道如何开启酒瓶,领班除了长得顺眼和会一味傻笑外,根本不知道如何处理顾客的投诉。紧接着仓库管理员跑来告诉赵某说发现丢失了银质的餐具,怀疑是服务员小张偷的,但现在已经找不到小张了。赵某一查仓库的账本,发现很多东西都写着丢失。赵某很生气,要求人事部经理解释此事,人事部经理辩解说因为员工流动率太大,多数员工都是才来不到10天的新手,餐厅经理、领班、保安也是如此,所以做事不熟练,丢东西比较多。赵某忍不住问:"难道顾客不投诉吗?"人事部经理回答说:"投诉,当然投诉,但没关系,因为现在是旅游旺季,不会影响生意的。"赵某对于人事部经理的回答非常不满意,又询问了一些员工后,发现人事部经理经常随意指使员工做各种事情,例如接送人事部经理的儿子上下学、给他的妻子送饭,等等。如果员工不服从,立即开除。赵某考虑再三,决定给酒店换血——重新招聘一批骨干人员,于是给集团总部写了一份有关人力资源规划的报告,申请高薪从外地招聘一批骨干人员,并增加培训投入。同时人事部经理也给集团总部写了一份报告,说赵某预算超支,还危言耸听造成人心惶惶,使管理更加困难,而且违背了员工本地化政策。

问:

(1)赵某的想法是否正确?酒店是否必须从外地雇佣一批新的骨干人员?

(2)赵某应当采取哪些措施以解决酒店目前面临的问题?

(3)酒店的人力资源规划重点是什么?服务员是否需要进行规划,或者等到需要时再招聘?

(4)赵某应当与什么人一起完成酒店的人力资源规划?在进行人力资源规划的过程中,会遇到哪些问题?

【拓展学习】

1.价值中国:http://www.chinavalue.net/

2.管理人网:http://zt.manaren.com/

第五章　人员招聘和再配置

【学习目标】

通过本章学习，可以了解人员招聘和再配置的意义及其在人力资源管理中的作用；掌握人员招聘的原则与程序；重点掌握各种招聘途径、选拔与测评方法的优缺点及其适用情况；学习人员再配置的基本理论与方法，并能用于企业招聘管理的实践。

【重点难点】

1. 招聘的原则与程序。

2. 招聘的渠道及其特点。

3. 人员甄选的方法和技术。

4. 人员录用的程序和决策模式。

5. 人员再配置的原因与途径。

【导入案例】

招聘录用——把好人力资源管理第一关

TJ 公司是一家发展中的公司，它在 15 年前创立，现在拥有 10 多家连锁店。在过去的几年中，从公司外部招聘来的中高层管理人员中，大约有 50% 的人员不符合岗位的要求，工作绩效明显低于公司内部提拔起来的员工。在过去的两年中，从外部招聘的中高层管理人员中有 9 人不是自动离职就是被解雇。从外部招聘来的销售部经理因年度考评不合格而被免职之后，终于促使董事长召开了一个由行政副总裁、人力资源部经理出席的专题会议，分析这些外聘的管理人员频繁被更换的原因，并试图得出一个全面解决方案。

首先，人力资源部经理就招聘和录用的过程做了一个回顾，公司是通过就业中介机构或者在报纸上刊登招聘广告来获得职位候选人的。人员挑选的工具包括一份简历，三份测试（一份智力测试和两份性格测试），有限的个人资历检查以及必要的面试。

行政副总裁表示，他们在录用某些职员时，犯了判断上的错误。应聘者的简历看上去挺不错，说起话来也头头是道，但是工作了几个星期之后，他们的不足就明显地暴露出来了。行政副总裁还指出，大部分被录用的职员都有某些共同的特征，例如他们大都在 30 多岁，而且经常跳槽，曾多次变换自己的工作；他们都雄心勃勃，并不十分安于现状；在加入公司后，他们中的大部分人与同事关系并不是很融洽，与直接下属的关系尤为不佳。

董事长则认为，根本的问题在于没有根据工作岗位的要求来选择适用的人才。"从表面上看，几乎所有我们录用的人都能够完成领导交办的工作，但他们很少在工作上有所作为，有所创新。"会议结束的时候，董事长要求人力资源部经理："彻底解决公司目前在人员招聘上存在的问题，采取有效措施从根本上提高公司人员招聘的质量！"

TJ 公司管理人员的招聘有什么问题？造成这些问题的原因是什么？招聘录用工作究竟应该如何开展，怎么样才能使招聘工作更加高效，使录用的员工符合组织发展的需要？通过本章的学习，你应该能够对以上问题作出解答。

（资料来源：http://blog.sina.com.cn/s/blog49c06b8e01001onr.html）

第一节　人员招聘

在进行了工作分析和人力资源规划之后，接下来就是根据工作说明书和人力资源规划进行人员的招聘、甄选和录用工作，用于补充组织内部的职位空缺。

一、人员招聘概述

人力资源管理的核心工作有三大任务：一是获取最称职的人；二是充分利用人力；三是维持并增进企业员工的工作意愿。人员招聘，即获得最称职的人是三大任务中的第一大任务，这一大任务完成不好，其他任务的完成就无从谈起。

（一）人员招聘的定义

人员招聘是指：组织为了发展的需要，以人力资源规划和工作分析为基础，针对某一工作吸引优秀、合格的人员补充到组织空缺职位的过程。招聘的目标是确保组织人力资源得到充足的供应，让人才在适合的工作岗位上发挥最大的作用，提高人力资源的投资效益，确保企业又好又快发展。

（二）人员招聘的意义

松下幸之助说："企业即人。"人员招聘工作的有效实施不仅对人力资源管理工作本身有着至关重要的作用，对整个组织也具有非常重要的意义。这主要表现在以下几个方面。

1. 招聘是整个组织人力资源管理工作的基础

人力资源管理体系包括人员的招聘、录用、培训、开发、绩效考核、薪酬管理、劳动关系协调、退休、辞职、辞退等内容。如果我们把人力资源管理看成是一个系统中的输入和输出转换机制，那么招聘工作就位于人力资源管理系统的输入环节。也就是说，招聘工作的完成质量直接关系到企业人力资源的质量，它是人力资源管理的第一个关口。如果招聘工作做好了，就会形成一个比较优化的人力资源管理平台，后续的诸如员工管理、培训开发、绩效考核等工作的开展也会更有效率。

2. 招聘是组织获取优秀人才的重要手段

组织能否发展，很大程度上取决于是否具备一支高素质的员工队伍。如果组织无法及时补充合格的人员到空缺的工作岗位，将会造成物质、资金、时间上的浪费，甚至难以正常运作。同时组织内部的人力资源状况也处在变化之中。组织内人力资源向社会的流动，组织内部的人事变动(如升迁、降职、退休、解雇、死亡、辞职等)等多种因素，导致了组织人员的变动。以上的这些情况都意味着组织的人力资源处于稀缺状态，需要经常补充。

3. 招聘是企业对外宣传的有效途径

根据美国迈阿密市佛罗里达国际大学教授加里·德斯勒在其著作中写道："研究结果显示，公司招募过程质量的高低会明显地影响求职者对企业的看法。"许多经验表明，人员招聘，尤其是外部招聘，既是吸引、招募人才的过程，又是向外界宣传企业形象、扩大企业影响力和知名度的一个窗口。招聘工作涉及面广，企业可以采用各种各样的媒体发布招聘信息，如利用电视、报纸、网络等，这样企业既可以招聘到所需人才，同时又可以在一定程度上起到推销企业、树立企业良好形象的作用。

（三）人员招聘的原则

招聘的原则是指为确保招聘的有效性，在招聘的过程中应注意的问题和操作中应遵循的指导思想。一般说来，在实际的招聘过程中，应遵循以下原则：

1.公开、公平、公正原则

即在招聘过程中，应做到信息公开、竞争公平、选拔公正。招聘给组织内外部的每一位求职者展示自己的机会，实现公平竞争，使真正有能力的候选人不因一些外部的人为因素的影响而失去获得该职位的机会。所以，招聘人员在招聘过程中要摒弃个人成见和世俗偏见，通过一系列公平、客观、可测量的标准，从德、才、体、能等各方面对候选人进行全面的评估和考察，确定候选人的优劣并决定人员的取舍。

2.人职匹配原则

人职匹配理论是关于人的个性特征与职业特质一致性的理论，其核心要素是：最优的不一定是最匹配的，最匹配的才是最优的选择。因此，招聘人员要根据招聘职位的工作性质、工作职责、能力要求等情况，认真选择合适的人选。但在实际招聘的过程中，所聘人员并不具备担任该职位能力的现象时有发生。此外，许多组织在招聘过程中出现的人才高消费现象也不容忽视。

3.效率原则

效率是指投入与产出之间的关系。招聘工作中注重效率的含义是指用最低的招聘成本获得适合职位的最佳人选。招聘应同时考虑以下三方面的成本：一是招聘的直接成本，包括招聘过程中发布广告的费用，招聘人员的工资、差旅费、办公费以及聘请专家等的费用；二是重置成本，因招聘不慎，重新再招聘时多花费的费用；三是机会成本，因员工离职及新员工尚未完全适应所造成的费用。很多企业只重视招聘的直接成本，而对重置成本和机会成本重视不够。在现代人力资源管理中，成本效益的观念越来越引起人们的注意。所以企业通过招聘选择的"最佳人选"应该是不仅能够胜任工作，还能减少培训与能力开发的支出。

4.尊重求职者原则

人力资源的投资回报是当前的热门话题。在所有的人力资源管理活动中，"招聘录用"工作是最影响其投资回报的工作之一，但这也是一些企业投入最少、做得最薄弱的一环。随着人才市场上择业竞争的加剧，企业对人才的选择余地增加，这使用人单位在人力资源市场的选择上处于优势地位。在这样的情况下，某些企业由于招聘活动组织不严密，特别是招聘工作人员的不当言行，产生了各种不利于企业形象的负面信息，从而影响了招聘的效果。在招聘过程中，做到尊重求职者对于企业是百利而无一害的。招聘人员对于求职者态度的好坏，有时甚至决定了一个企业能不能招到适合的人。优秀的企业力图给求职者留下良好的印象，让他们感觉受到了尊重。即使必须显得严肃，也是特意制造一点压力气氛，了解求职者在此情境下的反应。在压力测试过后，主考官一般会向求职者解释原因。这样的企业在拒绝求职者的时候也是非常委婉的。所以，即使不能成为该企业的员工，也会对这家企业产生一定的好感，也许还会成为该企业的潜在客户。

二、人员招聘的程序

招聘作为人力资源管理中一个非常重要的环节，与组织的其他人力资源管理活动之间存在着密切的关系，并且还受诸多因素的影响。从组织的角度看，只有对招聘程序进行有效的设计和良好的管理，才能招聘到高质量的员工，否则就只能招聘到平庸的员工。所以一个有效的招聘活动应该认真筹划。一般来说，招聘的基本程序包括三个阶段，如图 5 - 1 所示。

制订招聘计划 ▷ 发布信息 ▷ 应聘者提出申请

图 5 - 1 招聘的基本程序

（一）制订招聘计划

招聘计划是人力资源部门根据用人部门的增员申请，结合组织的人力资源规划和工作说明书，明确一定时期内需招聘的职位、人员数量、任职资格要求等因素，并制定具体的招聘活动的执行方案。招聘计划是招聘的主要依据。制订招聘计划的目的在于使招聘更趋合理化、科学化。

1. 招聘计划的内容

第一，组织的人力资源需求分析。需求分析即在招聘前，首先分析并确认组织人力资源需求行为的合理性和可行性。在这类分析中，可以应用"6W2H"法。Who：招聘谁。即分析招聘的对象是谁。Why：为什么要招聘。进行到这一步，应先到用人部门去复核，以确定是否真的存在空缺的职位。一般情况下，工作空缺可以分为以下两种情形：不招人就可弥补空缺；需要招人来弥补空缺。对于第一种情况，可以通过加班，工作再设计等方法来解决。第二种情况则需要进行招聘。What：招聘来做什么。即分析招聘来的员工将从事哪种工作，配置到哪个岗位上。When：什么时候招聘。即分析什么时候需要补充新的员工。Where：到哪里去招聘。即分析企业通过什么渠道可以有效地招到所需员工。Whom：为谁招聘。即分析为哪一个部门招聘，要求该部门予以配合。How：怎样去招聘。即分析招聘策略和招聘方法。How much：招聘预算。即招聘所需的费用。

第二，制订招聘计划。具体包括：所需人员部门，所需人员数量，工作内容、责任、权限，人员基本要求，学历、经验要求，技能、专长要求，其他要求；招聘小组人员，包括小组人员姓名、职务、各自的职责等；招聘对象的来源与范围；招聘方法和考核应聘者方案，包括考核的场所、大体时间、考核的方式、题目的设计等；招聘信息发布的渠道、时间、方式与范围；招聘过程时间安排、新员工到位时间与工作期限；经费预算，包括招聘广告预算、招聘测试预算、有关差旅预算、中介服务预算、文件与办公用品预算、人工成本预算等；招聘工作时间表，尽可能详细，以便于他人配合。

招聘计划由用人部门制订，然后由人力资源部门对它进行复核，特别是要对人员需求量、费用等项目进行严格复查，签署意见后交上级主管领导审批。

第三，选择招聘人员。组织在进行招聘时，求职者是与组织的招聘人员接触而不是与组织接触。在对组织整体情况知之甚少的情况下，求职者会根据招聘人员在招聘过程中的表现来推测组织其他方面的情况。因此，招聘人员的选择对整个招聘是否有效起着非常关键的作用。一般说来，招聘普通员工时，招聘成员应包括企业人力资源部门的人员和用人部门的主管。招聘管理者时，还应包括高层领导。有研究显示，具有个人风度优雅、知识丰富、办事作风干练等特质的工作人员在进行招聘时，能够给求职者留下良好的印象。所以，一些公司在组建招聘组时，还会对招聘人员进行有针对性的培训，如仪表、提问方式、公司情况介绍、交谈语气等。

2．招聘计划的检查和修订

对计划的检查与修订，首先是对其合法性的检查，任何招聘计划都必须在遵守宪法和法律的前提下来制订和实施，如《劳动法》、《残疾人保护法》、《妇女权益保护法》、《未成年人保护法》、《合同法》等。其次是对招聘计划可行性和合理性的检查和修订，应由各个部门协作完成，以保证招聘工作的顺利。

（二）招聘信息的发布

发布招聘信息就是向可能应聘的人群传递企业将要招聘的信息。招聘信息发布的时间、渠道与范围是根据招聘计划来确定的。发布招聘信息是一项十分重要的工作，直接关系到招聘的质量。

发布招聘信息时要注意遵循以下几条原则：

第一，面广原则。信息发布的范围是由所需人员的数量来决定的。企业在招聘的各个筛选环节中，应聘者的数量会变得越来越少，就像金字塔一样。招聘单位要根据以往的经验数据，来确定为招聘到适合某种岗位的员工需要吸引多少人来应聘。一般来说，发布信息的面越广，接受到该信息的人就越多，应聘者也就越多，这样可能招聘到合适人选的概率就越大。相应的，招聘的成本也会增加。

第二，及时原则。在条件允许的情况下，招聘信息应尽早发布，这样有利于更多的人获取信息，使应聘人数增加，另一个方面，也有利于缩短招聘进程。

第三，准确原则。准确即根据招聘对象所处的层次，有针对性地发布招聘信息。招聘的对象都是处在社会的某一层次上，要根据招聘岗位的要求与特点，向特定层次的人员发布招聘信息。例如招聘会计的企业可以在《中国税务报》、《财务与会计》上刊登招聘信息。

（三）应聘者提出申请

应聘者获取招聘信息后，可向招聘单位提出申请。应聘者提交申请大致可以采取以下两种方式：一是应聘者通过信函（包括电子邮件）向招聘单位提出申请；二是直接填写招聘单位的应聘申请表。

无论采用哪一种方式，应聘者应向招聘单位提供以下个人资料：应聘申请函（表），说明应聘的职位；个人简历，着重说明学历、工作经验、掌握的技能、获得的成果、个人品格等信息。如果招聘单位特别注明招聘的工作岗位需要工作人员具备某种特长、技能或特质，应聘者要注意突出这些要点；各种学历、技能、成果（包括获得的奖励）证明（复印件）；身份证（复印件）。个人资料和应聘申请表必须真实，人力资源部门将在招聘工作的后续环节予以核实。

三、人员招聘的渠道

通用电气公司数十年来一直从内部选拔 CEO，日本许多企业管理的特殊之处就是内部晋升，而 IBM、HP 等公司的 CEO 则更多的是外部"空降"。从组织人员的招聘途径来讲，可分为内部招聘和外部招聘。所谓内部招聘，是指在组织出现工作岗位空缺后，从单位内部选择合适的人选来填补这个位置。外部招聘则是根据一定的标准和程序，从企业外部众多候选人中选拔符合空缺职位任职资格要求的人员。

由于招聘岗位的不同、所需人员数量与要求不同、新员工到岗时间和招聘成本的限制等，决定了组织在进行招聘时必须因地制宜地选择招聘渠道。

（一）内部招聘

如果不是新创建的组织，大多数职位空缺一般是通过内部招聘填补的。内部招聘是员工招聘的一种特殊形式，严格地说内部招聘不属于人力资源吸收的范畴，而应该属于人力资源开发的范畴。但它又确实与企业中人员招聘联系最为密切，因此我们放在这里一起阐述。

1.内部招聘的方法

第一，推荐选拔。一般由上级主管人员向人力资源管理部门推荐候选人，通过对候选人的审查、考核（候选人数多于招聘人数时还要进行筛选）、岗前培训等一系列程序，把符合条件的人员安排在新的工作岗位上。对候选人个人信息的获取，除了由推荐人提供相关资料外，还可以通过查阅档案记录来了解该员工是否符合招聘职位的条件。人力资源部门大多都存有员工的个人档案。档案记录了员工的教育、经历、技能、培训、绩效等有关情况。员工档案对于帮助组织了解并确定符合某空缺职位要求的人员是非常重要的。

第二，竞争考试。这是最常用的内部招聘方法，尤其是非管理层的职位出现空缺时，通过各种内部媒体，如广播台、厂报或杂志、宣传栏、墙报等，公开空缺职位，吸引人员来应聘，并通过考试录用。此种方法简便、经济、快速、实用。运用该方法招聘时应注意：公布的内容应包括对空缺职位的描述、待遇和报酬、工作日程和必要的工作资格等；媒体宣传的覆盖面应是企业的全体员工，从而使每个人都有平等竞争的机会，所有拥有这些资格的员工都可以申请或"投标"该职位；人力资源部门和用人部门通过对应聘者进行考核和测试，确定该职位的最适合人选；竞争考试的成绩是此种内部招聘方式的首要评价标准，但也不能忽视应聘者以往在原工作岗位上的表现；在综合评定某一应聘者的任职资格时，也要参照人力资源部门的员工档案，从而保证将最适合的人选安排在该职位上，并能最大限度发挥他的潜能。

第三，人员调动。包括工作调换和工作轮换两种方式。工作调换也叫做"平调"，通过将企业内部平级人员之间进行相互调换，为员工提供企业内部多种相关工作机会，从而使员工能够从事最适合自己的工作，更好地提高工作效率。这样，一方面有利于员工今后的提拔，另一方面可以使上级对下级的能力有更进一步的了解，也为今后的工作安排做好准备。员工长期从事同一职位的工作，特别是那些常规性的工作，时间长了会觉得工作很枯燥，缺乏变化和挑战。员工也不希望自己只掌握一种工作技能，而是希望能够掌握更多不同的工作技能以提高对环境的适应能力。工作轮换就是将员工轮换到另一个同等水平、技术要求相近的工作职位上去工作，它常常与培养员工多样化的工作技能结合在一起，也被称为交叉培训法。工作轮换相对于调换通常是短期的。

人员调动是由人力资源部门根据企业和员工个人的发展需要，首先制定调动的时间、职位、人员等计划，再对需要调动的员工进行必要的培训，最后将其安排在新的职位上。

2.内部招聘的优点

内部招聘被广泛采用，其优点主要体现在以下几个方面：

第一，有利于节约成本。这个成本不只是直接的经济成本，还有相应的时间成本。当确定要进行外部招聘时，企业需要拿出一大笔资金支付巨额的广告费、面试费以及试用费等，还可能被要求承诺解决配偶工作、住房、子女入学等问题。而内部招聘则无须太多的招聘费用。与外部招聘相比，内部招聘在评价、测试员工和收集背景资料方面，能节约一定的人力、物力和财力，而且招聘的速度快。同时，组织可以充分利用现有员工的能力，对以前在员工的人力资本投资上获得一定的回报。此外，在新员工与组织的磨合期间，新员工工作产出量很小，有时甚至因为无法融入到团队的合作中而产生副作用。内部招聘则大大缩短了磨合时间，员工几乎一换岗就开始制造效益。内部员工对企业现有人员、业务模式和管理方式非常熟悉，易于沟通和协调，因而可以更快地进入角色，学习成本更低，有利于发挥组织效能。

第二，有利于降低招聘风险。从选拔的有效性和可信度来看，在内部招聘的过程中，管理者和员工之间的信息是对称的，不存在员工为了入选而夸大长处，弱化缺点，进而导致组织招聘到不适岗人员。首先因为员工的绩效评价是可以获得的，还可以通过获悉候选人员的现任和前任管理者对其潜力的发展给予评价，即能够有机会观察候选人的工作习惯、工作技能、与他人相处的能力及在组织中的适应性。组织可以得到现有员工更为准确的资料，从而减少做出错误决策的概率。其次，员工也了解组织的更多情况，知道组织的运作、价值观和文化，这样员工的预期不准确性和对组织不满意的可能性就降低了。

第三，有利于激励员工。激励是对于员工需求的满足。一般来说，激励可以分为精神和物质两方面。不同的激励方式对于不同的人有不同的效果。但最好的激励方式应该是二者兼备。通过内部招聘来选拔人才，会使员工更加意识到工作绩效与提拔、晋升、加薪之间的关系，从而起到"鼓励先进，鞭策后进"的作用。在这一层次上能够实现员工物质生活上的改善。另外，内部招聘给企业员工提供了一个职业开发更广阔的前景，为每位员工提供不断认识自我、不断展示自我、不断完善自我、不断挑战自我和不断实现自我的机会和条件，使员工的成长与组织的成长同步，容易鼓舞员工士气，能带给员工事业更上一层楼的心理满足感和成就感。

第四，有利于企业文化的形成。一种企业文化的形成依赖于诸多因素，其中人的因素是最为重要的。内部招聘传递了一个信息：忠诚和出色的工作会得到晋升和奖励。一个组织，如果善于从内部发现人才、知人善任，就会在员工中形成良好的竞争氛围、学习风气与和谐的人际关系，并且在企业内部形成强大的凝聚力和完善、独特的企业文化。

3. 内部招聘的缺点

不可否认，内部招聘仍然有其本身不可避免的缺陷，主要表现在以下几个方面：

第一，易导致"近亲繁殖"。内部招聘使人员流动仅发生在组织内部，可能形成思维和行为定式，出现员工墨守成规，使组织缺乏应有的活力。因此，当只从内部招聘时，必须谨慎，以确保新思想和改革不被"我们以前从没做过"、"没有他我们一样能做好"等观念所窒息。

第二，易受主观偏见的影响，不利于应聘者的公平竞争。招聘人员对应聘者先入为主的印象和看法，有可能造成对应聘者有利或不利的影响，从而使内部招聘偏离公平竞争的原则。此外，招聘人员在通过查阅应聘者的个人档案来获取相关信息时，也可能由于档案记录的偏差或失真而对应聘者产生不正确的评价。

第三，有可能影响员工的积极性。即使能够保证内部招聘的公正和公平，总会有落选的应聘者，他们通常都认为自己已经具备了胜任该职位的能力，一旦落选，难免会产生挫折感和失落感，进而可能会降低工作积极性，疏远组织。

第四，不利于吸引优秀人才。内部招聘的对象仅限于组织原有的员工，阻断了外界优秀人才进入企业的通道。在激烈的市场竞争中，不注重从外界引进和吸收优秀的人才，就无法保持组织的优势和竞争力。

第五，不利于扩大组织在外界公众中的影响。由于内部招聘的媒体宣传覆盖面仅限于组织内部，内部招聘的全过程在外界公众毫不知情的情况下悄无声息地进行，这样就使组织失去了向社会和公众宣传自己的大好机会，不利于在激烈的市场竞争中扩大组织影响、塑造良好的组织形象。

（二）外部招聘

内部招聘既有长处也有不足。在组织实施以稳定为主的战略、面临的外部环境威胁较小的情况下，内部招聘可能发挥最好的作用。在时间或经费有限的情况下，内部招聘也较适宜。当内部招聘不能满足战略需求，则需要通过外部招聘来解决。当内部提拔之后出现了人才短缺，也应该考虑外部招聘。外部招聘有其重要的作用和价值。

1.外部招聘的方法

第一，人员举荐。人员举荐一般是由本组织员工或关系单位主管推荐组织外部人员来填补职位空缺的外部招聘方法。在职员工或关系单位主管通常掌握一些符合空缺岗位要求的人选信息。在相关的领域内，谁拥有什么技能，谁能够胜任什么工作，他们往往了如指掌。由于是针对某空缺职位的具体要求进行举荐，一般被举荐人都具备该职位的能力要求，这样就能够避免许多完全不符合条件的应聘者前来应聘，从而简化招聘程序，减轻招聘人员的工作量，节约招聘费用。实践证明，人员举荐是一种低成本、高效率的招聘方法。有的公司为了鼓励推荐新人，还设有"推荐奖"，一旦所推荐的人选被公司录用，通常会给予现金奖励。但是，由于是本组织员工或关系单位主管推荐的人选，有时碍于情面会影响招聘水平。如果用这种方法录用人员较多，易在企业内部形成裙带关系，造成管理上的困难。因此，这种方法多在急需某种专业技术岗位的人员招聘时使用。

第二，广电媒体招聘。该方法运用报纸、杂志、电视、广播等媒体向外界发布招聘信息，吸引社会上的人员前来应聘。运用这种方法进行招聘时，需精心设计招聘广告并选择合适的媒体。广告词撰写得如何，对是否可以吸引到足够多的应聘者，是否能够激起合格候选人参加竞聘的勇气，具有决定性的影响。所以，广告的内容不仅应明确告诉潜在的应聘者，企业能够提供什么职位、对应聘者的要求是什么，应聘者申请的方式，而且在确定广告内容时，企业还要注意维护和提升组织的对外形象。不同媒体对于招聘对象的影响不同。在报纸、电视中刊登招聘广告费用较大，但容易体现公司形象。在有人才交流节目的广播电台里播出招聘广告，费用会少很多，但效果比报纸、电视广告差一些。

第三，就业中介机构招聘。改革开放以来，我国涌现了许多就业中介机构。它作为职业供需双方的中介，承担着双重角色：既为单位择人，也为求职者择业。目前，我国就业中介机构主要可分为两类：一类是劳务市场、人才交流中心或人才市场；另一类是猎头公司。前者服务的对象比较大众化，企业一般从劳务市场上招聘"蓝领"，在人才市场上招聘"白领"；猎头公司则专门为企业输送中高级人才。就业中介机构的优势在于，一方面它作为一种专业的中介机构，拥有比单个企业更多的人才资料，而且招聘和筛选的方法也比较科学，效率较高，可以为企业节省时间。另一方面，就业中介机构作为第三方，能够坚持公事公办、公开考核、择优录取、公正地为企业选拔人才。

　　第四，校园招聘。校园招聘通常是指企业直接从应届高校毕业生或中等学校毕业生中招聘企业所需要的人才。校园招聘与社会招聘有很大的区别，它的招聘周期较长，从校园招聘的见面到人事关系的转接一般需半年左右的时间。校园招聘的方式多种多样，主要包括张贴招聘广告、开招聘会、提供毕业实习机会、院系推荐等。企业在组织校园招聘活动时都非常注重通过各种方式凸显出鲜明的企业文化特征。校园招聘活动大多直接在校园内进行，企业能吸引高素质、精力充沛、适应力强，具有全新思想、无限活力的激情的新员工。校园招聘也有许多不足之处：许多毕业生，尤其是优秀毕业生，在校园招聘中常常有多手准备；应届毕业生对工作容易产生一种不现实的期望；应届毕业生缺乏解决具体问题的经验。因此，企业在设计校园招聘活动时，需要考虑如何选择学校和吸引应聘者两个问题。选择学校主要考虑哪些因素？表5-1介绍了美国学者的观点。在表5-1中，有13个因素需要考虑。按重要性排序，分为1~7级，数字越大，表示越重要。

表5-1　选择招聘学校的考虑因素

序号	考虑因素	重要性(1~7级)
1	关键技能领域的声誉	6.5
2	学校总体声誉	5.8
3	以前雇用的该校毕业生的绩效	5.7
4	地理位置	5.1
5	关键技能领域师资的声誉	5.1
6	以前获得工作机会和接受工作的比率	4.6
7	过去的实习情况	4.5
8	潜在员工的人数	4.5
9	实现平等就业机会目标的能力	4.3
10	招聘成本	3.9
11	和教师熟悉的程度	3.8
12	SAT 或 GRE 分数	3.0
13	是否是 CEO 或其他高管的母校	3.0

　　关于吸引应聘人员方面，建议企业根据自身的人力资源计划采取到校园预定优秀毕业生的方式，在一两年甚至更长的时间以前，就与院校在培养人才方面进行沟通，甚至可以在相关院校设立奖助学金，为自己培养专业人才。这样培养出来的大学生到了工作岗位后能较快地熟悉业务、进入状态。

　　第五，网络招聘。IBM北京公司的人力资源部有多少人？这个问题的答案可能让很多人不敢相信：仅仅3个人。2001年他们仅高校毕业生就招收了100多人。如此少的工作人员是怎样完成这些任务的呢？他们靠的就是网络招聘。随着互联网信息科技技术的普及，网络招聘是近年来兴起的一种新的招聘方式。网络招聘也称在线招聘或者电子招聘，是指利用互联网技术进行的招聘活动，包括信息的发布、简历的收集整理、电子面试以及在线测评等。它不仅是将传统的招聘业务搬到网上，更是一种互动的、无地域限制的、具备远程服务功能的全新招聘方式。网络招聘的方式通常有两种：通过专门的招聘网站，或建立企业自己的招聘网站。

对用人单位来说，网络招聘的优势十分明显。与传统招聘方式相比，企业网络招聘所耗费的成本和精力要少得多。如在北京，一般两天的招聘会每个摊位要1800～4000元左右。而在中华英才网，交4000元的年费，就可以在一年内无限制地从30多万份简历里任意挑选。而且一般的招聘网站都设立了人才数据库，企业只需输入关键词，就可以检索出符合要求的简历，使筛选工作量大大减轻。另外，企业发布的招聘信息也可以让不同地域的更多求职者阅读，从而提高了找到理想人才的命中率；接收在线简历，可以更方便地对简历进行保存、分类，建立企业的人才数据库；在网站上发布的招聘信息不受篇幅限制，企业可以根据提供除职位以外的企业介绍、发展历程等丰富内容。虽然网上招聘风生水起，但也存在一些弊端。很多求职者在网上输入个人信息时，心里难免有这样的担心：个人信息是否会被泄漏，从而被他人所用？这种担心并非空穴来风。一般来说，招聘网站不会泄漏求职者的个人信息，但也不能避免有人将公开的求职者个人信息挪作他用。用人单位一方同样也有困扰。网上信息丰富的同时也造成了信息冗余。一个职位可能会收到几百封甚至上千封求职信，这使得招聘人员只有几十秒的时间关注一份简历，给简历筛选带来压力。

第六，人才租赁。人才租赁是指用人单位根据工作实际需要，向租赁公司提出人员标准、人数、待遇等，租赁公司通过招聘、查询人才库等手段筛选合格人员，并将其资料送至用人单位，由用人单位进行最后确定。然后，用人单位与租赁公司签订用人协议，租赁公司与被租赁人员签订租赁协议。被租赁人员的薪酬等由用人单位转拨给租赁公司，再由租赁公司发放给被租赁人员。其特点是用人单位用人不养人，与租赁公司的关系是劳务关系；被聘用人员与租赁公司的关系是劳动关系，与用人单位的关系是有偿使用关系。

目前，我国广州、上海、深圳、武汉、北京、江苏、辽宁、广西等地相继出现了多家人才租赁公司，市场前景看好。不过，也不是所有的工作都适合租赁人才。一般来说，非核心职务、短期性或临时性需求可以采用这种方式。被租赁人员是短期应急的，他们一般都缺乏安全感和忠诚度，所以企业在使用时应在人员的挑选、工作目标的制定、工作的监督上做好工作。

2. 外部招聘的优点

外部招聘作为组织进行人员招聘的重要手段，它的几种招聘方法都各有利弊，其共同的优点概括起来主要有以下几个方面：

第一，选择范围广，选择余地大。组织外部空间是广阔的人力资源市场，外部挑选的余地较大，能招聘到更优秀、更符合本组织发展目标的人才，尤其是一些稀缺的复合型人才。

第二，可以为组织引进新生力量，注入新的活力。外聘人才可以在无形中给组织原有员工施加压力，形成危机意识，激发斗志和潜能，通过标杆学习而共同进步，或者说是"引进一匹狼，激活一群羊，带出一群狼"。此外，由于他们新加入企业，与企业内部的人没有各种复杂的关系，从而可以放手工作。

第三，为组织带来新思想和新技术。外聘员工会给组织带来"新鲜的空气"，会把新的技能和想法带进组织。这些新思想、新观念、新技术、新方法、新价值观、新的外部关系，使组织充满活力与生机，能帮助组织用新的视角看待原来困扰组织发展的问题。这对于需要创新的组织来说尤其关键。如外聘优秀的技术人才、营销专家和管理专家，他们将带给组织"技术知识"、"客户群体"和"管理技能"，这些都是促进组织发展的巨大财富。

第四，树立组织形象，扩大组织影响。外部招聘是一种很有效的信息交流方式，能够起到很好的广告效应。企业可以借助各种媒体增加与广大应聘者直接接触的机会，树立积极进取、锐意改革的企业形象和良好的雇主品牌。尤其是在招聘过程中，组织给外界和应聘者留下的美好印象往往会收到媒体宣传所达不到的效果，它所带来的后效性是不可估量的。

3. 外部招聘的缺点

外部招聘也不可避免地存在着不足，主要表现在以下几个方面：

第一，招聘成本高。与内部招聘相比，无论是引进高层人才还是中低层人员，都需要相当高的招聘费用，包括招聘人员的费用、广告费、测试费、专家顾问费等。

第二，决策风险大。外部招聘选错人的风险比较大，可能出现被聘者的实际能力与招聘时的表现不符合的现象。外部招聘在吸引、联系和评价员工方面比较困难，只能通过其个人资料来获取相关信息。而通过有限的资料对他们的品德、才学、能力、潜力等方面做出全面的评价难免带有片面性。因此，由于信息不对称，往往造成筛选难度大，甚至出现"逆向选择"。

第三，进入角色慢。外聘人员对组织的了解和认识一般仅限于从招聘广告和招聘人员那里获取的有限信息，对职位的了解也十分有限，因此他们需要较长时间的培训才能熟悉工作要求和组织情况，从而进行工作定位。外聘人员有可能出现"水土不服"的现象，无法融入企业文化之中，甚至可能使企业沦为外聘员工的"中转站"。

第四，可能影响原有员工的积极性。外部招聘可能会影响组织内部那些认为自己可以胜任空缺职位员工的士气，甚至导致"来了一个，走了两个"的严重后果。

第二节　人员甄选

人员甄选是人力资源管理的一个重要部分。关于甄选和录用，两句流行于人力资源管理领域的格言清楚地道出了有效甄选的重要性：雇用艰难管理易。虽然在挑选合适人员填补工作空位上要花费很多时间和精力，但这可以从根本上解决很多问题，从而在很大程度上简化管理。再好的培训也弥补不了失败的甄选。如果未选好合适的有相当能力的人员从事工作，今后雇主即使进行培训也很难达到目的。

一、人员甄选概述

人员甄选是指挑选适合的人到特定的工作岗位上发挥作用的过程。有效甄选至少应该包括两个方面：首先，雇主需确定成功的员工绩效标准。其次，根据确定的绩效标准明确要达到该标准员工必须具备哪些知识、技术和能力。图 5-2 说明，能力、动机、智力、意识、带给雇主的适当风险和耐力都可能成为人员的选拔标准。

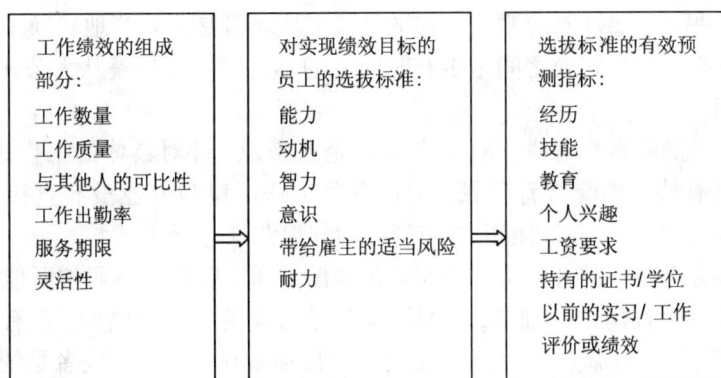

图 5 – 2　工作绩效、选拔标准与预测指标

要确定候选人是否达到一定的选拔标准，雇主需明确该标准可测或可见的预测指标。通过预测指标收集的求职者信息必须反映求职者能够顺利完成工作的可能性。预测指标信息的收集可以采用很多形式（如简历、测试、面试、教育要求或必要的工作经历），但只有在能够有效预测工作绩效时才能采用，如果采用不可靠的预测指标，选拔的可能是"错误"的候选人，而将"合适"的人拒之门外。

与传统的人事考核方法相比，现代人员甄选不是建立在主观、直觉的基础上，而是建立在比较客观、量化、科学的基础上，因而甄选的结果会更可靠、更有效。

二、人员甄选的方法和技术

人员甄选对组织来说至关重要。研究表明，同一岗位上最好的员工比最差的员工的劳动生产率要高三倍，这意味着在人员进入组织之前，就需要运用恰当的方法对候选人进行辨别、甄选。下面介绍一些常用的人员甄选方法和技术。

（一）简历筛选

企业发布招聘信息后会收到大量的简历，不可能所有申请职位的人都能得到面试的机会。因此，筛选简历是第一件要做的事情。筛选的目的是从大量的简历中排除明显不合格者，挑选出符合应聘条件、有希望被聘用的求职者，在之后的甄选过程中再收集有关该求职者更详细的信息。

仔细阅读和分析应聘者的简历及材料，可以取得两个效果：一是熟悉应聘者的背景、经验和资格，并将其与职位要求和工作职责相对照，对应聘者的胜任程度做出初步判断；二是发现应聘者简历及材料中的问题，供心理测验及下一步面试时参考。审阅应聘者提供的资料应注意以下几个方面：

第一，简历的外观与行文。应聘简历或材料的外观与行文是应聘者给招聘者的"第一印象"，其书写是否整洁、流畅，排版是否美观、大方，文字语言、语法结构及修辞是否恰如其分，从中可以看出该应聘者的书面表达水平和应聘态度。

第二，应聘者相关的工作经历。招聘者不应迷信应聘者以往在大公司的工作背景。大公司出来的人员未必都是精兵强将，有的可能是被大公司淘汰，有的可能由于大公司的过细分工而仅具有某一方面的能力，有的可能习惯了规范的管理——这些对于本企业招聘的职位未必合适。另外，要注意应聘者工作的转换。应聘者是否频繁地转换工作？如果过于频繁，原因是什么？工作转换之间是否有时间上的不连续？如果是从大公司到小公司，那么要考察其动机。

第三，应聘者的受教育背景。对于大多数企业来说，针对具体的工作岗位招聘人才，都要求应聘者具有特定的受教育背景，但也有些工作岗位与专业没有直接关系或关系不大，这就要根据招聘目标、招聘标准对应聘者的知识背景进行选择。

第四，其他方面。招聘者要留意应聘者的薪酬要求，以便与该职位所能提供的薪酬水平做比较。还要留意简历中的细节，如是否使用了含糊的字眼。例如，没有注明大学教育的起止时间和类别，这样做很有可能是在混淆专科和本科的区别，或者是统分、委培和成教的差别。简历中是否过分夸大了某方面的经历或能力。在简历上发现的疑问应予以注明，以便在之后的面试中有针对性地提出问题。有的应聘者还特意对招聘单位或职位做出评价或建议，这也是需要注意的。

综上所述，应聘者提交的简历及材料既是招聘者对应聘者进行初步了解的窗口，又是对应聘者进行评价和筛选的重要依据。招聘者在筛选简历的时候，要秉承实事求是的态度，在对应聘简历进行认真分析的基础上，尽可能公正合理地对应聘者做出评价。

(二)心理测验

目前，心理测验已经成为现代企业人力资源管理的必要工具之一，也是现代人员测评过程中的一种非常重要的技术。心理测验可以反映应聘者的能力特征，预测其发展潜能，也可以测定应聘者的人格品质及职业兴趣等。随着企业对人才要求的日趋多元化，知识技能已经不是判断人才的唯一标准。许多企业开始寻找与自己企业文化相匹配的员工。在这种情况下，心理测验就提供了一种全新的途径。

1.心理测验的含义

关于心理测验的定义，目前普遍认可的是阿纳斯塔西所下的定义："心理测验实质上是行为样组的客观的和标准化的测量。"据此定义，心理测验有五个要素：行为样组、标准化、难度客观测量、信度和效度。

行为样组：要正确可靠地推论被试者的某个心理特征，必须有典型、能代表这一心理特征的行为样组。

标准化：测验的编制、实施过程、计分、对测验结果的解释都要有严格、一致的标准，并要保证测验的条件对所有的被试者相同、公正。

难度客观测量：测试题目要客观，测验的难度水平要适宜。因此，心理测验一般都要经过试测，将太容易和太难的题目删除，以保证测验的区分度。

信度：测验要可靠，同一组被试者使用同一测验施测两次后得到的分数应该一致，或同一组被试者经过一次测验后再用等同形式的测验再测一次，两次所得的分数一致。

效度：测验要能够测量到它所要测量的东西。所以，测试要针对它所要测量的东西来设计，而不能采用所谓的"通用"试题。

2.心理测验的种类

心理测验依据不同的标准，可以划分为不同的类别。根据测验的具体对象，心理测验可分为认知测验和人格测验。认知测验测评的是认知行为，而人格测验测评的是社会行为。认知测验又可以按其具体的测验对象，分为成就测验、智力测验和能力倾向测验。成就测验主要测评人的知识与技能，这是对认知活动结果的测评；智力测验主要测评认知活动中较为稳定的行为特征，是对认知过程或认知活动的整体测评；能力倾向测验是对人的认知潜在能力的测评，是对认知活动的深层次测评。人格测验按其具体的对象可以分成：态度、兴趣、性格和道德测验。

根据测验的目的，可以将心理测验划分为描述性、预测性、诊断咨询、挑选性、配置性、计划性、研究性等形式。

根据测验的形式，心理测验可分为自陈测验、评价量表及投射测验。自陈测验和评价量表的操作较为简单，易标准化，但受文化程度、文化背景等的影响；投射测验虽然解释和评价较为复杂，但它不易受文化背景等的影响。

3. 常用的心理测验

同国外具有悠久历史的心理学和心理测试研究和应用相比，心理测验在我国发展的时间较短，但在1990年后发展迅速，变得越来越普及。我国早期的心理测量工具主要是引进和修订国外成熟的心理测试量表，后来慢慢开始制定专门用于中国人的量表。使用现成成熟的心理测验，不仅可以节省时间、人力和物力，而且有些测验是经过长期不断的修订，其信度和效度都比较好。下面介绍一些常用的心理测验方法和技术。

(1)智力测验。

科学测验的产生源于智力测验，同时智力测验也是最早运用于人员的测评和甄选中的。下面介绍两个比较典型的智力测验。

第一，韦克斯勒智力量表。韦克斯勒智力量表，是世界上最有影响力和应用最为广泛的智力测验。该测验是由美国心理学家大卫·韦克斯勒研制的成套智力测验。这套测验包括1949年发表的韦氏儿童智力量表(WISC)，适用于测试6~16岁的儿童智力；1955年发表的韦氏成人智力量表(WAISA)，适用于测试16岁以上的成年人智力；1967年发表的韦氏幼儿智力量表(WPP-SI)，适用于评定4~6岁的幼儿智力。编制的依据是韦氏独特的智力概念：智力是人合理地思考、有目的地行动、有效地应付环境聚合成的整体能力。

韦氏智力测验是典型的个别施测智力测验，它要求主试严格按照测验手册的说明对被试进行施测。如果在人员的甄选中使用类似的测验，无疑会加大工作量。但该量表在提供结果时，不仅可以给出一个可与他人进行比较的总的智力分数，还可以给出每个分测验的分数及分量表的分数即智力的轮廓图，使我们得以知道被试智力内部的情况，这在对人员进行甄选时是非常有用的。

第二，瑞文标准推理测验。瑞文标准推理测验，是英国心理学家瑞文于1938年设计的一种非文字智力测验。这套测验包括三个部分：一个是1938年出版的标准推理测验，它适用于施测五岁半以上的儿童至成人。另外两个测验编制于1947年，一个适用于年龄更小的儿童与智力落后者的彩色推理测验(CPS)；另一个适用于高智力水平者的高级推理测验(APM)。其中，标准推理测验应用最为广泛。该测验的编制在理论上依据了斯皮尔曼的智力双因素理论，主要测量智力在一般因素中的引发能力，即那种超越已知条件、应用敏锐的创造力和洞察力、触类旁通地解决问题的能力。

(2)能力倾向测验。

能力倾向测验强调的是对能力的各个方面的测量。有些能力倾向是各种不同种类的工作都需要的，有些能力倾向只在特定的工作中才需要。各种工作都需要一定的能力组合。例如，一个电脑操作员需要有手指灵活运动的能力、手眼协调的能力。能力倾向测验得到的不是一个 IQ 分数，而是被测者分别在各种不同能力上的得分。因此，通过能力倾向测验可以看出一个人在哪些能力上比较强，在哪些能力上比较弱，可以清楚地了解一个人在职位所需要的关键能力上的水平。能力倾向测验包括一般能力倾向测验、特殊职业能力测验和创造力测验。

第一，一般能力倾向测验。一般能力倾向测验（GATB）是 20 世纪 40 年代美国劳工部就业服务处编制的一套综合的能力倾向测验。这套测验用 12 个分测验，从 9 个不同方面测量了个人的能力倾向，包括智能、语言能力倾向、数字能力倾向、空间能力倾向、形状知觉能力、文书知觉能力、动作协调能力、手指灵巧性和手的敏捷度。

这套测验是一套较为全面和有效的能力倾向测验，它可以根据测验分数绘制个人的能力剖面图，从而全面地了解受测者在各种能力倾向上的水平。

第二，特殊职业能力测验。特殊职业能力测验是在一些特定的职业中所需要的。比如，美术能力测验，是一种特殊职业能力测验，它所测的并不是一个人目前所具有的美术水平，而是测量该个体在未来有没有潜在的美术能力，以及以后能否在美术方面有所成就。

目前世界上比较著名的特殊职业能力测验有：飞行能力测验；音乐能力测验，例如西霜音乐能力测验、戈登音乐能力倾向测验等；美术能力测验，例如梅尔美术测验、霍恩美术能力倾向测验等；文书能力测验；机械能力测验；操作能力测验和多种能力倾向测验。

第三，创造力测验。创造力是一种特殊的能力，一般是指产生新想法、发现和创造新事物的能力或能力倾向。现在越来越多的工作中强调要有创新能力，因此创造力测验也在人员招聘甄选中得到较多的应用。

很多心理学家认为，创造力的核心是创造性思维的能力。主要表现在四个方面：思维的流畅性、思维的灵活性、思维的独特性和思维的散发性。

（3）人格测验。

人格测验又称个性测验，主要用于测量个人在一定条件下经常表现出来的、相对稳定的性格特征。在过去的人员招聘甄选工作当中，人们往往只注重一个人的专业和业务方面的能力，而忽视人的个性方面的特征。其实很多个性特征与人们在工作中表现密切相关。一个人性格外向、性情急躁、情绪不稳定，如果让他从事财务会计一类的工作，可能就会经常出错。因此，将人格测验应用到人员招聘与甄选的工作中，有利于提高甄选工作的有效性。下面介绍几个招聘甄选中常用的人格测验。

第一，加州心理调查表。加州心理调查表（CPI）是由美国加州大学的心理学教授高夫设计的，在我国有修订版本。该量表是一个自陈式量表，适合 12 ~ 70 岁有一定文化程度的人。这是目前在招聘甄选中广泛使用的一个人格测验。

加州心理调查表共有四个量表群。第一量表群测验人际关系的适应能力；第二量表群测量社会性、成熟度、责任心和价值观；第三量表群测量成就潜能和智能效率；第四量表群测量个人生活态度和倾向。

第二，卡特尔 16 种个性因素测验。卡特尔 16 种个性因素测验（16PF）是按照因素分析法编制的一个著名的测验，与个性的特质理论直接相关。该量表是由美国伊利诺州立大学个性与能力测验研究所的卡特尔教授编制，适用于 16 岁以上的青年人和成年人。该测验在学业预测、职业预测和心理健康预测方面得到了广泛的应用。该量表共有 187 道题目，分为 16 个分量表，分别测量卡特尔提出的 16 种个性特质。

第三，MB 行为风格测验。MB 行为风格测验（MBTI）是用来测量人们在工作和生活中比较偏好的行为风格的测验。这个测验是在人员甄选中应用得最为广泛的测验之一。MB-TI 最早由 Katherine Cook Briggs 和 Isabel Briggs Myers 以瑞士著名的心理学家 Carl G. Jung 的心理类型理论和他们对于人类性格差异的长期观察和研究在 20 世纪 20 年代开发出来的。行为风格是指人们在过去的生活和工作中逐渐形成的稳定的行为方式和倾向。风格是没有好坏之分的，但是每种行为风格特点都有其优点和不足，各种不同行为风格的人适合从事不同类型的工作。该测验被翻译成多国文字，在全世界许多国家得到广泛运用，并被证明有很好的信度和效度。中国的心理学家在 20 世纪 80 年代编制和修订了中文版的 MBTI，此后的 MBTI 在教育界和管理实践中广泛应用。MB 行为风格测验也是一个自陈式量表。在该量表中，从以下四个两极性的维度上对行为风格进行测量。

外倾（E）—内倾（I）。这个维度主要测量人们注意集中的方向：是倾向于将注意力集中在外部世界的人和事物，还是自身内部的观念和经验。

感觉（S）—直觉（N）。这个维度主要测量一个人是如何获取信息的：是倾向于通过感觉器官获取真实存在的信息，还是依赖不太显而易见的知觉来获取信息。

理性（T）—情感（F）。这个维度主要测量人们处理信息做出决策的方式：是依赖逻辑的因果关系，还是倾向于权衡事物对自己和他人的价值与重要性。

判断（J）—感知（P）。这个维度主要测量人们对待外部世界的方式：是喜欢用判断的方式来对待外部世界，还是喜欢用感知的功能来对待外部世界。

这四个维度都是两极性的连续体，每个人在每个维度上都是处于连续体上的某一点，大多数人只是在两种对立的行为风格中相对来讲更偏向其中的一种。根据这四个维度、八种行为风格，可以将人大致划分成 16 种类型，如表 5 - 2 所示。

每个人都可以归为这 16 种行为风格类型中的一种。这 16 种风格类型在人群中的分布不是平均的，而是有的风格类型比较多，有的比较少。

表 5 - 2　MB 行为风格的 16 种类型

ISTJ	ISFJ	INFJ	INTJ
ISTP	ISFP	INFP	INTP
ESTP	ESFP	ENFP	ENTP
ESTJ	ESFJ	ENFJ	ENTJ

（4）职业兴趣测验。

职业兴趣测验是人们对具有不同特点的职业的喜好和从事该类职业的愿望。目前在招聘甄选中所使用的职业兴趣测验大部分是根据霍兰德职业兴趣理论编制的。霍兰德于 20世纪 50 年代开始职业兴趣的测量研究。他的贡献之一在于提出了"职业兴趣就是个性的体现"，他依据自己的理论编制了一系列职业偏好量表。霍兰德认为大多数人都可以划分为以下六种职业兴趣类型：现实型、调研型、艺术型、社会型、企业型和常规型。

为了测量和实证研究的方便，霍兰德还在理论的基础上制定了一份职业性格类型的量表，该量表被翻译成多国语言，在各地广泛地使用。中文版的量表在引进后，经反复检验，量表的信度和效度都较好。

（三）面试

在筛选简历并对符合条件的应聘者进行心理测验之后，便进入面试环节。企业通过面试能够直接接触应聘者，判断应聘者是否具有热诚和才智，还可以通过评估其面部表情、仪表以及情绪控制能力等，获得直观的认识，从而最终判断其是否能胜任所应聘的岗位。然而，面试其实是双向的，一方面是招聘者在细节中评测应聘者，另一方面应聘者也通过面试来评估公司的水平、发展前景和自己在公司中的前途。

1. 面试的定义

面试是指主考官与应聘者在特定的场景中进行的，通过双方面对面地观察、交谈等双向沟通的方式，来综合考察应聘者的素质和能力的一种人员甄选的方法。主考官根据应聘者在面试过程中的表现，观察分析应聘者回答问题的合理程度来予以评定成绩。所以，面试绝不是主考官与应聘者坐在一起进行简单的一问一答，而是一种真实的、面对面的双向考察与交流，并进一步进行双向选择的过程。面试有广义和狭义之分。广义的面试包括面谈法、答辩法、情景模拟法、无领导小组讨论法、有领导小组讨论法、文件筐作业等多种测评手段。狭义的面试指面谈法的面试。我们在这里讨论的是狭义的面试。

2. 面试前的准备

为提高面试工作的质量，面试前要做好以下几项准备工作：

第一，确定面试主考官。以面试的效果来说，小组面试比较好，但小组不宜过大，三至五个人比较恰当，且面试主考官应由专业人士组成，并有明确分工。面试主考官的素质直接关系到招聘效果。研究表明，一个合格的主考官应具备以下素质：良好的个人品格和修养，相关的专业知识，丰富的工作经验，良好的自我认识能力，善于把握人际关系，能熟练运用各种面试技巧，能够控制面试过程，具有公正性，了解组织状况和职位要求。

第二，审阅工作说明书。面试的目标是招聘适合空缺职位的新员工。在这一目标指引下对应聘者进行筛选，就必须审阅工作说明书。面试前，主考官必须对工作说明书了如指掌，对该职位的主要职责，对任职者在知识、能力、经验、个性、价值取向等方面的要求，以及工作中的上下级关系、团队合作关系、职业发展与晋升提拔机会、薪酬福利待遇等问题有充分的了解，才能在面试中准确地把握和评判应聘者的相关信息。

第三，设计面试提纲。为了使面试工作顺利进行，保证面试的效果，面试主考官应提前准备好面试提纲。面试提纲的设计，一般来说，由两方面组成：一方面围绕工作说明书的相关要求，另一方面来自于主考官对应聘者的简历及材料进行分析后发现的问题。面试提纲不是千篇一律的，而应该体现出招聘职位的特性和对应聘者的针对性。

第四，制定面试评价表。面试的主要目的是根据工作岗位的要求对应聘者做出评价，来确定哪些人员符合工作要求。因此，面试评价应能全面反映工作岗位对人员素质的要求。面试评价表内的各项内容要求主考官们能理解一致，以便做出准确的评价。如表5-3所示的是某公司面试评价表范例。

表5－3 某公司面试评价表

姓名		性别		年龄	
编号		应征部门			

评价要素	评价等级				
	1（差）	2（较差）	3（一般）	4（较好）	5（好）
个人修养					
求职动机					
语言表达能力					
应变能力					
社交能力					
自我认识能力					
性格内、外向					
健康状况					
相关专业知识					
逻辑思维能力					
总体评价					

建议录用　　　有条件录用　　　建议不录用

第五，安排面试时间和场地。面试的时间应选在双方都能全身心投入的时间内，避免外界的干扰和面试过程的中断。面试的时间应安排合理，使每一位应聘者的受试时间大体相同，而且在面试中主考官还要注意控制时间和场面。面试的场所应选在安静、整洁舒适的办公室或会议室内进行，避免意外的电话或人员的频繁出入以及一些工作事务的干扰。

3. 面试的过程

大部分面试的过程都包括三个阶段：关系建立阶段、提问阶段和结束阶段。每个阶段有各自不同的任务，在不同的阶段中，适用的面试题目类型也有所不同。

第一，关系建立阶段。这一阶段的主要任务是主考官要为应聘者创造和谐、友好的氛围。这种氛围有助于双方在面试过程中更加开放地沟通。通过讨论一些题外话题，如天气、交通等来开始谈话。这样做的目的是使应聘者能够轻松自如地回答提问，而且不论他是否能被聘用，都能受到友好、礼貌的对待，并以此展示组织的良好形象。

第二，提问阶段。设计出合适的问题，等于成功了一半。设计良好的问题应该是有开放性答案的问题，避免提出的问题可以用"是"与"否"来回答。成功的另一半取决于如何提问。在这一阶段，面试主考官的提问技巧显得极其重要。在提问的过程中，应注意倾听应聘者的回答，鼓励其充分表达出自己的观点。要尊重应聘者，态度友好，平等相待，不需要纠正对方的答案，也不需要解释正确答案。主考官首先要问一些应聘者一般有所准备的比较熟悉的题目，以缓解应聘者依然有点紧张的情绪。这些问题一般包括让应聘者介绍一下自己的经历、介绍自己过去的工作，等等。接着，主考官就某工作岗位的核心胜任力提出相关问题，应聘者将被要求讲述一些关于工作岗位核心胜任力的事实或事例。主考官将基于这些事实作出基本判断，对应聘者的各项关键胜任能力作出评价，并主要依据这一阶段的信息在面试结束后对应聘者作出是否录用的决定。

第三，结束阶段。结束阶段是主考官检查自己是否遗漏了哪些关于应聘者关键胜任能力的问题并加以追问的最后机会。同时，应聘者也可以借此机会做最后的自我总结和推销，表现出组织所需要的关键胜任能力。一般情况下，在面试结束之际，有必要告诉应聘者在何时、以何种方式可以得到面试结果的通知。一般来说，面试结束并不意味着人员录用与否的确定，必须经过下一轮甄选和最后评定。因此，在应聘者离开后，主考官应该尽快回顾面试情境，整理面试记录，总结面试过程，对应聘者作出客观评价。

4. 面试技巧

这里讨论的面试技巧，是针对面试主考官而言的，是指面试实践中解决某些主要问题与难点问题的技术与技巧。在面试中经常运用且被大家所公认的技巧与操作方式有以下几种：

第一，积极有效地倾听。主考官应该少说多听，表现良好的教养和修养，不要随便打断应聘者。在面试中，主考官要集中精神去倾听应聘者回答问题，要善于思考隐藏在语言后面的各种信息，如应聘者的个性、态度、职业兴趣等。要注意提取应聘者的回答要点，充分理解他的本意。

第二，善于提问。主考官在面试中提问是与应聘者沟通的基础。提问时，主考官要力求创造一种轻松的气氛，不要因自身因素给应聘者带来不必要的压力。问题必须简明易懂、切合主题，不能不着边际。提问要先易后难。提问的形式可以多种多样，既可以是假设式，又可以是连串式，还可以是引导式，等等。主考官在提问中应掌握主动，引导应聘者交谈深入。

第三，全面地观察。应聘者的面部表情、行为姿势等也会传达一些信息，有经验的主考官能从中判断出应聘者的情绪、心理状态以及言谈的真实性。

第四，做好面试记录。人的记忆力是有限的，尤其是当主考官一天中面试很多人的时候，就很难全面准确地把握应聘者提供的信息并做出客观准确地评判，所以必须要做一些记录。在记录的时候不用将应聘者所讲的每一句话都记录下来，只记录下一些要点就可以了。有的时候可能没有时间及时就应聘者的回答做出充分地评价，可以等到面试结束后再根据所做的记录进行分析评价。

第三节　人员录用

在对应聘者进行简历筛选、心理测试、面试等一系列环节之后，人力资源招聘进入决定性阶段，即人员录用阶段。人员录用是指组织根据工作岗位的任务要求，把合格的应聘者安置到预先设定的岗位上，让他们担负起具体的职责，并给予他们相应的权利，使他们进入工作角色，为实现组织目标发挥作用的一系列活动。人员录用得成功与否，对招聘有着极其重要的影响，如果录用失误，会让整个招聘活动功亏一篑，不仅组织蒙受巨大的经济损失，还会因此延误组织的发展。由于在对应聘者进行招聘甄选的过程中，有若干招聘人员参与其中，所获得的信息也不尽相同，因此在决定人员录用前必须进行讨论，按照统一的录用原则做出录用决策。

一、人员录用的原则

企业兴衰，旨在用人。不管是作为一个企业，还是企业中的某一部门，领导者必须掌握和运用用人的战略和艺术，全力调动员工的积极能动性。

第一，因事择人的原则。因事择人，是指组织在招聘员工时应该以职位的空缺和实际工作的需要为出发点，按照人力资源招聘计划，甄选和录用各类人员。因事择人可以保证组织的效率，防止人员泛滥、机构臃肿。同时，在招聘过程中，不管应聘者来自组织内部还是外部，大家都机会均等，组织应该一视同仁，同时以测评与面试的结果为依据，择优录用，保证组织录用到适合的人才。

第二，任人唯贤的原则。任人唯贤，强调用人要出于"公心"，以事业为重，真正把德才兼备的员工放在重要位置上，做到"大贤大用，小贤小用，非贤不用"。任人唯贤中的贤，包括两方面的内容：一是要德贤，二是要才贤。任人唯贤，德与才要并重，不可偏废。需要说明的是，这里的才，并不完全代表学历。能力比学历更重要。学历只是证明能力的一种工具，而且也只是众多工具之一，它所包括的内容也不全面。领导者必须综合运用背景分析、经验判断、面试等多种手段来对人才的能力、品德、性格等诸多方面做出全面客观的评价。

第三，用人所长的原则。用人所长，就是指用人之长，避人之短。企业在员工甄选的过程中，要根据工作的要求，同时注意应聘者在素质和能力上的差异，把他们安排在相应的工作岗位上。企业聘用人才是因为他能做什么，而不是不能做什么。优秀的领导者总是以"他能做什么"为出发点，注重发挥人才的长处。

第四，试用原则。识人是一个相当复杂的过程。尽管在录用之前做了大量准备工作，但是人的认识能力是有限的，并且客观现实又总是在变化，已经认识清楚的问题也需要进行再认识。实现人与事的最佳结合也需要一个过程。因此，新员工在成为企业的正式员工之前，总要进行一定时间的试用，通过试用来考察员工录用是否恰当。管理者须为其制定工作标准与绩效目标，考核其能力、工作成绩及行为模式等方面。经过试用，证明人与事结合较好的员工，尽可能地帮助他们解决后顾之忧，用感情吸引他们留在组织中，同时，从法律上保证员工享受应有的权利。这些对员工积极努力、长期稳定地为组织工作是非常有利的。

第五，优化组合原则。在现代企业中，人才不是孤立的，人才只有在群体中才能发挥自己的作用。个人总是有缺点的，但是组织却可以通过有效的人员搭配，使组织的整体效能最大化。因此，优化人才结构，是充分发挥每一个人才应有作用的关键。一个组合得当的群体能够释放出比单个员工简单相加更大的能量，而员工组合不当的群体的工作绩效则小于个人成绩的简单相加。这就要求组织在考虑员工构成群体时，要注意其性格、年龄、能力等方面的搭配，让其相互补充，相互启发，相互配合，尽量减少内耗，使之达到最佳结合，完成组织的各项不同任务，实现多种目标。

二、人员录用的程序

人员录用的程序大致可以分为：试用决策、办理入职手续、员工的正式录用三个阶段。

1．试用决策

企业根据对应聘者进行多方面测试评价的结果，做出试用决策。做出决策时，应该注意以下几个问题：

第一，决策之前先对应聘者进行背景调查。在对应聘者进行甄选之后，就得到了关于他们的胜任特征信息。但是这些信息是否真实准确，企业无从判断。而与应聘者有关的信息的准确性直接影响着人员录用的质量。所以企业在做试用决策之前，要进行背景调查。

通过背景调查，可以证实应聘者包括学历学位、教育培训、从业经历、违法乱纪、驾驶以及信用记录等各种信息。背景调查的基本方法是审阅档案，因为档案是由组织填写的，本人很难接触到，所以可靠性较强。档案的记载还有相当大的连续性，在学历、经历上造假都可以在档案里发现蛛丝马迹。另一个方法是企业可以通过打电话对应聘者曾经就读或工作过的单位进行资料的验证、核实。对拟聘人员，特别是在关键岗位上担任重要工作的人员的背景调查是必要的。

第二，对职位候选人的胜任特征情况进行系统的评估和比较。包括对应聘者进行资料评估、心理测试和面试的结果评定等方面，有定性和定量的评定方法。

第三，决策标准要适中。人员录用标准，受很多不确定因素的影响，因此标准的高低很难把握。解决这个问题的最好办法就是回到工作分析这个起点，对工作岗位进行重新审视，再从候选人中进行挑选。许多实际经验表明，所有特征都完全符合工作岗位要求的应聘者往往不会在该工作岗位上干的时间太长，因为这样的工作缺乏挑战性。一般来讲，一个应聘者有八成能力特征符合工作是比较理想的，因为这种工作他"跳一跳够得着"，能够对其产生激励作用，也会使其在该岗位上工作时间更长。

第四，决策的速度要快。当今社会，人才的竞争相当激烈，优秀人才的竞争更是如此。在招聘过程中的审慎是必要的，但一旦有了意向就要尽快做出决定，并立即采取行动，否则很可能会使人才在漫长的等待中花落别家。

第五，要留有备选人资料。做出试用决策后，就应该及时发出通知，而对进入最后面试却未被录用的人员，将其资料保留在人才储备信息库并用适当的方式（电话、短信、E－mail 等）通知，进行辞谢。

2．办理入职手续

新员工在接受录用通知书后，应在规定时间内办理入职手续，进行体检，同时与组织签订劳动合同。劳动合同一般分为短期聘用合同和长期聘用合同，新员工入职通常签订短期聘用合同，即试用期合同，试用期满合格者则签订长期聘用合同。劳动合同应严格按照《中华人民共和国劳动法》的有关规定进行签订，其内容一般包括：第一，被聘者的职位、职责、权限、工作内容、任务、劳动保护和劳动条件；第二，被聘者的劳动报酬、工作时间、休息休假、劳动安全卫生、保险、福利待遇等事项；第三，劳动合同期限；第四，劳动纪律；第五，聘用合同变更的条件及违反合同时双方应承担的责任；第六，解除、终止、续订劳动合同的条件及规定；第七，经济补偿与赔偿；第八，双方认为需要规定的其他事项。

与此同时，员工要接受入职培训。新员工入职培训的内容主要包括以下几个方面：企业的历史与文化、企业的组织结构、职责权限的划分和有关规章制度、企业的战略和企业的发展前景、企业的产品与服务等。培训的目的在于帮助新员工了解企业的基本情况，端正工作态度，完成新员工进入企业后的角色转变。

第五章　人员招聘和再配置　　113

3.员工的正式录用

新员工一般要经过 2~6 个月的试用期,试用期满时由个人提出书面转正申请,经部门签署转正意见后报人力资源部门进行转正考核,人力资源部门将考核鉴定材料、体检报告、岗位及薪酬标准的建议呈上级领导审批。审批通过,即成为正式员工并享受相关待遇。

第四节　人员再配置

在现代企业管理中,人力资源再配置是企业人力资源管理过程中一个非常重要的环节。人力资源再配置是指从社会资本的角度出发,对组织内部人力资源重新进行计划、组织、协调和控制,以确保组织人力资源的可获得性和组织现在和未来的人力需要。人力资源再配置不在于一个企业拥有多少学历高、职称高的人员,关键在于人力资源的搭配要合理。只有将企业人员的知识结构、年龄结构、专业结构合理的搭配,并与企业的生产、经营特点相适应,才能提高企业人力资源的整体配置效率,充分发挥企业整体的协同优势,从而保证企业生产经营活动的正常进行,得以实现企业的既定目标。

一、人员再配置的理论基础

1.勒温的场论

德裔美国心理学家库尔特·勒温的场论是从人与环境不匹配的角度出发,分析人员流动的必要性,其中间的传导因素或是"不匹配"的表征是个人绩效。勒温提出个人绩效 B 是个人能力和条件 p 与所处环境 e 的函数。

$$B = f(p, e)$$

勒温的场论指出,一个人所能创造的绩效(B),不仅与他的能力和素质(p)有关,而且与其所处的环境(也就是他的"场"e)有密切的关系。个人与环境之间一般总有一个从相互"适应"到"不适应"的发展过程。由于个人无法左右环境,环境通常也不会因为少数人而发生改变。如果一个人处于一个不利的环境之中,比如专业不对口,人际关系恶劣,工资待遇不公平,领导作风专断,企业不尊重知识和人才,个人就很难发挥其聪明才智,也很难取得应有的成绩。当个人对环境的改变无能为力时,要改变的方法就是:三十六计,走为上计,离开这个环境,转到一个更适合的环境中去工作。[①] 所以,当个人对环境的适应程度下降到不适应程度时,新的环境无论对于个人还是组织都是最佳选择。

2.组织寿命学说

美国学者卡兹在大量调查统计的基础上提出了"组织寿命学说"。他从组织活力的角度证明了人才流动的必要性。他发现,1.5~5 年是组织的最佳年限(如图 5-3 所示)。期间,人员信息沟通水平最高,成果最多。低于 1.5 年或高于 5 年,成员相互之间的信息交流水平不高,相应地出成果的情况也就不好;组织中的成员共事不到 1.5 年,"新面孔"之间还不熟悉,还处在适应的过程中,交流有限,也很难畅所欲言;共事超过 5 年,"老相识"之间已经失去了新鲜感,相互可交流的信息已经交流得差不多了,由于大家过于了解

---

① 叶双慧,程明.从勒温场论看国企人才流失.武汉冶金管理干部学院学报,2004(3):14

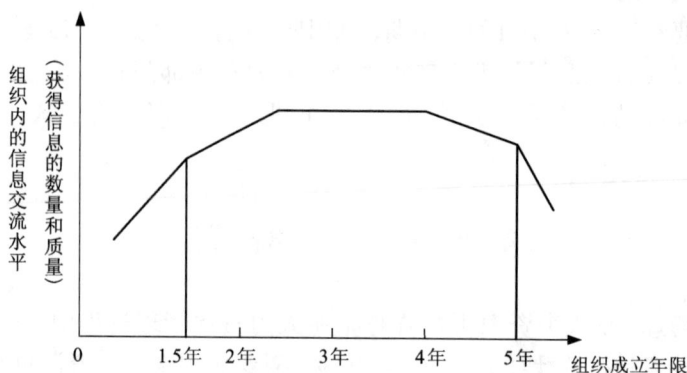

图 5 – 3　卡兹曲线

和熟悉，在思维上已经形成定势，会导致反应迟钝和认同趋同化，这时组织会呈现出老化和丧失活力。信息沟通水平下降，组织成果必然减少。卡兹的组织寿命学说实质上告诉我们：组织和人一样，有成长、成熟和衰退的过程。相同一批人在一起工作的时间不能过长也不能过短，时间长了组织就逐渐趋于老化，时间短了相互没有适应就分开对组织也不利。解决问题的办法就是对人员进行再配置。卡兹的组织寿命学说从组织活力的角度证明了员工流动和人才退出的必要性。同时人员流动也不宜过快，流动间隔应大于 2 年，这是适应组织环境和完成一个项目所需的下限时间。一般而言，人的一生流动 7 ~ 8 次是合理选择，流动次数过多也会降低效益。

3. 库克曲线

美国学者库克从如何更好地发挥人的创造力的角度，从员工的角度论证了人力资源流动的必要性，从组织的角度论证了人力资源再配置的必要性，并提出了一条曲线，称为库克创造力曲线，简称库克曲线。库克曲线是根据对研究生参加工作后创造力发挥情况的统计所绘出的曲线。他通过对研究生毕业参加工作后创造力发挥情况所做的大量调查统计中发现，一个研究生从毕业参加工作开始，创造力经由增长期、高峰期、衰退期和稳定期而实现的一次循环。当创造力进入稳定期时，如果不改变工作内容或更换工作环境，创造力将会下降。人的一生就是在不断开辟新的工作领域的实践中，来激发和保持自己的创造力，即走完一个 S 型曲线，再走下一个 S 型曲线。

在图 5 – 4 中，OA 表示员工在 3 ~ 4 年的学习期间创造力增长情况；AB 表示员工大学毕业后参加工作初期受命上任工作期，承担任务具有的挑战性、新鲜感以及新环境的激励，促其创造力快速增长；BC 为员工的创造力发挥峰值区，约 1 年左右，是员工出成果的黄金时期；随后进入 CD 期，即初衰期，创造力将继续下降，持续时间约为 0.5 ~ 1.5 年；最后进入衰退稳定期，即 DE 期。也就是说，一个研究人员到一个单位工作创造力较强的时期大约有 4 年（AD）。之后，员工的创造力将继续下降并稳定在一个固定值，如不改变工作环境和工作内容，创造力将在低水平上徘徊不前。这种原先优秀的很有创造力的员工将从事物发展的动态变为一种停滞的状态，这在管理实践中并不罕见，不是激励机制出了问题，而是企业的思维方式和企业的管理机制出了问题。库克曲线实质上告诉我们：为了使创造力不断提高，应在创造力进入稳定期时，也就是说库克曲线进入到一个新环境后的 4

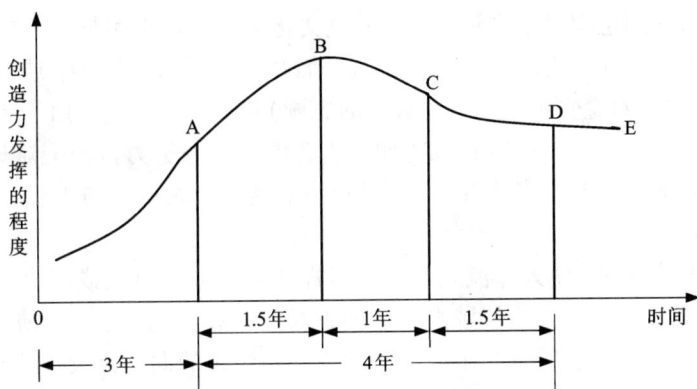

图 5 - 4 库克曲线

~5 年,就要让在岗人员变换工作部门或研究课题,或流出企业,也就是要进行人才流动。

4.目标一致理论

日本学者中松义郎在《人际关系方程式》一书中精辟地论证了个人实际发挥的能力与潜在能力之间的关系:当个人目标与组织目标完全一致时,个人的潜能才能得到充分发挥,组织的整体功能水平也才会最大化,即达成一种双赢策略。当二者不一致时,个人的潜能受到抑制,很难在工作中充分展现才华,组织的功能水平势必受到影响,整体工作效率必然要下降。个人的发展途径也不会得到组织的认可和激励。个人潜能的发挥与个人和组织方向是否一致之间,存在着一种可以量化的函数关系: $F = F_{max} \times \cos\theta (0° \leqslant \theta \leqslant 90°)$,据此他提出了"目标一致理论",如图 5 - 5 所示。

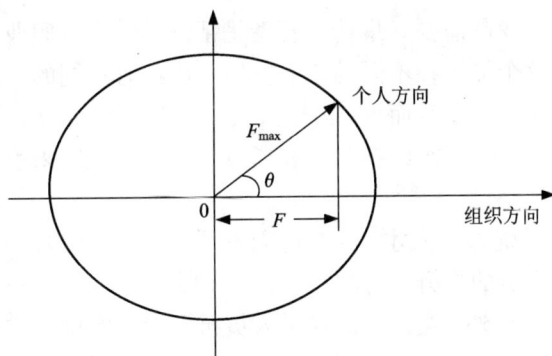

图 5 - 5 目标一致理论示意图

在图 5 - 5 中, F 表示一个人实际发挥出的能力, F_{max} 表示一个人潜在的最大能力, θ 表示个人目标与组织目标之间的夹角。从这个公式中我们不难看出,当个人目标与组织目标完全一致时,即夹角 $\theta = 0°$ 时, $\cos\theta = 1$, $F = F_{max}$,一个人实际发挥出的能力最大。当二者目标不一致时, $\theta > 0°$, $\cos\theta < 1$, $F < F_{max}$,个人的潜能不能充分发挥。

为了协调好员工与企业之间的关系(即减小 θ),达到个体与组织两者目标一致,通常有两种解决的办法：

第一，个人目标同组织目标靠近，组织通过文化熏陶和培训引导个人的志向和兴趣向组织和群体方向转移，并努力趋于一致。但这样做往往容易碰到困难，或者由于价值观的差异（对知识的尊重，对金钱的追求，对事业的忠诚）难以弥合；或者由于人际关系的矛盾（任人唯亲、排除异己、忌才妒能）难以克服；或者由于业务努力方向上难以一致（如专业不对口，一改专业就有可能丧失业务上的优势）。总之，个人目标与组织目标之间的差距难以在短期内解决。

第二，进行人才流动，使人才流到与个人目标比较一致的单位或岗位上。合理的人才流动是行业人力资本在整个行业领域内的一种重新配置和优化，是一个博弈的过程，也是实现"帕累托最优"的必然途径。当个人的努力方向与组织的期望比较一致时，个人的行为容易受到组织的认同和肯定，如鱼得水，个人的积极性、创造性得到充分发挥，形成良性循环。

二、人员再配置的原因与形式

如何做好人员再配置是一项长期、复杂、有计划的系统工程，公司不同发展阶段的变化，外部因素的影响，使人力资源的调整成为经常性的工作。

（一）人员再配置的原因

第一，人事不匹配。人与事不匹配有两种情况：一种是现有人员素质低于现任岗位的要求；还有一种是现有人员素质高于现任岗位的要求。在人员招聘过程中，许多人为了急于找工作前来应征，并没有考虑到他们真正的能力。由于人力资源部门并非全知全能，所以也并不是每次都能做到适才任用，做出皆大欢喜的安排。当组织根据绩效考核或任职资格考核，发现人事不匹配时，就要及时采取人员再配置的方法，把具有相应能力的人安排到恰当的工作岗位上。

第二，员工职业生涯发展需要。最佳的管理是帮助员工实现职业梦想。职业生涯是每个人职业发展的历程，每个员工在不同的职业发展阶段都有不同的目标与要求。

第三，职位空缺。对某一职位而言，由于人员的晋升、降级、离职、退休等原因出现职位空缺，特别是管理层"真空"时，组织有必要通过人员的再配置来填补这一空缺。

（二）人员再配置的形式

人员再配置应晋升最优秀的人才，给予他们发展的机会，同时淘汰表现差的员工。因此，人员再配置一般有人员的晋升、淘汰和轮换三种重要的形式，三者并行，可以帮助提高企业整体的员工素质。另外，竞聘上岗也是人员再配置的常见形式。

1. 人员晋升

人员晋升是指将企业内部的员工调配到比原来高的职位上。人员晋升必须有非常清楚的标准，它通常有一个严格的试用考核过程。人员晋升的具体步骤如下：

第一，拟定详细的任职资格要求。包括工作职责、工作经验、专业知识和所需能力等，使组织选择和考核时有方向和重点。

第二，发掘人选。人力资源部门对职位要求进行审核的同时要注意发掘更多的人选，以加强公平竞争，使选择的余地更大。

第三，人员测评。人力资源部门根据选择要求，有针对性地对相关人员进行测评。未建立员工素质模型的公司可采用360度测评，建立了员工素质模型的公司可以采用基于素质模型的人力资源测评。人力资源部与相关部门主管经讨论后决定晋升人选，并将相关资料送上级主管审批。

第四，试用与试用后考评，确定晋升人选。通过测试之后进入试用。在试用期前建立晋升绩效评估指标，并明确告知晋升人选。经过三到六个月的试用期后，人力资源部要在正式晋升前再做一次360度的绩效评估，以确定被晋升者能够胜任新职。

2. 人员淘汰

人员淘汰是指企业为满足竞争的需要，通过科学的评价手段，对员工进行合理排序，并在一定的范围内，实行奖优罚劣，对排名在后面的员工，以一定的比例予以解雇、降级或轮换的行为。淘汰应从发现不合格员工开始，用科学的方法进行分析，最后用公平的方式对他们进行处理。人员淘汰的具体步骤如下：

第一，找出不合格的员工。企业每年应根据员工总体表现、市场状况以及公司期望设定人员淘汰比例，不同类别的员工可以有不同的淘汰比例。

第二，收集个案资料，进行分析。由于淘汰对于员工的影响甚大，人力资源部与部门经理首先应详细收集员工各方面的资料，并开会讨论，要妥善处理，才能让淘汰机制发挥正面作用。

第三，合理决策。员工表现不佳的原因有很多，通过事前资料搜集以及会议中充分讨论后，公司应采取适当的处理方法。这些方法包括：解雇无改进可能的员工；对于能力不够的员工予以降级使用；对能力不适合现职的员工进行工作轮换。

3. 工作轮换

工作轮换是指企业内部有组织、有计划、定期进行的人员职位调整。其目的在于避免员工长期处于同一工作所带来的厌倦感和发展的停滞，能一定程度上提高工作人员的积极性。这种方法既适合于普通工人，也适合于管理人员。工作轮换的具体步骤如下：

第一，分析各部门绩效表现，并确定工作要求。人力资源部门要组织各部门召开部门绩效研讨会，相关部门准备详细的绩效完成情况（含财务状况）资料，并提供给会议参加者。分管各部门的上级领导对所辖部门进行分析，分析各部门绩效完成要求和发展情况，针对表现不理想的部门，进一步分析其优势、劣势，面临的机会和挑战，讨论需要改进的工作，决定需要改变的经营策略和具体工作，从而得出可轮换岗位与任职条件。

第二，拟定轮换初选者名单。人力资源部根据年中、年终考核结果，个人发展规划、能力与工作经历，从需要和可被调动员工中拟定人选。另外，为了避免员工在同一职位过久而丧失动力，除非有特殊原因者，在同一职位超过三年的管理人员应予以轮换，但专业人员与技术人员不在此列。

第三，初选人测评，确定最后的轮换人选。人员初步确定之后，人力资源部门要着手进行人员测评，一般从三个方面着手：能力测评、工作经历分析、个人发展需要分析。人力资源部门根据测评结果，通过讨论确定最后人选。

4. 竞聘上岗

竞聘上岗是市场经济条件下企业发展的产物，是指全体人员，不论职务高低，贡献大小，站在同一起跑线上，重新接受组织的挑选和任命。"竞"和"聘"是一个问题的两个方面。竞争是企业中的个人行为，它所体现的是"能者上，庸者下"的用人原则，通过竞争激励机制的实施,充分调动广大干部职工的积极性和创造性,大幅度提高全员劳动生产率。聘任是企业的组织行为,它所体现的是组织对员工的合理使用。在一定意义上讲,竞争是前提和形式,聘任才是内容和结果。竞聘上岗与一般招聘不同,如表5-4所示。

表5-4　竞聘上岗与一般招聘的区别

方式	特点	形式	适用范围	评价人员
竞聘上岗	考察综合素质和领导能力 对抗性强 影响面大 以内部员工为主	个人素质测评 公文处理 无领导小组讨论 竞聘会	选拔中高层 专业人员转为管理人员	企业高层 内外部管理专家 竞聘会员工观众
一般招聘	重点考察专业素质 以外部招聘为主 运作简便	个人素质测评 面试 专业测试	各类专业人员和事务人员及工人	人力资源部 部门主管

竞聘上岗是部分企业选拔干部的方式之一。员工可以平等地参与岗位竞聘,由企业组织考官进行评审,经过一系列测试,以德、才、能、识、体等全面衡量选拔员工。

目前,竞聘上岗一般包括制订方案、报名和资格审查、公开答辩、组织考察、初定人选和任前公示6个环节。在制订方案时,包括指导原则、竞聘职位、报名范围和条件、时间安排和纪律要求等都需要向全体员工明示,在企业内部进行公告,以便广泛征集员工的意见,接受员工的报名。而最为紧要的还是在后面程序的开展中秉持公开、公平和公正的原则,尽量实行公开答辩,公开竞聘上岗。争取能全面、准确、清楚地反映考察对象的情况,包括其优势、经验、技能、特长、不足等。然后根据竞聘结果、民意测验和组织考察情况,初步确定岗位人选,并提交相关部门上级领导研究确定。最后,将各岗位初选人员的基本情况和履历,公开公示(一般为3~7天),征求大家的意见和建议,接受监督。

由于公司运营模式和企业文化,核心管理人员更多地会从内部选拔。从内部培养管理者,是“保存核心理念、刺激进步的驱动力”,通常包括以下标准:认同公司价值;绩效表现;必要的监督、管理经验;特殊经验、技能或培训经历;愿意接受指导和反馈;最低学历门槛;在本公司任职的最低年限等等。除了这些标准之外,基础的素质更为重要,通常包括良好的能力基础,管理素质和管理的动机等。

竞聘工作完成后,企业的管理层对于参与竞聘的员工应进行一对一的反馈,将个人的优点与不足与当事人进行深入地沟通。这不仅保证了竞聘工作的完整性,也为后续人才的培养和发展提供了契机。

【本章小结】

人员招聘是企业人力资源管理工作中的一项重要的基础性工作,是组织人力资源形成的关键,对于企业人力资源的合理形成、管理与开发具有至关重要的作用。

组织获取人力资源有两种基本方式:内部招聘与外部招聘。内部招聘的途径主要有推荐选拔、竞争考试和人员调动。进行内部招聘一般先列出各职位所需要的管理和技能明细表，在组织内部公示空缺岗位，通过公开竞争的方式来进行。外部招聘的来源主要有人员举荐、广电媒体招聘、就业中介机构招聘、校园招聘、网络招聘和人才租赁。两种方式各具特色，组织应根据自身的具体情况选择使用。招聘工作应该在公开、公平、公正、人职匹配、效率和尊重求职者的原则指导下，按照如下程序进行：制订招聘计划、发布招聘信息、应聘者提出申请。

人员甄选要决定哪些人可以加入组织，哪些人不能到组织中供职。成功的甄选可以保证组织中人员和职位的最佳匹配，提高组织的效率，进而提高组织的竞争力。人员甄选的基本技术和方法有筛选简历、心理测验及面试。人员录用的成功与否，对整个招聘活动有着极其重要的影响。在录用之前，要对拟聘人员进行背景调查，在正式录用之前，最好先进行试用。

由于公司不同发展阶段的变化，外部因素的影响和员工职业生涯发展的需要，使人力资源的调整成为经常性的工作。做好人员再配置能提高企业人力资源的整体配置效率，充分发挥企业整体的协同优势。

【关键概念】

人员招聘　人员甄选　人员再配置

【思考与练习】

1. 试述招聘在组织中的地位和作用，它与其他人力资源管理职能的关系如何？
2. 人员再配置的途径有哪些？

【拓展学习】

1. 中华英才网：http://www.chinahr.com/index.htm
2. 前程无忧：http://www.51job.com/

第六章　员工培训

【学习目标】

通过本章内容的学习，可以了解员工培训的内涵、目的和意义；掌握培训需求分析和培训效果评估的方法；学会培训过程的组织与管理。

【重点难点】

1. 培训的内涵。

2. 培训需求分析的方法。

3. 培训过程的组织与实施。

4. 培训效果评估的方法。

【导入案例】

海尔集团的员工培训

海尔员工培训本着"以人为本"，提高人员素质的培训思路，建立了一个能够充分激发员工活力的人才培训机制，最大限度地激发每个人的活力，充分开发利用人力资源，从而使企业保持了高速稳定发展。

海尔的价值观念培训

海尔的员工培训首先是价值观的培训，"什么是对的，什么是错的，什么该干，什么不该干"，这是每个员工在工作中必须首先明确的内容，这就是企业文化的内容。对于企业文化的培训，除了通过海尔的新闻机构《海尔人》进行大力宣传以及通过上下灌输、上级的表率作用之外，重要的是由员工互动培训。目前海尔在员工文化培训方面进行了丰富多彩的、形式多样的培训及文化氛围建设，如通过员工的"画与话"、灯谜、文艺表演、找案例等用员工自己的画、话、人物、案例来诠释海尔理念，从而达成理念上的共识。

"下级素质低不是你的责任，但不能提高下级的素质就是你的责任！"对于集团内各级管理人员，培训下级是其职责范围内必需的项目，这就要求每位领导亦即上到集团总裁、下到班组长都必须为提高部下素质而搭建培训平台、提供培训资源，并按期对部下进行培训。特别是集团中高层人员，必须定期到海尔大学授课或接受海尔大学培训部的安排，不授课则要被索赔，同样也不能参与职务升迁。每月进行的各级人员的动态考核、升迁轮岗，就是很好的体现：部下的升迁，反映出部门经理的工作效果，部门经理也可据此续任或升迁、轮岗；反之，部门经理就是不称职。

为调动各级人员参与培训的积极性，海尔集团将培训工作与激励紧密结合。海尔大学每月对各单位培训效果进行动态考核，划分等级，等级升迁与单位负责人的个人月度考核结合在一起，促使单位负责人关心培训，重视培训。

海尔的实战技能培训

技能培训是海尔培训工作的重点。海尔在进行技能培训时重点是通过案例、到现场进行的"即时培训"模式来进行。具体说，是抓住实际工作中随时出现的案例（最优事迹或最劣事迹），当日利用班后的时间立即（不再是原来的停下来集中式的培训）在现场进行案例剖析，针对案例中反映出的问题或模式，来统一人员的动作、观念、技能，然后利用现场看板的形式在区域内进行培训学习，并通过提炼在集团内部的报纸《海尔人》上进行公开发表、讨论，达成共识。员工能从案例中学到分析问题、解决问题的思路及观念，提高员工的技能，这种培训方式已在集团内全面实施。

对于管理人员则以日常工作中发生的鲜活案例进行剖析培训，且将培训的管理考核单变为培训单，利用每月 8 日的例会、每日的日清会、专业例会等各种形式进行培训。

海尔的个人生涯培训

海尔集团自创业以来一直将培训工作放在首位，上至集团高层领导，下至车间一线操作工人，集团根据每个人的职业生涯设计为每个人制订了个性化的培训计划，搭建了个性化发展的空间，提供了充分的培训机会，并实行培训与上岗资格相结合。

海尔的人力资源开发思路是"人人是人才"、"赛马不相马"。在具体实施上给员工搞了三种职业生涯设计：一种是对着管理人员的，一种是对着专业人员的，一种是对着工人的。每一种都有一个升迁的方向，只要是符合升迁条件的即可升迁入后备人才库，参加下一轮的竞争，跟随而至的就是相应的个性化培训。

1. "海豚式升迁"，是海尔培训的一大特色。海豚是海洋中最聪明最有智慧的动物，它下潜得越深，则跳得越高。如一个员工进厂以后工作比较好，但他是从班组长到分厂厂长干起来的，主要是生产系统；如果现在让他干一个事业部的部长，那么他对市场系统的经验可能就非常缺乏，就需要到市场上去。到市场去之后他必须到下边从事最基层的工作，然后从这个最基层岗位再一步步干上来。如果能干上来，就上岗，如果干不上来，则就地免职。

有的经理已经到达很高的职位，但如果缺乏某方面的经验，也要派他下去；有的各方面经验都有了，但处事综合协调的能力较低，也要派他到这些部门来锻炼。这样对一个干部来说压力可能较大，但也培养锻炼了干部。

2. "届满要轮流"，是海尔培训技能人才的一大措施。一个人长久地干一样工作，久而久之形成了固化的思维方式及知识结构，这在海尔这样以"创新"为核心的企业来说是难以想象的。目前海尔已制定明确的制度，规定了每个岗位最长的工作年限。

3. 实战方式，也是海尔培训的一大特点。

海尔的培训环境

海尔为充分实施全员的培训工作，建立了完善的培训软环境（培训网络）。

在内部，建立了内部培训教师师资网络。首先对所有可以授课的人员进行教师资格认定，持证上岗。同时建立了内部培训管理员网络，以市场链 SST 流程建立起市场链索酬索赔机制及培训工作考核机制，每月对培训工作进行考评，并与部门负责人及培训管理员工资挂钩，通过激励调动培训网络的灵活性和能动性。

在外部，建立起了可随时调用的师资队伍。目前海尔以青岛海洋大学海尔经贸学院的师资队伍为基本依托，同时与瑞士 IMD 国际工商管理学院、上海中欧管理学院、清华大学、北京大学、中国科技大学、法国企顾司企业管理顾问公司、德国莱茵公司、美国 MTI 管理咨询公司等国内外 20 余家大专院校、咨询机构及国际知名企业近百名专家教授建立起了外部培训网络，利用国际知名企业丰富的案例进行内部员工培训，在引入了国内外先进的教学和管理经验同时，又借用此力量、利用这些网络将海尔先进的管理经验编写成案例库，成为 MBA 教学的案例，也成为海尔内部员工培训的案例，达到了资源共享。

海尔集团除重视"即时"培训外，更重视对员工的"脱产"培训。在海尔的每个单位，几乎都有一个小型的培训实践中心，员工可以在此完成诸多在生产线上的动作，从而为合格上岗进行充分的锻炼。

为培养出国际水平的管理人才，海尔还专门筹资建立了用于内部员工培训的基地——海尔大学。海尔大学目前拥有各类教室 12 间，可同时容纳 500 人学习及使用，有多媒体语音室、可供远程培训的计算机室、国际学术交流室等。为进一步加大集团培训的力度，使年轻的管理人员能够及时得到新知识，海尔国际培训中心第一期工程于 2000 年 12 月 24 日在国家风景旅游度假区崂山仰口已投入使用，该中心建成后可同时容纳 600 人的脱产培训，且完全按照现代化的教学标准来建设，并拟与国际知名的教育管理机构合作，举办系统的综合素质培训及国际学术交流，办成一座名副其实的海尔国际化人才培训基地，同时向社会开放，为提高整个民族工业的素质作出海尔应有的贡献。

（资料来源：应届毕业生求职网 http://www.yjbys.com/）

培训是提高企业员工人力资本存量，实施人力资源开发战略的有效途径，是人力资源管理的一项重要职能。就组织整体而言，培训可以发掘人的潜能，发挥人才的作用，为组织目标的实现服务；就员工个体而言，培训可以使员工适应新环境，掌握新技术，了解不断更新的组织任务，应付要求更高的挑战性工作，从而将"一次性教育"转为继续教育、终身教育。

第一节　员工培训概述

一、培训的含义

员工培训就是企业实施的有计划的、连续的、系统的学习行为或过程，以改变或调整受训人员的知识、技能、态度、思维、观念、心理，从而提高其思想水平及行为能力，使其有适当的能力去处理担任的工作，甚至是准备迎接将来工作上的挑战。培训的最终目标是要实现企业发展与员工个人发展的和谐统一。

培训与开发常被当作为一个整体的概念使用，或者互相替代着使用。但两者既有联系又有区别。一般来说，培训的功能侧重于向员工提供工作所必需的知识和技能。开发是依据员工需求与组织发展要求对员工的潜能开发与职业发展进行系统设计与规划的过程，其指向更长远的目标。两者的最终目的都是通过提升员工的能力实现企业发展与员工个人发展的和谐统一。因此在实践中，我们往往对培训与开发不做严格的区分，统称为培训。

二、员工培训的意义

企业在面临国际化、高质量、高效率的工作挑战中，培训显得更为重要。培训使员工的知识、技能与态度明显提高与改善，从而提高企业效益，获得竞争优势。员工培训的重要性体现在以下几方面：

（1）提高员工的职业能力。员工培训的直接目的就是要发展员工的职业能力，使其更好地胜任现在的日常工作及未来的工作任务。在能力培训方面,传统的培训重点一般放在基本技能与高级技能两个层次上,但是未来的工作需要员工更广博的知识,培训使员工学会知识共享,创造性地运用知识来调整产品或服务的能力。同时,培训使员工的工作能力提高,为其取得好的工作绩效提供了可能,也为员工提供更多晋升和获得较高收入的机会。

(2)有利于企业适应市场变化,获得竞争优势,保持企业永续经营的生命力。面对激烈的国际竞争:一方面,企业需要越来越多的跨国经营人才,为进军国际市场做好人才培训工作;另一方面,员工培训可提高企业新产品研究开发能力,员工培训就是要不断培训与开发高素质的人才,以获得竞争优势,这已为人们所认识。尤其是人类社会步入以知识经济资源和信息资源为重要依托的新时代,智力资本已成为获取生产力、竞争力和经济成就的关键因素。员工培训是创造智力资本的途径。智力资本包括基本技能(完成本职工作的技术)、高级技能(如怎样运用科技与其他员工共享信息)以及自我激发创造力。因此,这就要建立一种新的适合未来发展与竞争的培训观念,提高企业员工的整体素质。

(3)有利于改善企业的工作质量。工作质量包括生产过程质量、产品质量与客户服务质量等。毫无疑问,培训使员工素质、职业能力提高并增强,将直接提高和改善企业工作质量。培训能改进员工的工作表现,降低成本;培训可增加员工的安全操作知识;提高员工的劳动技能水平;增强员工的岗位意识和责任感,规范生产安全规程;增强安全管理意识,提高管理者的管理水平。只有这样,才能提高生产效率和服务水平,树立企业良好形象,增强企业营利能力。

(4)有利于高效工作绩效系统的构建。21世纪,科学技术的发展导致员工技能和工作角色的变化,企业需要对组织结构进行重新设计(如工作团队的建立)。今天的员工已不是简单接受工作任务,而是参与到提高产品与服务的团队活动。在团队工作系统中,员工扮演许多管理性质的工作角色。他们不仅具备运用新技术获得提高客户服务与产品质量的信息、与其他员工共享信息的能力,还具备人际交往技能和解决问题的能力、集体活动能力、沟通协调能力等。尤其是培训员工学习使用互联网、全球网及其他用于交流收集信息工具的能力,可使企业工作绩效系统高效运转。

(5)满足员工实现自我价值的需要。在现代企业中,员工的工作目的更重要的是为了"高级"需求——自我价值实现。培训不断教给员工新的知识与技能,使其能适应或能接受具有挑战性的工作与任务,实现自我成长和自我价值,这不仅使员工在物质上得到满足,而且使员工获得精神上的成就感。

三、员工培训的分类

员工培训从不同角度有着不同形式的分类。

(一)按培训的内容划分

1. 知识培训

企业应根据经营发展战略要求和技术变化的预测,以及将来对人力资源的数量、质量、结构的要求与需要,有计划、有组织地培训员工,使员工了解企业的发展战略、经营方针、经营状况、规章制度、文化基础、市场及竞争,等等。使他们掌握各种社会、政治、文化、伦理等方面的知识。

2. 技能培训

使员工掌握从事本职工作的各种必备技能，如操作技能、人际关系技能、谈判技能等。

3．态度培训

通过培训可以改变员工的工作态度，增强对组织的忠诚度，增强组织观念和团队意识。

（二）按培训的形式划分

1．新员工培训

新员工培训，又被称为入职培训，是企业将聘用的员工从社会人转变成为企业人的过程，同时也是员工从组织外部融入到组织或团队内部，并成为团队一员的过程。员工通过逐渐熟悉、适应组织环境和文化，明确自身角色定位，规划职业生涯发展，不断发挥自己的才能，从而推动企业的发展。对企业来讲，在此期间新员工感受到的企业价值理念、管理方式将会直接影响新员工以后工作中的态度、绩效和行为。成功的新员工培训可以起到传递企业价值观和核心理念，并塑造员工行为的作用，它在新员工和企业以及企业内部其他员工之间架起了沟通和理解的桥梁，并为新员工迅速适应企业环境并与其他团队成员展开良性互动打下了坚实的基础。

2．在岗培训

在岗培训指企业对在岗的员工根据工作的需要进行技术、业务培训。主要由企业组织实施，也可委托职业培训机构和职业学校实施。在岗培训是企业开展职业培训的主要形式之一。在岗培训应按照岗位规范的要求，根据培训对象、培训内容的不同情况组织实施。在岗培训方式灵活多样，应按照生产工作需要来确定。

3．脱产培训

脱产培训是指有选择地让部分员工在一段时间内离开工作岗位，进行专门的业务学习与提高的培训方式。形式有：举办培训技术训练班、开办员工业余学校、选送员工到正规院校或国外进修等。脱产培训花费较高。随着企业人力资本投资比例的增加，组织对员工工作效率的日益重视，在职脱产培训在一些实力雄厚的大型企业和组织严密的机关、事业单位中将会得到普遍采用。

（三）按培训的层次划分

1．高层管理人员的培训

组织中的高层管理人员应具有丰富的工作经验和杰出的才能。因此，对他们的培训要使高层管理者能有效地运用自己的经验，提高和完善工作中的专门技能。帮助新上任的高层管理人员迅速了解组织的战略方针，以尽快适应工作。

2．中基层管理人员的培训

组织中的中基层管理人员在组织整体利益和员工利益之间，很容易发生角色冲突和矛盾，在他们担当管理职务后，必须通过培训尽快掌握必要的管理技能和工作方法。

3．专业技术人员和一般员工的培训

专业技术人员培训指对财务人员、工程技术人员等的培训，这类培训对象有自己的业务范围，掌握着本专业的知识技能。培训一方面要让他们了解别人的工作，使他们能从组织整体出发开展工作。另一方面要不断更新专业知识，及时了解各自领域内最新动态和最新知识。一般员工的培训主要依据工作说明书和工作规范的要求，明确权责界限，掌握必要的工作技能，培养与组织相适应的工作态度和行为习惯，使之有效地完成本职工作。

四、企业培训开发系统的构建

企业培训开发活动通常包括培训需求分析、培训计划制订、培训活动组织实施以及培训效果评估四个环节。虽然从理论上来看组织一个培训开发项目要顺次完成上述四个步骤的工作，但是，在企业实际培训与开发工作当中，上述四个环节之间的界限并不是泾渭分明的，如图6-1所示。为了操作的方便，企业通常都将培训需求分析与培训计划制订放在一起来做，而培训效果评估也并不全是在培训开发项目完成之后才进行，操作比较规范、管理水平较高的企业通常在培训需求分析的阶段就开始组织培训效果评估了。比如说，在确定培训需求之后，可以就培训的目的、培训的内容以及培训的对象进行评估，从而能够保证培训开发项目从一开始就是有效的。

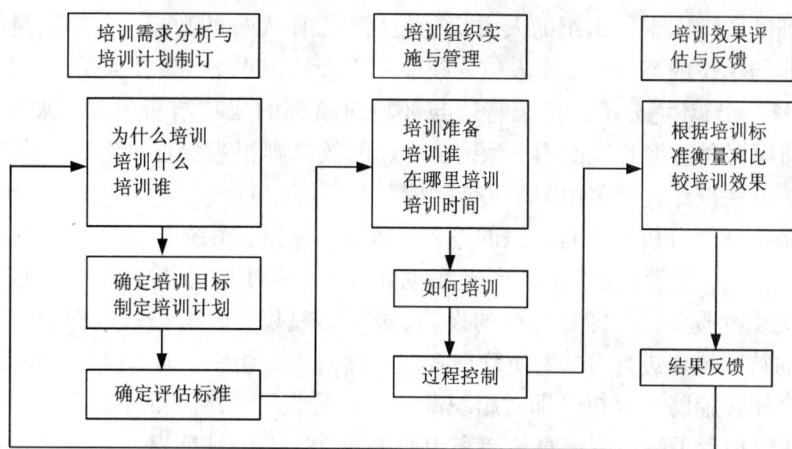

图6-1　培训开发系统构建流程

第二节　培训需求分析

　　培训在企业的人力资源管理与开发过程中有着举足轻重的地位，但当前的企业培训却存在着许多问题。有的企业将培训当成了应急性和偶然性的工作；有的企业将培训流程本末倒置；有的企业片面追求聘请名人、著名学者进行培训，造成培训资源的耗费；有的企业为培训而培训，培训与实际工作相脱节，培训的投入不能很好地转化成经济效益。归根结底，这都是由于缺乏系统全面的培训需求分析造成的，因此，企业要进行科学系统的培训需求分析，提高培训质量，将培训这一投入行为切实地转化成企业收益。

一、培训需求分析的层次

　　如何进行培训的需求分析，一般来说应从以下几个方面入手：

　　（一）组织分析

　　培训需求的组织分析主要是通过对组织的目标、资源、特质、环境等因素的分析，准确地找出组织存在的问题与问题产生的根源，以确定培训是否是解决这类问题的最有效的方法。培训需求的组织分析涉及能够影响培训规划的组织的各个组成部分，包括对组织目标的检查、组织资源的评估、组织特质的分析以及环境的影响等方面。组织分析的目的是在收集与分析组织绩效和组织特质的基础上，确认绩效问题及其原因，寻找可能解决的办法，为培训部门提供参考。通常组织分析主要包括下列几个重要步骤：

（1）组织目标分析。明确、清晰的组织目标既对组织的发展起决定性作用，也对培训规划的设计与执行起决定性作用，组织目标决定培训目标。比如说，如果一个组织的目标是提高产品的质量，那么培训活动就必须与这一目标相一致。假若组织目标模糊不清时，培训规划的设计与执行就显得很困难。

（2）组织资源分析。如果没有确定可被利用的人力、物力和财力资源，就难以确立培训目标。组织资源分析包括对组织的资金、时间、人力等资源的描述。首先，组织所能提供的经费将影响培训的范围和深度。其次，培训是需要相当的时间的，如果时间紧迫或安排不当，极有可能使培训的结果大打折扣。再次，对组织人力状况的了解非常重要，它是决定是否培训的关键因素。组织的人力状况包括：工作人员的数量、工作人员的年龄、工作人员对工作与单位的态度、工作人员的技能水平和知识水平、工作人员的工作绩效等。

（3）组织特质与环境分析。组织特质与环境对培训的成功与否也起重要的影响作用。因为，当培训规划和组织的价值不一致时，培训的效果则很难保证。组织特质与环境分析主要是对组织的系统结构、文化、资讯传播情况的了解。

首先是系统特质分析。即对组织的输入、运作、输出、系统互动以及与外界环境间的交流特质进行分析，使管理者能够系统地面对组织，避免组织分析中以偏概全的缺失。

其次是文化特质分析。即对组织的设施、规章、制度、组织经营运作的方式、组织成员待人处事的特殊风格进行分析，使管理者能够深入了解组织，而非仅仅停留在表面。

再次是资讯传播特质分析。即对组织部门和成员收集、分析和传递信息的分工与运作的分析，促使管理者了解组织信息传递和沟通的特性。对上述问题和特性的了解，将有助于培训需求分析者全面真实地了解组织。

（二）工作分析

工作分析的目的在于了解与绩效问题有关的工作详细内容、标准和达成工作所应具备的知识和技能。工作分析的结果也是将来设计和编制相关培训课程的重要资料来源。工作分析特别需要富有工作经验的员工积极参与以提供完整的工作信息与资料。工作分析依据分析目的的不同可分为两种：

（1）一般工作分析。一般工作分析的主要目的是使任何人都能很快地了解一项工作的性质、范围与内容，并作为进一步分析的基础。其内容为：①工作简介。主要说明一项工作的性质与范围，使阅读者能很快建立一个较为正确的印象。其内容包括：工作名称、地点、单位、生效及取消日期、分析者、核准者等基本资料。②工作清单。是将工作内容以工作单元为主体，以条目方式组合而成，使阅读者能对工作内容一目了然。而每项工作单元又可加注各工作的性质、工作频率、工作的重要性等补充资料，这对员工执行工作，管理层进行工作考核和进行特殊工作分析均有益处。

（2）特殊工作分析。特殊工作分析是以工作清单中的每一工作单元为基础，针对各单元详细探讨并记录其工作细节、标准和所需的知识技能。由于各工作单元的不同特性，特殊工作分析可分为：①程序性工作分析。程序性工作就是具有固定的工作起点、一定顺序的工作步骤和固定的工作终点等特性。程序性工作分析则是通过详细记录工作单元的名称、特点、标准、应具备的知识技能、安全及注意事项、完整操作程序等，为员工的培训和培训评估提供依据。②程式性工作分析。程式性工作分析多无固定的工作程序，对工作原理的了解和应用程度要求也较高，其工作内容主要强调工作者和系统间的互动。③知识性工作分析。知识性工作属于内在思维的工作行为，可以说是人与人，或人与知识间的交流互动，而且是以无形的知识为桥梁，进行理性的思考、沟通与协调，以达成工作需求。知识性工作分析是一种研究程序，它能够帮助企业管理者、培训需求分析者确认影响工作绩效的有关重要知识。

工作分析是培训需求分析中最烦琐的一部分，但是，只有对工作进行精确的分析并以此为依据，才能编制出真正符合企业绩效和特殊工作环境的培训课程来。

（三）员工分析

员工分析主要是通过分析工作人员个体现有状况与应有状况之间的差距，来确定谁需要和应该接受培训以及培训的内容。员工分析的重点是评价工作人员实际工作绩效以及工作能力。主要包括：

（1）个人考核绩效记录。即员工的工作能力、平时表现（请假、怠工、抱怨）、意外事件、参加培训的记录、离（调）职访谈记录等。

（2）员工的自我评量。自我评量是以员工的工作清单为基础，由员工针对每一单元的工作成就、相关知识和相关技能真实地进行自我评量。

（3）知识技能测验。以实际操作或笔试的方式测验工作人员真实的工作表现。

（4）员工态度评量。员工对工作的态度不仅影响其知识技能的学习和发挥，还影响与同事间的人际关系，影响与顾客或客户的关系，这些又直接影响其工作表现。因此，运用定向测验或态度量表，就可帮助了解员工的工作态度。

通过对以上问题的分析，我们就可以清楚地了解到组织中的个人或团体是否缺乏技能，组织是否缺乏和谐的人际关系和管理技能，组织是否被认为观念复杂，组织和个人利益是一致还是冲突，对这些问题的不同回答，将产生不同的培训需求。如果是技术能力方面的问题，那么进行传统的培训是适宜的；如果是人际关系方面的原因，则需要进行管理培训；如果是观念认同的问题，就需要重新确定组织目标或作出解释；如果是工作人员与组织之间的一致性较差，就需要加强职业生涯的规划培训。

二、培训需求分析的方法与技术

任何层次的培训需求分析都离不开一定的方法与技术。而这种方法与技术又是多种多样的。从宏观的角度探讨，有三种方法：必要性分析方法、全面性分析方法、绩效差距分析方法。

（一）必要性分析方法

所谓必要性分析方法，是指通过收集并分析信息或资料，确定是否通过培训来解决组织存在问题的方法，它包括一系列的具体方法和技术。

下面介绍九种基本的必要性分析方法与技术。

（1）观察法：通过较长时间的反复观察或通过多种角度、多个侧面或有典型意义的具体事件进行细致观察，进而得出结论。

（2）问卷法：其形式可能是对随机样本、分层样本或所有的"总体"进行调查或民意测验。

（3）关键人物访谈法：通过对关键人物的访谈，应当保证了解到所属工作人员的培训需要，如培训主管、行政主管、专家主管等。

（4）文献调查法：通过对包括专业期刊、具有立法作用的出版物等的分析、研究，获得调查资料。

（5）采访法：可以是正式的或非正式的，结构性的或非结构性的。

（6）小组讨论：像面对面的采访一样，可以集中在工作（角色）分析、群体问题分析、目标确定等。

（7）测验法：用于测试一个群体成员的技术知识熟练程度。

（8）记录、报告法：可以包括组织的图表，计划性文件，政策手册、审计和预算报告。对麻烦问题提供极好的分析线索。

（9）工作样本法：采用书面形式，由顾问对假设好（但是有关）的案例提供书面分析报告。可以是组织工作过程中的产物（如项目建议、市场分析、培训设计等）。

（二）全面性分析方法

全面性分析方法是指通过对组织及其成员进行全面、系统的调查，以确定理想状况与现有状况之间的差距，从而进一步确定是否进行培训及培训内容的一种方法。

（三）绩效差距分析方法

绩效差距分析方法，也称问题分析法，它主要集中在问题而不是组织系统方面，其推动力在于解决问题而不是系统分析。绩效差距分析方法是一种广泛采用的、非常有效的需求分析法。其方法主要有五个步骤。

（1）发现问题阶段：发现并确认问题是绩效分析法的起点。问题是理想绩效和实际绩效之间差距的一个指标。其类型诸如：生产力问题；士气问题；技术问题；资料或变革的需要问题等。

（2）预先分析阶段：也是由培训者进行的直观判断阶段。

在这一阶段，要作出两项决定，一项是如果发现了系统的、复杂的问题，就要运用全面性分析方法；另一项是处理应用何种方法收集资料问题。

（3）资料收集阶段：收集资料的技术有多种，各种技术在使用时最好结合起来，经常采用的有扫描工具、分析工作等。

（4）需求分析阶段：需求分析涉及寻找绩效差距。传统上，这种分析考查实际个体绩效同工作说明之间的差距。然而，需求分析也考查未来组织需求的工作说明。既然如此，工作设计和培训就高度结合在一起。我们可以把需求分析分为工作需求、个人需求和组织需求三个方面。

（5）需求分析结果：通过一个新的或修正的培训规划解决问题，是全部需求分析的目标所在。在对结果进行分析过程中，通常最终确定，针对不同需求采取不同的培训方法及不同的培训内容。

第三节　培训的组织与实施

一、课程与教材的开发管理

（一）课程与教材开发管理相关概念

企业在组织培训活动的时候应该编制培训教材，为了开发比较规范的、适合企业实际情况的培训教材，首先要完成课程设计。

　　课程设计的主要目的是根据培训项目的目标确定培训课程大纲，为教材开发做准备，课程设计的主要成果是形成一份标准的、明晰的授课计划。授课计划描述了授课者将要讲授什么内容，打算如何讲授这些内容，但还不是真正要讲授的东西。

　　教材是授课大纲的细化，是授课计划的具体展现。

　　（二）企业在编写培训教材的时候，要注意的问题

　　（1）教材要力求符合企业的实际情况。这里所说的教材既包括教材的具体内容，也包括教材的难易程度以及授课方式。这一点对于外购教材和外部师资尤为重要。许多外部老师接到企业的培训邀请后，着实花费了不少精力制作培训讲义，但是，培训效果并不理想，其主要原因可能在于培训者没有充分考虑到企业的实际情况，没有考虑到受训群体的接受能力。另外，那些在其他企业很有效的授课方式可能在这个企业就不太合适，所以，人力资源部在组织内部人员进行教材开发或协助外部老师编写教材的时候，要注意量体裁衣。

　　（2）企业内训尽可能多的运用本企业的实际案例和素材。在组织企业内训的时候，切忌和讲授公开课一样，举出某某企业的案例进行研讨，如果培训老师能够挖掘企业自身的案例，进行讲解、剖析，不仅能引起受训者共鸣，而且在帮助他们解决具体问题的时候，提高了他们学以致用的能力，这样，才能比较好地实现知识与技能的迁移以及培训成果的转化。当然，这一工作需要培训师（尤其是外部培训老师）花费额外的工夫，所以，企业为外部讲师配备助手确实必要。

　　（3）企业应逐步建立起教材编写与审核的制度。建立这制度不仅有助于加强对教材开发工作的监督，提高教材编写的质量，最主要的好处在于通过这一制度，可以促进教材开发工作的规范性、制度性，形成一致的模板，有利于构建企业培训教材数据库系统。

　　（4）根据企业实际情况，制定教材开发的酬劳制度，甚至可以尝试将教材开发与优秀教材评审结果与员工个人的绩效考核和薪酬挂钩，促进企业培训上的整体进步。

二、培训师资开发与管理内容

　　（一）培训师资的类型

　　担任企业培训活动的讲师无外乎两类人，一类是从企业内部挑选出来并经过相应的培训而成为培训讲师的，另一类是直接从外部聘请的，其中又包括大学老师、企业经理人员、专职培训讲师等。

　　（二）各类培训师的特点及管理

　　内部讲师和外部讲师各有所长，也都存在缺陷，孰优孰劣不能一概而论。针对具体的项目可能存在谁是最合适的，谁又不太恰当。作为企业负责培训开发工作的专业人员，根本问题是要建立一套行之有效的讲师遴选与培养计划，这样才能保证工作的有效性。内部讲师理应成为企业培训师资队伍的主体。内部讲师能够以企业欢迎的语言和熟悉的案例故事诠释培训的内容，能够总结、提炼并升华自身和周围同事的经验和成果，能够有效地传播和扩散企业真正需要的知识与技能，从而有效实现经验和成果的共享与复制。同时，内部讲师制度也是对有着个人成就需求的员工进行激励的一种有效方式，为其职业生涯发展开辟了更广阔的道路。因此，企业应大力提倡和促进内部优秀员工勇于担任培训讲师。

　　企业人力资源部门在着力培育内部讲师队伍的时候，要特别重视选拔与培养工作，作为企业人力资源管理工作的专业职能部门，人力资源部应制定切实可行的内部讲师选拔与

培养制度，其中需要明确内部讲师的选拔对象、选拔流程、选拔标准、上岗认证、任职资格管理、培训与开发以及激励与约束机制等具体工作，而且每一项内容都应具体、可操作。从企业内部选拔出来的培训讲师，一般情况下，他们在业务方面都非常优秀，但是，有关课程设计、授课方法、课堂组织等技巧性的东西比较欠缺，需要接受专门的培训，人力资源部门可以邀请专门的对培训师进行培训的讲师为他们传授经验，或是安排他们外出参加一些经过精心选择的、授课技巧比较好的老师组织的公开课，让他们研究、揣摩和学习其他老师的授课方法。

外部讲师包括大学老师、企业经理人员、专职培训讲师等，我国企业在聘请外部讲师实施企业内训活动时常犯的一个错误是，仅仅局限于高等院校的老师。当然，有许多大学老师既精通理论知识，又熟悉企业运作实践，这当然难能可贵，但是，大部分大学老师的社会实践和企业管理经验十分缺乏，由这样的老师实施培训，结果除了传授一些枯燥、晦涩的理论知识以外，恐怕对企业的实际经营与管理工作作用不大。

因此，企业在聘请外部讲师实施内训活动的时候，要拓宽选择范围，并严格进行筛选程序。外部讲师的选拔也应和内部讲师一样遵照相应的选拔程序，要接受申请、试讲、认证、评价、续聘或进阶等流程的管控。同时，为了促进外部讲师授课成果的有效转化，企业可以尝试"外部讲师助手"制度，即为每一个签约的外部讲师配备专门的内部助手（内部助手通常由企业内部的签约讲师担任），助手的主要职责是通过向外部讲师提供本企业的案例故事和实际素材，丰富外部讲师的讲课内容，强化其授课内容的针对性、适用性，就外部讲师的授课内容和授课方法提出建议，主动收集受训者的反应和评价，并及时反馈给外部讲师，从而促进外部讲师授课成果的有效转化。另外，这一方式的另一个好处是，助手（即内部兼职讲师）可以提升自己的专业知识（尤其是理论知识）和授课水平，有利于企业内部讲师队伍的成长。

三、员工培训方法

要想有效地开展教育培训活动，必须有针对性地选择恰当的技巧和方法。

（一）传统教学法

所谓的传统教学法是通过讲座、录像、幻灯片和其他视听媒介，向受训者传授有关培训信息。这是正规教育通常采用的办法，也是企业实际培训中应用最多、操作最安全的培训方法。其具体形式主要有以下几个方面：

1. 讲授法

讲授法指培训者用语言表达他想传授给受训者的内容。它是最基本的培训方法。讲授教师是决定讲授法成败的关键因素。它传授内容多，知识比较系统、全面，有利于大面积培养人才；成本低，节省时间，同时它还可以作为其他培训方法（如行为模拟和技术培训）的辅助手段。

讲授法也有其不足之处：它传授内容多，学员难以消化、吸收。缺少受训者参与、反馈及与工作实际环境密切联系；不能满足学员个性的需求而且不能迅速有效地把握学习者的理解程度，因此不大会吸引受训者注意，为克服这些问题讲授法往往会附加问题、讨论、和案例分析。从而有利于培训成果的转化。

2. 视听法

视听法包括投影胶片、幻灯片和录像。其中录像是最常用的方法之一，它可以用来提高学员的沟通技能和顾客服务技能，并能详细阐明一道程序的要领。通过录像，我们可以重播、慢放、快放课程内容，可以根据受训者的实际情况灵活调整培训进度。而且有时通过现场摄像，可以让受训者亲眼目睹自己的绩效，无须培训者的过多解释。但由于有时录像涉及了过多的学习内容，或者过多使用笑话或背景音乐，剧情过于复杂等，这些都会导致受训者无法真正学到要强调的学习重点。

（二）情景演练法

情景演练法是通过受训者的积极参与实际情景的演练过程，训练开发特定技能，学习某种操作方法或模拟有关行为方式等。具体有以下几种方法：

1. 案例研究

案例研究是一种提高综合、分析和解决问题能力的培训方法。在培训中，培训者通过巧妙引导和课堂讨论，要求参与者就某个工作或生产经营问题提出书面研究报告，描述问题状况，分析根源成因以及提出自己解决问题的对策建议，并在相互讨论中进一步剖析挖掘案例深刻内涵。案例研究特别适合于开发高级智力技能，如分析、综合及评估能力。而这些技能通常是管理者必需的。案例研究还可使受训者在进行情况分析的基础上，提高承担风险的能力。

2. 角色扮演

角色扮演是一种主要侧重训练社会人际互动技能的情景演练法。受训者所要扮演的角色常常是工作情景中经常碰到的人，如上司、下属、客户等。通过在模拟情景中扮演相应的角色，使受训者真正设身处地感受在社会交往中，哪些行为是对的，明白哪些行为会给他人造成伤害，以及学会如何才能有效地与他人沟通和合作。这种方法的精髓在于"以动作和行为作为练习的内容开发设想"，也就是说，他是针对某一问题采取行动而不仅仅是相互对话。但是这种培训只能以小组进行，培训费用较高。

3. 情景模拟

情景模拟主要是侧重于人物关系或物理属性的实景演练法。通过模拟现实中的工作片段或处境，让受训者身临其境地进入工作状态，使他在一个控制的无风险环境下，实际体验行为过程和后果，以提高操作或管理技能。情景模拟常被用传授生产和加工技能、管理和人际关系技能，它同时适用于管理人员和非管理人员。

4. 商业游戏

商业游戏是案例研究的动态化，是由受训者按照一定的规则参与做游戏，从而达到学习的目的。商业游戏可以按一个市场设计，也可按一家企业设计，也可按一个职能部门设计。时间跨度可以是半年，也可以是三年，但实际操作时间只是在半小时到 2 小时之间。商业游戏主要用于管理技能的开发，可以刺激学习兴趣，因为参与者会积极参与游戏，并遵循商业的竞争规则。游戏中涉及劳工、市场营销、财务管理等方面的管理活动。

5. 拓展训练

拓展训练应用于管理训练和心理训练等方面，用于提高员工的自信心，培养员工把握机遇，抵御风险的心理素质，培养团队精神，令其保持积极进取的态度等。它以外化型体能训练为主，学员被置于各种艰难的情境中，在面对挑战、克服困难和解决问题的过程中，使自己的心理素质得到改善。拓展训练的具体形式包括：拓展体验，挑战自我课程，回归自然活动。

（三）网络培训法

随着信息技术的发展，大量信息技术引入培训领域。网络培训是利用多媒体和互联网技术提供的互动性和虚拟化情景来进行模拟培训。通过网络提供的远程学习、实时视听、电子会议、智能指导等手段使学员能在培训中产生感性认识和实际经验。但网络培训需要企业提供一个良好的网络培训系统，这需要大量的费用。现在只是在一些高科技行业运用比较广泛。这也是企业培训发展的一大趋势。

（四）现代培训模式

1. 岗位轮换

企业让受训者在预定的时间内变换工作岗位，承担不同的工作，让受训者获得不同工作经验，同时达到考察受训者的适应能力的目的。通过岗位轮换，使受训者明确了自己的优势和劣势，明白今后学习的重点，也找到了在企业中的合适位置，同时融洽了同事间的关系，有利于今后工作的开展。但这一方法主要为了培训通才，而对于一些职能管理部门的人才不能采取这一培训方式。并且培训时要有经验丰富的指导人员，根据不同学员的实际情况随时调整培训时间，并对其进行总结、评价。

2. 外包培训

外包培训就是把企业培训的工作外包给专职的培训公司去完成。利用培训公司的师资队伍及先进的培训设备和培训技术，专业、高效地完成培训任务，保证了培训质量，同时减轻了公司的培训负担。这也是被很多中小企业选择的培训模式。

3. 产学结合

产学结合有两种形式，一个是企业办大学，这是现在在很多大型企业中兴起的培训方式。这样可以大面积地培训企业员工。并可以全面提高员工的综合素质，以使企业适应现代高新技术的发展。另一种是与高校合作，这主要是为了定期培训员工或进行某些科研开发等。

第四节　培训效果评估

培训效果评估是一个完整的培训流程的最后环节，它既是对整个培训活动实施成效的评价与总结，同时评估结果又是以后培训活动的重要输入，为下一个培训活动确定培训需求提供了重要信息。如何评判培训目标的达成，分析培训是否给受训者带来知识的改变和能力的提升，最终给企业和社会带来效益，企业培训效果评估在现代企业中日益凸显其重要性。

一、培训效果评估的含义和作用

（一）培训效果评估的含义

培训有效果是培训活动给培训对象、学员主管、培训组织部门和培训的投资方带来的正面效应。对学员而言，收益指的是个人素质的提升、知识的增长和工作技能的提高；对于学员主管来说，通过培训，其下属的工作行为改善，绩效提高；对于培训的组织部门而言，每一期的培训活动都是一次经验积累的过程，可以提高部门地位，带来部门利益；对于培训投资方——组织而言，培训提高了产品或服务的数量或质量，带来了顾客满意度或者留住了更多的骨干人才，也就是说，投资有了回报。

培训和培训效果之间没有必然的联系。有些培训没有效果甚至还有负面效应，或者说，有些培训在某些方面没有效果或有负面效应。例如，员工接受了新知识、新技能的培训后，由于工作中没有机会用，久而久之就荒废了；又如，培训机会不平等，导致某些核心员工情绪抵触，甚至跳槽。当然，绝大多数的培训都是有效果的，或者说正面效益大于负面影响。只要效用大于成本，培训依然是有效果的。更普遍的情况是，一个培训项目在这方面效果显著，在那方面则表现平平；有些培训项目投资回报率较高，有些则较低。为了了解一个具体培训项目有没有效果、有哪些效果、效果的程度如何，就需要进行培训效果评估了。

培训效果评估内涵十分丰富，它至少包括谁来评估、评估什么、如何评估、为什么评估四个要素。根据对四个要素的简要回答可以形成一个一般的培训效果评估的概念：针对一个具体的培训项目，培训的投资方或组织方等，通过系统地收集和分析资料，对培训效果的价值及其价值的程度、对培训质量的好坏高低等作出判断，其目的在于指导今后的培训决策和培训活动。

（二）培训效果评估的作用

培训效果评估的作用主要在于以下两个方面：（1）突出培训的重要作用。人力资源管理部门通常被认为是"成本中心"，如果通过评估证明培训对于组织绩效有提高，则将证明对员工的投资是可以产生收益和回报的；（2）为管理者是否继续进行或改进培训决策提供基础。通过培训的有效性评估，可以经测量和追踪培训过程的各个环节获得一些信息，为管理者决定是否继续某项培训或者如何改进培训质量提供基础。

（三）培训效果评估需要遵守的基本原则

（1）培训效果评估要贯穿培训过程始终，坚持过程评估与结果评估相结合。培训评估不仅仅是收集反馈信息、衡量结果而已，其根本意义在于检验与促进培训目标的达成，因此从制订培训计划开始，到培训过程结束，评估一直发挥着不可或缺的作用。

（2）关注培训评估与人力资源其他业务板块的有序联动以及培训效果的实践转化力。依据现阶段培训战略，确定相应的评估策略重点，指导评估的有序进行。

（3）依据培训目标，选择相应的培训评估方法组合。保证培训持续有效开展的关键环节之一在于培训评估的方法系统，具体涉及根据培训目标、对象确定评估层面以及相应的工具等内容。

（4）营造评估文化。培训管理者要对培训评估整个环节负责；学员要对培训应取得的成果负责；各级直线管理者要参与培训评估的各个阶段，为培训效果的实践转化提供支持。

二、培训效果的分层次评估模型

分层次评估模式主要有柯克帕特里克（Kirkpatrick）的四层次企业培训评估模型、考夫曼（Kaufman）的五层次评估模型、菲力普斯（Phillips）的五级投资回报率（ROI）模型等。

（一）柯克帕特里克模型

柯克帕特里克模型是迄今为止国内外运用最广泛的模型。由威斯康星大学教授唐纳德

·柯克帕特里克于 1959 年提出来的,他按照评估的深度和难度递进的顺序将培训效果分为四个层次:反应层、学习层、行为层和结果层(如表 6 - 27 所示)。

表6 - 2 柯克帕特里克框架体系

层次	标准	内容	要点
一	反应	受训者的直接感受	学员是否喜欢这个项目;进度、难度是否适中;讲授过程是否清楚、生动;是否愿意介绍朋友参加这个项目
二	学习	知识、技能的掌握程度	对新知识和新技能是一般了解,能谈论还是系统全面掌握,会用于实际问题的解决
三	行为	工作行为的改进程度	是否学会和习惯了新的工作行为;不良工作行为是否消除或减少
四	结果	工作业绩的提高程度	生产效率提高了多少;成本下降了多少;次品率下降了多少

1.反应层

反应层次的评估最容易进行,在培训工作结束、学员返回工作岗位之前就可以进行并完成。这一层次的评估可以了解学员对培训项目的总的感觉和评价,它包括对培训师、培训管理过程、测试过程、课程材料、课程结构的满意等。也可以对一个个具体的维度打分。是培训效果评估中的最低层次。

2.学习层

学习层次的评估主要是了解学员"知"和"会"的程度。即反映受训者对培训内容的掌握程度,主要测定学员对培训的知识、态度与技能方面的了解与吸收程度等。

3.行为层

行为层是测量在培训项目中所学习的技能和知识的转化程度,学员的工作行为有没有得到改善。这方面的评估可以通过学员的上级、下属、同事和学员本人对接受培训前后的行为变化进行评价。

4.结果层

它用来评估上述(反应、学习、行为)变化对组织发展带来的可见的和积极的作用。此阶段的评估上升到组织的高度,但评估需要的费用、时间、难度都是最大的,是培训效果评估的难点。

(二)考夫曼模型

考夫曼(Kaufman)扩展了柯克帕特里克的四层次模型,他认为培训能否成功,培训前的各种资源的获得至关重要,因而应该在模型中加上这一层次的评估。他认为,培训所产生的效果不仅仅对本组织有益,它最终会作用于组织所处的环境,从而给组织带来效益。因而他加上了第五个层次,即评估社会和客户的反应。

(三)菲力普斯模型

菲力普斯(Phillips)于 1996 年提出五级投资回报率(ROI)模型,该模型在柯克帕特里克的四层次模型上加入了第五个层次——投资回报率。第五层次评估是培训结果的货币价值及其成本,往往用百分比表示,重点是将培训所带来的收益与其成本进行对比,来测算有关投资回报率指标。五级投资回报率模型是目前比较常用的一种评估方法。

三、培训效果评估的数据采集方法

评估本质上是一种信息活动，其目的在于提供科学、全面、准确的信息，以便人们做出正确的决策。从培训评估的定义来看，评估过程必须要搜集相关的数据，以便为决策者提供所需的事实和评判依据。表6-3是一些常用的评估数据采集方法以及他们的优缺点，包括访谈、问卷调查、直接观察、测验、模拟和档案分析。

表6-3 培训评估所用的数据采集方法比较

方法	具体的过程	优点	缺点
1.访谈	和一个或多个人进行交谈，以了解他们的信念、观点和观察到的东西	● 灵活 ● 可以进行解释和澄清 ● 能深入了解某些信息 ● 私人性质的接触	● 引发的反应在很大程度上是回应性的 ● 成本很高 ● 面对面的交流障碍 ● 需要花费很多人力 ● 需要对观察者进行培训
2.问卷调查	用一系列标准化的问题去了解人们的观点和观察到的东西	● 成本低 ● 匿名的情况下可提高可信度 ● 可以在匿名的情况下完成 ● 填写问卷的人可以自己掌握速度 ● 有多种答案选项	● 数据的准确性可能不高 ● 如果是在工作中完成问卷填写的话，那么对这个过程很难控制 ● 不同的人填写问卷的速度不同 ● 无法保证问卷回收率
3.直接观察	对一项任务或多项的完成过程进行观察和记录	● 不会给人带来威胁感 ● 是用于测量行为改变的极好的途径	● 可能会打扰当事人 ● 可能会造成回应性的反应 ● 可能不可靠 ● 需要受讨训练的观察者
4.测验和模拟	在结构化的情景下分析个人的知识水平或完成某项任务的熟练程度	● 买价低 ● 容易记分 ● 可迅速批改 ● 容易施测 ● 可大面积采样	● 可能会带来威胁感 ● 也许与工作绩效不相关 ● 对常模的依赖可能会歪曲个人的绩效 ● 可能有文化带来的偏差
5.档案分析	使用现有的信息，比如档案或报告	● 可靠 ● 客观 ● 与工作绩效关系密切	● 要花费大量的时间 ● 对现实进行模拟往往很困难 ● 开发成本高

以柯克帕特里克模型四个层次模型为例。

在评估的第一层面反应层面，主要是收集学员的意见反馈，了解学员对培训活动的整体性主观感受：他们喜欢该培训项目吗，他们对培训人员和设施有什么建议，他们对课程的设置是否满意？这一层次所采用的方法主要是问卷调查法，辅以访谈法和观察法。

在评估的第二层面学习层面，目的是要了解学员在知识、技能、态度、行为方式方面的收获，以确保学员真正理解和吸收培训内容，主要通过培训之后的考试来考察，包括笔试和绩效考核。

在评估的第三层面行为层面主要考察学员在接受培训后行为习性是否有所改变，他们在工作中是否用到了在培训中学到的知识技能，主要通过绩效考核和行为观察来获取信息。

　　在评估的最后一个层面结果层面评估需要关注学员的实际绩效改进情况，并分析绩效变化与企业培训活动之间的相关性。一个可量化的考察手段就是投资回报率（ROI）分析，即培训的净收益与培训成本（包括一次性成本、每次性成本和人均成本）之比。

$$投资回报率（ROI） = 培训净效益/培训成本 \times 100\%$$

　　其中培训课程净效益为培训项目效益减去培训项目成本。虽然目前还没有普遍的认可标准，但有许多企业对培训项目的投资回报率建立了最低要求或最低预期资本回收率（25%），该比例数值通常高于其他类型投资所要求的百分比。

【本章小结】

　　员工培训就是企业实施的有计划的、连续的、系统的学习行为或过程，以改变或调整受训人员的知识、技能、态度、思维、观念、心理，从而提高其思想水平及行为能力，使其有适当的能力去处理担任的工作，甚至是准备迎接将来工作上的挑战。培训的最终目标是要实现企业发展与员工个人发展的和谐统一。培训使员工的知识、技能与态度明显提高与改善，由此提高企业效益，获得竞争优势。员工培训的对象是在职人员，其性质属于继续教育的范畴。它具有广泛性、层次性、协调性、实用性、长期性和速成性等鲜明的特征。培训的主要形式有岗前培训、在岗培训和脱产培训。培训是个有计划的、连续的、系统的过程。企业培训开发活动通常包括培训需求分析、培训计划制订、培训活动组织实施以及培训效果评估四个环节。

【关键概念】

　　培训　培训需求分析　培训评估　案例研究法　拓展训练

【思考与练习】

1. 简述员工培训的含义、意义、特点及分类。
2. 什么是培训需求分析？它有哪些方法？
3. 怎样抓住和把握组织、工作、个体三个层面的培训需求？如何处理好三者的关系？
4. 如何理解课程开发与管理？
5. 常见的培训的方法有哪些？其适用性如何？
6. 简述培训效果评估的层次和内容。如何对培训效果进行评估？
7. 结合中国企业实践，谈谈员工培训中存在的问题和误区。

【拓展学习】

1. 中国人力资源开发网：http://www.chinahrd.net/
2. 人资网：http://www.hrdb.net/

第七章　绩效管理

【学习目标】

掌握绩效与绩效管理的含义、特点；了解绩效管理体系包含的内容；掌握绩效管理的四个流程；熟记对绩效考核的常用方法及其优缺点。

【重点难点】

1. 绩效与绩效管理的含义、特点。

2. 绩效管理体系和流程。

3. 绩效考核常用的方法。

【导入案例】

航空食品公司的绩效管理

罗芸在飞宴航空食品公司担任地区经理快1年了。此前，她在一所名牌大学获得MBA学位，又在本公司总部科室干过4年多职能性管理工作。她分工管理10家供应站，每站有1名主任，负责向一定范围内的客户销售和服务。

飞宴公司不仅服务于航空公司，也向成批定购盒装中、西餐的单位提供所需食品。飞宴公司雇请所有自己需要的厨房工作人员，采购全部原料，并按客户要求的规格，烹制他们所订购的食品，不搞分包供应。供应站主任主要负责计划，编制预算，监控分管制定客户的售后服务等活动。

罗芸上任的头一年，主要是巡视各供应站，了解业务情况，熟悉各站的所有工作人员。通过巡视，她收获不小，也增加了自信。

罗芸手下的10名主任中资历最老的是马伯雄。他只念过1年大专，后来进了飞宴公司，从厨房代班班长干起，直到3年前当上了这个供应站的主任，老马善于和他重视的人，包括他的部下搞好关系。他的客户都是"铁杆"，三年来没有一个转向飞宴公司的对手去订货的；招来的部下，经过他的指点培养，有好几位已经被提升，当上其他地区的经理了。

不过他的不良饮食习惯给他带来了严重的健康问题，身体过胖，心血管加胆囊结石，使他这一年请了三个月的病假。其实医生早给他提过警告，他置若罔闻。再则他太爱表现自己了，做了一点小事，也要来电话向罗芸表功　他给罗芸打电话的次数，超过其他9位主任的电话总数。罗芸觉得过去共过事的人没有一个是这样的。

由于营业的扩展，已盛传要给罗芸添一名副手。老马已公开说过，站主任中他资格最老，他觉得地区副经理非他莫属。但罗芸觉得老马若来当她的副手，真叫她受不了，两人的管理风格太悬殊；再说，老马的行为会激怒地区和公司的工作人员。正好年终的绩效评估到了。公正地讲，老马这一年的工作，总的来说，是干得不错的。飞宴的年度绩效评估表总体是10级制，10分为最优；7~9分属于良；5~6分属于合格、中等；3~4分是较差；1~2分是最差。罗芸不知道该给老马评积分。评高了，他就更认为该提升他；太低了，他准会大为发火，会吵着说对他不公平。

老马自我感觉良好，觉得跟别的主任比，他是鹤立鸡群。他性格豪迈，爱走访客户，也爱跟手下打成一片，他最得意的是指导部下某种新操作方法，卷起袖子亲自下厨，示范手艺。

跟罗芸谈过几次后，他就知道罗芸讨厌他事无巨细，老打电话表功，有时一天打两三次，不过他还是想让她知道自己干的每项成绩。他也知道罗芸对他不听医生劝告，饮食无节制有看法。但他认为罗芸跟他比，实际经验少多了，只是多学了点理论，到基层来干，未见得能玩得转。他为自己学历不高，但成绩斐然而自豪，觉得这副经理的位置是非他莫属，而这只是他实现更大抱负的过程中的又一个台阶而已。

考虑再三，罗芸给他的绩效评了个 6 分。她觉得这是有充分理由的：因为他不注意卫生，又请病假三个月。她知道这分数远低于老马的期望，但她要用充分的理由来支持自己的评分。然后她开始给老马各项考评指标打分，并准备怎样跟老马面谈，向他传达所给的考评结果。

（资料来源：王明琴. 人力资源管理. 北京：科学出版社，2009）

第一节　绩效管理概述

一、绩效的含义

绩效是指一个组织为了达到目标而采取的各种行为的结果，它包括组织绩效、团队绩效和员工绩效三个层次。

组织绩效是组织为了实现组织战略目标所完成的各种任务的数量、质量及效率。团队绩效是组织为了实现团队的目标所完成的各种任务的数量、质量及效率。员工绩效就是员工的工作效果、业绩、贡献，主要包括：完成工作的数量、质量、成本以及为改善组织形象所做出的其他贡献。绩效是员工知识、能力、态度等的综合素质的反映，是组织对员工的最终期望。

人力资源管理中的绩效主要指员工绩效。

二、绩效的特点

绩效具有多因性、多维性和动态性三个特点。

（一）多因性

绩效的多因性是指绩效的优劣不仅仅受某一个因素的作用，而是受到多种因素的共同影响。这些因素主要有：员工的知识水平、工作技能、工作态度和工作环境等。

（二）动态性

绩效的动态性是指绩效处于动态的变化过程中，不同的时期员工的绩效有可能截然不同。绩效差的员工经过积极的教育、引导和适当的激励后，会努力工作取得较好的工作绩效；而工作绩效较好的员工由于未受到适当的激励等原因，会出现不再努力工作，使工作绩效变得较差。

（三）多维性

员工的工作绩效可以从多方面表现出来，即绩效的多维性。工作绩效是工作态度、工作能力和工作结果的综合反应。员工的工作态度取决于对工作的认知程度以及为此付出努力的程度，表现为工作干劲、工作热情和忠于职守等，是工作能力转换为工作结果的媒介，直接影响着工作结果的形成。员工的工作能力是绩效的本质来源，没有工作能力就无所谓工作绩效。工作能力主要体现在常识、知识、技能、技术和工作经验几个方面。工作结果是员工担当工作或履行职务的结果，是对组织所做贡献的表现。工作结果以工作数量、质量、消耗的原材料、能源的多少等形式表现出来。绩效的多维性决定了考评员工绩效时必须从多个方面进行考评才能对绩效作出合理的评价。

三、绩效管理

(一)绩效管理的概念

所谓绩效管理，是指组织的管理者将企业的战略和目标、管理者的职责、员工的工作绩效目标、管理者与员工的伙伴关系等传递给员工，并在持续不断沟通的过程中，帮助员工消除工作过程中的障碍，提供必要的支持、指导，与员工一起完成绩效目标，从而实现组织的战略目标。它是管理者和员工共同参与、持续沟通的一个过程。

(二)绩效管理的特点

绩效管理通常具有以下几个主要特点：

1. 系统性

绩效管理强调对绩效的系统管理，涵盖组织和人员两个层面，将人员绩效管理与组织绩效管理融为一体，因而它不是单纯的一个步骤或一个方面。同时，绩效管理是一个管理手段或方法，它涵盖和体现管理的所有职能，即计划、组织、指导、协调、控制。因此，我们必须系统地看待绩效管理。

2. 目标性

目标管理的一个最大的好处就是员工明白自己努力的方向，管理者明确如何更好地通过员工的目标对员工进行有效管理，并提供支持帮助。同样，绩效管理也强调目标管理，"目标+沟通"的绩效管理模式被广泛提倡和使用。

3. 强调沟通

沟通在绩效管理中起着决定性的作用。制定绩效指标要沟通，帮助员工实现目标要沟通，年终评估要沟通，分析原因寻求进步要沟通。总之，绩效管理的过程就是员工和管理者持续不断沟通的过程。离开了沟通，企业的绩效管理将流于形式。

4. 重视过程

绩效管理不仅强调工作结果，而且重视达成目标的过程。换言之，绩效管理是一个循环过程，这个过程中不仅关注结果，更强调目标、辅导、评价和反馈。

第二节　绩效管理体系

一、绩效考核目标

绩效考核目标，也称绩效目标，是对员工在绩效考核期间工作任务和工作要求所做的界定，这是对员工进行绩效考核的参照系，绩效目标由绩效指标和绩效标准组成。

（一）绩效指标

绩效指标是指绩效的维度，也就是说要从哪些方面来对员工的绩效进行考核。绩效指标的设置应当注意以下几个问题：

（1）指标应当实际。就是说绩效指标应当根据员工的工作内容来确定。

（2）绩效指标应当有效。就是说绩效指标应当涵盖员工的全部工作内容，这样才能准确地评价员工的实际绩效。

（3）绩效指标应当具体。即指标要明确指出到底是考核什么内容，不能过于笼统，否则考核主体就无法进行考核。

（4）绩效指标应当明确。即当指标有多种不同的理解时，应当清晰地界定其含义，不能让考核主体产生误解。

（5）绩效指标应当具有差异性。这包括两个层次的含义：一是指对于同一个员工来说，各个指标在总体绩效中所占的比重应当有差异，二是指对于不同的员工来说，绩效指标应当有差异。

（6）绩效指标应当具有变动性。这也包括两个层次的含义：一是指在不同的绩效周期，绩效指标应当随着工作任务的变化而有所变化，二是指在不同的绩效周期，各个指标的权重也应当根据工作重点的不同而有所区别，职位的工作重点一般是由企业的工作重点决定的。

（二）绩效标准

绩效标准明确了员工的工作要求，也就是说对于绩效内容界定的事情，员工应当怎样来做或者做到什么样的程度。确定绩效标准时，应当注意以下几个问题：

（1）绩效标准应当明确。按照目标激励理论的解释，目标越明确，对员工的激励效果就越好，因此在确定绩效标准时应当具体、清楚，不能含糊不清，这就要求尽可能地使用量化的标准。

（2）绩效标准应当适度。就是说制定的标准要具有一定的难度但是员工经过努力又是可以实现的，通俗地说就是"跳一跳可以摘到桃子"。这同样是源自于目标激励理论的解释，目标太容易或者太难，对员工的激励效果都会大大降低，因此绩效标准的制定应当在员工可以实现的范围内确定。

（3）绩效标准应当可变。这包括两个层次的含义：一是指对于同一个员工来说，在不同的绩效周期，随着外部环境的变化，绩效标准有可能也要变化。如对空调销售员来说，由于销售有淡季和旺季之分，因此在淡季的绩效标准就应当低于旺季。二是指对于不同的员工来说，即使在同样的绩效周期，由于工作环境的不同，绩效标准也有可能不同。

二、绩效考核周期

绩效考核周期，也称绩效考核期限，是指多长时间对员工进行一次绩效考核。由于绩效考核需要耗费一定的人力、物力，因此考核周期过短，会增加企业管理成本的开支；绩效考核周期过长，又会降低绩效考核的准确性，不利于员工工作绩效的改进，从而影响到绩效管理的效果。绩效考核周期的确定，要考虑到以下几个因素：

（一）职位的性质

不同的职位，工作的内容是不同的，因此绩效考核的周期也应当不同。一般来说，职位的工作绩效比较容易考核的，考核周期相对要短一些，例如，工人的考核周期相对就应当比管理人员的要短。其次，职位的工作绩效对企业整体绩效的影响比较大的，考核周期相对要短一些，这样有助于及时发现问题并进行改进，例如，销售职位的绩效考核周期相对就应当比后勤职位的要短。

（二）指标的性质

不同的绩效指标，其性质是不同的，考核的周期也应当不同。一般来说，性质稳定的指标，考核周期相对要长一些；相反，考核周期相对就要短一些。例如，员工的工作能力比工作态度相对要稳定一些，因此能力指标的考核周期相对比态度指标就要长一些。

（三）标准的性质

在确定考核周期时，还应当考虑到绩效标准的性质，就是说考核周期的时间应当保证员工经过努力能够实现这些标准。这一点其实是和绩效标准的适度性联系在一起的，如"销售额为50万元"这一标准，按照经验需要2周左右的时间才能完成，如果将考核周期定为1周，员工根本就无法完成；如果定为4周，又非常容易实现，在这两种情况下，对员工的绩效进行考核都是没有意义的。

三、绩效考核主体

考核主体是指对员工的绩效进行考核的人员，经过近几年的发展，大部分企业在实施绩效考核时，基本上都已经抛弃了被考核者的上级作为单一考核主体的做法，而是普遍引入了360度的考核，以期实现绩效考核的公平性和客观性。但是由于多数企业并没有真正理解360度考核，因此在设置考核主体时就出现了问题。这些企业规定所有的考核指标都要由被考核者的上级、同级和下级进行评价，只是不同的考核主体在考核结果的最终计算中所占的比重不同而已。这种做法看似是公平了，其实却蕴含了更大的不公平。我们知道，被考核者的考核内容是由一系列考核指标组成的，不同的主体对不同的考核指标的了解程度是不同的，有些考核指标被考核者的上级最为了解，如被考核者的工作业绩、业务知识等；有些考核指标被考核者的同级知道得最清楚，如被考核者的沟通协调能力、协作性等；而有些考核指标只有被考核者的下级才最了解，如被考核者培育下属的能力等。如果让不了解某项考核指标的主体来对这项指标进行评价，那么评价的结果就很值得怀疑了。

为了保证绩效考核的客观公正，应当根据考核指标的性质来选择考核主体，选择的考核主体应当是对考核指标最为了解的，如"协作性"由同事进行考核，"培养下属的能力"由下级进行考核，"服务的及时性"由客户进行考核，等等。由于每个职位的绩效目标都由一系列的指标组成，不同的指标又由不同的主体来进行考核，因此每个职位的评级主体也有多个。此外，当不同的考核主体对某一个指标都比较了解时，这些主体都应当对这一指标做出考核，以尽可能地消除考核的片面性。

第三节　绩效管理流程

一、绩效计划

制定绩效计划，是绩效管理的第一个环节。期间，管理者和员工要对组织绩效和员工个人绩效达成共识，并为实现绩效目标制定一个切实可行的周详计划。具体来说，包括三个方面内容。

(一)明确组织的战略方向

绩效管理必须与组织的战略目标相匹配，只有这样，才真正发挥其效用。所以，在制定绩效计划时，要围绕组织战略目标而进行，管理者必须与员工进行战略沟通，使个人行为与组织的战略目标相符，将组织的战略意图清晰传给员工，让员工在实际工作中能从全局出发考虑问题，朝共同的方向和目标努力。

(二)根据组织战略方向制定出组织的绩效目标

将根据组织战略方向制定出组织的绩效目标分解到各个部门，然后各部门再将目标分到每个员工。同时，在与员工充分沟通的基础上，根据组织绩效目标及员工所在岗位的不同，为每位员工工作做职位说明书，让员工对自己工作的流程与岗位职责有明确的认识。也即是管理者要帮助员工明确知道自己"需要做什么""如何做"以及"为什么"。否则，如果职位说明书上的要求不能变成员工心中的图画，定下什么绩效目标都没用。

如果条件允许，也可让员工对自己的工作目标作出承诺，并对承诺负责任，即在没有达成自己目标的时候承担后果。另外，组织还可以为员工制订"资质发展目标"，即适应特定工作岗位和组织环境的个人特征，如知识和技能、价值观等以通过提高员工资质而提高其绩效水平。

(三)确立绩效考核指标与标准

绩效管理系统发挥效用的一个重要前提是要确定一套科学的绩效考核指标和标准。而且，要根据组织的绩效目标、员工的岗位职责及现有权利与条件，通过调查问卷、访谈、讨论等方式让员工充分参与到整个制定过程，清除和澄清对绩效管理错误和模糊的认识，切实提出自己的意见和建议，并从心理上真正认同自己参与制定的指标和标准而接受考评从而积极工作。指标与标准确立以后，应及时公布。

二、绩效实施

制定了绩效计划后，紧接着就是对绩效计划的实施，管理者和员工要按照计划开展工作，协同前行，共同承担绩效目标的完成任务。绩效实施是一个较长的时期，期间需要做两方面的事情。

(一)对绩效计划实施过程的监控

传统的绩效考核系统更注重结果，对绩效目标实现的过程缺乏有效的监控，而一个能持续促进组织高效运行的绩效管理系统，要能让组织目标和组织文化在系统中充分体现，要对绩效计划的实施过程进行有效的监控，同时在实施过程中也要根据组织战略核心的调整和环境的变化对绩效计划进行及时的改变和更新。不过，该"监控"并非是只重过程不重结果，只是更多地强调沟通的重要性。绩效管理也强调目标管理，"目标＋沟通"的绩效管理模式是行之有效的，被广泛提倡与使用。该管理模式最大的一个好处就是让员工明白自己努力的方向，管理者明确如何更好地通过目标对员工进行有效管理，通过适时而具体的监控对员工提供真诚、持续的支持与帮助，而绝不是充当一个"讨厌的监工"角色。而且，也只有组织的绩效目标明确了，员工的努力才会有方向，才会更加团结一致，共同致力于绩效目标的实现，共同提高绩效能力，更好地服务于组织的战略规划和远景规划。

（二）为绩效考核做准备

在绩效计划的实施过程中，还要为下一步的绩效考核做两方面的工作。其一，要将绩效考核的主体、程序、方法、考核结果与员工利益之间的关系等内容通过组织会议、小组讨论等方式与员工进行充分的交流与沟通，广泛听取员工的意见与建议，并使他们对自己所做的工作及整个考核心中有数。其二，要持续地进行绩效资料的收集与整理。收集绩效资料时要考虑以下几种因素：信息的来源是否准确可靠；信息的种类是否齐全；收集方法是否合适；收集所需的时间和费用是否合理，等等。一般来说，绩效的收集与整理可以通过与员工本人、员工的直接上下级、同事及管理或服务对象等进行联络，采取 360 度评分法，以尽量客观的方式收集员工的绩效资料，记录绩效表现，并尽量做到图表化、例行化和信息化。这样一来，就为下一步的绩效考核积累了极具说服力的、真实而具体的素材，避免拍脑袋的绩效考核，而且，对日常工作也是一种有用的推动。

另外，还要注意一个关键的问题：沟通。绩效管理是管理者和员工一道提高绩效、获得绩效的互动过程。正如美国学者罗伯特·巴克沃所说："绩效管理是一个持续的交流过程。"沟通贯穿了绩效管理的始终，在绩效管理中起着决定性的作用。制定绩效计划要沟通，实施绩效计划、帮助员工实现目标更要沟通，并且要采取行之有效的沟通方法和技巧，持续不断地进行真诚、及时、具体而有建设性的沟通。

良好的互动沟通，能使员工正确理解绩效管理工作，在组织内部达到认识上的统一；能及早发现问题，及时加以解决，确保目标的完成；能提高员工对绩效考核结果的认可度；能增进管理者和员工间的情感交流，同时又是一个素质提升的过程。所以，沟通能促使绩效计划获得良好的施行效果，是绩效管理有效性的关键。

三、绩效考核

绩效考核是绩效管理的重要组成部分，甚至可以说是核心环节。主要是指，依据在绩效计划期间制定的绩效指标和标准与在绩效实施中所收集到的反映员工绩效表现的数据和事实，对组织和员工个人的绩效目标完成情况进行考核。

（一）考核内容

它包括组织的绩效和员工个人的绩效。绩效考核不应仅局限于业绩上，而应切实从多角度出发，做出综合评价。

例如，在考核员工个人的绩效时，就可以把考核的内容扩展到四个方面：①德，指员工的工作态度和职业道德。主要指标包括：政治觉悟、敬业精神、遵纪守法、社会公德、职业道德及工作责任心等。②能，指员工从事工作的能力。具体指标包括：体能、学识、智能、技能等。③勤，指员工的积极性和工作中的敬业精神。真正的勤不能简单地理解为出勤率高，更重要的是以强烈的责任感和事业心，在工作中投入全部的体力和智力。主要指标包括：工作积极性、工作创造性、工作主动性、工作纪律性及出勤率等。④绩，指员工的工作效率和效果。主要指标有：完成工作的数量、质量、成本费用以及为组织做出的其他贡献，包括岗位上取得的绩效以及岗位之外取得的绩效。而且，只有效率与效果结合起来，实现"低消费、高成就"才是最好的业绩。

（二）考核方法

根据不同的考核内容，根据其特点应采取具有针对性的考核方法。①德的考核方法。

由于对德的考核难以量化而且主观性较大，所以在考核时宜采用遵循"两头小，中间大"分布规律的"强制分布法"，且尽可能细分出具体的考核指标。②能的考核方法。宜采用评价尺度法，即根据对组织目标最为有利的一些指标及标准，对考核对象进行打分。且其具体操作还可结合目前应用较广的 360 度评分法进行，即从考核对象的上级、下级、同事、所在部门或小组，管理或服务对象及其本人收集绩效资料，最后给出各项考核的权重，汇总出每个员工最后的得分。③勤的考核方法。宜采用关键事件法，即可借助在绩效实施阶段为每位员工准备的"绩效考核日记"或"绩效记录"进行，为考核结果积累一些关键的具体的素材。④绩的考核方法。由于业绩考核主要就在于对结果的认定，所以业绩考核最适宜采用目标管理法。

四、绩效反馈

通过绩效考核，可以对员工以往的绩效事实以及在取得绩效过程中表现出来的能力、态度和行为进行全面考核。

但仅仅了解过去的结果并不是绩效管理的最终目的，帮助被考核者改进绩效，从而更好地实现组织整体目标才是真正的目的。所以，绩效考核并不是绩效管理的终结，在此基础上，管理者还应该将绩效考核结果及时反馈给被评员工。

一般来说，通过绩效面谈，一方面使员工切实了解自己的绩效，认识自己有待改进的方面，并且，也可客观地提出对考核结果的意见、自己在完成绩效目标中遇到的困难及所期望得到的指导和帮助；另一方面，管理者也要与员工一起认真分析绩效不良的原因，进而提出下一步的改进计划，且要营造一个以解决问题为中心的接纳环境，并给予悉心的指导与帮助，这也是绩效反馈关注的重点。只有这样，才能不断提高员工的个人能力，改进工作方法，从而提高组织绩效。在绩效反馈环节，还须强调的至关重要的一点就是对绩效考核结果的使用。

（一）建立有效的激励与约束机制

一般来说，主要从以下三个方面对员工进行激励与约束：①薪酬调整。为了增强薪酬的激励与约束作用，应将员工的个人绩效与其报酬紧密联系在一起，在绩效基础上建立灵活的薪酬计划，即根据绩效考核结果进行适度的薪酬调整。而且，对于不同性质工作，与绩效挂钩的报酬在员工薪酬体系中所占的比例也是不一样的。②员工培训及发展计划。通过绩效考核，可以知道员工哪些地方做得好，哪些地方做得不好，可以了解到员工的能力状况和发展潜力，从而根据组织和员工当前的状况制定出有针对性的各种员工培训及发展计划，即根据员工有待发展提高的方面所制定的一定时期内完成的有关工作绩效和工作能力改进和提高的系统计划。而且，在制定和实施员工培训及发展计划过程中，管理者要与员工持续保持良好的沟通，并给予指导和帮助。这是组织人力资源开发和管理的关键环节，也是提高组织绩效的核心所在。③职位调整。通过绩效考核可以判断某位员工是否符合某职务和某岗位对其素质和能力的要求，或者发现某位员工的素质和能力正在发生变化，以至不再适应组织的要求，组织可以及时给予适当的调整和改变，最大限度地发挥员工的潜能，使得人适其岗，以保证整个组织的高绩效运行。而且，更主要的是"要不断创造有挑战性的工作岗位并将之赋予有创造、进取的高绩效员工，给他们创造更大的职业生涯发展空间"。

（二）绩效管理系统的修正与追踪

为了适应当今瞬息万变的外界环境，组织的绩效管理系统也需要不断变革，以增强组织的灵活性和适应性。过去的绩效管理系统也许很快就会成为组织前进的障碍，动态的环境要求绩效管理系统也必须是动态的不断前进的。而且，实践中也没有完美的绩效管理系统，尤其是在绩效管理系统的初建时期，更需要不断改变和提高。因此，在绩效考核结束后，还要根据考核结果对绩效管理的政策、方法、手段及其他细节进行全面诊断，提出修正的方案，再进一步追踪，也即又进入了下一个循环的绩效管理，以此不断改进和提高组织的绩效管理水平，使领导的智慧资源、管理者的知识资源、操作者的技能资源充分倾注在组织卓越绩效的追求上。绩效管理的流程如图 7-1 所示。

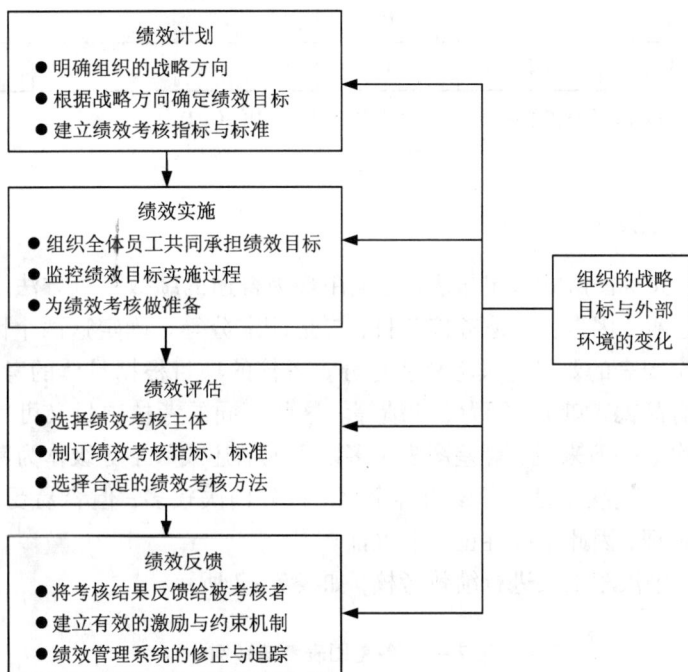

图 7-1　绩效管理的流程图

第四节　绩效考核的常用方法

一、配对比较法

配对比较法是将每一个被考核人员都与团队中其他人员进行比较，这样就可以区分出员工之间绩效的差别。在配对比较中，认为绩效更好的得 1 分，绩效不如对比对象的得 0 分，比较结束之后，将每个人的所得总分加总就可以得到这个员工的相对绩效，然后根据这个得分来评价被考核的员工的绩效好差。

但是，通过数学分析可以算出这个方法需要进行数量客观的比较次数，如果要考核 N 个员工的话，就要进行 $N(N-1)/2$ 次比较，所以这个方法在大型企业中不能进行广泛的运用,在人数少(20人左右)的部门或小企业尚可,否则就相当费时、费力了。

举例:假如要对5个员工(A、B、C、D、E)进行绩效考核,应用配对比较法,具体如表7-1所示。

表7-1　配对比较法

	A	B	C	D	E	被考核者总分
A	×	1	0	1	1	3
B	0	×	1	1	0	2
C	0	0	×	0	1	1
D	0	0	0	×	0	0
E	1	1	1	1	×	4

绩效考核结果显而易见,5个员工的绩效从优到劣依次为:E、A、B、C、D。

二、等差图表法

等差图表法,又称图解式评定量表,是应用最为普遍的绩效考核方法之一。在实际操作中,它主要考虑两个因素:一是考核项目,二是评定分等。确定这两个因素之后,即可由考核者按照评定图表的要求对被考核者打分。考核的项目根据具体的考核对象而不同,常见的考核项目有品德、知识、能力、业绩等。这些不同的考核项目又可以依据考核的对象细分为多个档次。一般来说,等差图表法多以主观描述或数字等级作为考核的尺度。

这种考核方法的优缺点是:考核内容全面,打分档次较多;但容易受主观因素影响,且分数没有加权处理,因此精确性也不能保证。

举例:如对一个汽车工人进行绩效考核,如表7-2所示。

表7-2　等差图表考核举例

姓名:			职务:			
考核项目	考核项目细则					得分
工作质量	5 太粗糙	10 不精确	15 基本精	20 很精确	25 最精确	
工作数量	5 完成任务极差	10 完成任务较差	15 完成任务	20 超额完成任务	25 超额完成一倍	
工作知识	5 缺乏	10 不足	15 一般	20 较好	25 很好	
工作协调	5 差	10 较差	15 一般	20 较好	25 很好	
总分						

三、要素评定法

要素评定法实际在 GPS 的基础之上经过改进而成，主要是经过两点改进而成。一是由于考核项目有不同的重要性，因此要考虑到加权的因素，将不同的项目赋予不同的重视程度，这个重视程度可以通过它们各自的分值范围体现。二是要明确各考核因素之间的关系。目前，该法是应用最为普遍的考核方法。

在实际操作时，一般由本人、上级、下级、同级各填一表，再给各表赋予相应的权重，然后计算综合得分。这种考核方法的优缺点是：考核全面，能突出重点；但操作比较烦琐，并容易受到主观影响

举例：某企业的要素评定表如表 7 - 3 所示。

表 7 - 3　要素评定表

因素	1 级	2 级	3 级	4 级	5 级
技能					
1. 知识	14	28	42	56	70
2. 经验	12	24	36	48	60
3. 创造力	14	28	42	56	70
绩效					
1. 数量	20	40	60	80	100
2. 质量	20	40	60	80	100
3. 特殊贡献	10	20	30	40	50
态度					
1. 责任感	10	20	30	40	50
2. 协作态度	10	20	30	40	50

四、行为锚定评分法

行为锚定评分法，是将图表和关键事件结合起来的绩效考核方法。其目的在于：通过一个等级评价表，建立与不同绩效水平相联系的行为锚来对绩效纬度加以具体的界定，从而将针对关键事件的描述与量化等级的方法统一起来。

行为锚定评分法综合了关键事件法和等差图表法的长处，避免其短处，使每个职务的每个考评维度都有一个评分量表，而且用典型的行为描述来确定分数等级，使被考核者看到明确的改进目标。其优缺点是：考核结果比较客观、公正，被考核者能从中看到明确的改进目标；但考核方法的设计成本非常高，可参照行为也有限。

举例：运用行为锚评分法对某商店销售经理进行绩效考核，如图 7 - 2 所示。

```
评价指标：管理与指导下属的能力
    使促销人员明确了解自身的工作责任和职权；使用适当的技巧和管理方法处理与下属的
关系；公平地、有效地分配工作；对下属进行一定的指导以补充正式培训；不断关注和了解
下属销售人员的工作情况；在与下属的协议中符合公司有关政策。
有效  9 能与两个新聘员工合作完成一天的销售任务，并将他们培养成为本部门优秀
       的销售人员
     8 通过向下属分派部分重要工作，使其销售人员增加信心和责任感
     7 从未错过每周一次的培训会议，并向他们传递员工期望的信息
     6 表现的友好、热情且尊重其下属销售人员
     5 提醒销售人员随时准备为顾客服务，而非互相交谈
     4 在下属面前批评企业的内部制度，不利于员工形成良好的工作态度
     3 背弃对下属有关在工作满意度较低的情况下进行换岗的承诺
     2 向下属轻率地承诺将按部门销售额进行工资分配，但双方都了解这种做法不
       符合公司政策
无效  1 根本不与下属沟通
```

图7-2　某商店销售经理行为锚定法考核表

五、关键事件法

关键事件法，又称欧德伟法，是指主管人员在平时注意收集每一位下属的"重要事件"，这里的"重要事件"是指员工在工作活动中所表现出来的优秀表现和不良表现，对这些表现要形成书面记录。对普通的工作行为则不必进行记录。根据这些书面记录进行整理和分析，最终形成考评结果。记录关键事件包括四个要素：一是情境，就是事情发生时的情境是怎么样的。二是目标，说明为什么要做这件事。三是行动，说明当时采取什么行动。四是结果，说明采取这个行动获得了什么结果。

关键事件法优缺点：为考核者向被考核者解释绩效考核结果提供了一些确切的事实证据，成本较低；但工作量大，加减分项目及幅度确定较难，难以单独作为考核工具。

举例：运用关键事件法对企业助理管理人员进行工作绩效考核，如表7-4所示。

表7-4　关键事件法应用

工作责任	目标	关键事件
安排工厂的生产计划	充分利用工厂中的人员和机器，及时发布各种指令	为工厂建立新的生产计划系统；上个月的指令延迟率降低了10%；上个月提高机器利用率20%
监督原材料采购和库存控制	在保证充分的原材料供应的前提下，使原材料的库存成本降低到最小	上个月使原材料库存成本上升了15%；"A"部件和"B"部件的定购富裕了20%，而"C"部件的定购却短缺了30%
监督机器的维修保养	不出现因机器故障而成的停产	为工厂建立了一套新的机器维护和保养系统；由于及时发现机器部件故障而阻止了机器的损坏

六、交替排序法

交替排序法是根据某些工作绩效评价要素将员工从绩效最好的人到绩效最差的人进行排序，它也是一种运用得非常普遍的工作绩效评价方法。

其优缺点是：可以避免集中趋势与考核尺度法存在的问题，使用方便；但员工会产生不同意见，若所有员工在绩效实际上都很优秀时，会产生不公平。

举例：某公司对销售人员运用交替排序法进行绩效考核，如表7-5所示。

表7-5　销售人员交替排序法工作绩效考核等级表

考核所依据的要素：销售额
针对你所要评价的每一要素，将所有员工的姓名都列出来。将工作绩效考核最高的员工姓名列在第一行的位置上，将考核最低的员工姓名列在最后一行的位置上。然后将次优的员工姓名列在第二行的位置上；将次差的员工姓名列在倒数第二行的位置上。将这一交替排序继续下去，直到所有的员工都被排列出来。
考核等级最高的员工 1.…… 2.…… …… 考核等级最低的员工

（资料来源：加里·德斯勒. 人力资源管理. 北京：中国人民大学出版社，1999）

七、目标管理法

目标管理，就是先有企业确定提出在一定时期内期望达到的理想总目标，然后有各部门和全体员工根据总目标确定各自的分目标并积极主动想方设法使之实现的一种管理方法。目标的分解的结果就构成了每一个部门和每一个员工的工作绩效考核的标准。

目标管理的特点表现为：（1）目标管理是参与管理的一种形式。（2）强调"自我控制"。（3）促使下放权力。（4）注重成果第一的方针。

目标管理法优缺点：为员工提供了清晰、明确的工作目标，绩效考核参照物明确，最大可能的减少了主观因素；但考核需要耗费大量的时间和金钱，并且在一个缺乏合作的团队内，很难实施。

举例：某公司秘书的绩效考核指标如表7-6所示。

表7-6　某公司秘书的绩效考核指标

工作职责	增值产出	绩效标准
录入、打印各种文件（文件材料）	录入打印好的文件	一个月内由于错误而被返回的文件次数不超过5次；一个月内没有在承诺的期限之内完成的文件次数不超过5次；秘书的主管通过向其他客户的调查发现秘书的文件打印没有文字上和语法上的错误，能够在认同的期限内完成 优秀绩效的表现：主动采取一些排版方式提高文件的信息交流质量，例如采用一些字体和格式的变化等；能够主动纠正原文中的语法、文字错误；采用节省耗材的做法
起草通知、便笺或日常信件	通知、便笺或信件草稿	主管人员认为仅对草稿做微小的修改就可以发送了 优秀绩效的表现：起草文件时仅需要极少的指导，一些日常的信件无须主管干预就可以正确处理
为出差人员安排旅程	旅程安排情况	主管人员调查出差者，了解如下情况：安排符合出差者的要求按时、准确预定旅店、车辆费用报表按时、准确完成 优秀绩效的表现：帮助出差人选择最合理的旅程安排，使出差人节省时间并尽可能在旅程中感到舒适
安排会议	会议安排情况	在会议开始前能准备好会议所需的设备和材料，会议进程顺利，与会者不至于中途离开会议去解决由于事先准备不充分而造成的问题 优秀绩效的表现：会议材料和安排无须主管的监控

八、360 度绩效考核

360 度绩效考核法又称全方位绩效考核法或多源绩效考核法,是指从与被考核者发生工作关系的多方主体那里获得被考核者的信息,以此对被考核者进行全方位、多维度的绩效考核的过程。这些信息的来源包括:来自上级监督者的自上而下的反馈(上级);来自下属的自下而上的反馈(下属);来自平级同事的反馈(同事);来自企业内部的支持部门和供应部门的反馈(支持者);来自公司内部和外部的客户的反馈(服务对象);以及来自本人的反馈。

360 度绩效考核代表了国际上最前沿的管理思想。其突出特点就是:集测评、管理与交流功能于一体。它是通过各种渠道(上级、同事、下级、客户等)系统地收集有关员工技术、能力和行为的信息的过程。通过不同的角度,可以比较不同时间阶段的结果,判断员工是否行为改善。这种多方向评价方法的产物是丰富的反馈,如果正确使用,可以协助改善绩效。360 度绩效考核法的适用范围有三个要求,一是协作性和流程性强的行业企业;二是中层干部和职能服务部门业绩考核;三是员工能力素质培养。

360 度绩效考核法的优缺点:能提高考核的全面性公正性,员工参与感强,强调对内外部客户的服务,提升组织运行效率,对员工的能力素质进行全面考核;但是,这种方法考核成本高,容易流于形式。

九、关键业绩指标法

关键业绩指标(key performance index,KPI)在现代企业中受到普遍重视,关键业绩指标考核法则是指运用关键业绩指标进行绩效考评的方法。

KPI 方法的思想基础,是"抓主要矛盾"的"二八原理",即在一个组织的价值创造中,20% 的骨干员工创造 80% 的价值,而在每一个员工身上,也是 80% 的工作任务是由 20% 的关键行为完成的。因此,抓住 20% 的关键行为,对之进行分析和衡量,成为有效考评的灵魂。

关键业绩指标法的程序:

第一步,由绩效管理部门将企业的整体目标及各个部门的二级目标传达给相关员工。

第二步,各部门将自己的工作目标分解为更详细的子项目。

第三步,对关键业绩指标进行规范定义。

第四步,根据企业考核制度及有关规定,由各相应的部门进行考核操作,得出考核评价结果。

举例:丰华物业公司的 KPI 考核如表 7-7 所示。

通过实施 KPI 绩效考核,使责任和目标落实到工作岗位和员工。提高了公司考核的准确度,也调动了员工的积极性。

表7-7　丰华物业公司的KPI考核

部门	指标名称	指标值
客服中心	服务态度满意率	90%
	回访及时	90%
保安部	保安员形象满意率	91%
	保安工作满意率	91%
	车辆管理满意率	91%
工程部	维修及时情况满意率	90%
	维修质量满意率	91%
	维修态度满意率	90%
清洁部	室外清洁满意率	91%
	室内清洁满意率	91%
管理部	采购物资的一次交验合格率	98%
	培训计划的实施完成率	100%

【本章小结】

本章对绩效的含义、特点进行了介绍，对绩效管理的定义与特点做出分析。从绩效考核目标、绩效考核周期、绩效考核主体等方面学习了绩效管理体系，进而研究了绩效管理的四个流程，即绩效计划、绩效实施、绩效考核、绩效反馈。介绍九种绩效考核的常用方法，包括配对比较法、等差图表法、要素评定法、行为锚定评分法、关键事件法、交替排序法、目标管理法、360度绩效考核、关键业绩指标法等。

【关键概念】

绩效　绩效管理　绩效计划　绩效实施　绩效考核　绩效反馈　配对比较法　等差图表法　要素评定法　行为锚定评分法　关键事件法　交替排序法　目标管理法　360度绩效考核　关键业绩指标法

【思考与练习】

1. 什么是绩效？什么是绩效管理？
2. 绩效管理与绩效考核有什么联系、有什么区别？
3. 绩效考核的常用方法有哪些，它们各自适用于什么情况？
4. 对"导入案例"的提问？
（1）你认为罗芸对老马的绩效考评是否合理？有什么需要改进的地方？

（2）预计老马听了罗芸对他绩效评定，会做何反应？罗芸怎样处理？

（3）如果你是老马，对罗芸的考评结果会采取怎样的态度和做法？为什么？

【拓展学习】

1. 中国绩效管理网：http://www.360epm.com
2. 中国人力资源开发网：http://www.chinahrd.net
3. 中国人力资源网：http://www.hr.com.cn
4. 人力资源管理网：http://www.rlzygl.com

第八章　薪酬管理

【学习目标】

掌握薪酬的定义、影响因素，薪酬管理的含义、约束因素；理解基于岗位、绩效、技能、市场、年功的不同薪酬管理模式及其综合运用；能够按照科学的流程进行薪酬设计；掌握员工福利的基本类型。

【重点难点】

1. 薪酬和薪酬管理的定义。

2. 薪酬管理的几种基本模式。

3. 薪酬设计的流程。

4. 员工福利的基本类型。

【导入案例】

加薪的权衡

给部下加薪是管理者颇为踌躇的一项决策。下级会根据上司是否给他加薪和加的多少来判断上司和组织对他绩效好坏的估计，下级会把你的决定视为一种奖励或惩罚，不管你是否有意这么做。按照强化论的观点，你是对他们前一阶段的绩效进行正强化或负强化，至于起积极作用还是消极作用，得取决于下级对奖酬与绩效之间关系的看法，这还涉及下级的期望、公平观、人际比较、心理需要等许多因素。

你是今年年初提升为部门经理的。你的手下有 8 名直接向你负责的主管级干部。新的年底又要到了，公司指示，按照政策，可以给他们加薪，但最多每月加薪总额不得超过 2400 元。负责人事工作的副总经理提醒你要注意尽量避免人力成本过高。他要你确定每个人该不该加和加多少的计划，送他审批后，明年元月起执行。你知道他一般总是会照批不误，不大会修改你的意见的，你意识到他们 8 个人的眼光都紧盯着你，因为首次做年末加薪决策，会成为今后的先例，而公司又没有制定加薪的明确标准。这 8 名部下在你看来是：

1. 谭亚明。现月薪是 1650 元。你觉得他算不上是干得出色的人。你跟别人交换过看法，他们也觉得老谭工作不怎么样。不过他管的那个小组可是最难办的一个，组员们业务水平低，活又脏又累。再说，没了老谭，一时很难找到愿意和能顶替他去干这项活的人。

2. 彭炳昆。现月薪是 1870 元。此人至今单身，生活上又不拘小节。总的说来，你觉得他的工作还够不上你要求的标准，他出过的有些漏子是尽人皆知的。

3. 陈常权。现月薪是 2050 元。你认为他是你最强的部下之一，不过其他人显然都不太同意你的看法。再说，他丈人很富，所以不缺钱花，好像用不着再给他多加什么钱了。

4. 戴定涛。现月薪是 1890 元。你听说他儿子是弱智，母亲又多病，妻子不久前下了岗，所以特需要多点薪水。此外，你觉得他也应该算是你手下最强的人之一，但你别的部下却不这样认为，他们常传说一些有关老戴工作绩效的带讽刺性的事作为笑料，你听过好几回了。

5. 贾丽莉。现月薪是 1960 元。迄今为止，此人一直干得很出色。因为她的活颇为辣手,所以你对她的绩效印象特别深。她比好些同事更需要多点钱用,因为她的家境不好。同事们因为她工作出色,都挺尊敬她。

6.傅有模。现月薪是1810元。他的表现令你惊喜,工作很突出,而且被你的部门中的人看成是最好的人之一。这出乎你原来的意料,因为老傅一般举止比较轻浮,对加薪和提级都很冷淡。

7.高默兹。现月薪是1710元。你认为此人的工作只是勉强过得去而已,可是你在征询别人的意见时,却意外发现,大家对他的评价甚高。你知道他不久前刚离婚,一个人带两个孩子,还要养活年迈的老父、老母生活艰难,极需加薪。

8.韩达光。现月薪是1750元。你私下了解到,这个老韩是个花钱能手,有些随意挥霍。分配给他的职务是比较轻松容易的,可是你的印象是他干得并不特别好,所以在听见有几个人却认为他是本部门最优秀的工作者时,你颇感惊讶。

(资料来源:中国人力资源开发网. 拍案(第32期),略有修改。)

第一节　薪酬管理概述

一、薪酬概述

(一)薪酬定义

薪酬是企业对员工为企业所做的贡献,包括他们实现的绩效,付出的努力、时间、学识、技能、经验与创造所付给的回报或答谢。其实质是一种等价交换过程,是一种公平的交易或交换关系,是员工在向企业让渡其劳动或劳务使用权后获得的报偿。

狭义的薪酬指货币和可以转化为货币的报酬。根据货币支付的形式,又可以把薪酬分为两大部分:一部分是直接货币报酬的形式支付的工资,包括基本工资、奖金、绩效工资、激励工资、津贴、利润分红、股权等;另一部分则体现为间接货币报酬的形式,间接地通过保险、培训、住房、餐饮以及假期等支付的薪酬。广义的薪酬除了包括狭义的薪酬以外,还包括获得的各种非货币形式的满足。非货币形式的满足包括工作环境和工作本身带来的满足。例如较舒适的办公环境、较宽裕的午餐时间、较多的参与决策、较有兴趣的工作、较好的个人成长机会、动听的头衔等。薪酬的具体构成如图 8-1 所示。

(二)几种主要的薪酬形式

1.工资

狭义地说主要是指付给体力劳动者的货币形式的报酬。而从事脑力劳动的劳动者的货币形式的报酬称为薪水。广义的工资从内涵上看,包括劳动者货币形式与非货币形式的报酬;从外延上看,包括所有劳动者的报酬。

2.奖金

企业对员工超额劳动部份或绩效突出部分所支付的奖励性报酬,是企业为了鼓励员工提高劳动生产率和工作质量付给员工的货币奖励。奖金的表现形式包括红利、利润分享及通常所说的奖金。

3.福利

福利有广义和狭义之分。广义的福利包括工资。根据福利经济学家的观点,一切促进

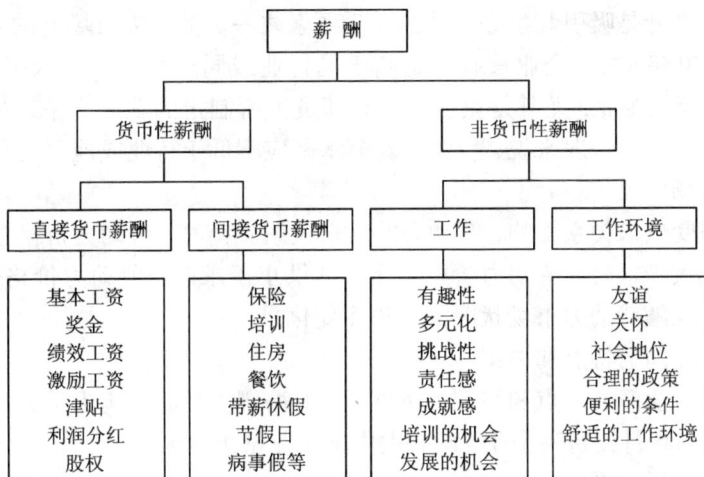

```
                              ┌─────────┐
                              │  薪 酬  │
                              └────┬────┘
                   ┌───────────────┴───────────────┐
              ┌────┴─────┐                    ┌─────┴─────┐
              │ 货币性薪酬 │                    │ 非货币性薪酬 │
              └────┬─────┘                    └─────┬─────┘
          ┌────────┴────────┐              ┌────────┴────────┐
     ┌────┴─────┐    ┌──────┴────┐    ┌────┴───┐      ┌──────┴────┐
     │直接货币薪酬│    │间接货币薪酬│    │  工作  │      │ 工作环境  │
     └────┬─────┘    └──────┬────┘    └────┬───┘      └──────┬────┘
```

直接货币薪酬	间接货币薪酬	工作	工作环境
基本工资 奖金 绩效工资 激励工资 津贴 利润分红 股权	保险 培训 住房 餐饮 带薪休假 节假日 病事假等	有趣性 多元化 挑战性 责任感 成就感 培训的机会 发展的机会	友谊 关怀 社会地位 合理的政策 便利的条件 舒适的工作环境

图 8 - 1　薪酬的构成

经济发展、提高人民生活水平的经济行为都是福利的增加。但是狭义的福利是指用人单位付给员工的除工资或薪水之外的劳动报酬，往往不以货币形式直接支付，而多以实物或服务的形式支付，如社会保险、带薪休假、免费午餐、免费交通等。

4. 津贴

津贴是对员工工资或薪水等难以完全、准确反映的情况的一种补偿。这些情况有：员工的工作环境对身体健康有害；员工的工作对其造成伤害的可能性较大；员工从事的是在社会有些人看来不太体面的工作等。

5. 股权

股权激励就是让员工持有股票或股票期权，使之成为企业的股东。以企业股权作为对员工的薪酬，有利于将员工的个人利益和企业的利益相结合，激发员工通过提升企业价值来增加自己的财富。

(三)薪酬的功能

1. 薪酬对员工的功能

薪酬对员工而言具有三大功能：保障基本需要功能、激励功能和社会功能。

2. 薪酬对企业的功能

薪酬对企业而言有四大功能：控制企业成本；改善经营绩效；塑造和加强企业文化；支持企业变革。

3. 薪酬对社会的功能

薪酬除对个人和企业具有重要作用外，还对整个社会也起着不可忽视的重要作用。薪酬水平的高低从一定程度上反映了一个国家的经济发展水平，同时，一国劳动者的薪酬的总体水平也是其总体社会发展和经济发展水平的一个重要指标，另外，薪酬起到的经济保障功能可以维护社会的稳定。

二、薪酬的影响因素

(一)外部环境因素

1. 市场竞争状况

薪酬水平的高低是吸引和争夺人才的关键要素之一。劳动力市场上的人力资源是有限的，为了吸引和争夺人才，企业只有制定高于同行业或同地区的薪酬水平。因此本地区、本行业、本国的其他企业，尤其是竞争对手对其员工所制定的薪酬水平，对企业确定自身的薪酬水平影响很大。一般来说，企业的薪酬水平应不低于行业或地区的平均标准。

2.劳动力市场状况

劳动力价格受供求关系影响，劳动力的供求关系失衡时，劳动力价格也会偏离其本身的价值。一般供大于求时，劳动力价格会下降，供小于求时，劳动力价格会上升。因此，企业的薪酬水平也随劳动力市场状况的变化而变化。

3.地区与行业间的特点和惯例

不同地区与行业间的特点和惯例是不同的，对薪酬水平的影响也十分显著。如沿海和内地、基础行业和高科技新兴企业、国有大中型企业密集地区。

4.地区居民生活水平

地区居民生活水平对薪酬水平的影响主要包括两个方面：一方面，随着生活水平的提高，员工对个人生活的期望也提高了，必然要求企业制定较高的薪酬水平来适应这一趋势。另一方面，生活水平高也可能意味着物价指数要持续上涨，为了保持员工生活和防止购买力降低，企业应当适时地调整薪酬水平。

5.国家有关法律法规

企业在确定员工的薪酬水平时必须遵守法律法规。很多国家都制定了与薪酬有关的法律法规，如"最低工资制"和"个人收入所得税"等，任何组织违反了这些法律法规，都将受到法律制裁。

6.工会的力量

工会作为劳动工人的一个合法性组织，其宗旨就是为其成员的生活提供保障，改善成员的薪酬，最大限度的维护工人的权益。因此，工会的力量也会为薪酬水平的高低向企业施加压力。

(二)企业内部因素

1.企业的性质

企业的性质从很大程度上决定了企业的薪酬水平。如果企业是劳动密集型企业，则员工所从事的主要是简单的体力劳动，需要的劳动力数量较多，因此劳动力成本在总成本中占的比重很大，且劳动力市场上从事体力劳动的员工一般是供大于求，所以薪酬水平低，以便降低劳动总成本。如果企业是资本密集型或技术密集型企业，由于对资本的运作或技术的要求较高，因此从业人员要有较高的知识技能，所以要以较高的薪酬水平来吸引这些人员为企业创造收益。

2.企业经营战略

薪酬管理与机制是帮助组织实现其经营目标的关键因素。企业薪酬必须服从企业战略，不同的经营战略，企业薪酬也不同。每一个薪酬管理的组成部分都为一个以上的关键性组织经营战略而特别制定。表8-1表明了薪酬管理制度与经营战略的对应关系。

3.企业的发展阶段

企业处于不同的发展阶段，其经营的重点和面临的环境是不同的，因此薪酬形式也是不同的。表8-2表明了薪酬策略与企业发展阶段的关系。

表8－1　调整薪酬管理制度以适应经营战略

经营战略	经营重点	薪酬管理
成本领先战略	一流的操作水平 追求成本的有效性	重视竞争对手的劳动成本 提高薪酬体系中激励部分的比重 强调生产率
创新战略	产品领袖 向创新性产品转移 缩短产品生命周期	奖励在产品以及生产方法方面的创新 以市场为基准的薪酬 灵活的工作描述
客户中心战略	紧紧贴近客户 为客户提供解决问题的办法 加快营销速度	以顾客满意为基础的激励工资 由顾客进行工作或技能评价

表8－2　薪酬策略与企业发展阶段的关系

企业发展阶段		开创	成长	成熟	稳定	衰退	再次创新
薪酬形式	基本薪酬	低	有竞争力	有竞争力	高	高	有竞争力
	绩效薪酬	高	高	有竞争力	低	无	高
	间接薪酬	低	低	有竞争力	高	高	低

4.企业的支付能力

企业在决定薪酬水平时要结合自身的支付能力，制定适合自身的在企业承受能力范围内的薪酬水平。企业的经营状况直接决定着企业的薪酬水平，经营得越好的企业，其薪酬水平相对比较稳定且有较大的增幅。而经营业绩较差的企业，其薪酬水平较低且不具有保障。若企业经营状况不好，财力有限，自然发不出高的薪酬。而在奖励薪酬与绩效或企业效益挂钩的情况下，员工的薪酬水平更是会自动下降。

5.企业文化

企业文化是企业分配思想、价值观、目标追求、价值取向和制度的土壤。企业文化不同，必然会导致薪酬的侧重点和制度的不同，这些不同也决定了企业薪酬水平的高低。如果企业认为只有物质激励才能让他们为企业尽职，在确定企业的薪酬水平时，就会简单地把收入和绩效挂钩，不考虑员工的福利等长期性的激励因素，员工也不关心企业发展。如果企业认为员工有多方面的追求，物质激励绝非唯一的动力，如未来的职业发展、工作的挑战性等，因此在设置薪酬构成时长期性激励因素占的比重就较大。

企业的文化与企业的价值观紧密相连，因此影响薪酬系统。例如，有的企业推崇个人英雄主义，因此薪酬差别很大；有的企业提倡集体主义，薪酬差别较小；有的企业鼓吹冒险性，因而工资很高，福利较差；有的企业提倡安全性，工资较低，但福利较好。

(三)员工个人因素

1.员工所处的职位

职位所承担的工作职责以及对员工任职资格的要求，决定了员工的基本薪酬。

2.员工个体的差别

每个员工的学历、年龄、工作经验、性格、健康状况和工作业绩不可能完全相同。因此，由于他们过去投入的人力资本的不同，以及现在实际工作的努力程度和收效不同，就决定了他们的薪酬不可能完全一致。

3. 员工的工作年限

根据人力资源管理的"进化论"，员工的工作年限越长，就越适合工作，对企业和职位越了解。为保持员工队伍的稳定性，工作年限越长，薪酬水平相对越高。

三、薪酬管理

(一)薪酬管理的含义

薪酬管理就是企业管理者对本企业员工报酬的支付水准、发放水平、要素结构进行确定、分配和调整的过程。

(二)薪酬管理的目标

1. 公平性

薪酬分配公平既要求过程公平，也要求结果公平。过程公平是指薪酬分配的过程要公正、合理。结果的公平又可分为三个维度：自我公平、外部公平、内部公平。自我公平是要求自己的付出要与所得匹配；外部公平是要求自己在本公司薪酬要与社会相同岗位平均薪酬相当；内部公平是要求自己所得要与公司内部做出相同贡献的人相当。

2. 有效性

指薪酬管理在实现组织经营目标上的有效性。薪酬管理对促进企业目标的实现具有重要作用，合理、科学、符合员工自身利益和企业利益的薪酬管理可以调动员工积极性，能吸引外部优秀人才，有助于组织目标的实现，从而达到薪酬管理的有效性；相反，薪酬管理无效的话不仅不能促进组织目标的实现，其无效成本的支出还会是组织目标实现的阻碍。

3. 合法性

企业的薪酬管理体系和管理过程必须符合国家的相关法律规定，如《劳动法》和《反歧视法》等。

(三)薪酬管理的约束因素

薪酬管理是在若干约束条件下展开的。这些约束条件包括以下几个方面：

1. 支付能力

支付能力是组织支付意愿的高低、支付意愿能否实现的决定性因素。支付能力随组织的不同和行业的不同而有相当大的差异。现在，大多数产品的竞争特性降低了利润，从而制约了组织在薪酬方面的自由度。

2. 经济与劳动力市场的约束

人力资源的需求是一种派生于产品市场与服务市场需求的需求，由此导致薪酬决策受经济发展与劳动力市场的制约。主要体现在经济发展状况决定了产品市场与服务市场的繁荣程度，进而影响劳动力市场的供求关系，从而左右着劳动力市场的工资水平，进一步对组织的薪酬水平与薪酬结构产生影响。

3. 法律的约束

法律对薪酬的约束主要表现为最低工资、法定福利、加班工资等方面的约束。

4. 工会的力量

集体谈判是工会在薪酬决定机制中的影响力的体现。它主要表现为工会在薪酬决策过程中的作用，工会对工资水平、工资结构以及对其成员和未参加工会的雇员的福利影响等。

第二节 薪酬管理模式

一、基于岗位的薪酬管理模式

1. 主要依据和导向行为

基于岗位的薪酬管理模式，主要依据岗位在企业内的相对价值为员工付酬。岗位的相对价值高，其工资也高，反之亦然。通俗地讲就是：在什么岗，拿什么钱。军队和政府组织实施的是典型的依据岗位级别付酬的制度。在这种薪酬管理模式下，员工工资的增长主要依靠职位的晋升。因此，其导向的行为是：遵从等级秩序和严格的规章制度，千方百计获得晋升机会，注重人际网络关系的建设，为获得职位晋升采取政治性行为。

2. 适合的企业和岗位

以岗位为主的薪酬管理模式适合中国的多数企业和多数类别的岗位，是一种目前普遍采用的薪酬制度。和传统上中国企业讲究行政级别和资历相比，岗位导向的薪酬管理模式是一种很大的进步。这种模式最适合传统的科层组织，在这种组织中，职位级别比较多，企业外部环境相对稳定，市场竞争压力不是非常大。就岗位类别而言，基于岗位的薪酬管理模式比较适合职能管理类岗位。对这些岗位上的任职者要求有效地履行其职能职责是最重要的，岗位的价值才能得以真正体现。

3. 实施的基础条件和关键环节

实施基于岗位的薪酬制度，首先要建立一套规范的职位管理体系，包括规范的岗位设置、职位序列、职位说明书等。很多企业因人设事，不重视岗位管理，连基本的职责定位都很混乱，在确定岗位的相对价值时就走不下去。其次，要运用科学的量化考核系统对岗位价值进行评价，即岗位考核。岗位考核是实施基于岗位的薪酬制度的关键环节，其技术要求非常高，尤其是对大型的企业来说，更要慎之又慎。目前比较通行的岗位考核技术是要素计点法。中国企业曾运用过的传统的要素计点法，主要是四因素法，即从劳动责任、劳动技能、劳动强度和环境四个方面对岗位进行评定。传统的四因素法强调了体力因素和环境因素，对岗位的创新工作、管理责任、任务复杂程度等体现现代企业核心竞争力的因素考虑不足，因而导致脑体倒挂现象，对管理因素在企业中的作用重视不够。另外，传统的四因素岗位考核的主观性太强，评定等级的划分缺乏对岗位现实任务的分析依据。经过科学的岗位考核，原来在一个行政级别上的岗位可能划分到了两个或更多的不同薪资级别上，原来上下两个级别的岗位差距拉到了更合理的水平。最后，员工能力和岗位要求基本匹配。如果不胜任的员工在某一个岗位上，也拿同样的基于岗位的工资，对其他人来说就是不公平的，如果一个能力很强的人得不到提升，对他来说，基于现岗的工资水平对他来说就太低了，也是不公平的。

4. 优点和不足

基于岗位的薪酬管理模式有两个优点。第一，和传统按资历和行政级别的付酬模式相比，真正实现了同岗同酬，内部公平性比较强。第二，职位晋升，薪级也晋级，调动了员工努力工作以争取晋升机会的积极性。结合中国企业，包括事业改制单位的实际情况，目前还有很大一部分单位需要尽快转为以岗位为主的工资制度，不能再延续传统的没有激励作用的薪酬制度。因此，进行工作分析，规范职位管理体系，进行岗位考核，加大岗位分配的比例，适当拉开纵向和横向差距，是这些单位当前的必须要做的基础工作和改革工作。

基于岗位的薪酬管理模式的不足也比较明显。第一，如果一个员工长期得不到晋升，尽管岗位工作越来越出色，但其收入水平很难有较大的提高，也就影响了其工作的积极性。这种情况非常普遍，一个员工的直接上级才三十来岁，企业的业务比较稳定，短期内没有提升的空缺职位，那么他的职业发展就缺乏前景和希望。第二，由于岗位导向的薪酬制度更看重内部岗位价值的公平性，在从市场上选聘比较稀缺的人才时，很可能由于企业内部的薪酬体系的内向性而满足不了稀缺人才的薪酬要求，也就吸引不来急需的专业和管理人才。总的来说，这种薪酬管理模式比较僵化，灵活性不足，从发展趋势上来看，以岗位为主设计薪酬管理模式没有生命力。随着竞争环境不确定性的增加，企业希望员工主动创新、承担风险、增长技能，才能确保企业长盛不衰。

当然，在实践中，很少有企业完全依照上述方法设计薪酬体系，都会或多或少地加上其他薪酬单元，如绩效奖金、工龄工资或者技能工资等，但只要是以岗位为主设计薪酬管理模式，就是一种基于岗位的薪酬制度，以下四种薪酬管理模式也是同样的情况。

二、基于绩效的薪酬管理模式

1. 主要依据和导向行为

基于岗位的薪酬管理模式假设，静态岗位职责的履行必然会带来好的结果，在环境不确定性极大、变革成为常规的今天，这种假设成立的条件发生了极大的变化。企业要求员工根据环境变化主动设定目标，挑战过去，只是正确地做事已经不能满足竞争的需要，企业更强调做正确的事，要结果，而不是过程。因此，主要按绩效付酬就成为必然选择，其依据可以是企业整体的绩效，部门的整体绩效，也可以是团队或者个人的绩效。具体选择哪个作为绩效付酬的依据，要看岗位的性质。总的来说，要考虑多个绩效结果。绩效付酬导向的员工行为很直接，员工会围绕着绩效目标开展工作，为实现目标会竭尽全能，力求创新，"有效"是员工行为的准则，而不是岗位付酬制度下的保守和规范。实际上，绩效付酬降低了管理成本，提高了产出。

2. 适合的企业和岗位

处在竞争性强的环境中的企业适宜于实施基于绩效的薪酬管理模式，如消费品、家电、计算机、信息等行业。就岗位而言，高层经营管理类、市场销售类、部分产品开发类岗位、适合计件的操作类岗位比较适合这种薪酬制度。当然，这些岗位是否适合绩效付酬，还要看企业的产品的性质、企业竞争策略等因素。如果岗位任职者能够通过自身的努力很大程度上影响工作产出的话，就可以采用以绩效为主的薪酬制度。笔者曾为一家房地产公司做过薪酬设计，销售人员过去拿很高的提成和很低的基本工资。实际上，对这家公司而言，能够销售多少套房子，并不主要取决于销售人员的努力，更主要的是看房子的性价比，这与当地的地产竞争还不太激烈有关。因此，对这些销售人员就不能过分强调提成的激励作用。对一家主要依赖国际市场价格变动影响的外贸公司而言，经理人员的努力并不能控制公司的业绩，相应地，其激励性收入也不能简单地和利润相挂钩。

在实践中，有的单位把支持性职能管理人员的绝大一部分收入和企业的整体效益挂钩是不尽合理的。这些岗位上的任职者不能通过自身的努力左右公司的整体绩效，其主要收入不能来源于和公司效益挂钩的绩效奖金。

3. 实施的基础条件和关键环节

实施绩效为主的薪酬制度要求企业的绩效管理基础非常牢固。有两条线要建设性地比较完善：职责线和目标线，即岗位职责体系明确、目标分解合理。其中，绩效目标及衡量标准的确定是关键环节。如果不能合理地确定绩效的目标，员工的努力没有明确的方向或者根本实现不了设定的目标，那么，对员工的激励作用就会大打折扣。

4. 优点和不足

绩效付酬的优点比较明显。首先，员工的收入和工作目标的完成情况直接挂钩，让员工感觉很公平，"干多干少干好干坏不一样"，激励效果明显。其次，员工的工作目标明确，通过层层目标分解，组织战略容易实现。再次，企业不用事先支付过高的人工成本，在整体绩效不好时能够节省人工成本。

绩效付酬对国有企业有特殊的意义。"大锅饭"是影响国企职工工作积极性的顽疾，绩效决定收入的工资制度容易打破这种局面，比通过拉开岗位工资更容易让普通职工接受。当然，不能矫枉过正，目前许多企业普通岗位的浮动工资超出了基本收入，这是不正常的现象，尤其是在浮动工资只和企业整体效益挂钩和个人绩效无关时，其激励性效果更差。

绩效决定收入的薪酬制度也有比较明显的缺点。第一，员工收入在考虑个人绩效时，会造成部门或者团队内部成员的不良竞争，为取得好的个人绩效，员工可能会减少合作。因此，在需要团队协作制胜时，不应过分强调个人绩效对收入的作用。第二，绩效考核往往很难做到客观准确。对大多数中国企业来说，少有企业的绩效考核系统很完善，如果在这种情况下就将收入和绩效挂钩，势必造成新的不公平，也就起不到绩效付酬的激励作用。高的绩效也许是环境条件造成的，和员工的努力本身关联不大，反之亦然。第三，绩效付酬假设金钱对员工的刺激作用大，长期使用后会产生不良的导向，在企业增长缓慢时，员工拿不到高的物质方面的报酬，对员工的激励力度下降，在企业困难时，很难做到"共渡难关"，而可能会选择离职或消极工作。

如果在确定薪酬时，主要是依据绩效结果，那么这就是基于绩效的薪酬管理模式。近年来，随着商业环境的竞争加剧，按绩效付酬的趋势越来越显著。举一个最显著的例子，高层经理人的收入的大部分来源不再是基于岗位在企业中的相对价值，而是企业整体绩效的提升。这部分绩效收入可以是以风险奖金的形式，也可以是股权激励的形式，如分红、股票期权收入等。

三、基于技能的薪酬管理模式

1. 主要依据和导向行为

技能导向的工资制的依据很明确，就是员工所具备的技能水平。这种工资制度假设：技能高的员工的贡献大。其目的在于促使员工提高做工作的技术和能力水平，在技能工资制度下的员工往往会偏向于合作，而不是过度的竞争。

2. 适应的企业和岗位

基于技能的工资制度适合生产技术是连续流程性的或者规模大的行业以及服务业，如化工、食品加工、保险、咨询、医院、电子、汽车等行业。就岗位而言，技能导向的工资模式适合技术类(尤其是基础研究类)、部分操作类岗位。

3.实施的基础条件和关键环节

实施技能工资,首先要确定企业要完成的任务有哪些,相应地,需要的技能都有哪些,然后,根据实际情况划分等级,对每个技能等级要准确、客观地进行定义,接下来确定每个等级的薪酬水平。最后,对员工进行技能评定,根据评定结果确定每个员工的技能等级。因此,实施技能工资的基础是技能体系的完善,其中,关键环节是员工技能的客观评定。笔者调查过很多企业的技能评定工作,其效果往往不令员工信服。其中最重要的一个原因是对技能的界定不够准确和清晰,导致在评定时产生主观和不公正的现象。

4.优点和不足

基于技能的工资制度的优点在于:第一,员工注重能力的提升,就容易转换岗位,也就增加了发展机会,将来即使不在这个企业也会有竞争力;第二,不愿意在行政管理岗位上发展的员工可以在专业领域深入下去,同样获得好的待遇,对企业来说留住了专业技术人才;第三,员工能力的不断提升,使企业能够适应环境的多变,企业的灵活性增强。其不足也值得注意:第一,做同样的工作,但由于两个人的技能不同而收入不同,容易造成不公平感;第二,高技能的员工未必有高的产出,即技能工资的假设未必成立,这就要看员工是否投入工作;第三,界定和评价技能不是一件容易做到的事情,管理成本高;第四,员工着眼于提高自身技能,可能会忽视组织的整体需要和当前工作目标的完成;第五,已达技能顶端的人才进一步的激励困难。

另外,随着能力在企业竞争中的决定作用的日益突显,能力因素不单是对专业技术和熟练操作岗位重要,对所有岗位来说都显得非常重要。一个学习型的组织才能获得持久的竞争力。因此,国外一些企业开始导入能力工资制。能力工资和技能工资相类似,但其含义更为广泛和深刻。目前,能力工资在中国企业普遍实施的条件还不具备。

在需要团队合作的技术性工作中,需要的是知识共享、相互启发,很难划清团队成员的具体职责,以岗位为主的管理模式已经不是特别合适了,以岗位为主的薪酬管理模式也不再适用。随着组织越来越扁平,职位层级越来越少,权力逐渐下移,企业需要员工掌握多种技能以适应多变的环境。在这些情况下,以技能为主设计薪酬体系就成为了现实的需要。

以技能为主的薪酬管理模式早就存在,只不过中国的技能导向工资制导向了资历、学历,和员工真正具备的技能关联不大,影响了它在企业中使用的效果。

四、基于市场的薪酬管理模式

1.主要依据和导向行为

市场工资制是由根据地区及行业人才市场的薪酬调查结果,来确定岗位的具体薪酬水平。至于采取高于、等于或是低于市场水平,要考虑企业的赢利状况及人力资源策略,总之是主要参照市场来定工资。这种薪酬制度不鼓励员工在企业内部进行薪酬公平性的比较,也会使员工提升自己的技能和能力,以达到市场认可的综合能力水平。

2.适应的企业和岗位

人才流动比较频繁、竞争性行业的企业要更多地考虑市场导向的薪酬管理模式。就岗位而言,一般情况下,专业技术人才的薪酬要多考虑市场因素。另外,企业中可替代性比较强的岗位应基于市场水平定工资,不要过多地和企业的经济效益增长相联系。

3.实施的基础条件和关键环节

首先，企业要有一定的岗位管理基础。如果不能界定岗位的职责或者技能等级的含义，则很难和市场标准职位的薪酬水平进行比较。然后，企业要通过专业机构或者自己的信息搜集来确定薪资的市场水平，这是最为关键的环节。在中国做薪酬调查的公司往往会抱怨国内企业的职位体系不规范，很难和市场标准的职位进行比较，这是影响实施市场导向的薪酬制度的一个基础性因素，另外，中国企业还不太习惯参加专业机构的薪酬调查活动，但是，没有参与就很难分享行业的数据，也就很难设计自己的基于市场的薪酬制度。

4.优点和不足

基于市场的薪酬制度的优点有两个方面。第一，企业可以通过薪酬策略吸引和留住关键人才；第二，企业也可以通过调整那些替代性强的人才的薪酬水平，从而节省人工成本，提高企业竞争力；第三，参照市场定工资，长期会容易让员工接受，降低员工在企业内部的矛盾。其不足也很明显：第一，市场导向的工资制度要求企业良好的发展能力和盈利水平，否则难以支付和市场接轨的工资水平；第二，员工要非常了解市场薪酬水平，才能认同市场工资体系，因此，这种薪酬管理模式对薪酬市场数据的客观性提出了很高的要求，同时，对员工的职业化素质也提出了要求；第三，完全按市场付酬，企业内部薪酬差距会很大，会影响组织内部的公平性。

基于技能和基于绩效的薪酬制度更多考虑的是企业内部的公平性，"眼睛向内"的成分多一些。如从经济学的角度来分析员工付酬问题，市场经济供求关系决定价格的基本规律也是适用于员工的工资模式的。随着人才资源竞争在企业竞争中战略地位的形成，通过薪酬设计吸引和留住人才是薪酬制度的根本目标。人才资源的稀缺程度在很大程度上决定了薪酬的水平。目前，深圳非常缺乏高级蓝领工人，其薪酬水平不低于管理人员，部分专业的技师工资水平大大高于管理人员的工资水平。因此，企业为了能够保持薪酬在市场上的竞争力，就需要抛弃过去主要是从内部公平性考虑薪酬设计的思路，而换为基于市场的薪酬管理模式。

基于市场的薪酬管理模式比较明了，根据市场价格确定企业薪酬水平。对关键岗位，为了确保能够吸引到优秀人才，企业采取了高于市场水平的策略，对其他人员则采取了跟随市场水平的策略。如果按照传统的岗位或者技能工资制度，也许高级产品开发工程师的工资等级要低于市场总监，但在市场导向的薪酬制度下，其薪酬水平完全可以和市场总监的工资相等甚至高一些都是可以的。

很多企业实行谈判工资制，或叫协议工资制，实际上也是一种基于市场的薪酬管理模式，就是根据劳动力市场上的供求状况，企业和劳动者双方在平等自愿的基础上协商约定劳动合同期限内基本工资标准的一种分配制度。

五、基于年功的薪酬管理模式

20世纪60年代以前，日本是实施基于年功的薪酬管理模式的典范。在这种工资制度下，员工的工资和职位主要是随年龄和工龄的增长而提高。中国国有企业过去的工资制度在很大程度上带有年功工资的色彩，虽然强调技能的作用，但在评定技能等级时，实际上也是论资排辈。年功工资的假设是：服务年限长导致工作经验多，工作经验多，业绩自然会高；老员工对企业有贡献，应予以补偿。其目的在于鼓励员工对企业忠诚，强化员工对企业的归属感，导向员工终生服务于企业。在人才流动低、终身雇佣制环境下，如果员工确实忠诚于企业并不断进行创新，企业也可以实施年功工资制。其关键在于外部人才竞争环境比较稳定，否则很难成功地实施年功工资。

20世纪70年代初，日本经济开始转向知识技术密集型，掌握现代知识技术的年轻人的作用很关键，而不是老资格的员工。如果仍坚持年功为主的工资模式，具有技术专长的年轻人便会离职。年功工资制难以吸引和留住人才，不再有利于企业的发展。日本企业工资制度由年功序列工资向以能力和绩效为主的模式转变。

之所以介绍年功工资制度，一方面是由于其历史上对日本经济崛起的不可磨灭的贡献，另一方面，中国企业不能完全摒弃年功工资的合理有效的成分。毕竟，年功工资体系在一定程度上符合了中国的传统文化，虽然不能作为一种主导的薪酬管理模式，但也要借鉴其好的地方，把西方和东方的文化通过薪酬制度的创新融合在一起。比方说，在很多传统行业，如果经验是岗位绩效大小的关键因素，理应考虑年功在薪酬体系中的地位。不能因为其不合潮流，而将其一棍子打死。实际上，在国企分配制度改革中，一般都会或多或少地考虑工龄因素。

在实践当中，少有企业完全采用上述五种薪酬管理模式中的一种。但是，无论一个企业的薪酬管理模式多么复杂，其为员工付酬主要考虑的因素应该是比较明显的，要么是岗位，要么是技能，要么是绩效、市场、年功。在一个企业中，针对不同的岗位类别，也可以采用不同的薪酬管理模式，如销售可以是以绩效为主的工资制，职能管理可以是以岗位为主的工资制，等等。一般情况下，一个企业在设计其薪酬制度时，都会或多或少地考虑五个因素中的几种。从发展趋势上来看，绩效付酬会广为采用。无论哪种薪酬管理模式，都会考虑市场因素。在以岗位为主的薪酬制度中，如何给岗位定价呢？现在越来越多地参照岗位的市场工资水平了。在以技能为主的薪酬管理模式下，同样是参照技能在市场上的稀缺程度来确定具体技能等级的薪酬水平。

结合中国企业的实际情况，对多数企业来说，以岗位为主，适当考虑工龄，并加大按绩效付酬的比例，是比较适合的薪酬管理模式。这种工资制度的名称可以叫岗位绩效工资制。如一汽集团实施的岗位贡献工资制，就是典型的岗位绩效工资制。一汽的岗位贡献工资制分为三个单元：岗位基础工资、效益贡献工资、年功工资。岗位基础工资体现的是不同岗位的劳动差别。根据任职者的能力水平，岗位基础工资可实施一岗多级的模式。能力高的进入同等岗位中的高等级，低者进入低等级。效益贡献工资根据公司的经济效益、员工的贡献，按考核结果发放。年功工资是对员工工作经验和劳动贡献的积累的承认和补偿。再如宝钢实施岗效薪级工资制，由岗位薪级工资、年功工资、业绩工资三个工资单元组成。其叫法和一汽不同，但其结构是一致的。还有中原油田的岗绩工资制，由保障工资、年绩工资、潜能工资和岗效工资四个单元组成。保障工资占20%；年绩工资实际上就是工龄工资，占5%；潜能工资反映技能水平，占5%；岗效工资是主体部分，反映岗位价值和劳动贡献两个因素，占70%。中原油田的工资模式考虑了上述五个因素，但还是突出了岗位及绩效的作用。

对具体的岗位类别来说，每个工资单元的比例可以不同。如果某个单元的比重占了整体收入的主体部分，薪酬管理模式就相应地发生了变化。如对高级经营管理者来说，同样可以实施名称为岗位绩效工资的制度，但绩效付酬的比例可以加大，浮动收入超过固定收入时，这类岗位的薪酬管理模式已经是以绩效为主了，尽管也可以叫做岗位绩效工资。因此，对经营者而言，年薪制可能是更合乎逻辑的称谓。对一般中层管理者而言，浮动收入最好不要超过固定收入（最好占总收入的 40％ 以下）。对一般管理人员，浮动部分应占较小的比重（最好占总收入的 30％ 以下）。对生产岗位，可以采用计件工资制，也可以采用岗位加绩效或者岗位技能加绩效的模式。对技术岗位，可以根据技术岗位的具体工作性质，采用技能工资或者岗位绩效工资模式。对那些从事基础研究的人来说，岗位职责和绩效目标都很难界定，岗位绩效工资并不是理想的模式，实施技能工资可能是合适的。对于搞产品开发的技术岗位，可以采用岗位工资加项目工资的薪酬管理模式。对销售人员，可以采取绩效工资为主，基础工资或技能工资为辅的模式。在实践中容易混淆的一个技术问题是，助理工程师、工程师、主任工程师等序列到底指的是人还是岗位？其实，应用五种薪酬管理模式的基本理论很容易辨别。如果对技术序列采取的是基于岗位的薪酬管理模式，那么以上序列就是岗位的概念。如果是基于技能的薪酬管理模式，则是人的概念。前者，在为岗位聘任任职者时，需要对候选人的技能进行评定，合适者上岗，在岗则享受该岗位的相应待遇，下岗则取消该待遇。后者，不管张三从事的岗位是什么，只要被评为这个等级的职称，就应享受相应的待遇。

下面举实例来说明一个实际薪酬体系——某家火力发电企业的薪酬方案。其基本薪酬管理模式为岗位绩效工资制，工资由岗位工资、绩效工资、津贴和奖金四个部分组成。津贴包括运行、工龄和全能津贴，奖金包括年终、单项和特殊贡献奖。绩效工资按月考核，按月发放。公司的所有岗位分为三类：管理、生产和后勤。其中，管理岗包括中高层管理者和职能管理，生产岗包括技术、运行、维修和生产辅助岗，其他为后勤岗。参照岗位评价结果，把所有岗位分为 15 等，每等又分为 8 级。等体现的是岗位价值差异，级体现人的技能或能力差异，经验丰富、能力强者进入等中的高级，初入门者进入等中的低级。岗位工资和绩效工资之间的比例，1~9 等岗为 60：40，10~12 等岗为 55：45，13~15 岗为 50：50。员工实际拿到月度绩效工资多少取决于公司、部门和个人三者的整体绩效。年终奖根据个人岗位价值、公司整体经济效益和个人年度考核情况共同决定。工资的增长主要看年度绩效考核结果，同时参照个人能力提升情况确定。

总之，基本的薪酬管理模式就是以上几种，理解起来并不困难，但要进行巧妙的组合。在实践中，千万不要为理论上五花八门的工资模式所迷惑，只要掌握其基本原理，特别是以上五种基本薪酬管理模式，就能够设计出适合自己企业特点的工资制度来。

第三节　薪酬设计

一、薪酬调查

1. 什么是薪酬调查

薪酬调查就是通过各种正常的手段，来获取相关企业各职务的薪酬水平及相关信息。对薪酬调查的结果进行统计和分析，就会成为企业的薪酬管理决策的有效依据。

2. 薪酬的外部均衡问题

企业在进行薪酬管理时，要注意薪酬的外部均衡。外部均衡是指企业员工的薪酬水平与同地域同行业的薪酬水平保持一致，或略高于平均水平。外部均衡失调有两种情况：

（1）高于外部平均水平。企业的薪酬水平高于外部平均水平，将会对员工产生激励作用，促使员工更好地进行工作，提高工作效率；另外，薪酬水平较高可以稳定员工，降低企业员工流失率；同时，还可以吸引更多的优秀人才申请加入。但是如果企业的薪酬水平过高，无疑会加大企业的人力资源成本。

（2）低于外部平均水平。企业的薪酬水平低于外部平均水平时，降低了企业的人力资源成本。但是，它会使员工失去工作的热情和主动性，降低了工作效率；另外，薪酬水平较低会增加企业员工流失率。

企业必须非常敏感地掌握薪酬管理中的外部均衡情况，并利用外部均衡数据对企业薪酬水平进行有目的的调节，以达到企业的管理目的。

3. 薪酬调查的渠道

（1）企业之间的相互调查。由于我国的薪酬调查系统和服务还没有完善，所以最可靠和最经济的薪酬调查渠道还是企业之间的相互调查。相关企业的人力资源管理部门可以采取联合调查的形式，共享相互之间的薪酬信息。这种相互调查是一种正式的调查，也是双方受益的调查。调查可以采取座谈会、问卷调查等多种形式。

（2）委托企业机构进行调查。现在，在北京、上海和沿海一些城市均有提供薪酬调查的管理顾问公司或人才服务公司。通过这些专业机构调查会减少人力资源部门的工作量，省去了企业之间的协调费用。但它需要向委托的专业机构付一定的费用。

（3）从公开的信息中了解。有些企业在发布招聘广告时，会写上薪金待遇，调查人员稍加留意就可以了解到这些信息。另外，某些城市的人才交流部门也会定期发布一些岗位的薪酬参考信息，同一岗位的薪酬信息，一般分为高、中、低三档。由于它覆盖面广、薪酬范围大，所以它对有些企业并没有意义。

二、岗位评估

1. 什么是岗位评估

岗位评估是指通过一些方法来确定企业内部工作与工作之间的相对价值，在企业内部建立一些连续性的等级，为每个等级设定恰当的薪酬标准，使各类工作与其对应的薪酬相适应，使员工和员工之间、管理者和员工之间对薪酬的内部公平感到满意。

2. 薪酬的内部均衡问题

内部均衡主要是指企业内部员工之间的薪酬水平应该与他们的工作成比例，即满足薪酬的公平性。内部均衡失调有两种情况：

（1）差距过大。差距过大是指优秀员工与普通员工之间的薪酬差异大于工作本身的差异，也有可能是干同等工作的员工之间存在着较大的差异。前者的差异过大有助于稳定优秀人才，后者的差异过大会造成员工的不满。

（2）差距过小。差异过小是指优秀员工与普通员工之间的薪酬差异小于工作本身的差异。它会引起优秀员工的不满。

企业必须正视和关注薪酬的内部均衡问题，对员工薪酬差异的有效调节，可以稳定员工的情绪，提高工作效率。当内部均衡适当时，员工可以达到正常的工作效率；当内部均衡不适当时，会降低员工的工作效率。

3. 岗位评估的方法

岗位评估一般有三种方法,即工作排序法、工作分类法、要素计点法。

(1)工作排序法。

排序法是通过对所有岗位根据工作内容、工作职责、任职资格等不同的要求进行排序,确定各岗位的相对价值。其具体步骤是:

①对企业所有岗位进行两两对比;②在两两比较时,对价值相对较高的岗位计"1"分,对另一个岗位计"0"分;③所有岗位两两对比完后,将每个岗位的分数进行汇总;④总分最高的岗位的岗位价值最高,依次排序,就可以评估出所有岗位的价值。

(2)工作分类法。

此法也属于简单易行的一种。此法需预先制定一套供参照用的标准,再将待定级的职位与标准比照,从而确定该职位的相应等级。具体做法:

①职位分类(管理人员、办事员、销售人员、生产人员,一般分5~15类);②职位分级,定义每个级别的标准;③把待定职务与标准对照,定位在合适的职位类别、合适的级别。

(3)要素计点法。

要素计点法的设计比较复杂,一旦设计出来,应用十分方便,尤其是对规模大、职位多、工作性质相对稳定的企业,在薪酬确定上,具有一定的优越性。

①确定要素(四大要素、报酬要素);②分配权重和点数;③划分各要素的等级并分配等级的点数。

表8-3为一个企业要素计点法的评分标准。表8-4是对应的企业岗位等级表。

表8-3 某企业要素计点法的评分标准

四大要素	报酬要素	权重	点数 (总数)	等级数				
				1级	2级	3级	4级	5级
工作技能40%	技术知识要素	10%	50	10	20	30	40	50
	操作复杂程度	10%	50	10	20	30	40	50
	看管设备复杂程度	10%	50	10	20	30	40	50
	处理事故复杂程度	10%	50	10	20	30	40	50
工作强度15%	脑力劳动强度	5%	25	5	10	15	20	25
	体力劳动强度	10%	50	10	20	30	40	50
工作责任30%	质量责任	10%	50	10	20	30	40	50
	产量责任	10%	50	10	20	30	40	50
	安全责任	5%	25	5	10	15	20	25
	管理责任	5%	25	5	10	15	20	25
工作环境15%	高温危害程度	10%	50	10	20	30	40	50
	危险性	5%	25	5	10	15	20	25

表 8 – 4　某企业的企业岗位等级表

等级	点数	等级	点数
1	50 ~ 150	6	254 ~ 279
2	151 ~ 175	7	280 ~ 305
3	176 ~ 201	8	306 ~ 331
4	202 ~ 227	9	332 ~ 357
5	228 ~ 253	10	358 ~ 500

根据企业岗位说明书,评价发货员岗位,评价点数等于所得点数的总和,即220,处在第四等级。

三、确定企业薪酬曲线和薪酬等级

（一）薪酬曲线

将薪酬调查结果和岗位评估结果结合起来,就可以建立企业的薪酬曲线。它是各职位的市场薪酬水平和岗位等级之间的关系曲线。如图 8 – 2 所示。

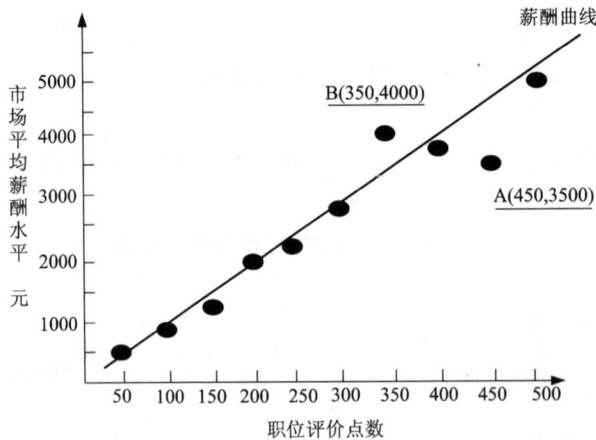

图 8 – 2　薪酬曲线

一般来说,薪酬调查的结果和岗位评估的结果,即外部公平性和内部公平性是一致的,也就是说由市场薪酬水平和职位等级确定的薪酬点都分布在薪酬曲线周围。A,B 点表示内部公平性和外部公平性之间出现了矛盾。A 点表示该职位内部公平性确定的薪酬水平要高于市场的平均水平。

（二）薪酬等级

在实践中,企业的职位数量较多,针对每一个职位设定一个薪酬水平,会加大企业的管理成本。因此,在实际工作中,还需建立薪酬等级,如图 8 – 3 所示。

建立薪酬等级的步骤如下:

(1)确定薪酬区间的中值;

(2)确定薪酬浮动率;

(3)计算薪酬幅度。

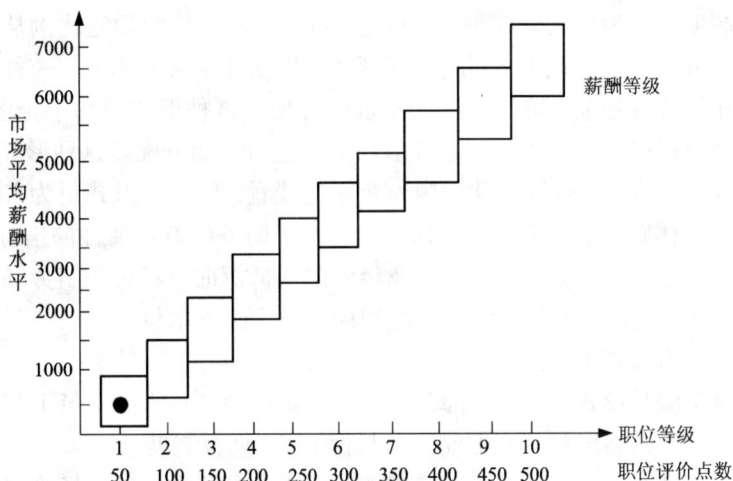

图 8 – 3　薪酬等级图

确定同一职位等级中不同技能水平和业绩的人员的工资波动范围。例如：服务员岗位，假设其中间工资水平是500元，如果按照20%浮动，则该岗位中，低者为400元，高者为600元。

四、激励薪酬

(一)奖金制度

奖金制度是企业对员工所创造的超额劳动成果的货币补偿形式，是一种补充性薪酬形式。奖金具有较强的针对性和灵活性。企业可以根据实际情况掌握奖励的标准、范围和时间，有效地调节和引导员工的行为。奖金具有明显的激励功能。

奖金还便于实现员工贡献、收入和企业效益三者之间的有机结合。实施奖金制度，既公正地回报和补偿了员工的实际劳动成果，又增加了企业的收入和利润。奖金制度的构成如下：

(1)奖励目标：通常来自企业经营目标。企业为了开发新产品，就会设立"新产品开发奖"来实现新产品开发目标，例如超产奖、创新奖、服务奖、综合奖。

(2)奖励条件：得到某项奖金所必须达到的数量指标和质量指标，这是成功实施奖金制度的关键。如果条件不明确，就可能导致奖金制度失效。其结果，不仅难以发挥激励作用，而且可能带来极大的负面影响。

(3)奖励范围：在奖励条件下，获得奖励的人员范围和奖励幅度。企业要明确谁可能获得奖金、获得多少奖金。最忌讳的是将奖金变成一种福利，每个人都能够得到。这种奖金制度就难以产生应有的效果。

(4)奖励周期：指计算发放奖金的时间段，必须充分考虑企业生产、经营管理的阶段性和业绩评价的阶段性。例如：产量奖、质量奖可以采取月度或季度周期；效益奖、贡献奖可以采取年度形式。

（二）利润分享制度

利润分享制度又称为劳动分红制度，指企业在年终时，按照预定比例从利润总额中提取部分然后进行分配。在实践中，利润分享制度可以演化成多种形式：一种是企业直接拿出一部分利润作为分红基金，按照业绩大小进行分配。这种形式适用于企业的每位员工。另一种形式是企业根据员工所占有的企业股权大小进行利润分配。这种形式本质上不是一种劳动分红，而是一种资本分红。从国内外企业实践看，后一种形式更为普遍。其优点是员工薪酬和组织总体财务联系在一起，向员工传达了财务绩效重要性的信息，使员工关注组织的财务绩效，增加责任感。而且当企业经营陷入低沉时，容易控制劳动力成本。他的缺点是适用范围小，适合小型组织和大型组织中的小型经营单位。

（三）股票所有权激励制度

这是新的员工激励形式，让员工部分地拥有公司的股票或股权，员工与企业绩效紧密相连。股票所有权激励制度包括现股制度、期股制度、期权制度。

现股制度是指通过公司奖励的方式直接赠与，或者参照当前的市场价格向员工出售股票，一般规定员工必须持有一定的时期，不得出售，股票价格的变化直接影响员工的收益。

期股制度是指公司和员工约定在未来某一时期员工要以一定的价格购买一定数量的公司股票。

期权制度指企业给予员工未来以一定价格购买一定数量公司股票的选择权。

期权制度在美国已经得到普遍使用。在《财富》杂志所列出500家工业企业中，89%的企业采用这种制度来激励经营者。中国从1997年开始，相继有企业试行这种激励制度，目前使用这种激励工资制度的企业越来越多。这种制度主要适用于企业经营者，但是，从目前发达国家实践看，已经扩大到企业其他关键人才，有的企业甚至扩展到全体员工。

（四）员工津贴制度

指企业对在特殊劳动条件下工作的员工所付出的额外劳动、费用支付及所受到的健康损害而给予的特殊补助。虽然津贴也是员工薪酬制度的组成部分，但是，它只适用于企业部分员工，并非每个员工都可以享受的一种补偿形式。

津贴项目可以大致划分为劳动津贴和生活津贴两种类型。

劳动津贴一般只适用于一些在非正常工作时间、地点或者环境下工作的人。例如，夜班津贴、地下作业津贴、有害岗位津贴等。

生活津贴一般是企业保障员工实际工资收入水平而设立的津贴项目。例如，外勤工作津贴、出国人员津贴等。

综上所述，薪酬设计的四个步骤如图8-4所示。

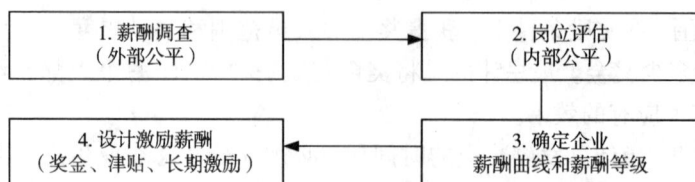

图 8-4　薪酬结构设计的步骤

第四节　员工福利

一、员工福利概述

（一）福利的含义

对企业员工而言，广义的福利是指作为一个合法的国家公民，有权享受政府提供的文化、教育、卫生、社会保障等公共福利和服务。狭义的福利一般仅指职工福利或劳动福利，它是企业为满足劳动者的生活需要，在工资形式之外，向雇员本人及其家属提供的货币实物及一些服务形式。本书中提到的福利是指狭义的福利。

员工福利与基础薪酬的区别有两点：一是基础薪酬往往采取货币支付和现期支付的方式，而福利通常采取实物支付或延期支付的方式；二是基础薪酬在企业的成本项目中属于可变成本，而福利与员工工作时间没有直接关系，所以无论是实物支付还是延期支付，都有固定成本的特点。

员工福利主要有以下四个特征：

（1）报酬性。员工福利是企业报酬系统的一部分。是企业为了保证员工为企业创造效益和增强本企业的竞争力等向员工提供的非直接报酬。

（2）均等性。福利不是劳动者的谋生手段，而是工资收入的补充，不体现按劳分配的要求。每个员工都有享受本单位福利的均等权利，都能共同享有本单位分配的福利补贴和举办的福利事业。但有些福利是提供给特殊员工的，如对因公致伤致残的员工的福利。尤其是对某些高层管理者的许多优厚的专有福利和特殊待遇，是对其特殊工作的一种奖励。

（3）集体性。员工福利的主要形式是举办集体福利事业，员工主要是通过集体消费或共同使用公共设施的方式分享员工福利。

（4）补充性。员工福利是对劳动者提供劳动的一种物质补偿，享受员工福利必须以履行劳动义务为前提。员工福利也是对按劳分配的补充，员工福利可以在一定程度上缓解劳动者由于劳动能力，供养人口等因素所带来的收入差距。

（二）福利的基本类型

1.根据福利的性质通常分为强制性福利和自愿性福利

强制性福利即根据政府的政策法规要求，所有企业必须向员工提供的福利，如养老保险、失业保险、工伤保险、法定假日、公积金等福利制度。自愿性福利是企业根据自身特点有目的、有针对性地设置的一些符合企业实际情况的福利，如交通补贴、免费午餐、公共娱乐设施等。

2.根据福利的享受对象的不同分为全员福利、特种福利和特困补助

全员福利是所有员工可以享有的，特种福利的享受对象主要是针对一些特殊员工，如为企业急需的特殊人才提供住房等。特困补助针对的是特困家庭。

3.根据福利的表现形式分为经济性福利和非经济性福利

经济性福利是以金钱和实物为表现形式的，主要包括社会和企业提供的各种保险、企业分红或员工持股、伙食补助、教育培训等。非经济性福利是指广义的福利，不涉及金钱和实物，主要指提供的服务或环境的改善，主要包括咨询服务、工作环境保障，教育服务等。

（三）员工福利的作用

员工福利的提供虽然会造成一定程度上的成本增加，且没有工资、奖金那样有明显的直接激励力，但从长远角度看，福利会产生很多积极作用。

1. 员工福利对社会的作用

主要是调节收入分配，达到公平效应和调节社会供需平衡。

2. 福利对企业的作用

员工福利对企业的作用主要是吸引和留住人才；提高企业的生产率，降低运营成本；营造和谐的企业文化；提高企业成本支出的有效性等。

3. 福利对员工个人的作用

对于员工个人而言，福利可以满足员工多方面、多层次的需要。包括满足员工的经济和生活需要；满足员工的社交和休闲需要；满足员工的安全需要；满足员工自我充实、自我发展的需要；满足员工平等或归属的需要等。

二、法律保障的员工福利

（一）社会保险

社会保险是由国家立法，强制缴纳保险费，当劳动者由于年老、患病、生育、伤残、失业等原因暂时丧失劳动能力或暂时失去劳动机会，不能获得劳动报酬时，再由国家和社会提供物质帮助和社会服务的一种社会保障制度。我国规定的有五种基本法定社会保险类型：养老保险、医疗保险、失业保险、工伤保险和生育保险。

1. 养老保险

养老保险是国家和社会根据一定的法律和法规，为解决劳动者在达到国家规定的解除劳动义务的劳动年龄界限，或因年老丧失劳动能力退出劳动岗位后的基本生活而建立的一种社会保险制度。

养老保险是世界各国普遍实行的一种社会保障制度，一般具有以下特点：

（1）由国家立法强制执行，企业单位和个人都必须参加，符合养老条件的人，可向社会保险部门领取养老金。

（2）养老保险费用来源，一般由国家、单位和个人三方或单位和个人双方负担，并实现广泛的社会共济。

（3）养老保险具有社会性，影响很大，享受人多且时间较长，费用支出庞大，因此，必须设置专门机构，实行现代化、专业化、社会化的统一规划和管理。

现代老年社会保障制度主要有三种基本模式：国家统筹的养老保险模式、投保资助型的养老保险模式和自我保障模式。

2. 医疗保险

医疗保险是指由国家立法，通过强制性社会保险原则和方法筹集医疗资金，当人们生病或受到伤害后，由国家或社会给予的一种物质帮助，即提供医疗服务或经济补偿的一种社会保障制度。医疗保险制度通常由国家立法、强制实施，建立基金制度，费用由用人单位和个人共同缴纳，医疗保险费由医疗保险机构支付，以解决劳动者因患病或受伤带来的医疗风险。

3. 失业保险

失业保险是指国家通过立法强制实行的，由社会集中建立基金，对因失业而暂时中断生活来源的劳动者提供物质帮助的制度。失业保险的覆盖范围包括社会经济活动中的所有劳动者。规定享受失业保险待遇的条件是：所在单位和本人按规定履行缴费义务满一年，非本人意愿中断就业，已办理失业登记并有求职要求，同时具备以上三个条件才有申请资格。

4. 工伤保险

工伤保险是针对那些容易发生工伤事故和职业病的工作人群的一种特殊社会保险。我国工伤待遇包括以下几项：

（1）医疗期间的医疗费、护理费、伙食费和工伤生活费；

（2）医疗终结确定残废登记后的一次性残废补偿金、护理费、残废退休金和离岗退养费；

（3）因死亡的丧葬费、一次性抚恤金和供养直系亲属抚恤费。

与享受以上三种保险要求劳动者具备一定的就业缴费年限的规定不同，工伤保险要求被保险人的伤残必须由工伤事故所致，所患疾病必须被确认为使国家法定的职业病，残疾程度必须有医疗劳动鉴定机构评定。

5. 生育保险

生育保险是国家和社会向法定范围内的妇女在怀孕、生产、哺育子女期间暂时不能劳动，失去生活来源和需要医疗护理时提供假期、医疗服务和收入补偿，其目的在于保护生育妇女及其子女身体健康，提高人口素质。

（二）法定假期

1. 公休假日

公休假日是劳动者工作满一个工作周之后的休息时间。我国实行的是周40小时工作制，劳动者的公休假日为每周两天。我国《劳动法》第38条规定：用人单位应当保证劳动者每周至少休息一天。

2. 法定休假日

法定休假日即法定节日休假。我国法定的节假日包括元旦、春节、国际劳动节、国庆节和法律规定的其他休假节日。《劳动法》规定：法定休假日安排劳动者工作的，支付不低于工资300%的劳动报酬。除《劳动法》规定的节假日以外，企业可根据实际情况，在和员工协商的基础上，决定放假与否以及加班工资。

3. 带薪年休假

我国《劳动法》第45条规定，国家实行带薪年休假制度。劳动者连续工作一年以上的，享受带薪年休假。国家事业单位和公务员带薪年休假制度早已存在，工作人员由10年、20年和20年以上工龄分别休假7天、10天和15天。这一政策在各单位可根据实际工作进行调整，并非硬性规定。休假的目的在于使员工有一段时间可以离开繁重的工作，获得身心的休息，以便更好地投入工作。

三、组织自主决定的员工福利

（一）收入保障计划

1. 企业补充养老金计划

　　养老金又称退休金，企业补充养老金计划是指员工为企业工作一定年限，到了退休年龄后，为了为其提供经济保障，企业在国家法定的养老保险之外，自行建立的企业补充养老保险计划，国家为这一计划提供税收方面的优惠。

　　养老金计划有三种主要形式，即团体养老金计划、延期利润分享计划和储蓄计划。团体养老金计划是指企业或员工向养老基金交纳一定的养老金；延期利润分享计划是指企业会在每个员工的储蓄账户上贷计一笔数额一定的应得利润；储蓄计划是指员工从其工资中提取一定比例的储蓄金作为以后的养老金，企业以补贴的形式付给员工储蓄金额的一半。员工退休后，养老金会发放给员工本人；若员工死亡，养老金发放给员工家属。

2. 企业人寿保险计划

　　企业人寿保险计划是一种比较古老和普遍的员工福利，保险费的成本通常由企业支付，并允许员工购买其附加保险额作为名义付费。

　　人寿保险是一个适用于团体的福利方案，对企业和员工都有的优点。作为一个群体的员工，相对于个人而言，可以用较低的费率购买到相同的保险。同时，团体方案不论员工的健康或身体状况如何，适用于所有的员工，包括新进的员工。多数情况下，企业会支付全部的基本保险费，承保金额相当于员工两年的薪酬收入。而附加的人寿保险由员工自己负担。

3. 住房援助计划

　　住房援助计划包括住房贷款利息给付计划和住房补贴。住房贷款利息给付计划是针对购房者的，指企业根据内部薪酬级别及职务级别来确定每个人的贷款额度，在向银行贷款的规定额度和规定年限内，贷款部分的利息由企业逐月支付。员工服务时间越长，所获利息给付越多。住房补贴指无论员工购房与否，每月企业按照一定的标准向员工支付一定的现金，作为员工住房费用的补贴。

（二）健康保健计划

　　由于社会医疗保险保障的范围和程度有限，所以企业一般建立补充医疗保险，企业健康保健计划在发达国家已经成为企业的一项常见福利措施。国外企业基本上通过三种方式为员工提供健康福利计划，一是参加商业保险，一般由雇主和雇员共同缴纳保险费，由商业保险组织报销大部分医疗费用；二是参加健康保险组织；三是参加某个项目的保险，一般是牙科保险和视力保险，因为通常这两个项目不属于一般保险的责任。

　　在我国，由于城镇职工医疗保险制度的局限，也有一些企业为职工建立了补充医疗保险计划，这些计划基本上是针对基本医疗保险支付封顶线（社会平均工资的4倍）设计的补充保险计划，企业负担封顶线以上的医疗费用开支，典型的有商业保险公司经营的补充保险，工会组织和社会保险经办机构主办的补充保险。

（三）员工服务计划

1. 员工援助计划

　　员工援助计划是企业针对诸如酗酒、吸毒、赌博或压力问题等向员工提供咨询或治疗的正式计划。基本模式有四种：

　　（1）内部模式，即企业自行雇佣全部援助人员。

　　（2）外部模式，即企业与第三方签订合同，由第三方提供员工援助服务所的工作人员和服务内容，提供服务地可以是第三方的上班地点、本公司的上班地点或者是两者的结合。

（3）合作模式，即多个公司合作集中它们的资源共同制定一个员工援助计划。

（4）加盟模式，即第三方已经与公司签订了合同，但第三方将合同转包给一个地方性的专业机构，而不是利用自己的员工来执行合同。如果实施员工援助计划的第三方在客户公司没有办公地点，就通常采用加盟模式向客户公司的员工提供服务。

2. 员工咨询计划

企业可以制定很多咨询计划向员工提供咨询服务。咨询服务包括财务咨询（如怎样理财）、家庭咨询（包括婚姻问题）、职业生涯咨询（分析个人能力倾向并选择适合的职业）、工作配置咨询（帮助失业者寻找新工作）以及退休咨询等，如果有条件的话，企业还可以向员工提供法律咨询。

3. 教育援助计划

教育援助计划是针对想接受继续教育或完成教育的员工实施的一种很普遍的福利计划。分为内部援助计划和外部援助计划两种，内部援助计划主要指企业内部培训。如一些企业聘请大学教授来企业给员工作报告，有些企业甚至设立企业大学为员工提供教育服务。外部援助计划主要指学费报销计划。学费的报销可以采取全额报销和部分报销的方式，也可采用每年给予固定金额的补助等不同方式。

4. 家庭援助计划

家庭援助计划主要指儿童看护服务和老人护理服务等帮助员工解决家庭生活困难的计划。由于老龄化、双职工和单亲家庭的增加，员工照顾年迈父母和年幼子女的负担加重，企业实施家庭援助计划的目的是解除员工的后顾之忧，使员工专心工作，提高工作绩效。儿童看护服务和老人照顾服务一般包括：弹性工作时间和请假制度、向雇员提供儿童看护和老人照顾方面的信息，推荐儿童看护机构和老人护理中心等。

5. 家庭生活安排计划

家庭生活安排计划主要指为企业安排专门的部门帮助员工料理生活中的各种细节、杂务等，类似于后勤服务。企业实施家庭生活安排计划的目的同家庭援助计划相同，减少员工花费在家庭生活安排上的精力和时间，专心为企业服务。

6. 其他

员工服务计划还有其他福利项目，如饮食服务、医疗服务，饮食服务主要指企业为员工提供膳食、快餐或饮料等，医疗服务主要指进行各种定期体检、发放保健品或建立企业医疗机构等。还有建立各种集体服务设施，如幼儿园、健身房等，建立各种员工福利供应机构为员工提供日常生活用品，提供交通补贴、带薪休假等等。

四、弹性福利计划

（一）弹性福利计划的含义

弹性福利计划又称"自助餐福利计划"，其核心思想是强调让员工依照自己的需求从企业所提供的福利项目中来选择，组合属于自己的一套福利"套餐"。但这种选择受两方面因素制约：一是企业必须制定总成本约束线；二是每一种福利组合中必须包括一些非选择项目，这些非选择项目一般是法定福利。弹性福利计划为员工提供了多种不同的福利选择方案，从而满足了不同员工的不同需要。它解决了传统福利制度所带来的组织提供的福利并非适合每一个员工的问题。

弹性福利一般有四种模式：

1. 附加型弹性福利模式

附加型弹性福利模式是指在现有的福利计划之外，再提供其他不同的福利措施，供员工选择。这是最普遍的弹性福利计划，特点就是提供其他不同的福利措施或扩大原有福利项目的水准。

2. 核心加选择型弹性福利模式

核心加选择型弹性福利模式由"核心福利"和"弹性选择福利"组成。"核心福利"是每个员工都可以享有的基本福利，不能自由选择；"弹性选择福利"则附有价格供员工任意选择。员工所获得的福利限额，通常是实施弹性福利制前所享有的，福利总值超过了其所拥有的限额，差额可以折发现金。这种模式在企业福利支出总额和员工享有福利额不变的情况下，可提高福利的有效性、节约成本。

3. 福利套餐型弹性福利模式

福利套餐型即企业根据员工服务期、婚姻状况、年龄、家属情况等涉及不同类型的福利组合供员工选择，但组合的内容不能选择。每种组合的差异可能是在福利项目的构成不同，也可能是同样的项目组成，但是每种福利项目的水平之间存在差异。如果组合的成本不同，则那些选择成本较小的组合的员工，实际上会遭受损失。一些将福利管理外包给外部专业组织的企业经常使用这种弹性福利模式。

4. 积分型弹性福利模式

积分型即员工暂时不享受当年的部分福利，人力资源部负责积分，积分到一定程度后，可享受价值更大的福利。

(二)弹性福利计划的优缺点和实施注意事项

弹性福利计划有以下几个优点：

(1)满足了员工对福利计划灵活性的要求，员工选择自己适用的福利项目，促进了员工和企业之间的沟通，强化了企业和员工之间的相互信任关系，而且避免了某些福利待遇在不需要的员工身上的浪费，从而有利于增加员工的满意度。

(2)给员工一定的参与空间，提高员工对组织的认同感和主人翁意识，起到激励的作用。

(3)弹性福利计划可以淘汰或削减一些不合实际、浪费钱财的福利项目，提高福利发放的有效性，降低成本开支，提高企业福利成本的投资回报率。

(4)降低管理费用，弹性福利可以起到类似目标管理的作用，激励员工为完成一定的福利点数而努力工作。

(5)稳定员工并吸引优秀人才。如果员工选择较大项目的福利，如住房，那么他就要为企业服务相当长的一段时间。

(6)由于员工根据自身的需要选择福利项目，就不需要复杂的员工福利需求分析，从而减轻福利规划人员的负担。

弹性福利也有着自身的缺点，主要有：

(1)增加企业在福利管理方面的难度，给福利制定者和操作者增加工作量。弹性福利计划会导致福利项目的复杂化，因为员工的福利组合多种多样，而且还在不断地发生变化，有时员工甚至还会从个人需要出发提出越来越烦琐的福利要求。随着福利名目的增多，成本的提高，福利管理工作越来越需要专业人员来从事，有时，企业甚至要聘请外部的专业性福利顾问公司来提供咨询服务。

（2）规模经济性降低。因为弹性福利的福利项目主要是按每个员工的具体需要设置的，因此员工的福利项目有时会各不相同，因此集体福利项目的规模性便会降低。

（3）逆向选择问题。主要指如果员工所做的福利选择对企业不利，将会使企业成本增加。员工常常会根据自己最能出问题的那些方面来选择最有利于自己的福利组合，如家属或员工本人容易生病的倾向于选择更多的医疗保险方面的福利，这样会使享受福利待遇的总人数和总次数增加，企业的开支也会相应增加。

（4）限于认识和选择能力，员工也许不能选择代表他们最佳利益的那些福利，自选福利项目比较盲目，结果可能导致员工的基本福利需求得不到满足。

（5）员工会丧失与企业讨价还价的机会，实际上是让员工多少承担了不恰当的风险，部分企业可以借这一计划来推脱自己的责任。

弹性福利的优缺点如表8-5所示。

表8-5 弹性福利计划优势劣势比较表

比较维度	弹性福利制的优越性	弹性福利制存在的问题
员 工	员工可根据自己的情况，选择对自己最有利的福利 由企业所提供的自我控制，对员工具有激励作用 可以改善员工和企业的关系	部分员工在选择福利项目时未仔细考虑或只看近利，以至于选择了不实用的福利项目
企 业	弹性福利制通常会在每个福利项目之后标示其金额，这样可以使员工了解每项福利和成本间的关系，让员工有所珍惜，并方便雇主管理和控制成本 可减轻福利规划人员的负担。规划福利制度的人员必须绞尽脑汁设计各种福利，但却吃力不讨好。由员工自选，员工较不易抱怨。 企业通过福利保险增加员工的稳定性，保留优秀员工，同时也可提高公司的知名度和对人才的吸引力	公司实施了弹性福利制之后，使工会丧失了很多机会，有可能遭到来自工会部门的抵制。 实施弹性福利制初期，行政费用会增加，成本往往不减反增。 实施弹性福利制，通常会伴随着繁杂的行政作业。尤其在登录员工的福利资料或重新选择福利项目时，会造成承办人员的极大负担

基于以上弹性福利计划的优势劣势分析，企业在实施弹性福利计划的过程中，应注意不能给予在法律允许范围内员工所能够拥有的最大程度的自由选择权，一是为了避免逆向选择给企业带来的成本增加问题，二是为了避免员工自己选择的盲目性。除了国家法律规定的必选福利项目之外，企业还应该限定某些员工必须选择一些福利项目，在这个基础上，员工才可以做出进一步的福利选择。同时，为了保证福利计划的总成本在预算范围内，企业应给出员工一系列可供选择的福利项目，再让他们确定自己的福利组合，避免员

工为了自身利益选择一些很少人选的福利项目，增加企业的成本。

【本章小结】

本章主要介绍了薪酬管理的相关理论知识，首先介绍了薪酬和薪酬管理的相关概念，指出薪酬是企业对员工为企业所做的贡献，包括他们实现的绩效，付出的努力、时间、学识、技能、经验与创造所付给的回报或答谢，实质是一种等价交换过程，是一种公平的交易或交换关系，是员工在向企业让渡其劳动或劳务使用权后获得的报偿。薪酬管理就是企业管理者对本企业员工报酬的支付水准、发放水平、要素结构进行确定、分配和调整的过程。

介绍了基于岗位、绩效、技能、市场、年功的五种不同薪酬管理模式，即基于岗位的薪酬管理模式、基于绩效的薪酬管理模式、基于技能的薪酬管理模式、基于市场的薪酬管理模式和基于年功的薪酬管理模式。

分析了进行薪酬设计的基本流程。包括薪酬调查、岗位评估、确定企业薪酬曲线和薪酬等级、设计激励薪酬。

介绍了员工福利的基本类型。包括法律保障的员工福利、组织自主决定的员工福利。

【关键概念】

薪酬　薪酬管理　薪酬管理模式　薪酬设计　员工福利

【思考与练习】

1. 如何理解薪酬和薪酬管理的概念？
2. 薪酬管理的发展趋势是什么？
3. 基于岗位、绩效、技能、市场、年功的五种不同薪酬管理模式各有什么特点？
4. 法定福利有哪些主要的组成部分？

【拓展学习】

1. 中华薪酬网：http://www.xinchou.com.cn
2. 中国人力资源开发网：http://www.chinahrd.net
3. 中国人力资源网：http://www.hr.com.cn
4. 人力资源管理网：http://www.rlzygl.com

第九章　职业生涯设计与管理

【学习目标】

通过本章学习，可以了解职业生涯设计、职业生涯管理的概念；掌握常见的职业生涯管理理论；熟悉职业生涯设计的基本原则和主要步骤；掌握不同职业生涯阶段组织职业生涯管理的措施等。

【重点难点】

1. 职业生涯和职业生涯管理的定义。

2. 职业生涯管理理论。

3. 职业生涯设计的原则与步骤。

4. 不同职业生涯阶段组织职业生涯管理的主要措施。

【导入案例】

爬楼梯的故事演绎职业生涯困惑

话说兄弟两人傍晚登山归来，发现所住的公寓楼大厦停电了。这真是一件令人沮丧的事情。因为这座大厦有80层高，这兄弟二人恰恰就住在大厦的顶层，并且他们还背着沉重的登山包。但是，现实别无选择，哥哥对弟弟说："我们只能爬楼梯上去了。"于是，他们就背着沉重的行李开始往上爬。

到了20楼的时候，他们觉得累了。弟弟提议说："哥哥，行李太重了，不如这样吧，我们把它放在20楼，先爬上去，等大厦恢复电力后，我们再坐电梯下来拿吧。"哥哥一听，觉得这主意不错："好呀。弟弟，你真聪明。"他们便放下行李，继续往上爬。

卸下沉重的行李之后，他们觉得轻松多了，他们一路有说有笑地来到了40楼。这时，两人又觉得累了，想想还要往上爬40层楼，于是就开始互相埋怨，指责对方早上的时候不注意停电公告，后悔今天不该去登山。吵吵闹闹中，他们终于来到了60楼。

兄弟两人此时是筋疲力尽，累得连吵架的力气也没有了。哥哥对弟弟说："算了，只剩下最后20层楼了，我们就不要再吵了。"

兄弟二人一路无言，安静地、努力地继续往上爬。终于来到了位于80楼的家门口。哥哥长吁一口气："弟弟，拿钥匙来！""糟了，钥匙被我放在登山包里了！"弟弟惊叫道。

小故事，大人生！

20岁之前，我们活在家人、老师的期望之外，背负着很多压力，不停地做功课、考试、升学，如同故事中的兄弟二人背负着沉重的登山包爬楼梯，加上自己能力有限，又不够成熟，所以走得很辛苦。

20岁以后，从学校毕业出来，走上工作岗位，开始自己的职业生涯，喜欢做什么就做什么，就好像故事中的卸下沉重的登山包。有人说，20~40岁是人一生中最愉快的20年。

到了40岁，上有老、下有小，长江后浪推前浪，时常生出许多惆怅和遗憾。于是，开始骂老板不识货，怪家人不体恤，抱怨自己生不逢时、怀才不遇。在抱怨与遗憾中，时钟继续向前，20年又悄然而逝。

到了花甲之年，突然幡然醒悟，告诫自己珍惜剩下的日子最重要。默默走完最后的岁月，到了生命尽头，突然想起：好像忘记了什么。对了，钥匙被落下了。人生的钥匙——你的理想、抱负、追求都留在了20岁，还没来得及完成呢。

越来越多的大学开始把职业生涯规划作为大学教育的第一课。这是为什么呢？

希望通过本章的学习，能够引导你对自己的职业生涯进行科学思考，并帮助你有条不紊地实现自己的职业生涯规划。

（资料来源：曲振国. 大学生就业指导与职业生涯规划. 北京：清华大学出版社，2008）

第一节　职业生涯管理概述

在我们有限的一生中，职业伴随着我们度过了大部分时间。一方面我们每个人都是自我职业的主体，另一方面我们个体的职业活动又必须在一定的组织环境中进行。我们理应对自己的职业生涯做出合理设计和科学管理，以便获得更好的职业发展。

一、职业的含义与特征

（一）职业的含义

职业是社会劳动分工的必然产物，是人的社会角色的重要反映之一。在《现代汉语词典》中将"职业"解释为个人在社会中所从事的作为主要生活来源的工作。在理论界，学者们对于"职业"一词的含义，有着不同的理解和看法。

姚裕群认为，职业是指人们从事的相对稳定的、有收入的、专门类别的工作。它是对人们的经济状况、文化水平、行为模式、生活方式以及思想情操的综合反映，也是一个人的权利、义务、社会责任和社会地位的综合表现。

蒋蓉华认为职业是参与社会分工，利用专门的知识或技能为社会创造财富并获得合理的报酬的工作，具有社会性、经济性和连续性特征。

卢福财认为职业是指从业人员为获取主要生活来源而从事的社会性工作类别，具有目的性、社会性、稳定性、规范性、群体性特征。

曲振国综合各方观点，将目前对职业的理解归为三类：（1）职业性质说，认为职业是决定从业者的社会地位、具有市场价值的特殊活动，是人的一种"资源"；（2）职业要素说，认为技术性、经济性和社会性等是职业范畴的构成要素；（3）职业关系说，强调职业中个人与社会、知识技能与创造、创造与报酬、工作与生活的关系。

综合各学者的观点，我们认为，职业是人们为了满足物质需求和精神需求、实现自身的生存与发展，而从事的具有经济收入、相对稳定、需要一定生活素养和专门技能的社会劳动。它具有三个关键功能：一是给人们提供一个发挥和提高自身才能的机会；二是通过和别人一起共事帮助人们克服以自我为中心的意识；三是提供人们生存所需的产品和服务。作为人类文明进步、经济发展和社会劳动分工的结果，职业不仅是人们谋生的手段，更是人们立足于社会的意义和价值的证明。

（二）职业的特征

1. 经济性

职业为人们解决了生活的经济来源问题，是维持家庭生活的手段。人们从事某项职业，必定要从中获得经济收入，以满足自身生存和发展的需要。也正是由于人们为了不断从中取得收入，才愿意较为稳定、长期地从事某一项社会分工，从而形成了社会上的不同职业类别。另外，从社会层面来看，职业分工构成了社会经济制度的主题，社会财富来源于劳动者的职业劳动，这也说明职业是具有经济性的。

2. 社会性

职业是社会的职业，它根源于社会分工。每一种职业都体现了社会分工的细化，代表劳动者在社会分工体系中所获得的劳动角色。任何一种职业必定为社会所必需、所承认，为国家所认可。

3. 技术性

劳动者在不同的职业岗位上会被要求完成不同的工作内容、承担不同的职责、执行不同的劳动规范和行为模式。于是，劳动者的职业岗位存在差异的时候，所必须具备的知识和技能，比如学历证书、职业资格证书、专业技术等级证书、专业工作年限等自然就不尽相同了。劳动者只有达到了职业岗位的任职资格条件才能上岗。

4. 同一性

"物以类聚，人以群分"。职业的同一性是针对某一具体职业类别的内部而言的，有时候就是职业特点的反映。对于同一职业而言，由于劳动的情境如劳动条件、工作对象、生产工具、操作内容、人际关系等都是相同的或相近的，因此，人们会形成同一行为模式，产生共同的语言习惯和道德规范。像工会、同业公会、行业协会等从业者利益共同体组织的存在正是职业同一性的具体体现。我们国家的职业分类也正是基于企业、事业单位、机关团体和个体从业人员所从事的生产或其他社会经济活动性质的同一性来划分的。

职业的同一性一定程度上会产生"刻板效应"，从而给从业者打上社会印记。比如，某人是大学教授，人们则会认为他学识渊博；某人是律师，人们则会认为他敢于维护社会公平与正义。

5. 差异性

"隔行如隔山"、"外行看热闹，内行看门道"，这都是对职业差异性的生动描述。职业的差异性是从职业的外部而言的。不同的职业会在劳动内容、任职资格条件、社会心理、从业者行为模式等方面存在较大差异。随着社会分工的不断深化、经济技术的持续发展，职业间的差异性会不断加大。

6. 层次性

职业的层次性似乎与人们常常说的职业没有高低贵贱之分相矛盾。我们强调职业并没有高低贵贱之分，是从社会需求的角度来看，任何职业都有其存在的社会价值。但是，在现实生活中，由于人们对从业者的素质要求不同，以及人们对职业的看法或舆论的评价不同，于是职业便存在了层次之分。这种职业评价的层次性，来源于社会分层所引起的不同职业的差别，即从业者的教育水平、工作性质、财产收入、社会地位和社会声望等方面的差别。

职业的层次性是一种客观存在，而非人的主观意愿。承认职业的层次性有利于推动社会创造公平自由的择业机会，提高人力资源的配置效率，从而促进社会的健康发展。

二、职业生涯管理的含义

对于职业生涯的含义，一类观点是将职业生涯定义为人的生命周期中与职业相关的一段生命历程。比如，最早提出职业生涯概念的沙特列（C. L. Shartle，1952）认为职业生涯是一个人在工作生活中所经历的职业或职位的总称；美国著名职业问题专家萨柏（D. Super，1957）认为，职业生涯是指一个人终生经历的所有职位的整体历程。另一类观点则是在此基础上，将职业生涯分为外职业生涯和内职业生涯。比如，曲振国（2008）认为，外职业生涯是指从事一种职业的工作时间、工作地点、工作单位、工作内容、工作职务与职称、工资待遇、荣誉称号等因素的组合及其变化过程；内职业生涯则是指在职业发展中通过提升自身素质与职业技能而获取的个人综合能力、社会地位及荣誉的总和，是别人无法替代和窃取的人生财富。

可见，外职业生涯实际上与沙特列、萨柏等人的职业生涯观点相似，是职业生涯经历中的外显变迁，而内职业生涯则是强调职业生涯经历中的内在变迁。综合这两类观点可以发现，职业生涯即一个人的职业经历，它既是指一个人一生中所有与职业相联系的行为与活动，包括相关的态度、价值观、愿望等连续性经历的过程，又是一个人一生中职业、职位的变迁及工作、理想的实现过程。

为职业生涯管理下一个准确的定义是比较困难的。在各类人力资源管理著作中，我们常常可以看到诸如职业生涯规划、职业生涯设计、职业生涯计划等与职业生涯管理相似的表述。在阐述职业生涯管理的含义之前，不妨先看看不同学者对这些相似概念的解释，如表9-1所示。

表9-1　不同学者提出的与职业生涯管理的相关概念比较

序号	代表学者	主要观点
1	侯光明（2009）	职业生涯规划（career planning）是在对决定人的职业生涯及发展的各种因素进行综合分析的基础上制定的、人一生中的事业发展战略与实施计划，包括个人的职业生涯规划和组织对员工的职业生涯规划
2	陈国海（2009）	职业生涯规划简称生涯规划，又叫职业生涯设计，是指人在对影响职业生涯的主观因素和客观环境进行分析的基础上，确立自己的职业生涯发展目标，选择实现这一目标的职业，以及制定相应的工作、培训和教育计划，并按照一定的时间安排，采取必要的行动措施
3	夏光（2006）	职业生涯计划是制定职业目标、确定实现职业目标的手段的不断发展的过程，包括自我定位、目标设定、目标实现和反馈并修正，分为个人职业计划和组织职业计划

从表9-1可以看出，虽然这些词语在表达方式上有一定差异，但是都强调是要制定职业生涯目标，并努力去实现这些目标。

如果从词义学角度来分析的话，职业生涯管理就是对职业生涯进行管理，而管理就是通过计划、组织、控制、激励和领导等环节来协调人力、物力和财力资源，以期更好地达成组织目标的过程，因此，可以将职业生涯管理理解为：通过对职业生涯进行科学地设计、有效地实施、及时地评估和反馈等一系列行为，高效率实现职业生涯发展目标的活动过程。我们在后面将重点去探讨职业生涯管理中的两个重要环节：一是职业生涯设计或者职业生涯规划，主要是设计职业生涯目标和实现路径；二是在制定好职业生涯发展方案的前提下，去做好实施、协调、控制的工作，确保达成既定目标，可以理解成一种狭义的职业生涯管理行为。

职业生涯管理需要员工个人和组织的共同努力。一方面，员工是自己的主人，自我管理是职业生涯成功的关键。另一方面，组织又是个人职业生涯得以存在和发展的载体。根据管理的主体不同，我们又可以分为自我职业生涯管理(Individual Career Managent)和组织职业生涯管理(Organizational Career Management)。其中，自我职业生涯管理就是员工个人对自己所要从事的职业、所要任职的公司、所要达成的职业目标进行规划设计，并努力地去实现职业目标的过程，一般由职业生涯设计、职业发展策略、职业选择、职业变动、职业适应性管理等内容构成。组织职业生涯管理是指组织对员工的职业生涯进行管理，包括指导员工制定职业生涯设计、提供适合员工发展的职业通道、为员工职业发展提供必要的培训和指导等，促进员工职业生涯目标的实现，最终满足组织发展的人力资源需求。

实现自我职业生涯管理和组织职业生涯管理的协调发展是职业生涯管理的根本目的所在。职业生涯管理中员工个人目标与组织目标之间是相互依存、相互作用、共同发展的关系，如图 9 – 1 所示。

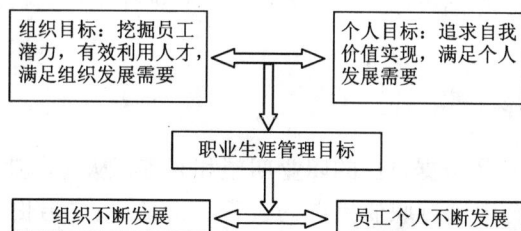

图 9 – 1　职业生涯管理中员工个人目标与组织目标之间的关系图

（资料来源：侯光明. 人力资源管理. 北京：高等教育出版社，2009）

三、职业生涯管理的作用

做好职业生涯管理无论是对员工个人的发展，还是对组织的发展都具有重要的作用，如表 9 – 2 所示。

表 9 – 2　职业生涯管理的作用

对员工个人而言	①可以帮助员工以既有的成就为基础，确立人生的方向，提供奋斗的策略 ②可以帮助员工突破并塑造清新充实的自我 ③有利于员工准确评价个人特点和强项 ④有利于员工识别个人目标和现状的差距 ⑤可以帮助员工准确定位职业方向 ⑥可以帮助员工重新认识自身的价值，并使其增值 ⑦可以帮助员工发现新的职业机遇 ⑧可以帮助员工增强职场竞争力 ⑨有利于员工协调好个人、事业与家庭的关系，实现工作—家庭的平衡

对组织而言	①可以帮助组织更深地了解员工的兴趣、愿望、理想，让他能够感觉到自己是受到重视的人，从而提高组织的凝聚力和员工的满意度 ②通过职业生涯管理活动增加了管理者和员工的接触时间，使得员工产生积极的上进心，从而为组织的工作做出更大的贡献 ③有利于帮助组织更好地了解员工希望达到的目的，管理者可以根据具体情况来安排对员工的培训 ④组织可以适时地用各种方法引导员工进入工作领域，从而使个人目标和组织目标更好地统一起来，降低员工的失落感和挫折感 ⑤职业生涯管理活动能够让员工更清楚地看到自己在这个组织的希望、目标，从而达到稳定员工队伍的目的

对于员工而言，行之有效的职业生涯规划与科学的管理将有利于最大限度地发掘员工潜能，增强其职场竞争力，实现其美好的职业目标；对于企业组织而言，加强职业生涯管理，可以实现人尽其才、才尽其用，实现组织的人力资源增值，是企业长盛不衰的组织保证，是具有战略意义的员工援助项目。

第二节　职业生涯管理理论

职业生涯管理的基本理论可以分为三大类：职业选择理论、职业生涯发展阶段理论和职业生涯管理模型理论。

一、职业选择理论

职业选择就是指劳动者依据自己的职业期望和兴趣，从对职业的评价、意向、态度出发，评价自身能力在社会中进行职业挑选的过程。俗话说："男怕入错行，女怕嫁错郎。"职业选择对人的职业发展十分重要，不少学者对此进行了专门的研究。

（一）帕森斯的职业－人匹配理论

职业－人匹配理论有学者又称为特质－因素理论，最早由美国波士顿大学的帕森斯（Parsons）教授提出，1909 年，帕森斯在其所著的《选择一个职业》一书中，明确阐述了职业选择的三大要素，即"三步范式"：①应该清楚地了解自己的态度、能力、兴趣、智谋、资源、限制条件和其他特征等。②应该清楚地了解不同职业工作岗位的任职资格要求、取得成功的条件、薪酬水平、发展前景等。③在前两个要素之间进行最佳搭配，实现平衡。可见，帕森斯的职业－人匹配理论主要内容就是在清楚认识、了解个人的主观条件和社会职业岗位需求条件的基础上，将主客观条件与有一定可能性获得的社会职业岗位进行对照和匹配，最后选择一种岗位需求与个人特长匹配相当的职业。

职业－人匹配理论是职业生涯管理理论中最为悠久的一种理论，也是最经典的职业选择与指导理论之一。它其实暗含了这样的理论前提：每个人都有一系列独特的特性，并且可以对其进行客观而有效的测量；每个人的独特特质又与特定的职业相联系；为了取得成功，不同职业需要配备具有不同个性特征的人员；个人特性与工作要求之间配合得越紧密，职业成功的可能性也就越大。有鉴于此，我们通常又将职业－人匹配，分为两种类型：①条件匹配。即所需专门技术和专业知识的职业与掌握该种特殊技能和专业知识的择业者相匹配；比如脏、累、险劳动条件很差的职业，需要吃苦耐劳、体格健壮的劳动者与之相匹配。②特长匹配。即某些职业需要具有一定的特长，如具有敏感、易动感情、不守常规、有独创性、个性强、理想主义等人格特性的人，宜于从事审美性、自我情感表达的艺术创作类型的职业。

帕森斯的职业 – 人匹配理论在职业选择过程中具有较好的指导作用。它告诉我们在进行职业选择的时候要分三步走：首先，进行个体分析，即自我分析，评价自己的生理、心理条件以及社会背景等，包括体质检查、职业能力测验、兴趣测验、人格测验、学业成绩和家庭文化背景调查等；其次，基于不同职业岗位的工作内容，分析岗位对人的要求，理解岗位的任职资格条件；最后，进行人职匹配，在了解自己的特点和职业岗位的要求的基础上，借助职业指导者的帮助，选择一项既符合自己特点又有可能胜任并获得的职业。

（二）霍兰德的人格类型理论

人格类型理论是美国职业心理学家霍兰德（Holland）在 20 世纪 60 年代创立的。霍兰德首先将人格划分为六种类型：现实型（Realistic）、研究型（Investigative）、艺术型（Artistic）、社会型（Social）、企业家型（Enterprise）和传统型（Conventional）。每一特定类型人格的人，都会对相应职业类型中的工作或感兴趣。然后，将工作环境也划分为六种典型类型：现实型、研究型、艺术型、社会型、企业家型和传统型。这六种工作环境与前面的六种人格类型相对应。

霍兰德把职业归属为六种典型的工作环境中的一种。他指出，人们选择职业的实质就是选择一种适合他们的职业环境，在这种职业环境中他们能够充分施展自己的技能和能力，表达他们的态度和价值观，并且能够完成那些令人愉快的使命和任务。霍兰德将职业选择行为看成是个人人格的反映和延伸，取决于人格与职业的相互作用，是人的个性特征和环境特征共同作用的结果。

在此基础上，霍兰德提出了著名的人格类型与职业类型对应表，如表 9 – 3 所示。在该表中，劳动者的人格类型与职业类型实现了匹配，意味着劳动者找到了适宜的职业岗位，而职业岗位也获得了合适的人才，这样的结果有利于劳动者的才能与积极性得到最大发挥。

表 9 – 3　人格类型与职业类型对应表

类型	劳动者的人格特征	相对应的职业类型
现实型 （Realistic）	（1）愿意使用工具从事操作性强的工作； （2）动手能力强，做事手脚灵活，动作协调； （3）不善言辞，不善交际； （4）性格上：持久的、感觉迟钝的、不讲究的、谦逊的	主要指各类工程技术工作、农业工作。通常需要一定体力，需要运用工具或操作机器 主要职业有：工程师、技术员；机械操作、维修、安装工人，矿工；木工、电工、鞋匠等；司机；测绘员、描图员；农民、牧民、渔民等
研究型 （Investigative）	（1）抽象能力强，求知欲强，肯动脑，善思考，不愿动手，是思想家而非实干家； （2）喜欢独立和富有创造性的工作； （3）知识渊博，有学识才能，不善于领导他人； （4）性格上：好奇的、个性内向、非流行大众文化、变化缓慢的	主要指科学研究和科学试验工作 主要职业有：自然科学和社会科学方面的研究人员、专家；化学、冶金、电子、无线电、电视、飞机等方面的工程师、技术人员；飞机驾驶员、计算机操作人员等

续表 9 - 3

类型	劳动者的人格特征	相对应的职业类型
艺术型 (Artisic)	(1)喜欢以各种艺术形式的创作来表现自己的才能,实现自身价值; (2)具有特殊艺术才能和个性; (3)具有创造力,乐于创造新颖的、与众不同的艺术成果,渴望表现自己的个性; (4)性格上:冷淡疏远的、有创造性的、非传统的	主要指各类艺术创作工作 主要职业有:音乐、舞蹈、戏剧等方面的演员、艺术家、编导、教师;文学、艺术方面的评论员;广播节目的主持人、编辑、作者;绘画、书法、摄影家;艺术、家具、珠宝、房屋装饰等行业的设计师等
社会型 (Social)	(1)喜欢从事服务和教育他人的工作; (2)喜欢参与解决人们共同关系的社会问题,渴望发挥自己的社会作用; (3)寻求亲近的人际关系,比较看重社会义务和社会道德; (4)性格上:缺乏灵活性的、亲切仁慈的	主要指各种直接为他人服务的工作,如医疗服务、教育服务、生活服务等 主要职业有:教师、学校管理人员、保育员、行政人员;医护人员;衣食住行服务行业的经理、管理人员和服务人员;福利人员等
企业家型 (Enterprise)	(1)追求权力、权威和物质财富,具有领导才能; (2)喜欢竞争,敢于冒险; (3)精力充沛、自信、善于交际,口才好,做事巧妙; (4)性格上:善辩的、精力旺盛的、寻求娱乐、努力奋斗的	主要指那些组织与影响他人共同完成组织目标的工作 主要职业有:经理、企业家;政府官员;律师;金融家;零售商、保险代理人、采购代理人;行业部门和单位的领导者与管理者等
传统型 (Conventional)	(1)尊重权威,喜欢按计划办事,习惯接受他人指挥和领导,自己不谋求领导职位; (2)不喜欢冒险和竞争,富有自我牺牲精神; (3)工作踏实,忠诚可靠,遵守纪律,偏爱那些规章制度明确的工作环境; (4)性格上:有责任心的、依赖性强、高效率、猜疑心重	主要指各类与文件档案、图书资料、统计报表相关的各类科室工作 主要职业有:会计、出纳;银行职员、统计人员;打字员;办公室人员;秘书和文书;图书管理员;旅游、外贸职员;保管员、邮递员、审计人员、人事职员等

(资料来源:张再生.职业生涯规划.天津:天津大学出版社,2010)

按照霍兰德的人格类型理论,劳动者的人格类型与职业类型相关系数越大,则两者的适应程度越高;二者的相关系数越小,则相互适应程度就越低。人格类型与职业类型匹配模型可以用图 9-2 说明。图中的 6 个角分别代表 6 种人格类型和 6 种职业类型,图中的连线则表示 6 种人格类型的劳动者与 6 种类型的职业相关程度。连线长度越短,则表示劳动者与职业的相关系数越大,二者的适应程度就越高。当连线的长度为 0,即劳动者类型与职业类型完全重合,如图中的 6 个角所示,表明该类型的职业应该由相应类型的劳动者来担当,此种情况下,劳动者与职业实现了最优配置,是最好的职业选择。

当然,大多数人并非呈现单一的人格类型,而是很可能同时包含着多种人格类型,比如,有的人可能是社会型、现实型和研究型的统一体。如果某人的多种人格类型越相似

（在图9－2中的位置相邻近），相容性越强，则在选择职业时所面临的冲突或犹豫就会越少。反之，如果此人的人格类型是相互对立的，比如同时具有现实型和社会型，那么他在进行职业选择的时候将会面临较多的犹豫不决的情况，这是因为他的多种兴趣将驱使他在多种完全不同的职业之间进行选择。

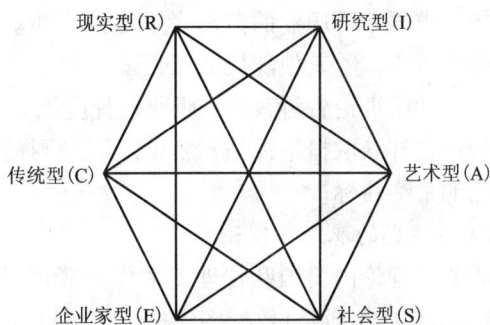

图9－2　霍兰德人格类型与职业类型匹配模型

霍兰德的人格类型理论告诉我们，在职业选择中最理想的是个体能够找到与其人格类型重合的职业环境。因此，在职业选择与指导时，应通过一定的测评手段与方法来确定个体的人格类型，然后去搜寻与之相匹配的职业种类。为了确定个体的人格类型，霍兰德还先后编制了职业偏好量表（Vocational Preference Inventory，VPI）和自我导向搜寻量表（Self－directed Search，SDS）两种测量工具来配合其理论的应用，这里就不具体介绍了。

（三）佛隆的择业动机理论

美国心理学家佛隆（Victor. H. Vroom）通过对个体择业行为的研究认为，个体行为动机的强度取决于效价的大小和期望值的高低，动机强度与效价及期望值成正比，1964 年在《工作和激励》一书中，他提出了解释员工行为激发程度的期望理论，用公式表示为：

$$F = V \cdot E$$

其中 F 为动机强度，是指积极性的激发程度，表明个体为达一定目标而努力的程度；V 为效价，是指个体对一定目标重要性的主观评价；E 为期望值，是指个体对实现目标可能性大小的评估，也即目标实现概率。

期望理论告诉我们，员工个体行为动机的强度取决于效价大小和期望值的高低。效价越大，期望值越高，员工行为动机越强烈，就是说为达到一定目标，他将付出极大努力。如果效价为零乃至负值，表明目标实现对个人毫无意义。在这种情况下，目标实现的可能性再大，个人也不会产生追逐目标的动机，不会为此付出任何积极性，付出任何的努力。如果目标实现的概率为零，那么无论目标实现意义多么重大，个人同样不会产生追求目标的动机。

后来，佛隆运用期望理论去解释个人的职业选择行为，具体化为择业动机理论。即择业动机 = 职业效价 × 职业概率。择业动机的强弱表明了择业者对目标职业的追求程度，或者对某项职业选择意向的大小。该公式表明，对择业者来讲，某项职业的效价越高，获取该项职业的可能性越大，择业者选择该项职业的意向或者倾向越大；反之，某项职业对择业者而言其效价越低，获得此项职业的可能性越小，择业者选择这项职业的倾向也就越小。

式中，职业效价是指择业者对某项职业价值的评价，取决于：①择业者的职业价值观；②择业者对某项具体职业要求，如兴趣、劳动条件、工资、职业声望等的评估。职业概率则是指择业者获得某项职业可能性的大小，通常主要决定于 4 个条件：①某项职业的需求量。在其他条件一定的情况下，职业概率同职业需求量呈正相关。②择业者的竞争能力，即择业者自身工作能力和求职就业能力，竞争力越强，获得职业的可能性越大。③竞争系数是指谋求同一种职业的劳动者人数的多少。在其他条件一定的情况下，竞争系数越大，职业概率越小。④其他随机因素。

择业动机理论告诉我们，职业选择应该分两步走：首先，对视野内的目标职业进行职业效价评估和获取概率评估；然后，再进行择业动机比较，选择择业动机分值高的职业作为自己的最终目标。

（四）施恩的职业锚理论

职业锚理论由美国麻省理工大学斯隆商学院、美国著名的职业指导专家埃德加·H.施恩（Edgar. H. Schein）教授率先提出。施恩教授通过对斯隆管理学院的44名MBA毕业生进行长达12年的职业生涯研究，包括面谈、跟踪调查、公司调查、人才测评、问卷等多种方式，最终分析总结出了职业锚理论。

锚，是使船只停泊定位用的铁制器具，起固定和稳定的作用。施恩通过研究发现，人们在职业探索过程中，也存在一个功能类似船锚一样的东西，在我们不得不进行职业选择和变换的时候，我们无论如何都不会放弃它，即职业锚（Career Anchor）。通俗来讲，职业锚就是人们选择和发展自己的职业时所围绕的中心，是指当一个人不得不做出选择的时候，他无论如何都不会放弃的至关重要的东西或价值观。理论上又将职业锚称职业系留点。

施恩教授认为，一个人的职业锚由三个部分组成：①自省的才干和能力（以各种作业环境中的实际成功为基础）；②自省的动机和需要（以实际情境中的自我测试和自我诊断以及他人的反馈为基础）；③自省的态度和价值观（以自我与雇佣组织和工作环境准则和价值观之间的实际遭遇为基础）。可见，职业锚是自我意向的一个习得部分。具体而言，是个人进入早期工作情境后，由习得的实际工作经验所决定，与在经验中自省的动机、价值观、才干相符合，达到自我满足和补偿的一种稳定的职业定位。职业锚强调个人能力、动机和价值观三方面的相互作用与整合。职业锚是个人同工作环境互动作用的产物，在实际工作中是不断调整的。

施恩根据自己的研究将职业锚划分为技术/职能型、管理能力型、创造型、安全/稳定型、自主/独立型5种类型。1992年，麻省理工大学的学者又将职业锚类型拓展为8种。如表9-4所示。

表9-4　不同职业锚的特点比较

职业锚类型	具有该职业锚的员工特征
技术/功能型	(1)强调技术/功能等业务工作； (2)拒绝一般管理工作，但愿意在其技术/功能领域管理他人； (3)追求在技术/功能能力区的成长和技能不断提高，其成功更多地取决于该区域专家的肯定和认可，以及承担对该种能力要求日益增多的、富有挑战性的工作。
管理能力型	(1)这种职业锚的雇员追求承担一般管理性工作，且责任越大越好。他们倾心于全面管理，掌握更大的权力，担负更大责任； (2)具有强有力的升迁动机和价值观，以提升、等级和收入作为成功的标准； (3)具有分析能力、人际沟通能力和情感能力的强强组合； (4)分析能力是指在信息不完全以及不确定的情况下发现问题、分析问题和解决问题的能力； (5)对组织有较大的依赖性。

续表 9 - 4

职业锚类型	具有该职业锚的员工特征
创造型	(1)有强烈的创造需求和欲望； (2)意志坚定，敢于冒险； (3)在某种程度上，同其他类型职业锚有重叠。
安全/稳定型	(1)追求安全、稳定的职业前途，是这一类职业锚雇员的驱动力和价值观； (2)注重情感的安全稳定，觉得在一个熟悉的环境中维持一种稳定的、有保障的职业对他们来说是更为重要的，包括一种定居，使家庭稳定和使自己融入团队和社区的感情； (3)对组织有较强的依赖性，一般不愿意离开一个给定的组织，愿意让他们的雇主来决定他们去从事何种职业，倾向于根据雇主对他们提出的要求行事，不越雷池半步； (4)个人职业生涯往往会受到限制，对组织的依赖性强，个人缺乏职业生涯开发的驱动力和主动性，从而不利于自我职业生涯的发展。
自主/独立型	(1)希望随心所欲安排自己的工作方式、工作习惯、时间进度和方式； (2)追求在工作中享有自身的自由，有较强的职业认同感，认为工作成果与自己的努力紧密相连； (3)与其他职业锚有明显交叉。
服务奉献型	(1)希望职业能够体现个人价值观，关注工作带来的价值，而不在意是否能够发挥自己的才能或能力。他们的职业决策通常基于能否让世界变得更美好； (2)希望职业允许他依自己的价值观影响雇用他的组织或社会； (3)对组织忠诚，希望得到基于贡献的、公平的、方式简单的薪酬，钱并不是他们追求的根本目标； (4)比金钱更重要的是认可他们的贡献，给他们更多的权力和自由来体现自己的价值； (5)他们需要来自同事及上司的认可和支持，并与他们共享自己的核心价值，如果缺少这些支持，他们可能会走向有一定自主性的职业，如咨询业。
挑战型	(1)认为自己可以征服任何事情或任何人，并将成功定义为"克服不可能克服的障碍，解决不可能解决的问题，或战胜非常强硬的对手"； (2)一定水平的挑战是至关重要的，工作领域、受雇佣的公司、薪酬休系、晋升休系、认可方式，这些都从属于这项工作是否能够经常提供挑战自我的机会，缺少挑战自我的机会会使他们变得厌倦和急躁； (3)职业中的变化对他们而言非常重要，管理工作吸引他们的一个主要原因是管理工作的多变性和面临的强硬挑战性。
生活型	(1)此种人最重要的是弹性和灵活，愿意为提供灵活选择的组织工作； (2)相当于组织的态度，此类型的人更关注组织文化是否尊重个人和家庭的需要，以及能否与组织之间建立真正的心理契约。

（资料来源：周文霞.职业生涯管理.上海：复旦大学出版社，2011）

　　职业锚作为员工的自省的才干、动机和价值观模式，在个人职业生涯和组织的事业发展过程中发挥着重要的作用。对于员工个人而言，一方面有助于增强个人职业技能和工作经验，提高工作效率和劳动生产率；另一方面可以为雇员中后期职业生涯发展奠定基础。对于组织而言，职业锚有助于管理者识别员工的职业抱负模式和职业成功标准；促进雇员预期心理契约的发展，有利于个人与组织稳固地相互接纳。

二、职业生涯发展阶段理论

　　每个人的职业生涯都要经历许多阶段，西方国家对职业生涯的发展阶段进行了比较系统深入的研究。

（一）萨柏的职业生涯发展阶段理论

萨柏（Donanl E. Super）是美国著名的职业管理学家，认为人的职业生涯从 0 岁开始，涵盖了整个生命周期阶段。他将一个人的职业生涯分为成长阶段、探索阶段、确立阶段、维护阶段和衰退阶段，每个阶段都有其独特的发展任务。

1. 成长阶段（0 ~ 14 岁）

在人的生命周期中 0 ~ 14 岁还属于儿童期。这个阶段的儿童经过对父母以及周围家人、小伙伴等的观察和模仿，开始了解自我、探索自我。成长阶段的主要任务是：认同并建立起自我概念，对职业好奇占主导地位，并逐步有意识地培养职业能力。成长阶段为职业生涯的认知阶段，萨柏将这一阶段进一步细分为 3 个时期。

①幻想期（10 岁之前）：儿童从外界感知到许多职业，对于自己觉得好玩和喜爱的职业充满幻想和进行模拟。

②爱好期（11 ~ 12 岁）：以兴趣为中心理解和评价职业。喜好是参与各种活动的主要考虑因素，相对忽视自己的能力要素。

③能力期（13 ~ 14 岁）：能力逐渐提升到重要位置，开始考虑自身条件与喜爱的职业是否相符，有意识地进行能力培养。

2. 探索阶段（15 ~ 24 岁）

探索阶段是组织管理员工职业生涯阶段的真正开端。该阶段主要任务是：通过学校学习进行自我考察、角色鉴定和职业探索，完成择业及初步就业。在这个阶段个人将对自己的能力和天资进行现实性评价，认真地探索各种可能的职业选择，并试图根据自己的职业选择做出相应的教育选择。探索阶段由下面 3 个时期组成。

①试验期（15 ~ 17 岁）：综合认识和考虑自己的爱好、能力与职业社会价值、就业机会，开始进行择业尝试。

②过渡期（18 ~ 21 岁）：正式进入职业，或者进行专门的职业培训，明确某种职业倾向。

③尝试期（22 ~ 24 岁）：选定工作领域，开始从事某种职业，对职业发展目标的可行性进行实验。

3. 确立阶段（25 ~ 44 岁）

确立阶段属于职业生涯的选择、安置和立业阶段。主要任务是：获取一个合适的工作领域，并谋求发展。这一阶段是大多数人职业生涯周期中的核心部分，可以细分为 3 个时期。

①稳定期（25 ~ 30 岁）：个人在所选的职业中安置下来。重点是寻求职业及生活上的稳定。

②立业期（31 ~ 40 岁）：致力于实现职业目标，是个富有创造性的时期。

③职业中期危机阶段（41 ~ 44 岁的某一时期）：人到中年，上有老、下有小承受了较大的压力。这个阶段个人可能开始对自己前半生的职业生涯产生怀疑，认为自己偏离了最初的职业目标，或者发现了新的目标。此时需要对自己最初的理想、抱负和目标进行再次评估，并不得不面临一个艰难的抉择。

4. 维持阶段（45 ~ 64 岁）

维持阶段属于升迁和专精阶段，是职业生涯发展的后期极端。这一阶段的劳动者由于长时间在某一职业岗位上工作，在该领域已经拥有了一席之地，达到了所谓的"功成名就"层面，一般不再考虑变换职业。该阶段的主要任务是：开发新的技能，维护已获得的成就和社会地位，维持家庭和工作两者间的和谐关系，寻找接替人选。

5. 衰退阶段(65岁以上)

在这一阶段，职业生涯接近尾声。该阶段的主要任务是：逐步退出职业和结束职业，开发社会角色，减少权力和责任，适应退休后的生活。

萨柏的职业生涯发展阶段理论是一种纵向职业指导理论，将职业生涯周期与人的生命周期等同起来，是最全面和完整的职业生涯发展阶段划分，指出职业选择是一个终生决策过程，并重点对个人的职业倾向和职业选择过程本身进行研究，认为职业发展是一种连续不断、循序渐进、不可逆转的动态过程，应该努力将个人特征与职业进行动态匹配，对职业生涯发展具有较高的理论价值和实践指导意义。我们将不同生涯阶段的发展重点整理成表9－5。职业生涯是个持续的过程，各阶段的时间并没有明确的界限，其经历时间的长短也会因个体因素差异及外在环境的不同而有所变化，甚至还可能出现阶段性反复。

表9－5　各个职业生涯发展阶段的发展重点

阶段	年龄	时期	发展重点
成长	0～10岁	幻想	受家庭教育、父母保护
	11～12岁	爱好	适应学校生活和社会生活
	13～14岁	能力	了解工作的意义，逐渐认识自己
探索	15～17岁	试探	初步的职业选择，职业喜好具体化
	18～21岁	转变	多种职业的选择，恐惧工作的压力
	21～24岁	尝试	努力寻找合适工作，面对工作的挫折
立业	25～30岁	稳定	趋于安定，婚姻的选择，养儿育女
	31～40岁	立业	综合考虑，稳固现有地位，力求上进和升迁
	41～44岁	中期危机	重新评价最初的理想、抱负和目标，并不得不面临一个艰难的抉择
维持	45～65岁	维持	维持既有职位与成就，准备退休计划
衰退	65岁以后	衰退	适应退休生活，发展新的角色

(资料来源：赵曙明.人力资源管理与开发.北京：高等教育出版社，2009)

(二)金斯伯格的职业生涯发展阶段理论

金斯伯格(Eli Ginzberg)是美国著名的职业指导专家、职业生涯发展理论的先驱和典型代表人物。他重点研究的是从童年到青少年阶段的职业心理发展过程。他将职业生涯的发展分为幻想期、尝试期和现实期三个阶段。

(1)幻想期：处于11岁之前的儿童时期。儿童对大千世界，特别是对于他们所看到或接触到的各类职业工作者，充满了新奇、好玩的感觉。此时期职业需求的特点是：单纯考虑自己的兴趣爱好，不考虑自身的条件、能力水平和社会需要与机遇，完全处于幻想之中。

(2)尝试期：11～17岁，这是由少年儿童向青年过渡的时期。这一时期，人的心理和生理在迅速成长发育和变化，有独立的意识，价值观念开始形成，知识和能力显著增长和增强，初步懂得社会生产和生活的经验。在职业需求上呈现出的特点是：有职业兴趣，但不仅限于此，会对自身各方面的条件和能力进行较多的客观审视，同时，开始注意职业角色的社会地位、社会意义，以及社会对该职业的需要。

（3）现实期：17 岁以后的青年年龄段。这个年龄阶段的青年即将步入职场，他能够比较客观地将职业愿望或要求、自身的主观条件和能力，以及社会现实中的职业需要三者紧密联系起来，努力去寻找适合自己的职业角色。这一时期的最大特点是：人们对自己的职业不再模糊不清，已形成具体的、现实的职业目标，表现出客观性和现实性的有机统一。

现实期通常又被分为三个阶段：

①试探阶段。根据尝试期的结果进行各种试探活动，试探各种职业机会和可能的选择。

②具体化阶段。根据试探阶段的情况作进一步的选择，并进行具体化。

③专业化阶段。根据自我选择目标进行具体的就业准备。

金斯伯格的职业生涯发展阶段理论，实际上是对前期职业生涯发展的不同阶段进行研究，揭示了初次就业前人们职业意识或职业追求如何与工作现实之间进行匹配的发展变化过程。

（三）格林豪斯的职业生涯发展阶段理论

萨柏和金斯伯格的研究思路都是从人生不同年龄段对职业的需求与态度出发，对职业生涯发展过程进行研究，并据此划分职业生涯阶段。与此不同的是，美国心理学博士格林豪斯（Greenhouse）的研究则是首先研究人在不同年龄段职业生涯所面临的主要任务，然后以此为依据划分职业生涯发展阶段，形成他的职业生涯发展理论。格林豪斯将职业生涯发展划分为五个阶段：职业准备阶段、进入组织阶段、职业生涯初期、职业生涯中期和职业生涯后期。如表 9 - 6 所示。

（四）施恩的职业生涯发展阶段理论

施恩教授除了提出著名的职业锚理论之外，还根据人的生命周期特点和不同年龄阶段所面临的职业问题和主要工作任务，提出了自己的职业生涯发展阶段理论。他将职业生涯发展划分为 9 个阶段，如表 9 - 7 所示。

表 9 - 6　格林豪斯的职业生涯发展阶段理论

职业生涯阶段	年龄区间	该阶段的主要任务
职业准备	0 ~ 18 岁	发展职业想象力，对职业进行评估和选择，接受必需的职业教育。
进入组织	18 ~ 25 岁	在一个理想的组织中获得一份工作；在获取足量信息的基础上，尽量选择一种合适的、较为满意的职业。
职业生涯初期	25 ~ 40 岁	学习职业技术，提高工作能力；了解和学习组织纪律和规范，逐步适应职业工作，适应和融入组织；为未来的职业成功做好准备。
职业生涯中期	40 ~ 55 岁	学习新知识，更新技能；对早期职业生涯重新评估，强化或改变自己的职业理想；选定职业，努力工作，有所成就。
职业生涯后期	55 岁直至退休	安于现有工作，继续保持已有职业成就，维护尊严，准备引退，调整心态，做好退休后的打算。

表 9 - 7　施恩的职业生涯发展阶段理论

职业生涯阶段	年龄区间	该阶段的主要任务及角色
成长、幻想、探索阶段	0～21 岁	①发展和发现自己的需要和兴趣，发展和发现自己的能力和才干，为进行实际的职业选择打好基础；②学习职业方面的知识，寻找现实的角色模式，获取丰富信息，发展和发现自己的价值观、动机和抱负，做出合理的受教育决策，将幼年的职业幻想变为可操作的现实；③接受教育和培训，开发工作世界中所需要的基本习惯和技能。充当的角色是：学生、职业工作的候选人、申请者。
进入工作世界	16～25 岁	①查看劳动力市场，谋取可能成为一种职业基础的第一项工作；②在个人和雇主之间达成正式可行的契约，让个人成为一个组织或一种职业的成员。充当的角色是：应聘者、新学员。
基础培训	16～25 岁	①了解、熟悉组织，接受组织文化，融入工作群体，尽快取得组织成员资格，成为一名有效的成员；②适应日常的操作程序，应付工作。充当的角色是：实习生、新手。
早期职业的正式成员资格	17～30 岁	①承担责任，成功地履行与第一次工作分配有关的任务；②发展和展示自己的技能和专长，为提升或查看其他领域的横向职业成长打基础；③根据自身才干和价值观，根据组织中的机会和约束，重估当初追求的职业，决定是否留在这个组织或职业中，或者在自己的需要、组织约束和机会之间寻找一种更好的配合。充当的角色是：新的正式成员。
正式成员资格、职业中期	25 岁以上	①选定一项专业或查看管理部门；②保持技术竞争力，在自己选择的专业或管理领域内继续学习，力争成为一名专家或职业能手；③承担较大责任，确立自己的地位；④开发个人的长期职业计划。充当的角色是：正式成员、任职者、终身雇员、主管、经理等。
职业中期危机	35～45 岁	①现实的估价自己的进步、职业抱负及个人前途；②针对是接受现状还是争取看得见的前途做出具体选择；③与他人建立良好关系。
职业后期	40 岁以后直至退休	①成为一名良师，学会发挥影响，指导、指挥别人，对他人承担责任；②扩大、发展、深化技能，或者提高才干，以担负更大范围、更重大的责任；③如果求安稳，就此停滞，则要接受和正视自己影响力和挑战能力的下降。充当的角色是：骨干成员、管理者、有效贡献者等。
衰退和离职（不同的人在不同的年龄衰退）	40 岁以后直至退休	①学会接受权力、责任、地位的下降；②基于竞争力和进取心下降，要学会接受和发展新的角色；③评估自己的职业生涯，着手退休。
退休	因人而异	①保持一种认同感，适应角色、生活方式和生活标准的急剧变化；②保持一种自我价值观，运用自己积累的经验和智慧，以各种资源角色，对他人进行传帮带。

（资料的来源：根据[1]姚裕群.职业生涯管理[M].大连：东北财经大学出版社,2009 [2]周立珍.人力资源管理[M].长春：东北师范大学出版社,2010 [3]周文霞.职业生涯管理[M].上海：复旦大学出版社,2011,综合整理得到,略有修改。）

　　这个理论在分析职业生涯各个阶段所面临问题和特定任务方面比格林豪斯的更具体、更系统，可以让个人明确各个阶段的主要任务。需要指出的是，施恩虽然基本依照年龄增大顺序划分职业发展阶段，但并未囿于此，其阶段划分更多的根据职业状态、任务、职业行为的重要性，又因为每人经历某一职业阶段的年龄有别，所以，他只给出了大致的年龄跨度，职业阶段的年龄有所交叉。

　　虽然上述各种职业生涯发展阶段理论在阶段划分上不尽相同，但是，它们还是具有共性的，比如都将年龄作为划分职业生涯阶段的一个重要依据，认为个体生命的发展阶段和职业的发展阶段是具有高度相关性；都在努力地去揭示在不同年龄阶段，个体可能会遇到的具有一般意义的职业特征、职业需求和职业发展任务。这些理论表明：一方面，职业生涯发展会伴随着年龄的增长呈现动态的变化，需要我们进行长期的、持续的关注和思考；另一方面，进行职业生涯发展阶段的划分，并不是要单纯地给出一个年龄段标准，而是要去了解个体的职业生涯是如何发展的，识别职业生涯发展在不同阶段的特征和主要任务，既为个体有效地管理自己的职业生涯提供帮助，又为组织更好地管理和开发已有的人力资源提供帮助。当然，任何理论描述的都只可能是最一般的情况，它永远不可能穷尽现实，各种职业生涯发展阶段理论亦然。

三、职业生涯管理模型理论

　　职业生涯管理模型主要是通过归纳和描绘职业生涯管理的一般过程来告诫人们如何管理他的职业生涯。目前，为人们所推崇的职业生涯管理模型主要是由格林豪斯等人在借鉴和综合他人研究成果的基础上开发出来的。如图 9-3 所示。

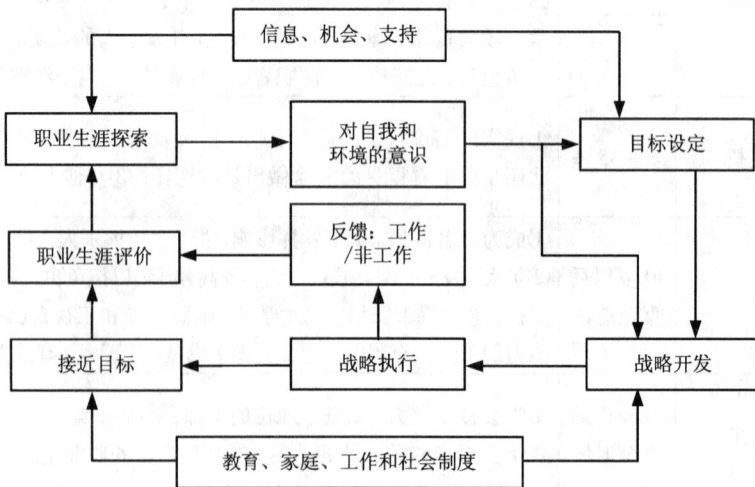

图 9-3　职业生涯管理模型

（资料来源：周文霞. 职业生涯管理［M］. 上海：复旦大学出版社，2011，略有修改。）

　　职业生涯管理是建立在家庭、企业、社会这样一个复杂的社会系统之内的。职业生涯管理模型描述的是一个持续解决问题的过程。即个人通过收集信息来认识自己和周围的环境、建立目标、制定并执行职业战略计划、获得反馈信息、继续进行职业生涯管理。

　　具体而言，职业生涯管理的主要过程是：首先，基于信息、机会和支持要素的判断，人们不断对职业生涯进行探索，形成对自我和环境的全面认识，包括分析自己的价值观、兴趣爱好、在工作和非工作中的才能所在、环境中存在的机遇和障碍等。其次，在深刻认识自我的基础上设定可实现的职业目标。当然也可以保持原有的职业目标不变。然后，为了实现职业目标，拟定职业生涯战略开发计划，并执行该计划。一个合理的职业生涯战略的执行一方面可以帮助接近职业生涯目标，另一方面还可以为个人提供来自于工作和非工作领域的有益的反馈信息。最后，对职业生涯进行评价，而从职业生涯评价中得到的信息又会反过来促进个人进行职业生涯探索，新的职业生涯管理循环又开始了。

　　什么样的职业生涯管理才是有效的呢？周文霞(2011)等人通过总结归纳格林豪斯等人的研究成果，提出有效的职业生涯管理应该具有四个特征。

　　(1)有效的职业生涯管理需要对自我和环境有深入且准确的把握。长期来看，一个人不能单靠运气，职业生涯是由一生中许许多多个决定组成的，对自我和环境的准确理解能够让人在决策行为中扮演积极的角色和做出正确的选择。

　　(2)有效的职业生涯管理要求制定现实的目标，该目标应该符合个人的价值观、兴趣、能力以及向往的生活方式。对自我和环境的准确理解，是有效职业生涯管理的必要但非充分条件。这些信息必须转化为制定一个目标的决定，而且该目标必须与个人的需要相一致。

　　(3)有效的职业生涯管理要求制定并执行适当的职业生涯战略。因为职业生涯需要长期的很多不同类型的决策，制定并执行职业生涯战略的技能对有效的职业生涯管理来说是必不可少的。按照计划尝试实现制定有效的职业生涯目标是职业生涯管理的核心所在。

　　(4)有效的职业生涯管理应该是一个持续的反馈过程。没有人能够完全准确地掌握关于自己和环境的信息，尤其是在人与环境都发生变化时，认识不全面和目标战略不合适并不是无效的职业生涯管理的信号，真正的问题在于我们缺乏对这些困难的觉察并进行建设性的改进。因此，有效的职业生涯管理是一个斗争的过程，是不完善的信息和决策被更好的信息和决策不断取代的过程。

第三节　职业生涯设计

一、职业生涯设计的内涵

　　陈国海(2009)等将职业生涯设计又称为职业生涯规划。夏兆敢(2006)认为，职业生涯规划既包括个人对自己的个体职业生涯规划，又包括企业对员工进行的职业规划管理体系。在这里，我们主要探讨个人的职业生涯规划设计，即人们如何对职业生涯进行计划和安排。为此，我们认为职业生涯设计的内涵为：个人根据自身的主观因素和客观环境的分析，确定自己的职业发展目标，并为顺利地实现该目标而对自己的职业发展道路进行筹划与安排，包括选择职业道路、制定职业培训或教育计划、确定具体的行动方案等。根据职业生涯设计的时间范围，通常可以划分为短期设计、中期设计、长期设计和人生规划等类型，如表9-8所示。外部环境和个人条件随时都在发生变化，如果时间跨度太长的话，则会导致职业生涯设计难以把握，而时间跨度太短的职业生涯设计意义又不大。而时间跨度为 2~5 年的中期设计可以较好地协调这对矛盾,既便于人们根据实际情况设定可行的目标,又便于人们根据现实的反馈进行修正和调整。

表 9-8　职业生涯设计的常见类型比较

职业生涯设计类型	该类型职业生涯设计的主要内容
短期设计	一般是 2 年以内的职业生涯设计,主要是确定近期目标,规划近期应完成的任务。如 2 年内掌握哪些专业知识等
中期设计	一般涉及 2~5 年内的职业目标和任务,是最常用的职业生涯设计,为个人职业生涯设计的重点。如做不同业务部门经理等
长期设计	主要是 5~10 年的职业生涯设计,主要是设定较长远的目标,以及为实现此目标应该采取的对策措施。如 40 岁时成为一家大型公司副总经理等
人生规划	对整个职业生涯进行设计,时间跨度长达 40 年左右,对整个人生的发展目标进行设计。如成为一个拥有亿元资产的公司老板

"凡事预则立,不预则废"。职业生涯设计对一个人的发展与成功具有重要意义。个人通过职业生涯设计,可以帮助个人对自我进行全面的剖析,明确自己的职业发展目标和方向,鞭策个人努力工作。同时,职业生涯设计还有利于帮助我们抓住工作的重点,避免被工作中的日常事务所缠绕,平衡好家庭与工作、爱好与工作的关系。

二、职业生涯设计的原则与步骤

(一)职业生涯设计的原则

有效的职业生涯设计既要能够帮助个人实现职业成功,又要有利于个人的全面发展和家庭生活质量的提高,还要能够满足企业的发展需要。

1.清晰性原则

清晰性原则是指进行职业生涯设计时应该做到目标清晰、措施明确、步骤直截了当、安排具体有序。职业生涯设计是针对特定背景下的特定个体进行的,应该做到因人而异,避免笼而统之、模棱两可。

2.适应性原则

适应性原则是指职业生涯目标或措施应该具有一定的弹性或者缓冲性,能够依据环境、组织和个体的变化而做出相应的调整,而不是僵化的。

3.一致性原则

一致性原则是指职业生涯发展的总目标与各个阶段的分目标、个人发展目标与组织发展目标、目标与达成目标的措施能够保持一致。

4.可行性原则

可行性原则为个体所设计的职业发展目标以及达到目标的措施不仅要清晰而明确,还要切实可行。实现生涯目标的途径很多,在设计时必须要考虑到自己的特质、社会环境、组织环境以及其他相关因素,选择确定可行的途径。

5.长期性原则

从进入职场开始,到最后彻底退出职场,我们差不多要经历 40 个年头。职业生涯设计是个长期性的艰苦工作,将一直贯穿职业生命周期始终,在复杂的环境中是不可能一蹴而就、一劳永逸的。设计职业生涯时要按照滚动计划法的思路,立足于职业生涯全程,分段设计,滚动发展。

6. 挑战性原则

职业生涯设计要力戒平庸。目标与措施要在具体可行的基础上具有一定的挑战性。这样,通过努力达成目标之后,个人能够获得较大的成就感,从而产生内在的激励作用。

7. 可度量性原则

职业生涯设计应有明确的时间限制或标准,以利于个人在职业生涯发展过程中进行阶段性的评估、检查,使自己随时掌握执行状况,并为修正职业生涯设计提供参考的依据。

(二)职业生涯设计的步骤

职业设计一般包括自我评估、组织与社会环境分析、生涯机会评估、确定职业生涯目标、制定行动方案、评估与反馈等环节,如图9-4所示。

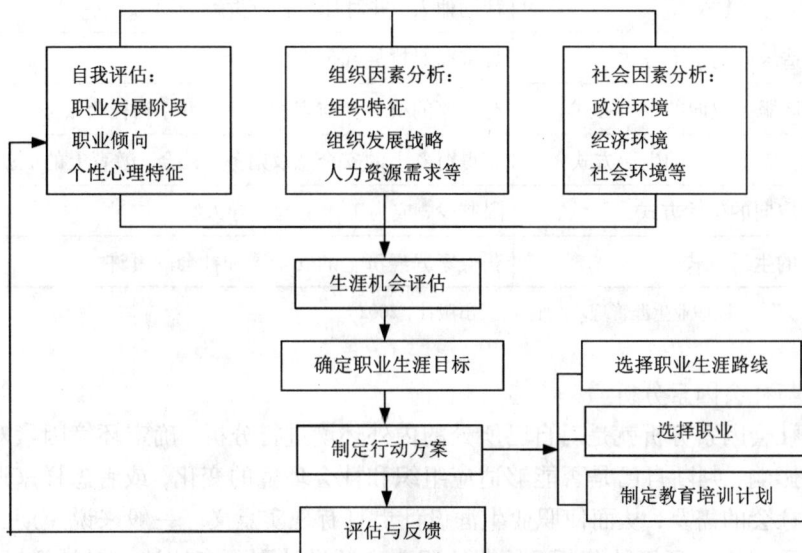

图9-4 职业生涯设计流程示意图

(资料来源:卢福财.人力资源管理.北京:高等教育出版社,2006)

1. 自我评估

自我评估就是对自己进行全面的分析,包括评价自己的兴趣、爱好、特长、性格、学识、技能、智商、情商、思维方式、自己向往的生活方式等,帮助个人明确自己的职业兴趣、价值观、能力倾向、行为倾向等等,以便准确地为自己定位。自我评估要客观、冷静,不能以点带面,既要看到自己的优点,又要看到自己的缺点。

尤其需要一提的是,在自我评估环节,了解自己向往的生活形态,对未来工作的安排和规划会有所助益。这是因为不同的职业类别,需要有不同的生活作息安排与之相对应。表9-9对不同生活方式的特征进行了比较。拥有一个适合自己的生活形态是很重要的人生目标,值得我们去努力追寻。

表 9 - 9　　各种常见生活方式的特征比较

生活方式	特征
1. 社会取向的生活方式	拥有参与社区活动的机会，以贡献社会
2. 家庭取向的生活方式	能够提供家庭充分的经济安全，并积极参与家庭生活
3. 休闲取向的生活方式	休闲活动为生活方式的重要因素
4. 流动取向的生活方式	有充分的机会因业务关系到各地去旅游
5. 领导取向的生活方式	有机会独立行动(有弹性的工作安排)，并担任领导的角色
6. 教育取向的生活方式	借学历的提高，可以获得成就和晋升
7. 经济取向的生活方式	拥有相当多的财物和社会知名度
8. 无压力取向的生活方式	工作压力小，工作时间固定，有足够的时间参与家庭生活
9. 利他取向的生活方式	帮助他人，并对社会有所贡献
10. 独立、创造取向的生活方式	具有面对挑战和创造的机会
11. 宗教、社区服务取向的生活方式	有足够的机会参与宗教、社区事务和社会服务
12. 财务、成就需求取向的生活方式	获得财务上的安全感及财务、社会、教育上的成就感
13. 世界主义取向的生活方式	限制少，成为工作上的领导人物
14. 传统取向的生活方式	获得家庭经济上的安全感和社会的赞许

（资料来源：徐娅玮. 职业生涯管理. 深圳：海天出版社，2002）

2. 组织与社会因素分析

　　组织与社会因素分析就是对自己所处的内外环境进行分析，确定环境因素对自身职业生涯发展的影响，判断自己是否能够适应组织和社会环境的变化，或者怎样来调整自己以适应组织和社会的需要，从而使职业生涯设计更具有现实意义。一般来说短期的职业生涯设计比较注重对组织环境的分析，长期的职业生涯设计则更多地注重对社会环境的分析。表 9 - 10 主要归纳了对组织环境的了解主要包含的内容。

表 9 - 10　　组织环境应该了解的主要内容

组织环境	具体了解内容
组织特征	组织的行业属性、生产的自动化程度、产品的销售方式等。企业的类型：该企业是资本密集型的、还是劳动密集型的；自己在这样的环境中有多大的发展空间；该企业所需要的是纯技术人才还是技术创新人员或管理人员；自己是否适合这种需要等
组织发展战略	企业的发展目标、发展阶段：如果企业处在新领域的开发期，它对这个新领域的人才的需求就会增加；如果企业进行结构调整，则这个机会对某类人来说可能是一个难得的机遇
组织文化	企业的文化是否适合自身的价值观；自己经过调整能否适应

续表 9 – 10

组织环境	具体了解内容
组织人力资源状况	组织中职工的年龄状况、晋升制度、绩效考核制度、薪酬制度、培训制度等
组织人力资源规划	大型企业的人力资源规划能使人预测到组织的人力资源需求总量和人力资源供给总量，从而能使求职者或在职员工知道自己在企业内是否有机会或有什么样的机会，从而制定合理的职业生涯规划

（资料来源：姚裕群.职业生涯管理.大连：东北财经大学出版社，2009）

关于社会环境的了解，主要是对社会环境做深入的分析，包括经济环境、人口环境、科技环境、政治与法律环境、社会文化环境等。

3. 生涯机会的评估

生涯机会的评估包括对长期机会的评估和对短期机会的评估，有助于帮助我们确定职业和职业发展目标。通过对社会环境的分析，结合本人的具体情况，我们可以评估有哪些长期的发展机会；通过对组织环境的分析，我们可以评估组织内部有哪些短期的发展机会。在生涯机会评估工具中，SWOT 分析方法是最基本的一种方法。采用该方法能很容易地知道自己的优势和劣势在哪里，并且可以详细地评估出自己所感兴趣的不同职业道路的机会和威胁所在。

4. 职业生涯目标的确定

职业生涯目标的确定包括人生目标、长期目标、中期目标与短期目标的确定。确定目标是职业生涯设计的关键。在前面自我评估、组织和社会因素分析、生涯机会评估的基础上，我们首先要根据个人的专业、性格、气质和价值观以及社会的发展趋势确定自己的人生目标和长期目标，然后再把人生目标和长期目标进行分解细化，根据个人的经历和所处的组织环境制定相应的中期目标和短期目标。关于如何确定职业生涯的目标，表 9 – 11 提供了供参考的"目标设计表"。

表 9 – 11　职业生涯目标设计表

目标	内容（自填）	提示
人生目标		你想成为什么样的人 你想做哪件大事或哪几件大事 你想成为哪一领域的佼佼者 你想发挥自己哪些方面的优势和特长
十年计划		今后十年你想成为什么样子 事业上有什么成就 收入达到多少 你的家庭及健康水平如何 你的生活状态怎样、社会地位怎样
五年计划		将十年计划进一步具体，把目标进一步分解
三年计划		比五年计划更具体，制定出自己的行动准则

续表 9 − 11

目标	内容(自填)	提示
明年计划		制定实现明年计划的步骤、方法和时间表,并确保这些是切实可行的
下月计划		包括下个月计划做的工作,应完成的任务,质和量方面的要求,财务上的收支,学习计划,结识新朋友的计划等
下周计划		在每周末提前制定好下周的行动计划,把下月计划中的一部分分解在下周
明日计划		明天要做哪几件事?分清轻重缓急,制定出执行的顺序和相应事情对应的时间

(资料来源:姚裕群.职业生涯管理.大连:东北财经大学出版社,2009)

5.制定行动方案

在确定以上各种类型的职业生涯目标后,就要制定相应的行动方案来实现它们,把目标转化成具体的方案和措施。这一过程中比较重要的行动方案有职业生涯发展路线的选择、职业的选择、相应的教育和培训计划的制订。为了制定可行的行动方案,你可以思考如下问题:

①选择哪条职业生涯路径?例如,选择行政管理路径还是技术路径,或者是双路径。对于该问题可以继续问三个问题:你想往哪一路径发展?你具备这种发展的主观条件吗?你具备这种发展的客观条件吗?

②在工作方面,你将如何提高你的工作效率?

③在业务素质方面,你计划学习哪方面的知识和技能?

④在潜能开发方面,你要注意哪些方面潜能的开发?

6.评估与反馈

对职业生涯进行评估与反馈过程,是个人对自己的不断认识过程,也是对社会的不断认识过程,是使职业生涯计划更加有效的有力手段。影响职业生涯的因素既有内在因素,如健康、个性特征、职业兴趣、负担、性别、年龄、教育等,又有外在因素,如家庭的影响、朋友和同龄群体的影响、社会环境的影响等。其中,有些因素的变化是可以预测的,有些因素的变化是难以预测的。随着时间的推移,我们的职业生涯现状必然会与原来设计的职业生涯有所偏差。这时必须对职业生涯设计方案进行评估并做出适当的调整,才能更好地符合自身发展、组织发展和社会发展的需要。

通过职业生涯评估之后,通常要修正的内容有:职业的重新选择、职业生涯路线的改变、生涯目标的修正、实施策略计划的变更等。在修改职业生涯设计的时候,建议按照如下思路进行:

①首先应该修正的是行动方案,而不是修正目标。"目标刻在水泥上,计划写在沙滩上"。如果修改目标成为习惯,这种习惯很可能会让人一事无成。

②如果修正行动方案还无法达成目标,则可以退而求其次,修正目标达成的时间。

③如果修正目标的时限还不行,则只好考虑修正目标。

④如果修正目标还不可行,那就意味着只有放弃了。

第四节　职业生涯管理的实施

职业生涯管理的主体既可以是个人，也可以是组织，于是，理论上存在自我职业生涯管理与组织职业生涯管理之说。其中，自我职业生涯管理实际上就是个人对职业的适应性管理。

一、个人职业生涯管理

个人职业生涯管理也称职业适应性管理，是指一个人从事某项工作所必须具备的生理、心理素质特征，它是在先天因素和后天环境相互作用的基础上形成和发展起来的。在现实中，不是任何人都能胜任所有职业，也不是任何人通过职业培训后，就一定能够适应职业的要求。在与职业相适应的过程中，人具有主观能动作用，居于主导地位。个体进入职场之后，在职业生涯初期阶段，首先需要解决的就是职业适应性问题。因此，职业适应性管理是自我职业生涯管理的重要内容。在职业适应性管理方面，个人可以采取的措施主要有：

1. 尽量选择自己所热爱的职业

"热爱是最好的老师"，"只有热爱才会努力"。因为热爱，我们会对自己的工作充满热情，并形成良好的心理状态。在工作过程中，即使现实与理想有差距或者遇到困难，也会愿意进行自我调整，积极克服所遇到的困难。

2. 培养自己对所从事职业的职业兴趣

兴趣是使一个人积极进取、主动热情的动力，也是可以培养和转化的。从某种程度上而言，职业兴趣可以克服职业中的许多不适应。培养职业兴趣可以帮助自己摆脱狭隘的职业观念，拓宽职业视野，提高工作效率，取得良好的工作效果。

3. 尽快融入到组织文化中去

对职业的适应性，在很大程度上取决于能否融入组织文化。因此，在职业生涯发展过程中，我们应该尽快去了解组织背景、组织的价值观、组织制度与业务流程等，用积极、坦诚、虚心、好学的态度处理好人际关系。

4. 重视能力培养，提高综合素质

职业适应性最关键的因素就是人的能力。人的能力越强，综合素质越高，职业的适应性就越强。所以，我们必须重视多种能力的培养和锻炼，扩展知识面，不断提高综合素质。

二、组织职业生涯管理

组织职业生涯管理是一种专门化的管理，即从组织角度围绕员工的职业发展过程所进行的一系列计划、组织、领导和控制活动，以实现组织目标和个人发展的有效结合。前面也曾探讨过，员工个人的职业发展是不可能脱离组织而存在的。在员工进行职业生涯设计和实施的过程中，时刻离不开组织的参与和帮助。因此，组织在员工个人的职业发展中起着重要的作用。

(一)组织职业生涯管理的原则

1. 互利性原则

即实现不同主体的利益的有机整合。组织在职业生涯管理过程中，应该处理好员工个人发展和组织发展的关系，寻找个人发展与组织发展的结合点，实现二者的互利共赢。

2. 统筹性原则

即把职业生涯设计与实施看成是一个系统工程，纳入组织的发展战略。包括横向和纵向统筹两个方面。从横向维度来看，职业组织、管理者、个人都要参与，各自发挥自己的作用；从纵向维度来看，应该贯穿于组织工作的整个过程，以及员工职业生涯的整个过程。

3. 差异性原则

即要充分考虑不同职业、岗位和专业之间的实际情况，有区别地制定管理方案。同时，在具体到员工的时候，要充分考虑性别、年龄和个性等方面的差异，具体情况具体对待。

4. 阶段性原则

人生和职业生涯都具有阶段性特点，在不同职业生涯阶段人们面临的问题会不同。在具体实施职业生涯管理时，要充分考虑当时组织所处的发展阶段与个体所处的不同发展阶段，有步骤、有顺序地进行，不可走形式，更不可急功近利。

5. 发展性原则

一个人职业生涯的成功，不仅仅是职务上的提升，还包括工作内容的转换或增加、责任范围扩大、创造性增强等内在质量的变化。在选择实施职业生涯管理的具体措施的时候，要以促进员工发展为目的，把岗位实践与有效的教育、培训结合起来，使组织在教育、培训与发展上的投资能够收到应有的回报——员工真正在职业生涯管理中得到发展，就是组织的发展。

(二) 组织职业生涯管理的措施

职业生涯是一个逐渐展开的过程，在不同时期，员工所面临的职业生涯发展任务也不尽相同。因此，企业在实行组织职业生涯管理时，必须充分认识不同职业生涯阶段的管理重点。根据前人的研究，我们将职业生涯划分为职业探索阶段、职业建立阶段、职业中期阶段和职业后期阶段。针对不同的职业阶段，组织应该采取不同的职业生涯管理措施。

1. 职业生涯探索阶段

这个阶段从参加工作起，一般到25岁左右。在职业探索阶段，员工试图通过体验不同的工作或工作单位，来选定自己喜欢、适合自己并将长期从事的职业。从组织的角度来说，可以采取的措施有：

①在招聘时重视应聘者的职业兴趣，并提供较为现实的发展机会。企业在招聘员工时，不仅要强调职位的要求，而且要重视求职者的愿望和要求，同时还要真实地向应聘者介绍企业的情况及未来可能发展的机会。这样有利于双方构建形成良好的心理契约，提供应聘者对企业的忠诚度，减少其辞职的可能性。

②对新员工进行上岗引导。首先，人力资源部负责人向新员工介绍组织的基本情况、劳动纪律等相关制度规范，培养他们对组织的归属感等。然后，将新员工分配到相应的工作岗位，并介绍给他的新主管。最后，由主管将新员工介绍给他的同事，讲解工作职责，灌输组织文化等。上岗引导能够为新员工提供组织的基本背景情况和做好本职工作的必备信息，是员工自身目标与企业目标一体化过程的开端，能够促使新员工快速融入企业这个大家庭，适应新的角色要求。

③为新员工提供职业咨询和帮助。新员工入职后往往会因为现实与理想的落差而陷入失望或者沮丧的情绪，面临着严重的"现实的震荡"。在这种情况下，有必要为新员工配备工作导师（可以是经验丰富的老员工或者是直接上司来担任）提供职业咨询和帮助，最大限度地降低现实的冲击，并引导新员工积极开展职业生涯规划活动。

2. 职业生涯建立阶段

这个阶段大体上是 25～35 岁左右，是员工最有追求和抱负的时期。组织应该密切注意他们的职业发展方向，在他们最需要的时候助他们一臂之力。

（1）为员工建立职业档案。档案的主要内容有：个人情况，如个人基本信息、曾接受过的培训、工作经历等；现在的工作情况，如岗位职责、现在的工作目标计划等；未来发展目标、为实现该目标需要掌握的新知识和技能、如何获得这些知识和技能等。这样的职业档案，不仅可以让企业更好地了解员工的职业需求，而且还可以对员工产生较好的激励作用。

（2）为员工设计清晰的职业发展路径。职业发展路径就是组织为员工设计的自我认知、成长和晋升的管理方案。常见的职业发展路径有：①

①传统职业路径（Traditional Career Path），即员工在组织内从一个工作到另一个工作纵向发展的一条路径，多指管理层面的职位晋升。比如"班组长—主管—经理—总监"这样一级一级向上所构成的一条路径，就是属于传统职业路径。

②网状职业路径（Network Career Path），是纵向发展的工作序列与横向发展机会的综合交叉。这条路径比传统职业路径更现实地代表了员工在组织中的发展机会，纵向的和横向的选择交错，减少了职业路径堵塞的可能性。

③横向技术路径（Lateral Skill Path），是指采用横向调动来使员工学习新的技术，迎接新的挑战，其地位和报酬与原来的工作大致相同。传统职业路径是向组织中较高管理层升迁之路。网状职业路径，基本上也是管理层职位上的升迁和为省钱做的准备。但是，对于相当数量的员工来讲，采取横向工作职位调动能使雇员焕发新的活力，迎接新的挑战。虽然横向技术路径没有晋升，也可能没有加薪，但是员工可以增加自己对组织的价值，使自己获得新的发展机会。

④双重职业路径（Dual Career Path），主要用于解决某一领域中具有专业技能、但并不期望或不适合通过正常升迁程序调到管理部门的员工的职业发展问题。双重职业路径允许员工只当技术专家，将其技能贡献给企业，却不必成为管理者。它不是从合格的技术专家中培养出劣等的管理者，而是允许组织既可以培养和聘请有高技能的管理者，又可以造就和雇佣具有高技能的技术人员。

（3）为员工提供多样化、多层次的培训。培训与员工的职业发展的关系最为直接。职业发展的基本条件是员工素质的提高，而这种素质不一定要与目前的工作相关，这就有赖于持续不断的培训。为此，企业应该在该阶段建立完善的培训体系，使员工在职业发展过程中能得到相应的培训。

（4）建立以职业发展为导向的考核体系。考核的真正目的是激励员工进取，而不能停留在对员工过去的绩效、态度和能力做出一个结论的层面。以职业发展为导向的考核体系

① 赵曙明. 人力资源管理与开发. 北京：高等教育出版社，2009

就是要着眼于帮助员工发现问题和不足，明确努力的方向和改进的方法，促进员工不断成长与进步。

3. 职业生涯中期阶段

职业生涯中期时间跨度在35～50岁左右，是一个时间长、变化多，既有事业成功，又可能引发职业危机的敏感时期。在这个阶段，员工已经成家立业，并生儿育女，上有老、下有小，家庭责任重大，家庭与工作的边界冲突十分激烈；与此同时，随着年龄增长会感觉到职业路径越来越窄、发展机会越来越少，遭遇"职业高原"现象。

为了帮助员工平衡家庭与工作的关系，企业可以考虑采取以下措施：向员工提供解决家庭问题和排解压力的咨询服务；创造参观或联谊等机会促进家庭和工作相互理解和认识；将部分福利扩展到员工家庭范围以分担员工家庭压力；把家庭因素列入考虑晋升或工作轮换的制约条件中；设计适应家庭需要的弹性工作制度以供选择等。

对于员工职业生涯中的"职业高原"现象，组织则主要是采取一些措施帮助员工摆脱不能得到及时晋升而带来的工作不快。比如：组织可以用满足员工心理成就感的方式来代替晋升实现激励效果；组织可以通过职位轮换让员工工作变得丰富多彩，以提高其工作兴趣；扩大现有工作内容等。

4. 职业生涯后期阶段

该阶段的时间跨度是从50岁左右到退休，是职业生涯的最后阶段。发挥员工的潜能和余热，并帮助员工顺利度过这段时间，是组织义不容辞的责任。

①制定员工退休计划，着手进行退休安排。退休是企业保持活力、稳定员工职业生活的必然要求。良好的退休机会，可以是员工尽快顺利地适应退休生活，达到稳定企业员工心理、保持企业员工年龄结构的正常新陈代谢、提供更多的工作和晋升机会。

②做好退休员工的工作衔接，保持企业正常运行。组织要有计划地分期分批安排应当退休的员工退休，并通过传、帮、带预先进行接替人员的培养工作，实现新老员工更替时工作能够正常衔接。

③采取多种措施，做好员工退休后的生活安排。例如，鼓励退休员工进入老年大学，发展多种兴趣与爱好，参加社会公益活动和老年群体的集体活动等；经常召开退休员工座谈会，增进退休员工与企业的互动；为退休员工办好养老保险和医疗保险，关心他们的疾苦，切实解决其实际困难和问题等。如果退休员工个人身体和家庭情况允许，组织可以采取兼职、顾问或其他方式聘用他们，让其继续发挥余热。

【本章小结】

职业是社会劳动分工的必然产物，是人的社会角色的重要反映之一。职业生涯有一定的规律，基于这样的规律做好职业生涯管理无论是对员工个人的发展，还是对组织的发展都具有重要的作用。

职业生涯管理的基本理论可以分为三大类：一是职业选择理论，包括帕森斯的职业—人匹配理论、霍兰德的人格类型理论、佛隆的择业动机理论、施恩的职业锚理论等；二是职业生涯发展阶段理论，包括萨柏的职业生涯发展阶段理论、金斯伯格的职业生涯发展阶段理论、格林豪斯的职业生涯发展阶段理论、施恩的职业生涯发展阶段理论；三是职业生涯管理模型理论，主要是通过归纳和描绘职业生涯管理的一般过程来告诫人们如何管理他的职业生涯。

　　职业生涯设计主要由自我评估、组织与社会环境分析、生涯机会评估、确定职业生涯目标、制定行动方案、评估与反馈等环节构成。职业生涯管理可以分为个人职业生涯管理和组织职业生涯管理，为提高自己的职业适应性所进行的职业适应性管理是前者的主要内容之一，后者则是从组织角度围绕员工的职业发展过程所进行的一系列计划、组织、领导和控制活动，以实现组织目标和个人发展的有效结合。企业在实行组织职业生涯管理时，必须根据不同职业生涯阶段的管理重点，采取不同的职业生涯管理措施。

【关键概念】

职业生涯　职业生涯设计　职业生涯管理　职业锚

【思考与练习】

　　1. 什么是职业生涯？进行职业生涯管理有何作用？
　　2. 请简要阐述萨柏、金斯伯格、格林豪斯、施恩的职业生涯发展阶段理论的主要内容，它们为我们的职业生涯发展提供了哪些启示？
　　3. 根据员工的不同职业生涯阶段，组织进行职业生涯管理的常见措施有哪些？

【拓展学习】

　　1. 中国人力资源开发网：http://www.chinahrd.net/
　　2. 管理资源吧：http://www.glzy8.com/
　　3. 生涯设计公益网 http://www.16175.com/

第十章　劳动关系

【学习目标】

通过本章学习，掌握劳动关系的基本概念；了解劳动关系管理制度；重点掌握劳动合同的订立与履行、集体合同的订立与履行、劳动争议处理的程序和方法。

【重点难点】

1. 劳动关系与相关概念的比较。

2. 劳动关系管理制度。

3. 劳动合同的订立、续订、变更、解除、终止。

4. 集体合同的订立、履行、监督检查。

5. 劳动争议与处理。

【导入案例】

用人单位应该如何规避降低员工工资的法律风险？

王某于 2008 年 4 月 13 日受聘于北京市某公司工作，担任网络运营总监及营销总监。当时，公司约定每月给付王某的工资是 5000 元。从 2008 年 4 月到 2008 年 6 月，公司也一直是按照 5000 元/月的标准支付工资的。

后来，由于该公司经营效益下滑，于是决定调低王某的工资标准。2008 年 6 月 5 日，公司发出如下通知："由于本年度经济运转不好、资金周转不畅，故将所有总监职位员工的工资降至 2500 元/月。如对此项决定有异议，可在通知发出的 19 天内提出辞职，公司将依法给予经济补偿。如果没有异议，公司则视为接受此决定，自 2008 年 7 月份起双方将按新的薪酬制度履行劳动合同。即公司与所有总监职位员工签订的劳动合同所涉及的工资数额一律变更为 2500 元/月。"

据此，从 2008 年 7 月开始公司每月向王某等员工支付工资 2500 元。2008 年 12 月底，王某辞职。2009 年 1 月，王某要求公司支付差额工资 15000 元和相当于工资报酬 25% 的经济补偿金 7500 元（按照 5000 元/月的标准计算，从 2008 年 7 月至 12 月，其工资总额为 30000 元，该工资总额的 25% 恰好等于 7500 元），并向北京市某区劳动争议仲裁委员会提出申诉。2009 年 3 月，仲裁裁决该公司向王某支付差额工资 15000 元和经济补偿金 7500 元。仲裁裁决后，该公司向法院提起诉讼，称公司已经在 2008 年 6 月向全体员工发布了工资调整的通知，无须向王某支付工资差额。王某则辩称，这个通知没有向其送达过，也没有在公司进行张贴，对于公司发布的这个通知并不知情。法院经审理认为，王某于 2008 年 4 月 13 日至 2008 年 12 月期间在北京某公司任网络运营总监及营销总监，双方已经建立了劳动关系。根据双方劳动合同的约定，王某的月工资为 5000 元。王某称未收到工资调整通知，也不知道工资调整通知一事，公司也并未能提供王某签收该通知的证明。故判决该公司向王某支付 2008 年 6 月至 2008 年 12 月的工资差额 15000 元和经济补偿金 7500 元。

（资料来源：颜爱民. 中国企业人力资源管理诊断与优化. 长沙：湖南科学技术出版社，2010：330 - 331 略有修改。）

劳动关系是人与人之间在社会生产和生活中最重要的联系之一。构建和谐劳动关系是实现经济发展、民生改善和社会和谐的基石，它不仅是2011年全国"两会"提出的要求，更是我国广大劳动者和企业组织的殷切期盼。

第一节 劳动关系概述

一、劳动关系及相关概念比较

（一）劳动关系

1.劳动关系的概念

理论上对于劳动关系的界定，可以分为两大类：一类是以许小东（2005）、廖三余（2006）、夏兆敢（2006）、陈国海（2009）等人为代表，他们将劳动关系分为广义劳动关系和狭义劳动关系，其中广义上的劳动关系是指劳动者与用人单位因为劳动而结成的社会关系，狭义上的劳动关系是指按照国家劳动法律法规来确定权利和义务的人际联系。这种广义上的劳动关系实际是基于词义学对劳动关系做出的解释，而狭义上的劳动关系则是将其等同于劳动法律关系。另一类是以孙海法（2002）、赵曙明（2009）、颜爱民（2010）等人为代表，他们将劳动关系定义为一种企业生产经营过程中在所有者、经营者、普通职工等群体间形成的责、权、利关系。该观点与广义的理解相比较而言，将劳动关系的参与者界定得更形象和具体。

我们认为劳动关系主要指企业所有者、经营管理者、普通职工及其工会组织之间在企业的生产经营活动中形成的由国家劳动法律法规来进行调整和规范的一种责、权、利关系。

2.劳动关系的性质

劳动关系的性质是指劳动关系双方当事人之间相互关系的实质或核心内容。在市场经济条件下，劳动关系具有如下性质：

（1）经济利益性。

在劳动关系中，员工向用人单位让渡自己的劳动，用人单位则向员工支付劳动报酬和福利。这时，薪酬和福利变成了连接员工与用人单位的最基本的因素和纽带，经济利益关系成为了劳动关系表现出来的基本性质。

（2）平等性。

一方面，劳动关系是在平等协商基础上建立起来的；另一方面，劳动关系的建立一般是以劳动合同为保证的，而劳动合同又是员工和用人单位双方平等地对自己的权利和义务进行约定形成，并在自愿、平等、没有任何外在干扰下签订的。劳动关系的平等性表现在双方权利、义务形式上的对等。

（3）隶属性。

在劳动关系中，员工虽然有权获得劳动报酬，但又必须履行自己的义务，贡献自己的劳动，并在劳动过程中服从用人单位管理者的调度和支配，双方形成了管理与被管理的隶属关系。

（二）劳资关系

廖泉文（2003）认为劳资关系是一种对立性质的劳动关系，比如资本主义国家所表现出来的劳资双方的不断冲突和斗争。卢福财（2006）则认为劳资关系是相对于资本与劳动之间的关系而言的，反映的是资本所有者与劳动者之间的关系，不过当前使用这一概念一般不反映阶级对抗关系，只是作为劳动关系的同义词来使用。周新军（2001）不但提出劳资关系绝不是资本主义社会的劳动者和资本家的关系，而是作为生产要素（资本与劳动）而言的，而且还认为劳动关系与劳资关系反映了两种不同体制下的经济关系，劳动关系体现的是计划经济体制下的经济关系，而劳资关系体现的则是市场经济体制下的经济关系。孙海法（2002）构建了劳资关系模型，如图 10－1 所示，并提出目前的劳资关系主要由三方面构成：雇员及其工会、雇主及其组织、企业管理层和政府，其中雇员与雇主的关系由双方签订的雇佣合约构成；工会对企业组织起监督作用，并受组织领导；政府主要是对雇员与雇主间的冲突做出调停。他还认为劳资关系必须由第三方——政府来调整。

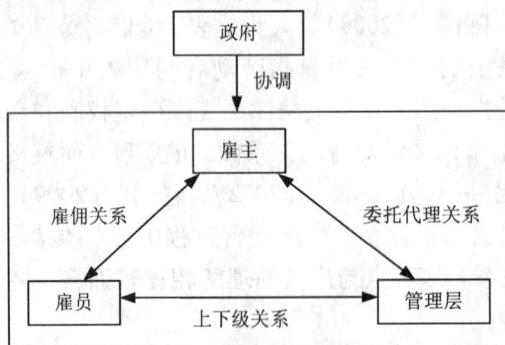

图 10－1　劳资关系模型

（资料来源：孙海法. 现代企业人力资源管理，广州：中山大学出版社，2002）

　　从他们的解释来看，劳动关系与劳资关系虽然只有一字之差，但是内涵却迥然不同。劳资关系实际上就是劳方和资方之间的关系。我们比较推崇孙海法的观点，他对劳资关系的阐述比较系统和全面，构建的劳资关系模型也十分形象。

　　（三）劳务关系

　　劳务关系是继劳资关系之后，又一个容易与劳动关系混淆的词语。劳务关系是劳动者与用工者根据口头或书面约定，由劳动者向用工者提供一次性的或者是特定的劳动服务，用工者依约向劳动者支付劳务报酬的一种有偿服务的法律关系。劳动关系和劳务关系是两个不同的法律概念，二者的区别主要有：

　　1. 主体资格不同

　　劳动关系的双方主体具有特定性的，一方是用人单位，另一方必然是劳动者。而劳务关系的主体类型较多，其主体不具有特定性，可能是两个平等主体，也可能是两个以上的平等主体；可能是法人之间的关系，也可能是自然人之间的关系，还可能是法人与自然人之间的关系。

　　2. 主体地位不同

　　在建立劳动关系之后，劳动者与用人单位双方地位不平等，不仅存在财产关系，还存在着领导与被领导的行政隶属关系。劳动关系反映的是一种稳定、持续的生产资料、劳动者与劳动对象相结合的关系；而劳务关系中，双方是平等的民事权利义务关系，劳动者提供劳务服务，用人单位支付劳务报酬，彼此之间只体现财产关系，不存在行政隶属关系。

3. 当事人权利义务不同

在劳动关系中，劳动者与用人单位之间除了存在一般义务外，还存在附随义务，如用人单位应当为劳动者办理社会保险，劳动风险由用人单位承担，劳动者应当遵守用人单位的内部规章制度等。劳务关系中则不存在这些附随义务。

4. 承担的法律责任不同

第一，对外责任的区别。在劳动关系中，劳动者作为用人单位一员，以用人单位的名义进行工作，因劳动者的过错导致的法律责任由用人单位承担。而劳务关系中，一般由提供劳务的一方独立承担法律责任。第二，相互责任的区别。在劳动关系中，若不履行、非法履行劳动合同，当事人不仅要承担民事的责任，而且还要负行政的责任，如经济补偿金、赔偿金、劳动行政部门给予用人单位罚款等行政处罚。而劳务关系纠纷中，当事人之间违反劳务合同的约定，可能产生的责任一般是违约和侵权等民事责任，无行政责任。

5. 国家干预程度不同

劳动关系中，用人单位与劳动者双方地位的不平等，导致用人单位欺凌劳动者的现象时有发生，为了更好保护劳动者的合法权益，《劳动合同法》以强制性法律规范规定了用人单位的各项义务。而劳务关系作为一种民事关系，以私法自治为原则，尊重当事人真实意思表示，受国家干预程度低。因此，除违反国家法律、法规等强制性规定外，当事人可以基于合同自由原则对合同条款充分协商，法律不予干预。

6. 适用法律不同

劳动关系是我国劳动法的调整对象，其发生的纠纷是用人单位与劳动者之间在劳动过程中的纠纷，其产生、变更、终止及纠纷解决均应适用《劳动合同法》相关的规定，若劳动法没规定的，可以适用民法。而劳务关系是平等主体之间的财产关系，其纠纷是平等主体之间在履行合同中所产生的纠纷，应根据《中华人民共和国民法通则》和《中华人民共和国合同法》进行规范和调整。

7. 纠纷解决途径不同

因劳动关系发生的争议，必须先经过劳动争议仲裁委员会的仲裁，劳动仲裁是民事诉讼的前置程序，未经仲裁不得诉讼。而劳务关系发生争议后，当事人可以协商解决，也可以直接到法院起诉，不需要先经过劳动仲裁程序。

（四）劳动法律关系

劳动法律关系就是依据劳动法律法规形成和调整的劳动关系，就是前面部分学者所界定的狭义的劳动关系。劳动关系是劳动法律关系的基础，劳动法律关系则是劳动关系在法律上的反映，它由主体、内容和客体三个要素构成。

1. 劳动法律关系的主体

劳动法律关系的主体是指依法参与劳动法律关系，享有权利和承担义务的当事人。通常认为，劳动法律关系的主体包括双方：一方是员工及以工会为主要形式的员工团体，另一方是管理方以及雇主协会组织。颜爱民（2010）则提出政府也应该是劳动法律关系的主体，这是因为政府对劳动关系的调整、监督和干预作用正不断得到增强。如图10-2所示为劳动法律关系主体间的关系。

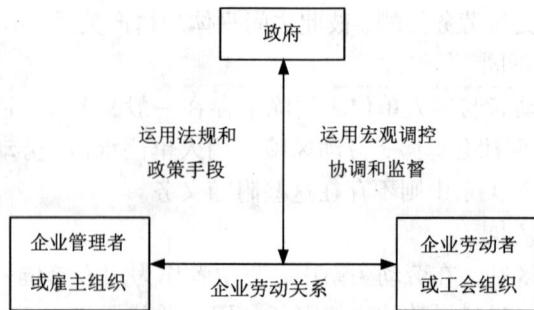

图 10-2　企业劳动法律关系的主体

（颜爱民.中国企业人力资源管理诊断与优化.长沙：湖南科学技术出版社，2010）

2.劳动法律关系的内容

劳动法律关系的内容主要是指劳动者和用人单位各自依法享有的权利和义务。我国《劳动法》规定：（1）劳动者的权利：平等就业和选择职业的权利、取得劳动报酬的权利、享有休息和休假的权利、获得劳动安全卫生保护的权利、接受职业技能培训的权利、享受社会保险和福利的权利、提请劳动仲裁处理的权利等。（2）劳动者的义务：按质按量完成生产任务和工作任务，学习政治、文化、科学、技术和业务知识，遵守劳动纪律和规章制度，保守国家和企业机密等。（3）用人单位的权利：依法录用、调动和辞退员工，决定企业的机构设置，任免企业的行政管理人员，制定工资、报酬和福利方案，依法奖惩员工等。（4）用人单位的义务：依法录用、分配、安排员工工作，保障工会和职代会行使其职权，按劳动质量、数量支付劳动报酬，加强员工思想、文化和业务的培训和教育，改善劳动条件，搞好劳动保护和环境保护等。

3.劳动法律关系的客体

劳动法律关系的客体是指用人单位和劳动者双方的劳动权利和劳动义务共同指向的事物，比如劳动时间、劳动报酬、安全卫生、劳动纪律、福利保险、教育培训和劳动环境等。

关于劳动关系与劳动法律关系的区别，主要有：

（1）范畴不同。劳动关系属于经济基础范畴，劳动法律关系属于上层建筑范畴。

（2）前提不同。劳动关系的形成以劳动为前提，劳动法律关系的形成则是以劳动法律规范的存在为前提。

（3）内容不同。劳动关系的内容是劳动，劳动法律关系的内容则是法定的权利和义务。

随着我国社会与经济的不断进步与发展，我国劳动关系管理呈规范化和法制化的趋势，规范和调整劳动关系的法律法规越来越完善。表 10-1 列出了与劳动关系有关的部分重要法律法规。

表 10-1 我国有关劳动关系的部分法律法规

类别	法律法规	发布部门	实施(修订)日期
综合法	中华人民共和国劳动法	人大常委会	1995.01.01
劳动合同制、招工管理	禁止使用童工规定	国务院	2002.12.01
	集体合同规定	劳动和社会保障部	2004.05.01
	中华人民共和国劳动合同法	人大常委会	2008.01.01
	中华人民共和国劳动合同法实施条例	国务院	2008.09.18
劳动报酬	关于工资总额组成的规定	国家统计局	1990.01.01
	国务院批转劳动部等部门关于加强城镇集体所有制企业职工工资收入管理的意见的通知	国务院	1990.10.22
	关于进一步做好企业工资总额同经济效益挂钩工作的通知	劳动和社会保障部、财政部	2003.11.24
	最低工资规定	劳动和社会保障部	2004.03.01
	关于进一步健全最低工资制度的通知	劳动和社会保障部	2007.06.12
考核与奖惩	工人考核条例	劳动和社会保障部	1990.07.12
职工工作时间与劳动保护	女职工劳动保护规定	国务院	1988.09.01
	关于职工工作时间的规定	国务院	1995.05.01
	劳动部贯彻《国务院关于职工工作时间的规定》的实施办法	劳动部	1995.03.26
	人事部贯彻《国务院关于职工工作时间的规定》的实施办法	人事部	1995.05.01
	中华人民共和国安全生产法	全国人大常委会	2002.11.01
	国务院关于解决农民工问题的若干意见	国务院	2006.01.31
	关于加强农民工安全生产培训工作的意见	国家安全生产监督管理总局等	2006.10.27
	生产安全事故报告和调查处理条例	国务院	2007.06.01
待业、富余职工安置、养老保险	国务院关于企业职工养老保险制度改革的决定	国务院	1991.06.26
	国有企业富余职工安置规定	国务院	1993.04.20
	事业保险条例	国务院	1999.01.22
职代会、工会	全民所有制工业企业职工代表大会条例	国务院、中共中央	1986.10.01
	中华人民共和国工会法	全国人大常委会	2001.10.27
	中国工会章程	中华全国总工会	1993.10.30 (2008.10.21)
劳动争议处理	中华人民共和国企业劳动争议处理条例	国务院	1993.08.01
	社会保险行政争议处理办法	劳动和社会保障部	2001.05.27
	中华人民共和国劳动争议调解仲裁法	全国人大常委会	2008.05.01

二、劳动关系管理制度

（一）劳动关系管理

1. 劳动关系管理的概念

劳动关系管理（Labor Relations Management）是指以促进组织经营活动的正常开展为前提，以缓和、协调组织劳动关系冲突为基础，以实现劳动关系的合作为目的的一系列组织性和综合性的管理措施和手段。

2. 劳动关系管理的意义

良好的劳动关系管理可以避免或解决劳动关系中的劳动争议，建立稳定和谐的劳动关系，保障企业经营的有序进行。具有如下四个方面的意义：

（1）有助于提高企业的竞争优势。

如果企业劳动关系管理不善，可能会频繁出现劳动纠纷、劳动诉讼、罢工、关键员工跳槽等现象，这些都会严重削弱企业的竞争优势。

（2）有助于提高员工的生产率。

在企业内部建立并保持良好的劳动关系，可以使员工在心情愉快的环境中工作，这无疑会有利于提高员工的工作积极性和工作绩效。

（3）有助于提高员工的工作生活质量。

人力资源管理的目的之一就在于提高员工的工作生活质量。而员工参与管理是工作生活质量的重要内容。良好的劳动关系有助于促进劳动者及其代表以合作的态度，协商解决与切身利益相关的重大问题。

（4）有助于提高企业管理者的绩效。

如果某个管理者所管辖的部门或业务范围经常发生劳动纠纷，那么必然会分散其开展业务工作的时间和精力，影响其管理绩效。在一定程度上还会表明管理者缺乏必备的人力资源管理能力，甚至会影响到其职业生涯发展。

3. 劳动关系管理的主要内容

关于劳动关系管理的内容，总体来看，其管理的基础领域主要有两个：一是促进劳动关系合作的事项；二是缓和、解决劳动关系冲突的事项。具体而言主要包括：劳动人事合同管理（含劳动合同管理与集体合同管理）、劳动者基本保障管理（职工卫生安全与社会保险等）、劳动争议管理，如图 10-3 所示。

4. 劳动关系管理的基本原则

（1）兼顾各方利益原则。

要想在组织内部保持良好的合作关系，就必须兼顾各方面利益，而不能有失偏颇。在处理组织效益分配时，既要考虑到组织的发展需要，又要考虑员工收益的增长。如果过分强调组织长远发展而忽视员工收益的增长，则会挫伤员工积极性；如果片面强调增加员工收益而忽视组织的发展，则会造成组织发展后劲不足，导致竞争力丧失，最终会对组织与员工双方都不利。

（2）协商解决争议原则。

当组织内部劳动关系紧张而发生劳动争议的时候，不要轻易采取怠工、罢工、开除、上街游行等极端行动，应该尽量采取协商的办法来解决，以免形成尖锐对立，造成更大的

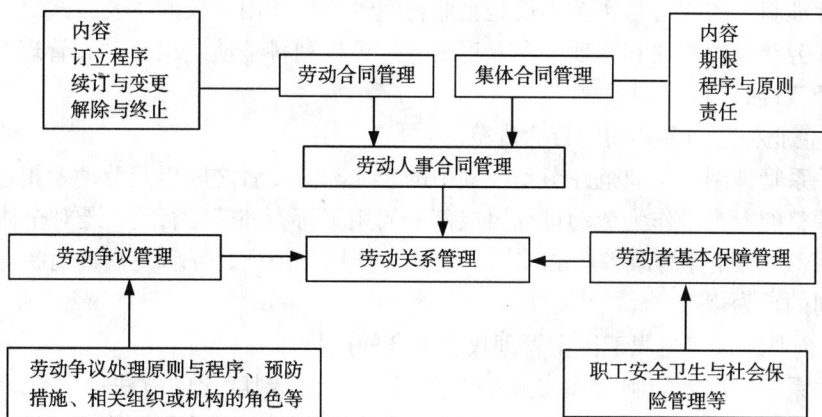

图 10 - 3　劳动关系管理的内容

(资料来源:陈国海. 人力资源管理概论. 北京:高等教育出版社,2009:375)

损失。协商解决争议,既可以节省费用,又可以避免伤害感情。即使像美国这样的私有制为主的国家,发生劳动争议后,一般不轻易上法庭,也是先和工会谈判,若不行再进行仲裁或寻求律师帮助。

(3)以法律为准绳原则。

处理组织内部劳动关系一定要以国家有关法律、法规为依据,而不能随心所欲。为此,要认真学习《中华人民共和国劳动法》、《中华人民共和国劳动合同法》等法律法规,依法办事。以法律为规定协调各方关系,可以减少许多因不合理要求而造成的争端。因此,凡是涉及组织及组织各方责权利关系的应尽量订立契约、合同或规章制度,出现问题应及时找法律专家咨询。

(4)劳动争议以预防为主原则。

管理学中有三种控制模式:前馈控制、现场控制和反馈控制,其中,前馈控制的效益最好。对于劳动争议我们也应该尽可能建立前馈控制模式,通过有针对性的预防措施做到防患于未然,将损失降到最低。一个称职的管理人员应该经常分析劳动关系走势,使矛盾得到及时解决,而不应等到矛盾激化了之后才去处理。

(二)劳动关系管理制度的特点及意义

1. 劳动关系管理制度的特点

有的学者又把劳动关系管理制度称为企业内部劳动管理规则(朱勇国,2006)。[1] 劳动关系管理制度作为企业规章制度的重要组成部分,是企业根据自身实际情况,按照国家劳动法律法规,为协调企业劳动关系,确保企业稳定运行而在组织劳动过程和进行劳动管理过程中制定的规则和制度的总称。它具有以下特点:

(1)制定主体具有特定性。

劳动关系管理制度以企业为制定的主体,以公开、正式的行政文件为表现形式,只在本企业范围内适用。企业的经营权和用人权中必然含有劳动关系管理制度的制定与实施。

---

[1]　朱勇国. 国际人力资源管理. 北京:中国人事出版社,2006:568

劳动关系管理制度的制定与实施不仅是企业行使经营权和用人权的主要方式之一，而且也是企业管理劳动过程的权利体现。企业正是通过该权利科学地组织劳动和管理劳动，从而实现生产经营目的的。

（2）是企业和劳动者共同的行为规范。

劳动关系管理制度是规范在劳动过程中的企业和劳动者之间以及劳动者相互之间的关系。它所调整的行为是作为劳动过程组成部分的用工行为和劳动行为，既对全体劳动者产生约束作用，又对企业行政各职能部门产生约束作用。因此，劳动关系管理制度是企业和劳动者共同的行为规范。

（3）是企业经营权与职工民主管理权相结合的产物。

劳动关系管理制度的制定和实施是企业以规范化、制度化的方法协调劳动关系的过程，是一种以企业经营权为基础的、行使用工权的具体形式和手段，属于对劳动过程进行组织和管理的行为。而企业制定的劳动关系管理制度要得到员工的拥护和认同，则必须保证企业职工的参与度。企业职工既有权参与相关制度的制定，又有权对制度的实施进行监督。所以说，劳动关系管理制度是企业经营权与职工民主管理权相结合的产物。

（4）与劳动合同条款相统一。

在实践中，企业的劳动合同往往就是参照劳动关系管理制度来进行拟定的。劳动关系管理制度内容必须符合法律法规，并与企业同员工订立的劳动合同的条款保持一致。否则的话，不仅会让员工无所适从，导致劳动关系管理制度的约束作用丧失，达不到预期的劳动关系管理目的，并且还会对企业在员工心目中的形象产生负面影响，甚至还可能面临法律风险。

2. 劳动关系管理制度的意义

在《劳动合同法》背景下，劳动关系管理制度对于企业调整劳动关系、规范劳动行为、加强劳动管理、维护正常的生产工作秩序有着重要的意义。具体列举如下：

第一，劳动关系管理制度是实现用人单位内部规范管理的基础。有效的规章制度是用人单位解决内部的"法律"，是其实施日常管理的依据和基础。

第二，劳动关系管理制度是用人单位解决劳动争议的依据。根据《劳动法》第四条规定，用人单位通过民主程序制定的规章制度，不违反国家法律、行政法规及政策规定，并已向劳动者公示的，可以作为人民法院审理劳动争议案件的依据。

第三，劳动关系管理制度是调整劳动关系、规范劳动行为的标准。如果劳动者违反了用人单位依法有效的规章制度，用人单位一方面可以据此给予劳动者处分直至单方解除劳动合同；另一方面，如果发生了劳动争议，用人单位依法制订的规章制度可以作为人民法院审理劳动争议案件的依据。

（三）劳动关系管理制度的基本内容

劳动关系管理制度实际上就是我们通常说的用人单位规章制度。根据企业的实践来看，劳动关系管理制度主要分为以下六大类①：

1. 劳动合同管理制度

劳动合同履行的原则；员工招收录用条件、招工简章、劳动合同草案、有关专项协议草案审批权限的确定；员工招收录用计划的审批、执行权限的划分；劳动合同续订、变更、

---

①　钱斌，刘德妍.人力资源管理理论与实务.上海：华东师范大学出版社，2006：269 - 270

解除事项的审批办法；试用期考察办法；员工档案的管理办法；应聘人员相关材料保存办法；集体合同草案的拟定、协商程序；解除、终止劳动合同人员的档案移交办法、程序；劳动合同管理制度修改、废止的程序。

2. 劳动纪律

劳动纪律是企业依法制定的，全体员工在劳动过程中必须遵守的行为规则。每位员工都必须按照规定的时间、地点、质量、方法、程序和有关规程的统一规则要求履行自己的劳动义务，保持全体员工在劳动过程中的行为方式和连续方式的规范性，以维护正常的生产、工作秩序。主要包括时间规则，如作息时间、考勤办法、请假程序等；组织规则，如企业各直线部门、职能部门或各组成部分及各类层级权责结构之间的指挥、服从、接受监督和保守商业秘密等规定；岗位规则，如劳动任务、岗位职责、操作规程、职业道德等；协作规则，如工种、工序、岗位之间的关系，上下层之间的连接、配合等规则；品性规则，如言语、着装、用餐、行走、礼节等规则。

3. 劳动定员定额规则

主要包括：①编制劳动定员规则，即企业根据自身的实际情况制定的企业机构的设置和配备各类人员的数量界限。除法律、行政法规规定外，企业按照生产经营的实际需要，自主决定内部机构的设立、调整、撤并和人员配备。②劳动定额规则，即企业在一定的生产技术水平和组织条件下制定的劳动者完成单位合格产品或工作所需要的劳动消耗量标准，通常分为工时定额和产量定额两种。

4. 劳动岗位规范规则

劳动岗位规范是企业根据劳动岗位的职责、任务和生产手段的特点对上岗员工提出的客观要求的综合规定。在劳动关系协调、组织劳动过程中，劳动岗位规范是安排员工上岗、签订上岗协议和对员工进行岗位考核的依据和尺度，包括岗位名称、岗位职责、生产技术规定、上岗标准。

5. 劳动安全卫生制度

这是指以保护劳动者的生命安全和身体健康为目的而设立的劳动保护制度。

6. 其他制度。

比如工资制度、福利制度、考核制度、奖惩制度、培训制度等。这些制度都与协调劳动关系有着直接的联系，并且反映着劳动关系的实质内容。

当然，劳动关系管理制度的制定是个动态变化、逐步完善的过程，具体到某一个企业则需要结合其实际情况来具体考虑，并不一定要求同时制定和实施上述所有劳动关系管理制度。

（四）劳动关系管理制度的制定程序

在《中华人民共和国劳动合同法》实施之前，在企业管理者的观念里，企业规章制度应该是企业自主决定的，属于企业单方决定的事项。只要制度内容不违反法律法规，一经由用人单位提出，通过民主程序[①]并向员工公示即为有效。而《劳动合同法》规定规章制度的

---

① 具体要通过什么样的民主程序，《劳动法》并没有像《劳动合同法》中运用"讨论通过"、"提出方案和意见"、"平等协商"等字眼明确进行规定，导致在《劳动合同法》实施之前，管理者都将规章制度的制定变成了用人单位的单方行为。

制定"应当经职工代表大会或者全体职工讨论，提出方案和意见，与工会或者职工代表平等协商确定"。可见，过去建立和完善规章制度这一用人单位的天生的权利和责任已经变为了用人单位和工会或职工代表的共决事项。

下面按照《中华人民共和国劳动合同法》的要求，尝试为企业归纳总结出一套制定劳动关系管理制度尤其是涉及劳动纪律、薪酬福利等制度的一般程序。

1. 提出制定管理制度议案

用人单位的劳动关系管理制度提案通常是来源于预测或者是实际经验的总结。劳动关系管理制度是用人单位为了科学管理用工行为而设定的，其出发点只能是解决用人单位在用工管理过程中可能出现的实际问题。所以，提出制定规章制度议案的可以是用人单位的任何一个部门，也可以是用人单位的任何一名员工。

2. 对合理的提案进行立项

通常制定管理制度的提案提出后，由负责主管人力资源工作的部门归口处理。对确有必要制定劳动关系管理制度的提案，由人力资源部门提交用人单位的决策层进行研究，如果确实有必要的，则决定立项。

3. 起草劳动关系管理制度初稿

立项后，负责起草劳动关系管理制度的部门进行实质性的调研与草拟。在起草规章制度时，有关部门应当立足于用人单位的实际情况，遵循"规章制度应当符合法律法规的规定，不得损害劳动者和用人单位利益"的起草原则，及时完成起草任务。

4. 对初稿进行讨论

将草拟好的劳动关系管理制度稿提交有关部门进行论证。首先负责制度起草工作的部门应当将草案提交相关管理部门论证、修订；然后提交用人单位的决策层进行制度可行性的论证、修订；最后将基本成熟的草案提交全体职工或职工代表大会进行讨论、修订。将劳动关系管理制度草案提交全体职工或职工代表大会进行讨论是制度生效的必经程序之一。

5. 对管理制度进行审议

劳动关系管理制度的审议方法就是用人单位内部的协商或表决。涉及用工管理的制度通常的审议方式是协商；而其他制度的审议方法可由用人单位依据民主集中制原则设定审议方式。负责制度起草工作的部门将经过讨论的制度草案提交用人单位决策层和工会（或者是职工代表）进行协商。在协商过程中，仍然会就制度中的部分问题进行论证、修订。如果制度草案能够最终通过协商，则制度进入发布实施阶段；如果制度草案最终协商未果，则要么重新修订、讨论，再提交协商；要么基于条件尚未成熟，该制度暂不发布。

6. 发布实施

经审议通过的劳动关系管理制度并未具有法律效力，只有经过发布实施环节后才具有法律效力。通常审议通过的制度由用人单位负责人签署发布，然后由人力资源管理部门对其进行公示。至此，用人单位的规章制度才真正具有了法律效力。

关于公示的方式，在实践中通常有以下几类：①由用人单位以经其法定代表人签署和加盖公章的正式文件在公司内张榜公布；②用人单位制成员工手册向每一位员工发放，并保留好签领单；③组织全部员工进行学习，并保留好签到名册；④通过企业内部网络、报刊公布，注意固化和保留相关数据信息。

（五）劳动纪律与奖惩

《中华人民共和国劳动合同法》第四条规定："用人单位应当依法建立和完善劳动规章制度，保障劳动者享有劳动权利、履行劳动义务。"可见，用人单位必须依法建立和完善规章制度，明确劳动纪律。劳动者的奖励或惩罚通常都是依据劳动纪律做出。如果站在规范劳动者行为，调整劳动关系的层面讲的话，员工奖惩制度又是用人单位劳动关系管理制度中最重要的规章制度之一，而劳动纪律是员工奖惩制度的核心。

1. 劳动纪律管理

劳动纪律是劳动者在共同劳动过程中必须遵守的劳动规则和秩序，是保证劳动者按照规定的时间、质量、程序和方法完成自己所承担的生产任务或工作任务的行为准则。劳动纪律不再法定，而是由用人单位与劳动者约定或者在规章制度中明确规定。法律承认合法制定的劳动纪律具有法律效力，可以作为法院审判的依据。最高人民法院《关于审理劳动争议案件适用法律若干问题的解释》对劳动纪律生效作了十分明确的规定。一是内容合法，二是程序合法。这就要求制定者对劳动法律、法规相当的熟悉。除了前面劳动关系管理制度的制定程序部分所论述的内容外，在劳动纪律管理中还应该注意以下几点：

（1）劳动纪律的制定应当合理。

有些用人单位抱着钻法律空子的想法，在劳动纪律中制定了一些虽不违法但有违人情的规定。本质上，合理性是合法性的基础，因此对一些明显不合理的内容，法官也可依据自由裁量权，裁定无效。如，某企业规定：员工见到上级不主动打招呼的，可处以警告甚至扣奖金的处罚。这一劳动纪律已明显违反了合理性原则，应属无效。

（2）劳动纪律必须表述清楚，进行准确界定。

劳动纪律具有准劳动法规的效力，在制定时应尤其注意其制定设计的严密性，防止条款间的冲突。有很多劳动纪律都存在诸如"其他严重违反劳动纪律的行为等"的条款。但是，法律并未统一界定"严重"的标准。这些语焉不详的条款，看似是扩大了管理范围，但其实是无效的。一旦用人单位按照这样的条款处理员工，其结果往往是让自己陷入失败的诉讼。因此，用人单位应当在规章制度中对劳动纪律做出准确界定，明确违纪行为的判断规范，做到劳动者的行为在制度中没有明确为违反劳动纪律的，则劳动者的行为就不算是违反劳动纪律。用人单位在拥有能够准确判断违反劳动纪律的规章制度的同时，还应当明确不同的违纪行为和违纪行为的不同程度可能面临的处罚标准，既要有利于用工管理，又符合社会公众心理，满足公序良俗标准。

2. 员工奖惩措施

（1）劳动奖励制度。

劳动奖励制度是指对在生产劳动或工作中作出优异成绩的劳动者给予奖励的制度，分精神奖励和物质奖励两种。在企业组织里，如何调动员工的积极性，如何激励员工是有很多方法的。理论依据则主要有双因素理论、期望理论、需求层次理论等。具体内容在本书其他章节有详细讨论，在此不再赘述。

（2）劳动惩罚制度。

惩罚制度是用人单位依法对劳动者在劳动过程中的违纪、违法行为实行惩戒的一种劳动法律制度。常见的处罚措施有：警告、记过、记大过、降级、撤职、留用察看、开除等。不少企业通常会对违纪员工进行罚款。严格来讲这是不可以的，用人单位虽然可以依法制定规章制度和劳动纪律，但并不是公共权力机关，是不能设定行政处罚的。根据我国现行法律体系，只有国家机关在法定权限内可以对行政相对人进行罚款，并且罚款时必须做出行政处罚决定书，罚金也是需要交到指定银行的，不是罚款人直接收取。企业作为一个民事主体，他与员工是平等的民事主体，当然无权对员工进行罚款。实践当中很多企业都规定可以对员工进行罚款，其实这些做法都是不合法的。因为员工的行为给公司造成损失的，公司可以进行追偿，但不是罚款。

用人单位在对员工作出劳动惩罚的决策之后，关键是如何实施。此时，应该注意以下几点：

第一，要克服实施劳动惩罚时的能力障碍和心理障碍。不少主管不愿意去惩罚自己的下属，在员工惩罚方面存在着双重障碍。一是能力障碍，即没有接受过如何实施劳动惩罚的培训，不具备相关的知识和技能。二是心理障碍，即对惩罚下属有很多担忧：如害怕把关系搞僵，失去与下属的友谊；害怕其他人不支持自己的惩罚决定；害怕被打击报复等等。

第二，执行惩罚决定时要注意时机和场合。一方面，尽量不要当着其他员工的面批评员工；另一方面，尽量等到员工心平气和的时候才进行批评。一些员工在犯错之后可能会产生较强烈的情绪反应，如果批评的时机不对，就可能事倍功半。

第三，执行惩罚应该努力做到标准统一。管理者必须坚持以规章制度作为决定是否惩罚或给予何种处罚的标准，减少个人主观因素的干扰。如果标准不一，时宽时严，则难以获得员工的信服和支持，也难以让员工认识到与某一偏离行为相对应的处分到底是什么。

第四，建立合理的申诉制度。实施惩罚的时候，必须做出合理的解释，告诉员工犯了什么错误，允许他们申诉，并保证他们拥有依据特定程序上诉的权利。

另外，用人单位还可以通过借鉴交通违章扣分模式进行惩罚措施的设计。比如，将员工违反劳动纪律的行为按照不同程度进行排序，然后对不同序列的违纪行为设定相应分值的过失分。当过失分累计到某一分值时，则视为劳动者已构成严重违反劳动纪律。这种措施的设计对员工的行为严重程度进行量化，方便判断。

第二节　劳动合同

一、劳动合同概述

（一）劳动合同的含义

劳动合同（Contract of Labor）又称劳动协议或劳动契约，是指劳动者与用人单位为确立劳动关系，经依法协商达成的明确双方权利义务的协议。依法订立的劳动合同，是确定劳动者与用人单位之间是否具有劳动关系的法律依据之一，明确了双方在订立、履行、变更、解除或终止劳动合同过程中的权利和义务，对保护双方的合法利益具有重要的作用。

（二）劳动合同的特点

劳动合同是民事合同的一种，因而它具有民事合同的法律特征，比如订立要遵循协商一致、双方的法律地位平等、违反合同要承担相应法律责任等。除此之外，劳动合同还具有自己的特点：

1.劳动合同的主体具有特定性

劳动合同的主体一方是自然人,即劳动者;另一方是法人或非法人经济组织,即用人单位。一般而言,作为劳动合同主体的劳动者必须是年满16周岁以上(象职业演员、职业运动员等例外),有就业要求,具备了劳动行为能力的人。用人单位必须是依法成立,具有为劳动者提供符合国家规定的劳动或工作条件、支付劳动报酬、缴纳社会保险费,并能够以自己的名义承担相应的民事责任,比如企业、个体经济组织以及与劳动者建立劳动合同关系的国家机关、事业组织、社会团体等。

2. 劳动合同属于双务合同

在劳动合同履行的过程中,劳动者必须参加到用人单位的劳动组织中,从事具体岗位的工作,服从用人单位的领导和指挥,遵守用人单位的劳动纪律和规章制度,同时享有用人单位的工资、劳动保险和福利待遇等。可见,劳动合同双方互为权利义务主体。劳动合同主体既是权利主体,又是义务主体,任何一方在自己未履行义务的条件下,无权要求对方履行义务。

3. 劳动合同目的的过程性

劳动过程是相当复杂的,并不是所有的劳动都能直接创造出劳动成果。有些劳动直接创造或实现劳动价值,有些劳动间接创造或实现劳动价值;有些劳动有独立的成果,有些劳动则物化在集体劳动成果中。订立劳动合同,是为了确立劳动关系,实现一定的劳动过程。劳动合同作为确立劳动关系的凭证之一,它只要求劳动过程的实现,只要求劳动者按照用人单位的要求从事劳动,即享有获取相应的权利。

(三)劳动合同的内容

劳动合同的内容,是当事人双方经过平等协商所达成的关于权利义务的条款,包括法定条款和约定条款。

1. 法定条款

法定条款是依据法律规定劳动合同双方当事人必须遵守的条款,不具备法定条款,劳动合同不能成立。劳动合同应当具备以下条款:

(1)劳动合同期限。劳动合同期限是劳动合同规定的双方当事人权利义务的有效时间。按照合同期限可以将劳动合同分为三类:①固定期限劳动合同,又称为定期劳动合同,此种劳动合同的当事人订立劳动合同时明确约定了合同生效和终止的时间。②无固定期限劳动合同,此种合同没有明确约定合同终止日期。在正常履行劳动合同的情况下,劳动者可以一直工作到退休。③以完成一定工作为期限的劳动合同,此种合同是一种特殊的定期劳动合同。为了降低劳动合同的管理成本,双方当事人把完成某项工作或工程作为劳动合同的存续期间,约定工作或工程完成后合同就可以终止。

(2)工作内容和工作地点。这里的工作内容是指工作岗位和工作任务或职责,即劳动者具体从事什么种类或者内容的劳动,它是用人单位使用劳动者的目的,也是劳动者通过自己的劳动取得劳动报酬的缘由。工作地点是劳动合同的履行地,是劳动者从事劳动合同中所规定的工作内容的地点,它关系到劳动者的工作环境、生活环境、以及劳动者的就业选择,劳动者有权在与用人单位建立劳动关系时知悉自己的工作地点。

(3)工作时间和休息休假。工作时间是指劳动者必须用来完成其所担负的工作任务的时间。这里的工作时间包括工作时间的长短、工作时间方式的确定,如是8小时工作制还是6小时工作制,是日班还是夜班,是正常工时还是实行不定时工作制,或者是综合计算工时制。在工作时间上的不同，对劳动者的就业选择、劳动报酬等均有影响，因此成为劳动合同不可缺少的内容。休息休假是指劳动者按规定不必进行工作，而自行支配的时间。休息休假的权利是每个国家的公民都应享受的权利。《劳动法》第三十八条规定："用人单位应当保证劳动者每周至少休息一日。"

(4)劳动报酬。劳动报酬是用人单位根据劳动者劳动的数量和质量，以货币形式支付给劳动者的工资、奖金、津贴等。此项条款应明确员工适用的工资制度，工资支付标准、支付时间、支付周期、工资计算办法、奖金津贴获得条件和标准。获得劳动报酬是劳动者履行劳动义务后必须享受的劳动权利，支付劳动报酬是用人单位的一项基本义务。工资标准不得低于当地最低工资标准，同时也不得低于本单位集体合同规定的最低工资标准。

(5)社会保险。社会保险是国家通过立法建立的、对符合法定条件的劳动者在其生育、养老、疾病、死亡、伤残、失业以及发生其他生活困难时，防止收入的中断、减少和丧失，以保障其基本生活需求的社会保障制度。本项条款应明确双方当事人各自的社会保险缴费项目、缴费标准和缴费办法等。

(6)劳动保护和劳动条件。在劳动生产过程中，存在着各种不安全、不卫生因素，如不采取措施加以保护，将会发生工伤事故。如矿井作业可能发生瓦斯爆炸、冒顶等事故；建筑施工可能发生高空坠落、物体打击和碰撞等。所有这些，都会危害劳动者的安全健康，妨碍工作的正常进行。劳动保护就是用人单位为了保障劳动者在劳动过程中的安全和健康，预防工伤事故和职业病的发生所应采取的各种技术措施和组织措施。劳动条件则是为完成工作任务应由用人单位提供的、不得低于国家规定标准的必要条件。

(7)劳动纪律。劳动纪律是劳动者在劳动过程中必须遵守的规则和秩序。劳动纪律是用人单位进行生产经营活动、规范劳动行为、完善工作任务的保障条件，因而是劳动者必须履行的一项义务。用人单位的劳动纪律要注意内容的合法性，并经过民主程序向劳动者公示。

(8)劳动合同终止的条件。劳动合同终止的条件是导致或引起合同关系消灭的原因，包括法定终止条件和约定终止条件。法定终止条件是指法律直接规定劳动合同终止的情形，比如，合同期限届满、约定义务完成就属于法定终止条件，一旦这种情形出现，劳动合同即告终止。约定终止条件是指双方当事人根据各自的实际情况，经与对方协商一致，将一定情形的发生作为合同终止的法律事实，当约定的事实出现时劳动合同自行终止。

2.约定条款

劳动合同除以上法定条款以外，双方当事人可以根据实际需要在协商一致的基础上，规定其他补充条款。约定条款的内容只要合法，就同法定条款一样，对当事人具有法律约束力。一般常见的约定条款有以下内容：

(1)试用期限。试用期是劳动者和用人单位为相互了解、选择而在劳动合同中约定的考察期，目的是让劳动者和用人单位相互考察，以决定是否维持劳动关系。《劳动法》第二十一条规定："劳动合同可以约定试用期。"这里用"可以"表明劳动合同中的试用期不是必备条款，而是协商条款，是否约定，由劳动者和用人单位协商决定。

按照《劳动合同法》的规定，试用期包含在劳动合同的期限内，最长不得超过六个月。其中，劳动合同期限三个月以上不满一年的，试用期不得超过一个月；劳动合同期限一年以上不满三年的，试用期不得超过二个月；三年以上固定期限和无固定期限的劳动合同，试用期不得超过六个月。

（2）培训。双方当事人可以约定培训的项目、条件、培训期间的工资待遇、培训费用的支付办法、服务期限等。

（3）保密事项。劳动过程涉及用人单位的商业秘密的，当事人应当对有关保密事项加以明确规定，使之成为劳动者履行劳动合同的一项基本义务。

（4）补充保险和福利待遇。根据法律、法规的有关规定和企业的经营发展战略以及企业效益，选择协商确定补充养老、医疗等保险和适应企业特点的福利待遇。

（5）当事人协商约定的其他事项。劳动合同当事人的具体要求千差万别，如住房津贴、班车、子女就学等问题都可以成为劳动合同的内容，这些内容只要不违反国家法律和行政法规的规定，一经双方商定，均为合法有效而对当事人具有法律约束力。

二、劳动合同的订立

（一）劳动合同的订立原则

1. 平等自愿原则

平等是指劳动者和用人单位在订立劳动合同时的法律地位是平等的，没有高低、从属之分，不存在命令和服从、管理和被管理关系。尤其是在我国劳动力供大于求的形势下，用人单位不得凭借优势地位，在订立劳动合同时附加不平等的条件。当然，在订立劳动合同后，劳动者成为用人单位的一员，必须接受用人单位的管理，处于被管理者的地位，两者的地位是不平等的。自愿是指订立劳动合同完全是出自双方当事人自己的意志。凡是采取欺诈、胁迫等手段，把自己的意愿强加给对方的，均不符合自愿原则。只有地位平等，双方才能自由表达真实的意思。平等是自愿的前提和基础，自愿是平等的表现，两者相辅相成。

2. 协商一致原则

劳动合同双方当事人应该在充分表达自己意愿的基础上，经过平等协商，达成一致意见，再签订劳动合同。协商一致是平等自愿的最好体现，是维护劳动关系主体双方合法权益的基础。在订立合同的过程中，如果劳动者与用人单位不能就劳动合同期限、工作内容、劳动条件等条款在充分协商的基础上达成一致，劳动合同就不能成立。

3. 合法性原则

首先，订立劳动合同的主体必须合法。比如，除体育、文艺、特种工艺单位等因性质特殊，经审查批准可以招用未满16周岁的未成年人以外，其他行业不得招用童工；用人单位则必须能够提供符合国家规定的劳动条件。其次，订立劳动合同的目的要合法。当事人不得以订立劳动合同的合法形式掩盖非法意图或违法行为。第三，劳动合同的内容要合法。劳动合同的各项条款必须符合法律法规的规定。如果劳动合同中约定"发生工伤事故，单位概不负责"或"单位不负责缴纳社会保险"等，都属于违法条款。第四，订立劳动合同的程序必须合法。即劳动合同的订立要按照国家法律法规规定的步骤和方式进行。第五，订立劳动合同的行为必须合法。双方当事人必须以自己的实际行动来体现劳动合同的合法性。如果在订立劳动合同的过程中存在合谋、欺诈等违法行为，即使是自愿、平等的，也属于违法合同。

（二）劳动合同的订立程序

1. 要约和承诺

劳动者或用人单位向对方提出订立劳动合同的建议称为要约，即一方向另一方提出订立劳动合同的建议。提出要求的一方为要约方，与之相对的一方为被要约方。被要约方接受要约方的建议并表示完全同意称为承诺。承诺一旦做出，劳动合同即告成立。这是劳动合同订立的一般程序。通常情况下，要约方为用人单位。用人单位通过招聘广告提出要约。要约包括工作岗位、工作任务、劳动报酬、劳动条件、保险福利等事项，以及应聘人员应具备的条件等。要约方也可以是劳动者。劳动者通过求职信、求职登记等形式提出要约。

2. 相互协商

被要约方与要约方就订立劳动合同的建议和要求进行平等协商。各自向对方如实地介绍自身的真实情况和要求，在双方意思表示一致后，协商即告结束。根据我国劳动力市场和企业的实际情况，当事人双方协商劳动权利义务的基础往往是由用人单位提供的劳动合同草案。在协商时应保障劳动者对劳动合同草案充分表达自己意见和要求的权利。

3. 双方签约

劳动合同当事人双方在签约前应认真审阅劳动合同文本约定的内容是否真实，是否与约定的条件一致。经确认后，劳动者本人和用人单位法定代表人签字、盖章。法定代表人可以书面委托有关人员代理签字。如果当事人双方要求的劳动合同的生效时间与最后一方签字盖章的时间不一致时，必须注明劳动合同的生效时间。

三、劳动合同的续订、变更

（一）劳动合同的续订

劳动合同续订是指有固定期限的劳动合同到期，双方当事人就劳动合同的有效期进行商谈，经平等协商一致而延续劳动合同期限的法律行为。劳动合同续订的原则与订立劳动合同的原则相同。提出劳动合同续订要求的一方应在合同到期前 30 日书面通知对方。续订劳动合同不得约定试用期。依据《劳动合同法》的规定，如果劳动者在用人单位连续工作满 10 年或者连续订立二次固定期限劳动合同的话，劳动者提出或者同意续订劳动合同的，除劳动者提出订立固定期限劳动合同外，用人单位应该与劳动者订立无固定期限劳动合同。

（二）劳动合同的变更

劳动合同的变更是指劳动合同双方当事人就已经订立的合同条款达成修改或补充的法律行为。劳动合同的变更，其实质是双方的权利、义务发生改变。通过权利义务关系的调整，使劳动合同适应变化发展的新情况，从而保证合同的继续履行。劳动合同变更的条件是：①订立劳动合同所依据的法律、行政法规、规章制度发生变化，应变更相关的内容；②订立劳动合同所依据的客观情况发生重大变化，致使劳动合同无法履行，当事人一方要求变更相关内容，比如，发生自然灾害或企业事故、企业调整生产任务、企业分立、合并、迁移厂址，以及劳动者个人情况发生变化要求调整工作岗位或职务等；③提出劳动合同变更的一方应当提前书面通知对方，并要平等协商一致方能变更合同。

四、劳动合同的解除

劳动合同的解除是指劳动合同签订以后，尚未全部履行之前，由于一定事由的出现，提前终止劳动合同的法律行为。

（一）劳动合同的协议解除（约定解除）

《劳动合同法》第三十六条规定："用人单位与劳动者协商一致，可以解除劳动合同。"协议解除劳动合同的时候，用人单位应根据劳动者在本单位的工作年限，向劳动者支付经济补偿，其中，在本单位的工作年限每满一年发给相当于一个月的工资作为经济补偿金，最多不超过十二个月。在本单位的工作年限六个月以上但不满一年的，按一年计算；在本单位的工作年限不满六个月的，则向劳动者支付半个月的经济补偿。

（二）用人单位单方面解除劳动合同

1. 出现下述条件之一，用人单位可以随时提出解除劳动合同，并不用承担经济补偿的条件

（1）劳动者在试用期间被证明不符合录用条件的。

（2）劳动者严重违反劳动纪律或用人单位规章制度的。

（3）劳动者严重失职、营私舞弊，给用人单位利益造成重大损害的。

（4）劳动者同时与其他用人单位建立劳动关系，对完成本单位的工作任务造成严重影响，或者经用人单位提出，拒不改正的。

（5）以欺诈、胁迫的手段或者乘人之危，使用人单位在违背真实意思的情况下订立或者变更劳动合同的。

（6）劳动者被迫追究刑事责任的。

用人单位在解除劳动合同时应注意如下惯例：第一，注意劳动者违纪行为到做出处理决定的时间间隔。如果超过了处理时效，则不能以此解除劳动合同。第二，用人单位单方解除劳动合同，应事先将理由通知工会。第三，根据罪由法定的原则，劳动者涉嫌违反犯罪被限制人身自由、且未被法院做出终审判决期间，不能解除劳动合同。不过，在此期间，用人单位无须承担劳动合同规定的义务。第四，劳动者违纪或给用人单位利益造成重大损失的依据可以是法律法规规定的，也可以是不违反国家法律、行政法规及政策规定，且已向劳动者公示的用人单位规章制度。

2. 提前30天书面形式通知，且承担经济补偿责任的条件

（1）劳动者患病或者非因工负伤、医疗期满后，不能从事原工作也不能从事用人单位另行安排的工作。

其中，医疗期是指劳动者患病或非因工负伤停止工作治疗休息不得解除劳动合同的时限。医疗期长度根据劳动者的实际工作年限和在本单位工作年限确定，从病休第一天开始，累计计算。病休期间的公休假日和法定节日包括在内。医疗期期限的具体规定是：实际工作年限10年以下的，在本单位工作年限5年以下的为3个月；五年以上的为6个月。实际工作年限10年以上的，在本单位工作年限5年以下的为6个月；5年以上10年以下的为9个月；10年以上15年以下的为12个月；15年以上20年以下的为18个月；20年以上的为24个月。医疗期3个月的按6个月内累计病休时间计算；6个月的按12个月内累计病休时间计算；9个月的按15个月内累计病休时间计算；12个月的按18个月累计病休时

间计算;18 个月的按 24 个月内累计病休时间计算;24 个月的按 30 个月内累计病休时间计算,如表 10 - 2 所示。

表 10 - 2　　医疗期一览表

总工作年限	本单位工作年限	应给予的医疗期	计算周期
10 年以下	5 年以下	3 个月	6 个月
	5 年以上	6 个月	12 个月
10 年以上	5 年以下	6 个月	12 个月
	5 年以上 10 年以下	9 个月	15 个月
	10 年以上 15 年以下	12 个月	18 个月
	15 年以上 20 年以下	18 个月	24 个月
	20 年以上	24 个月	30 个月

(2)劳动者不能胜任工作、经过培训或者调整工作岗位,仍不能胜任工作的。

(3)劳动合同订立时所依据的客观情况发生重大变化,致使原劳动合同无法履行,经当事人协商不能达成一致协议。

出现上述条件之一,用人单位可以解除劳动合同,但应提前通知劳动者,并支付经济补偿,其标准为根据劳动者在本单位工作年限,每满 1 年发给 1 个月工资作为经济补偿金。

3.经济性裁员的条件

(1)用人单位依照企业破产法规定进行重整的。

(2)用人单位生产经营发生严重困难的。

(3)企业转产、重大技术革新或者经营方式调整,经变更劳动合同后,仍需裁减人员的。

(4)其他因劳动合同订立时所依据的客观经济情况发生重大变化,致使劳动合同无法履行的。

出现上述条件之一,用人单位可以裁减人员,但应当提前 30 日向工会或全体职工说明情况,听取工会或职工的意见,向劳动行政部门报告,并要支付经济补偿。

4.劳动者单方解除劳动合同

(1)随时向用人单位提出解除劳动合同的条件:

①用人单位未按照劳动合同的约定提供劳动保护或者提供劳动条件的。

②用人单位未及时足额支付劳动报酬的。

③用人单位未依法为劳动者缴纳社会保险费的。

④用人单位的规章制度违反法律、法规的规定,损害劳动者权益的。

⑤以欺诈、胁迫的手段或者乘人之危,使劳动者在违背真实意思的情况下订立或者变更劳动合同的。

⑥用人单位以暴力、威胁、非法人身自由的手段强迫劳动的。

当上述情况之一出现时,劳动者即可以随时提出解除劳动合同。

(2)提前 30 天通知用人单位解除劳动合同(辞职)。

在劳动关系中,劳动者相对于用人单位而言始终处于弱势地位,从保护劳动者权益出发,《劳动合同法》规定,劳动者提前30日(试用期内提前3日)以书面形式通知用人单位,可以解除劳动合同。

5. 不得解除劳动合同的条件

不得解除劳动合同的条件主要是针对用人单位而言的,当同时出现可以解除与不可以解除劳动合同的条件时,用人单位应服从不得解除劳动合同的条件,即后者的法律效力大于前者。劳动者有下列情形之一,用人单位不得解除劳动合同:

(1)从事接触职业病危害作业的劳动者未进行离岗前职业健康检查,或者疑似职业病病人在诊断或者医学观察期间的。

(2)在本单位患职业病或者因工负伤并被确认丧失或者部分丧失劳动能力的。

(3)患病或者非因公负伤,在规定的医疗期内的。

(4)女职工在怀孕期、产期、哺乳期内的。

(5)在本单位连续工作满十五年,且距法定退休年龄不足五年的。

(6)法律法规规定的其他情形。

五、劳动合同的终止

劳动合同的终止是指由于一定法律事实的出现,而使用人单位和劳动者建立的劳动关系终结。夏兆敢(2006)认为劳动合同的终止有广义和狭义之分。狭义的劳动合同的终止是指双方当事人已经履行完毕合同约定的所有权利和义务,或其他法律事实的出现而使双方当事人劳动关系已不复存在,且任何一方均没有提出继续保持劳动关系的请求,合同就此终止法律效力。而广义的劳动合同的终止,不仅包括狭义的劳动合同的终止,而且还包括劳动合同的解除。劳动合同的终止是指劳动合同期满或当事人双方约定的劳动合同终止条件出现,劳动合同即行终止。关于劳动合同的解除,前面已有介绍,在此主要讨论狭义的劳动合同的终止。

(一)劳动合同终止的条件

《劳动合同法》第四十四条规定,有下列情形之一,劳动合同终止。

(1)劳动合同期限已满。定期劳动合同在合同约定的期限届满后,除非双方当事人依法续订或依法延期,否则合同即行终止。

(2)劳动者开始依法享受基本养老保险待遇。劳动者开始依法享受基本养老保险待遇后,便属于退休、退职人员,已不具备《劳动合同法》及《劳动法》规定的劳动者的主体资格条件,因此,双方的劳动合同自行终止。

(3)劳动者死亡或者被人民法院宣告死亡或者宣告失踪。劳动合同的主体是用人单位与劳动者,劳动合同具有高度的人身依附性,作为劳动合同一方当事人的劳动者死亡,或者被人民法院宣告死亡或者宣告失踪的,必将导致劳动合同规定的权利义务无法履行,劳动合同必然终止。

(4)用人单位被依法宣告破产的、吊销营业执照、责令关闭、撤销或者用人单位决定提前解散的。与劳动者消失一样,作为劳动关系的另一方主体的用人单位,如果主体资格不存在,也将无法继续履行劳动合同,劳动合同不得终止。

(5)法律、行政法规规定的其他情形。

（二）劳动合同的终止与劳动合同的中止比较

不少人将劳动合同的终止与劳动合同的中止混为一谈，其实二者是有着本质区别的。劳动合同的中止是指一定情形的出现，导致用人单位与劳动者之间的劳动合同不能继续履行下去，只有等到该情形结束后，劳动合同才能继续履行。可见，劳动合同的中止，只是暂时停止履行劳动合同，而劳动合同终止则意味着劳动关系的彻底消灭。

除了用人单位与劳动者协商中止劳动合同外，其他常见的导致劳动合同中止的情形有：

（1）劳动者应征入伍。根据国家现行法律法规的规定，企业应当与应征入伍的员工保持劳动关系，但双方可以变更劳动合同中具体的权利义务条款，比如义务兵入伍前是国家机关、人民团体、企业、事业单位正式员工，退伍后原则上回原单位复工复职。

（2）劳动者涉嫌违法犯罪被公安机关收容审查，且未被法院做出终审判决期间，用人单位不承担劳动合同规定的相应义务。

（3）劳动者被依法限制人身自由导致劳动合同中止。劳动者经证明被错误限制人身自由的，暂时停止履行劳动合同期间劳动者的损失，可由其依据《国家赔偿法》要求有关部门赔偿。

（4）企业内部退养和停薪留职。内部退养是企业保留员工的劳动关系，员工退出工作岗位，用人单位发放生活费并为其缴纳基本社会保险费。停薪留职则指企业只为员工保留劳动关系，停发工资等一切待遇，由员工自谋出路。

第三节　集体合同

一、集体合同概述

（一）集体合同的概念

集体合同，又称团体协议、集体协议，是企业与工会或者职工代表签订的以劳动条件为中心内容的书面协议。我国《劳动合同法》第五十一条规定，企业职工一方与用人单位通过平等协商，可以就劳动报酬、工作时间、休息休假、劳动安全卫生、保险福利等事项订立集体合同。集体合同由工会代表职工与企业签订，没有成立工会组织的，由职工代表代表职工与企业签订。

集体合同根据协商、签约代表的范围的不同，分为基层集体合同、行业集体合同、地区集体合同等。我国集体合同体制以基层集体合同为主导体制，即集体合同由基层工会组织与企业签订，只对签订单位具有法律效力。

（二）集体合同的特征

集体合同作为一种协议，自然具有了协议的共同特征，比如，主体平等性、意思表示一致性、合法性和法律约束性等。除此之外，集体合同还具有自身独有的一些特征，主要有：

1. 集体合同是特定的当事人之间订立的协议

在集体合同中当事人一方是代表职工的工会组织或职工代表；另一方是用人单位。当事人中至少有一方是由多数人组成的团体。特别是职工方，必须由工会或职工代表参加，集体合同才能成立。

2.集体合同是规定劳动关系的协议

具体合同反映的是以劳动条件为实质内容的关系，整体性地规定劳动者与企业之间的劳动权利与义务，现存劳动关系的存在是集体合同存在的基础。

3.集体合同的双方当事人的权利义务不均衡

集体合同内容包括劳动报酬、工作时间、休息休假、劳动安全卫生、保险福利等事项，基本上都是强调用人单位的义务，如为劳动者提供合法的劳动设施和劳动条件。

4.集体合同是定期的书面合同，其生效需经特定程序

根据劳动法的有关规定，集体合同文本须提交政府劳动行政部门审核，经审核通过的集体合同才具有法律效力。

(三)集体合同与劳动合同的区别

集体合同与劳动合同都是关于劳动关系方面的协议，规定的都是劳动者与用人单位在劳动关系中的权利和义务。但是，二者之间存在着明显的区别。

1.主体不同

协商、谈判、签订集体合同的主体一方是企业，另一方是工会组织或劳动者按照合法程序推举的代表，所以被称为是团体协议。劳动合同的主体一方是企业，另一方则是劳动者个人，所以劳动合同又被称为个体劳动协议。

2.目的不同

集体合同的直接目的是规定本单位职工的一般劳动条件，改善劳动关系。而劳动合同的直接目的是确立双方的劳动关系，明确用人单位与劳动者双方的权利和义务。

3.内容不同

集体合同的内容是关于企业的一般劳动条件标准的约定，以全体劳动者共同权利和义务为内容，包括职工集体的劳动报酬、工作时间、休息时间、劳动安全卫生、保险福利等。劳动合同的内容只涉及单个劳动者的劳动条件和福利待遇等，其适用范围具有特定性。

4.合同期限不同

原劳动和社会保障部颁布的《集体合同规定》规定集体合同的期限为1~3年，最长不得超过三年。而劳动合同的期限分为固定期限、无固定期限和以完成一定任务为期限三种形式，即使是固定期限的劳动合同，合同期限也是由双方当事人自愿协商订立，法律上并没有明确的限制。

5.合同生效的要件不同

劳动合同的内容合法，当事人双方签字即可生效。但是，集体合同不仅要求内容合法，而且在程序上也比劳动合同要复杂。集体合同的签订，首先要由集体劳动关系主体双方依法产生的代表进行协商，草拟集体合同草案；其次，将集体合同草案提交给职工代表大会或者全体职工讨论通过；然后，由双方首席代表签字盖章；最后，报送劳动行政部门审查，劳动行政部门自收到集体合同文本之日起15个工作日内未提出异议的，集体合同方生效。

6.法律效力不同

集体合同中规定的劳动条件和劳动报酬等是企业的最低标准。依法签订的集体合同对企业和企业全体职工都具有约束力。劳动合同约定的标准不得低于集体合同标准。可见，

集体合同的法律效力高于劳动合同。

（四）集体合同的作用

集体合同制度在协调劳动关系中处于重要地位，无论是对于劳动者，还是对于政府，或是对于资方或用人单位，都具有积极的作用。

1. 对于劳动者而言

集体合同制度是维护自身劳动权益的一种合法而有效的手段。在签订劳动合同时，单个劳动者处于弱势而不足以同用人单位相抗衡，因而难以争取到公平合理的劳动条件。而由工会代表全体劳动者同用人单位签订集体合同，就可以规定集体劳动条件，集体劳动条件是本单位内的最低个人劳动条件。企业既然通过协商同意了职工的这些权益和福利，就必须去执行，如果企业无法执行合同，就构成了违约行为，企业所有的劳动者都会抗议。对于单独的一个劳动者的抗议，企业或许不放在心上，但是企业所有的劳动者都进行抗议，那么企业就要慎重考虑了。因此，集体合同能够纠正和防止劳动合同对于劳动者的过分不公平，使之比较公平合理，也使劳动者和用人单位双方在实力上取得基本的平衡。

2. 对于政府而言

集体合同制度帮助政府从"救火队"向"裁决者"转变，有助于保持企业和劳动者双方关系的稳定和社会的和谐。集体合同制度在劳动关系的调整上可以在国家劳动法律法规的调整与劳动合同的调整中间增加集体合同的调整这一层次，实现对劳动关系的多方位、多层次调整。集体合同对劳动关系的调整，同一般的劳动法律法规相比对不同企业劳动关系的针对性比较强，同时也有利于消除或弥补劳动合同存在的某些随意性，给企业劳动关系的调整提供一种新机制。如果在用人单位实行集体合同，劳动者就可以通过自己的力量维护自身权利，政府居中裁决，压力将大大减轻，有助于政府实现"救火队"向"裁决者"的角色转变，有利于劳动者和企业之间的沟通和理解，保持企业和劳动者双方关系的稳定和社会的和谐。

3. 对于资方或用人单位而言

集体合同制度有利于减少劳动力管理的成本。劳动关系的内容涉及方方面面，如果事无巨细均由劳动合同规定，那么每份劳动合同都将成为一本具有相当篇幅的小册子，订立一份劳动合同将成为一件很不容易的事情。通过集体合同对劳动关系的内容进行全面规定之后，劳动合同只需就单个劳动者的特殊情况作出规定即可，这样就会大大简化劳动合同的内容，也会大大降低签订劳动合同的成本。由于集体合同和劳动合同具有上述作用，集体合同被认为是劳动合同的"母合同"。

此外，集体合同约定的各项条款是经过民主协商制定的，签订和履行集体合同，体现了劳动者参加民主管理的原则，因此集体合同是企业管理民主化的重要形式。

二、集体合同的形式与内容

（一）集体合同的形式

集体合同必须是以书面形式订立，通常分为主件和附件两种。其中，主件是综合性集体合同，其内容涵盖劳动关系的各个方面。附件则是专项集体合同，是仅仅针对劳动关系的某一特定方面的事项签订的专项集体协议。比如，专门针对工资事项签订的集体合同就属于一种集体合同的附件。原国家劳动和社会保障部《工资集体协商试行办法》规定，企业依法开展工资集体协商，签订工资协议。对于已经订立了集体合同的，工资协议则作为集体合同的附件，并与集体合同具有同等效力。

（二）集体合同的内容

《劳动法》和《集体合同规定》规定，集体合同应该包括劳动报酬，工作时间，休息休假，保险福利，劳动安全与卫生，职业培训，合同期限，变更、解除、终止集体合同的协商程序，双方履行集体合同的权利和义务，履行集体合同发生争议时协商处理的约定，违法集体合同的责任，以及双方认为应当协商约定的其他内容等。集体合同的内容表现为集体合同的条款，这些条款主要可以分为三类：

1. 劳动标准性条款

这是集体合同的核心内容，主要有以下内容：劳动报酬、工作时间、休息与休假、保险待遇、生活福利、职业培训、劳动纪律、劳动保护等。劳动标准性条款应当作为劳动合同的内容基础，指导劳动合同的协商与订立，也可以直接作为劳动合同的内容。它对个人劳动合同起制约作用，职工与用人单位订立的劳动合同中有关劳动条件和劳动报酬等标准不得低于集体合同中标准性条款的规定。

2. 目标性条款

即规定在合同期限内应达到的具体目标和实施这些具体目标的措施条款。具体措施可以分为用人单位应该采取的措施，工会应该采取的措施，以及用人单位和工会或者职工应该共同采取的措施。

3. 程序性条款

即规定集体合同自身运行的程序规则的条款，包括集体合同的订立、履行、变更、解除、终止、续订，以及违反集体合同责任的承担和集体合同争议的处理等，是维护主体双方合法权益不可缺少的程序保证。

三、集体合同签订的程序

集体合同的订立是指企事业单位工会或职工代表与企事业单位或雇主之间，为规定职工集体劳动条件，依法就集体合同条款经过协商一致，设立集体合同关系的法律行为。订立集体合同应当遵循合法、协商一致、当事人地位平等的原则，并履行如下程序：

（一）确立集体协商双方代表

集体协商代表每方为三至十名，双方人数对等，并各确定一名首席代表。职工一方由工会代表；未建立工会的企业由职工民主推举代表，并须得到半数以上职工同意。已建立工会的工会首席代表不是工会主席的，应由工会主席书面委托；企业首席代表由其法定代表人担任或指派。代表一经确认，必须履行义务，因故不能履行职责的，应另行指派或推举。集体协商会议的记录员在协商代表之外指派。

（二）拟定集体合同草案

签订集体合同之前工会应当收集职工和企业有关部门的意见，单独或与企业共同拟定集体合同草案。拟定草案参照有关法律、法规和政策，同行业和具有可比性企业的劳动标准，集体合同范本和其他与签订集体合同相关资料等。

（三）集体协商

集体合同的协商是签约代表为签订集体合同进行商谈的法律行为。集体协商任何一方均可就签订集体合同或专项集体合同以及相关事宜，以书面形式向对方提出进行集体协商的要求。一方提出进行集体协商要求的，另一方应该在收到集体协商要求之日起 20 日内以书面形式给予回应，无正当理由不得拒绝进行集体协商。

（四）审议通过，双方首席代表签字

将集体协商后得到的集体合同提交给职工代表大会或职工会议审议。如果审议不通过，则需要与企业再次进行集体协商，直到审议通过。然后，双方首席代表在经过审议通过的集体合同文本上签字。

（五）政府劳动行政部门审核

由企业一方将签字的集体合同文本一式三份及说明材料，在集体合同签订后的 10 天内报送县级以上政府劳动行政部门待查。说明材料应该包括企业的营业执照、工会的社团法人证明材料、双方代表的身份证复印件、委托授权书、职工代表的劳动合同书、相关审议会议通过的集体合同的决议、集体合同条款的必要说明等。

劳动行政部门在收到集体合同后的 15 日内将审核意见书送达；集体合同的生效日期以《审核意见书》确认的日期为生效日期。若劳动行政部门在收到集体合同的 15 日内未提出疑义的，自第 16 日起，集体合同自动生效。若集体合同经劳动行政部门审核认定存在无效条款或部分无效条款的，签约双方应在 15 日内对其进行修改，并在 15 日内重新报送审核。

（六）集体合同的公布

经审核确认生效的集体合同或自行生效的集体合同，签约双方应该及时以适当的方式向各自代表的成员公布。

四、集体合同的履行、监督检查

在市场经济条件下调整劳动关系的最有效手段就是建立集体合同制度。但在我国集体合同制度推进的过程中，集体合同形式化问题也凸现出来，比如主体错位、程序简化、合同内容空洞、重签订轻履行等，严重影响了这一制度的健康发展。要解决集体合同形式化问题，必须加强集体合同的履行和监督检查。

（一）集体合同的履行

集体合同只要符合主体、内容、形式、程序合法，意思表示真实，就具有法律效力。集体合同当事人和关系人就应履行集体合同所规定的义务。这里所谓的集体合同的关系人是指由集体合同的订立而获得利益、并且受集体合同约束的主体，包括工会组织所代表的全体劳动者（不论其是否是工会会员，以及在集体合同的存续期间新被录用的职工）和用人单位所代表的所有者和经营者等。

集体合同的履行遵循实际履行和协作履行的原则。其中，劳动标准型条款的履行，应在合同的有效期间按照集体合同规定的各项标准签订和履行合同，确保劳动者利益的实现；目标性条款的履行应将所约定的项目列入落实在企业计划和工会工作计划之中，企业行政部门必须与工会密切协作。工会会员和非会员劳动者虽不是集体合同的当事人，但却是集体合同的关系人，因集体合同的存在而应承担履行集体合同的义务。

（二）集体合同的监督检查

县级以上人民政府劳动保障行政部门、地方工会或者产业工会应当对集体合同的平等协商、签订和履行实施进行监督检查。一方面，企业和企业工会通过平等协商建立集体合同监督检查机构，负责对集体合同的履行情况进行监督检查。另一方面，双方首席代表每年至少应当向职工代表大会或者职工大会报告一次集体合同的履行情况，并对企业职工代表大会或者职工大会提出的问题，双方应当协商处理。第三，县级以上人民政府劳动保障行政部门、地方总工会和综合经济管理部门，应当建立劳动关系三方协商机制，对企业签订和履行集体合同进行监督、指导和协调。此外，职工代表大会有权对集体合同的履行实行民主监督。

（三）违反集体合同的责任

企业违反集体合同的规定，应当承担法律责任。工会不履行或不适当履行集体合同规定的义务，应承担道义上的责任。个别劳动者不履行集体合同规定的义务，则按照劳动合同的规定承担责任。

第四节　劳动争议与处理

一、劳动争议的概念、范围与特征

（一）劳动争议的概念

劳动争议亦称劳动纠纷，是指劳动关系双方当事人之间因劳动权利和劳动义务的认定与实现所发生的纠纷。劳动争议实质上是劳动关系当事人之间利益矛盾、利益冲突的表现。

（二）劳动争议的范围

劳动争议的范围，在不同的国家有不同的规定。根据我国《劳动争议调解仲裁法》第二条规定，劳动争议的范围是：

（1）因确认劳动关系发生的争议。

（2）因订立、履行、变更、解除和终止劳动合同发生的争议。

（3）因除名、辞退和辞职、离职发生的争议。

（4）因工作时间、休息休假、社会保险、福利、培训以及劳动保护发生的争议。

（5）因劳动报酬、工伤医疗费、经济补偿或者赔偿金等发生的争议。

（6）法律、法规规定的其他劳动争议。

（三）劳动争议的特征

劳动争议与其他社会关系纠纷相比，具有下述特征：

1.劳动争议的当事人是特定的

劳动争议的当事人就是劳动关系的当事人，即一方为企业，另一方为劳动者或其团体，并且只有存在劳动关系的企业和劳动者或其团体才有可能成为劳动争议的当事人，而其他纠纷的当事人则不具有这个特点。

2.劳动争议的内容是特定的

劳动争议的标的是劳动权利和劳动义务。劳动权利和劳动义务是依据劳动法律、法规，劳动合同、集体合同等确定的。因此，劳动争议在一定意义上说是因实施劳动法而产生的争议，如就业、工资、工时、劳动条件、保险福利、培训、奖惩等各个方面，内容相当广泛。凡是以劳动权利义务之外的权利义务为标的的争议都不属于劳动争议。

3.劳动争议有特定的表现形式

一般的社会关系纠纷表现为争议主体劳动关系管理之间的利益冲突，其影响范围通常局限在争议主体之间，而重大的集体劳动争议、团体劳动争议除可表现为一般劳动关系纠纷的形式，有时还会以消极怠工、罢工、示威、请愿等形式出现，涉及面广，影响范围大，甚至超越事发地区，有的甚至造成国际性影响。

二、劳动争议处理的原则和程序

(一)劳动争议处理的一般原则

劳动争议处理的一般原则是劳动争议处理机构在处理劳动争议时必须遵循的基本标准。它贯穿于劳动争议处理的全过程，像劳动争议的调解程序、仲裁程序都需要遵循。当然，相对于一般原则而言，在不同的劳动争议处理程序中，每道程序都有反映该程序特点的具体原则。具体原则的落实，保障了一般原则在劳动争议处理全过程中的实现。劳动争议处理的一般原则主要有：

1.合法性原则

合法性原则即在查清事实基础上依法处理。依法处理争议，就要依据法律规定的程序要求和权利、义务要求去解决争议。劳动争议处理机构处理劳动争议的所有活动和决定都要以事实为根据，以法律为基础。

2.公正性原则

公正性原则即当事人适用法律上一律平等。劳动争议双方当事人虽然在其劳动关系中，存在行政上的隶属关系，但其法律地位是平等的，也就是说，不管用人单位大小如何，也不管职工一方职位高低，双方在法律面前是平等的。劳动争议处理机构应该站在公正的立场上，秉公执法，不得袒护或歧视任何一方，保证争议当事人处于平等的法律地位，具有平等的权利和义务。

3.及时性原则

劳动争议处理机构受理劳动争议案件后，应当在法律、法规规定的时限内迅速处理结案，防止久拖不决。劳动争议案件具有特殊性，它关系到劳动者的就业、劳动条件、报酬待遇、社会保险福利等切身利益问题，如果不及时迅速地进行处理，势必会影响到劳动者的生活和企业的生产经营秩序。处理不及时，甚至可能引发突发事件，影响社会稳定和公众利益。

(二)劳动争议的处理程序

2007年12月29日第十届全国人民代表大会常务委员会第三十一次会议通过的《中华人民共和国劳动争议调解仲裁法》第五条：发生劳动争议，当事人不愿协商、协商不成或者达成和解协议后不履行的，可以向调解组织申请调解；不愿调解、调解不成或者达成调解协议后不履行的，可以向劳动争议仲裁委员会申请仲裁；对仲裁裁决不服的，除本法另有规定的外，可以向人民法院提起诉讼。根据上述规定，劳动争议的处理程序有：

(1)协商。劳动争议发生后，首先可以进行协商，找出解决的方法。当然，在这里并不是说协商是法定的必经程序，而是想要强调，协商是双方最易接受，效果也最好的方式。

(2)调解。就是由企业调解委员会对本单位发生的劳动争议进行调解。从法律、法规的规定看，调解与协商一样，并不是必经的程序。但它对于劳动争议的解决却起到很大的作用，特别是对希望继续留在本单位工作的职工来说，能够通过调解来解决劳动争议，也不失为一种理想的选择。

（3）仲裁。劳动争议调解不成的，当事人可以向劳动争议仲裁委员会申请仲裁。当事人也可以不经调解直接向劳动争议仲裁委员会申请仲裁。这个时候，劳动者应准备好具有客观性、相关性、合法性的各类证据，比如劳动合同书、聘任书、协议书、单据、传单、信函等，还有物证及视听资料。拿着这些证据到单位注册地所属的区县劳动和社会保障局，申请劳动争议仲裁。劳动争议仲裁时间一般较长，从申请到仲裁，至少要经过三个月至六个月的时间。在此，劳动者必须了解的是：劳动仲裁的时效是从劳动者知道或应当知道其合法权益被侵害之日起一年之内，超过这个期限，就意味着从法律程序上已经丧失了为自己讨回公道的权利。

（4）诉讼。当事人对仲裁裁决不服的，可以自收到仲裁裁决书之日起15日内向人民法院起诉。需要说明的是，除拖欠工资外，所有劳动纠纷都应先接受仲裁，如不服仲裁，才可以进入法院的立案过程。工伤医疗费、劳动待遇、赔偿补偿金等劳动纠纷问题，在证据确凿且符合规定金额数目时，将采取"一裁终局"的形式，也就是说，仲裁裁决一经作出，就有了法律效力，当事人对仲裁的裁决不服，是不可以就同一纠纷再向仲裁委员会申请复议或向法院起诉，完全交由劳动仲裁部门处理。

三、企业调解委员会对劳动争议的调解

劳动争议调解，是指调解委员会对企业与劳动者之间发生的劳动争议，在查明事实、分清是非、明确责任的基础上，依照国家劳动法律、法规，以及依法制定的企业规章和劳动合同，通过民主协商的方式，推动双方互谅互让，达成协议，消除纷争的一种活动。发生劳动争议，当事人可以到下列调解组织申请调解：企业劳动争议调解委员会，依法设立的基层人民调解组织，在乡镇、街道设立的具有劳动争议调解职能的组织。这里主要介绍企业调解委员会对劳动争议的调解。

（一）调解的特点

（1）群众性。企业劳动争议调解委员会是企业内依法成立的处理劳动争议的群众性组织。调解活动强调群众的直接参与。

（2）自治性。调解是企业内的劳动者对本单位运行的劳动关系进行自我管理、自我调解、自我化解矛盾的有效形式。

（3）非强制性。调解程序完全体现自愿的特点。即申请调解自愿，不能强制；调解协议的履行依赖当事人的自愿及其舆论的约束。

（二）企业调解委员会的构成

企业劳动争议调解委员会由职工代表和企业代表组成。职工代表由工会成员担任或者由全体职工推举产生，企业代表由企业负责人指定。企业劳动争议调解委员会主任由工会成员或者双方推举的人员担任。调解委员应当由坚持原则、公道正派、联系群众、热心调解工作并具有一定劳动法律、法规知识、政策水平和文化水平的成年公民担任。

（三）企业调解委员会的职责

（1）按照法律规定的原则和程序处理本单位的劳动争议，回访、检查当事人执行调解

协议的执行情况，督促当事人履行调解协议。

（2）开展劳动法律法规、企业内部劳动管理规则的宣传教育工作，预防劳动争议的发生。

（3）建立必要的工作制度，进行调解登记、档案管理和分析统计工作。

（四）企业调解委员会对劳动争议处理的原则

（1）自愿原则。此项原则包括的内容为：①申请调解自愿。只有劳动争议双方当事人都同意调解，调解委员会才能受理，有一方不同意则不得受理；②调解过程自愿。调解人员在调解过程中不能采取任何强制或命令的手段，强迫当事人接受调解意见，而应在通过协商、说服教育，分清是非基础上达成一致。调解协议的所有内容必须是当事人真实、一致的意思表示，不得勉强；③履行协议自愿。调解协议达成后，当事人自愿履行，一方或者双方不履行或反悔的，则为调解不成。调解委员会不得强迫当事人履行。

（2）尊重当事人申请仲裁和诉讼权利的原则。企业劳动争议调解委员会对劳动争议的调解并不是劳动争议仲裁或诉讼的必要条件，在调解委员会调解劳动争议的任何阶段，劳动争议双方当事人都有依法提请仲裁和诉讼的权利。此项原则具体包括的含义是：劳动争议发生后，解决劳动争议的方式有当事人自由选择调解或仲裁，调解委员会不得阻止。调解过程中，当事人都可提出申请仲裁的请求，调解委员会不得干涉。劳动争议经协调委员会调解达成协议，当事人反悔，不愿履行该协议的，仍享有提请仲裁的权利，对此，调解委员会不得阻拦和干预。

（五）企业调解委员会调解的程序

1. 申请和受理

劳动争议发生后，以口头或书面形式向调解委员会提出调解申请。口头申请的，调解组织应当当场记录申请人基本情况、申请调解的争议事项、理由和时间。

2. 调查和调解

调解委员会主任主持召开有争议双方当事人参加的调解会议，调解劳动争议时，调解委员会应当充分听取双方当事人对事实和理由的陈述，在查明事实、分清是非的基础上，依照法律、法规及依法制定的企业规章制度和劳动合同，耐心疏导，公正调解。

3. 制作调解协议书

经调解达成协议的，应当制作调解协议书。调解协议书由双方当事人签名或者盖章，经调解员签名并加盖调解组织印章后生效。对双方当事人具有约束力，当事人应当履行。

自劳动争议调解组织收到调解申请之日起十五日内未达成调解协议的，当事人可以依法申请仲裁。

四、劳动争议仲裁

（一）劳动争议仲裁的含义

劳动争议仲裁是劳动争议仲裁机构根据劳动争议当事人一方或双方的申请，依法就劳动争议的事实和当事人应承担的责任作出判断和裁决的活动。其特征为：①仲裁主体具有确定性。②仲裁对象具有特定性。③仲裁施行强制原则。只要劳动争议当事人一方提出仲裁申请即能引起劳动争议仲裁程序的开始。

（二）劳动争议仲裁委员会的组成

劳动争议仲裁委员会是国家授权、依法独立处理劳动争议案件的机构，是劳动行政范畴内的一种特殊的执法机构。劳动争议仲裁委员会由劳动行政部门代表、工会代表和企业方面代表组成。劳动争议仲裁委员会组成人员应当是单数。

（三）劳动争议仲裁的原则

（1）调解原则。仲裁庭在作出裁决前，应当先行调解，调解不成，再及时仲裁，但要贯彻当事人双方自愿的原则。

（2）及时、迅速原则。这一原则要求劳动争议仲裁委员会在处理劳动争议案件时，必须严格依照法律规定的期限结案尽快地解决争议。贯彻这一原则，是由劳动争议的特点所决定。劳动争议与企业的生产和职工的生活密切相关，久拖不决势必影响到社会的安定和生产、生活秩序的稳定。因此，仲裁庭裁决劳动争议案件，应当自劳动争议仲裁委员会受理仲裁申请之日起四十五日内结束。

（3）回避原则。仲裁委员会成员或仲裁员在仲裁劳动争议案件时，认为具有法定回避情况不宜参加本案审理，或当事人认为仲裁员具有回避情节的，可能裁决不公，都可以申请更换他人，以保证仲裁公正顺利进行。

（4）一次裁决原则。劳动争议仲裁实行一个仲裁及一次裁决制度，一次裁决即为终级裁决，只能向法院提起诉讼。但是，针对"追索劳动报酬、工伤医疗费、经济补偿或者赔偿金，不超过当地月最低工资标准十二个月金额的争议"，以及"因执行国家的劳动标准在工作时间、休息休假、社会保险等方面发生的争议"所进行的裁决为终局裁决，不可以再上诉，裁决书自作出之日起发生法律效力。

（5）少数服从多数原则。仲裁庭裁决劳动争议，裁决应当按照多数仲裁员的意见作出，少数仲裁员的不同意见应当记入笔录。仲裁庭不能形成多数意见时，裁决应当按照首席仲裁员的意见作出。

（6）强制原则。此项原则的含义是：劳动争议当事人申请仲裁不需要双方当事人达成一致，只要一方当事人申请，仲裁委员会即可受理；仲裁庭对劳动争议调解不成时，可直接行使裁决权，无须当事人同意；对发生法律效力的仲裁裁定，一方当事人不履行，另一方当事人可申请人民法院强制执行。

（四）劳动争议仲裁程序

（1）申请和受理。劳动争议发生后，当事人申请仲裁，应依法向仲裁委员会提交书面仲裁申请，并按照被申请人人数提交副本。仲裁申请书应当载明下列事项：劳动者的姓名、性别、年龄、职业、工作单位和住所，用人单位的名称、住所和法定代表人或者主要负责人的姓名、职务；仲裁请求和所根据的事实、理由；证据和证据来源、证人姓名和住所。

劳动争议仲裁委员会收到仲裁申请之日起五日内，认为符合受理条件的，应当受理，并通知申请人；认为不符合受理条件的，应当书面通知申请人不予受理，并说明理由

（2）案件仲裁准备。组成仲裁庭或制定委员会、审阅案件材料、进行必要的调查取证、庭审前进行调解。

（3）开庭审理和裁决。按照下列步骤进行：送达开庭通知、开庭审理、申诉人和被诉人答辩、当庭再行调解、休庭合议并作出裁决、复庭并宣布仲裁裁决。

（4）仲裁文书的送达。仲裁调解书一经送达当事人且当事人不反悔的，即发生法律效

力；仲裁裁决书自双方当事人收到之日起的十五日内不向人民法院起诉的，即发生法律效力。仲裁文书的送达方式为：直接送达、留置送达、委托送达、邮寄送达、公告送达。

五、劳动争议诉讼程序

(一)劳动争议诉讼的含义

劳动争议诉讼是指劳动争议当事人不服劳动争议仲裁委员会的裁决(终局裁决除外)，在规定的期限内向人民法院起诉，人民法院依照民事诉讼程序，依法对劳动争议案件进行审理的活动。诉讼程序是处理劳动争议的最后一道程序，它通过司法程序保证了劳动争议的最终彻底解决。

(二)劳动争议诉讼的程序

(1)由诉讼方以书面形式提出诉讼请求。人民法院根据《劳动法》和《关于审理劳动争议案件适用法律若干问题的解释》决定是否对争议案件予以受理。人民法院受理的争议范围包括：①劳动者与用人单位在履行劳动合同过程中发生的纠纷；②劳动者与用人单位之间没有订立书面劳动合同，但已形成劳动关系后发生的纠纷；③劳动者退休后，与尚未参加社会保险统筹的原用人单位因追索养老金、医疗费、工伤保险待遇和其他社会保险费而发生的纠纷。

(2)人民法院依法受理诉讼后，即开始立案调查。此时要求法院要及时调查取证，并先进行调解。

(3)如果调解不成，再开庭审理。经过双方在法庭上申述和辩论后，法院将按照法官多数通过的原则依法对争议问题作出判决。能够当庭宣判的，可以当庭宣判；不能当庭宣判的，也可以定期宣判。当庭宣判的，应当在10日内将判决书发送当事人；定期宣判的，宣判后应立即将判决书发给当事人。对公开审理或不公开审理的案件，一律公开判决，并告之当事人的上诉权利、上诉期限和上诉法院。

【本章小结】

劳动关系是人与人之间在社会生产和生活中最重要的联系之一。本章从劳动关系的概念入手，阐述了劳动关系的主要性质，并将劳动关系、劳资关系、劳务关系等容易混淆的概念进行了分析比较。在此基础上，围绕劳动关系管理制度的内容、制定程序等问题重点进行了探讨。介绍了企业劳动纪律与奖惩应该注意的常见问题。劳动合同管理是劳动关系管理的重要组成部分。依法订立的劳动合同，是确定劳动者与用人单位之间是否具有劳动关系的法律依据之一。系统介绍了劳动合同订立、履行、变更、解除、终止的知识要点。同时，以劳动合同为参照，对集体合同的概念、作用、形式与内容、订立程序、履行及监督检查环节进行逐一分析，希望能够帮助读者掌握劳动合同和集体合同的一般管理技巧。最后，本章还介绍了劳动争议的概念、范围、特征等基础知识，并基于劳动争议处理程序分别介绍了进行劳动争议调解、劳动争议仲裁、劳动争议诉讼的一般流程。

【关键概念】

劳动关系 劳动关系管理 劳动合同 集体合同 劳动争议

【思考与练习】

1. 劳动关系、劳资关系、劳务关系有何区别？
2. 请简述劳动关系管理的主要内容及基本原则。
3. 集体合同与劳动合同有何相同点和不同点？
4. 当与员工与企业发生劳动争议之后，可以采取的解决争议的途径有哪些？

【拓展学习】

1. 中国人力资源开发网：http://www.chinahrd.net/
2. 法律快车网：http://www.lawtime.cn/
3. 中国劳动咨询网：http://www.51labour.com/
4. 劳动仲裁网：http://www.ldzc.com/
5. 劳动合同法网：http://www.ldht.org/Index.html

第十一章　员工安全与健康

【学习目标】

通过本章学习，可以了解企业人力资源管理道德、员工安全与健康、压力管理的基本内容；了解企业人力资源管理道德存在的主要问题、工作压力的来源；掌握预防安全事故和维护员工健康的一般措施；重点掌握提升企业人力资源管理道德的对策，以及基于组织和个人两个层面开展压力管理的常见措施。

【重点难点】

1. 人力资源管理道德与人力资源管理伦理的比较。
2. 人力资源管理道德问题的表现形式以及解决对策。
3. 安全事故的预防和员工健康的维护。
4. 压力的来源因素以及压力管理的措施与方法。

【导入案例】

中国白领过劳现象，应该给我们带来哪些思考？

职场上早逝的青春

潘洁，是家中的独生女。2003 年顺利考入上海交通大学，2006 年去新加坡交流学习，其后又在日本和德国拿到了双硕士，并于 2010 年 10 月被普华永道公司录取，成为一名初级审计员。

"进入普华永道之后，她就一直在不停地加班。"潘洁的父母回忆。从今年 1 月份开始，女儿就经常因加班而很晚回家。到 2 月份，加班时间更长，潘洁每天都要半夜才到家。进入 3 月，每天到家已是凌晨 1~2 点钟，最晚的一次甚至是凌晨 3 点多。

"3 月 31 日是潘洁突发病毒性感冒的日子，前一天晚上，她经手的项目终于告一段落，她才得以在凌晨 0 点 24 分回到家中。"潘妈妈说："回到家里，她没有洗脸，没有洗脚，倒头就睡。"第二天早上，潘洁发起了 39℃ 以上的高烧，父母紧急将她送到市第五人民医院治疗。适逢清明节长假，潘洁在家休息了几天。然而到了 4 月 5 日潘洁突然在家中昏迷，在第五人民医院诊治后，潘洁被转院到华山医院继续治疗。

4 月 9 日病情进一步恶化，引发弥散性血管内凝血，这是一种非常危险的并发症，主要临床表现为出血、休克、器官功能障碍和溶血性贫血。

4 月 10 日晚这个年仅 25 岁的生命带着对这个世界的无限眷顾离开了我们。

"白细胞一千八是神马概念"，"各个都说，别干了"、"有个空档就发烧了"、"又加班了"、"生生饿醒"、"满地打滚，我要睡觉"等等字眼在 4 个月内屡次出现。正是这些潘洁微博中的蛛丝马迹让网友们深信，潘洁的英年早逝是因为过度劳累所致。潘洁的父母也曾向当地媒体表示："长时间超强度的工作与我女儿的病有直接关系。"

潘洁的主治医生表示："过度劳累可能是其疾病的诱因。一般来说，过度劳累肯定会导致免疫力下降，让病毒有可乘之机。但要说一定因为过劳而导致她的死亡，很难获得直接医学证据。"

困在写字楼的格子间

曾几何时，国人还是以旁观者心态评论着的邻国日本的"过劳死"现象，如今已在我们身边蔓延。"过劳死"不仅仅威胁着在生产线上劳作的普通工人，目前还呈现出向高科技领域、"白领"阶层蔓延之势。

类似潘洁的悲剧已经屡见不鲜：

2003年8月25日晚7时多，时年25岁的戴尔公司员工郑杰，在厦门戴尔公司中国总部加班时因腹部剧痛倒地，随后被确诊为癌症，50多天后不治身故。

2006年5月底，中兴公司工程师程明，在出差进行重点设备保障工作时不幸去世，年仅32岁。程明的去世被中兴内部同事认为是"过劳死"。

此外，还有25岁的华为员工胡新宇加班过度猝死、37岁的上海中发电气（集团）有限公司董事长南民因突发脑血栓去世……

我们是时候要对中国白领过劳现象进行反思了。潘洁等白领的离去，折射出了我们在员工职业安全与健康管理方面还有很长的路要走。对此，你有什么好的建议吗？

（资料来源：宋媛，张梦洁，潘旭. 中国白领过劳现象调查：受访者自称黑砖窑童工［DB/OL］. http://news. eastday. com/c/20110503/u1a5870053. html. 2011－05－03略有修改。）

员工的安全与健康是企业生产力的基础。在以人为本的管理理念下，做好人力资源的开发与管理，培育未来竞争力，必须要做好员工的安全与健康管理，防止企业人力资源因为安全与健康问题而不能发挥作用。企业通常可以通过加强劳动过程中的劳动保护、有效控制和管理员工的压力等手段来做好员工的安全与健康管理。"徒善不足以为政，徒法不足以自行"。基于道德对法律的补充作用，我们还认为重视并解决人力资源管理道德问题也有利于提升员工的安全与健康水平。

第一节 员工安全和健康中的道德问题

一、加强人力资源管理道德建设的意义

道德在哲学里的范畴是行为规范或原则，即以善恶为标准，调节人们之间和个人与社会之间关系的行为规范。人力资源管理活动不是一个与道德无涉、价值中立的区域。由于面对的是有着强烈伦理诉求的管理客体，因而管理活动无时无刻不经受道德上的审视。人力资源管理道德就是对人力资源管理者提出的道德要求，是在社会一般道德原则基础上建立起来的一种职业道德认可与评价体系，构成了人力资源管理者的行为准则与规范的总和。良好的人力资源管理道德有利于规范人力资源管理者的行为，可以调整企业的人力资源管理关系，优化人力资源管理系统，从而增强企业在人力资源上的竞争力，最终实现企业的可持续发展。

为了准确理解人力资源管理道德的含义，有必要将其与人力资源管理伦理进行比较。通常谈到伦理，就会与道德联系在一起，伦理和道德的含义基本相同，都与行为准则有关，

二者长期处于概念模糊和逻辑混乱状态。从现有的研究成果来看，人力资源管理道德与人力资源管理伦理亦存在相类似的情形。

当前关于人力资源管理道德的研究比较少，代表性学者主要是周德良（2010）、范丽群（2005）、石金涛（2005）等。相比较而言，人力资源管理伦理问题已经成为经理人管理实践的主要问题，相关阐述越来越多。综合现有的研究成果来看，部分学者比如王硕（2009）就将人力资源管理道德与人力资源管理伦理等同起来，统一称为人力资源管理伦理道德，并进行了系统研究。对于人力资源管理伦理的定义，代表性的观点认为，人力资源管理伦理是企业中每个从业者相对于企业团体所表现出来的职业操守和团队意识。从该观点来看，企业组织中所有的个体都要遵循一定的职业操守和规则，不单单是管理者或者人力资源管理者。而前面关于人力资源管理道德的定义则强调的是管理者应该遵守的行为准则与规范。

显然，从定义来看，人力资源管理道德更符合我们的宗旨，因此，我们采用"人力资源管理道德"这一表述。

加强人力资源管理道德建设为员工职业安全与健康管理提供了新路径。员工职业安全与健康管理的本质是强调尊重和维护人的基本权利。实践中人力资源管理道德问题所伤害到的恰恰是员工的基本权利和权益。如果通过人力资源管理道德建设，保障了广大员工的这些基本权利和权益，那就是对员工职业安全与健康的最生动诠释。

之所以强调人力资源管理道德为员工职业安全与健康管理提供了一条新路径，原因还在于，人力资源管理道德是劳动法律法规的评价标准和推动力量，是劳动法律法规的有益补充，对劳动法律法规的实施有保障作用。道德和法律是一种确实的递进关系，是人类文明进步中循序产生的人类自我约束的约定。法律应包含最低限度的道德，没有道德基础的法律，是无法获得人们的尊重和自觉遵守的。通过加强人力资源管理道德建设，可以提高管理者的职业道德，规范企业人力资源管理行为，这无论是对劳动法律法规还是对员工的权益保障都会起到积极的作用。另外，人力资源管理道德对劳动法律法规还有补充作用。当在人力资源管理中遇到不宜由法律调整的，或本应由法律调整但因立法的滞后而尚无法可依的情形时，就只能依赖人力资源管理道德进行补充调整了。

二、影响员工安全和健康的道德问题

安全是指员工身体处于康乐状态。健康则是一个人的生理、心理和精神上的完好状态。工作环境不仅仅是物理上即工作场所的照明、空气、湿度、温度等客观条件，还包括雇佣关系、人际关系的友好，即人是否受到尊重、是否得到自我发展的机会。许多生产性企业的工作环境对人的身体健康有直接或间接的影响，需要采取相应的安全保护措施，但是企业为了节省生产成本，盲目地追求生产利润，对工作环境质量不加以控制，对在此环境中工作的员工不采取任何的保护措施，甚至不告知员工工作环境对身体可能造成的危害。还有一些在生产过程中有严格的安全标准的企业，甚至不对员工进行安全方面的培训，以致安全事故频频发生。究其原因，主要是企业在人力资源管理存在着一些侵害员工安全和健康的道德问题。

（一）侵害妇女权益①

女性在劳动力市场的弱势地位，使得许多企业在对待女性员工中采取了一些不道德行为。我国的法律虽然保护妇女在劳动过程中的各项合法权益，但在企业实际执行过程中，采取了变相的违法行为，而妇女为了保有自己的工作岗位，不得不接受一些不合理的规定。例如，一些企业要求未生育的女性员工在一定年限的工作期内不得生育，否则将遭到辞退等。

（二）侵害个人隐私

从广义上来说，隐私权不单单包括个人信息的保密，还包括个人生活不受干扰的权利，以及决定私事的自由。不过，目前企业人力资源管理道德中涉及的个人隐私问题更多地集中在个人信息保密范畴。通常在企业人力资源管理的各个职能环节都涉及对员工信息资料的使用，因此，人力资源管理部门掌握有员工的大量个人信息和档案资料。人力资源管理者对于这些数据、信息、档案的使用应该非常谨慎。他们必须了解哪些信息可以公开使用，哪些信息需要经过本人同意才可使用，哪些信息严格受法律保护。但是，现实工作的复杂以及法律条文缺乏可操作性等因素使得他们无法准确把握合适行为的界限，导致人力资源管理者常常逾越了信息的使用权限而带来一系列的纠纷。

（三）侵害员工的培训权利

为员工提供必要的培训是企业的职责所在。但是，目前很多企业普遍存在重使用轻培训，甚至不培训的问题。这些企业只注重经济效益，追求短期经济利润的最大化，对于技能人才特别是高技能人才使用问题上奉行"拿来主义"，倾向于聘用那些已经具有丰富工作经验和一定工作能力的人员，但在后续培养上不愿意投入，没有将人力资源培训作为一项长期发展计划。它们是典型的"盼人才而不吸引人才，要技能而不发展技能"。对员工重使用轻培训，不仅影响了企业人力资源的可持续发展，而且也不利于员工未来的职业生涯发展。

（四）侵害员工的获取公平报酬的权利

同工不同酬已是一个老大难问题。我们的国有企业都或多或少地存在同工不同酬现象。这些国有企业在薪酬分配上，往往不是按岗位、技能、业绩等个人素质和对单位的贡献分配，而是按正式工、合同工、临时工等"身份"来分配。如在同一单位，相同职称、同等能力、干相同活的聘用工与正式工，农民工与城镇工，编制外与编制内的收入有天壤之别。同工不同酬现象，作为一种"身份歧视"，会造成很多社会不安定因素的出现，对于企业来讲也不利于企业的长远发展，对于国家来说，更加不利于长治久安。

三、提升企业人力资源管理道德水平的路径

企业的人力资源管理行为应该是他律与自律的有机统一。其中，人力资源管理的他律是指管理行为必须受到国家法律法规以及企业内部制度的限制与约束，而人力资源管理的自律则是指管理行为还应该受到管理者道德的约束。而当前不少企业人力资源管理活动中侵害员工安全和健康的道德问题十分突出，这在一定程度上不仅恶化了企业内部关系，而且影响了人力资源开发与管理的效果，甚至阻碍了企业管理水平和竞争力的提升。因此，

---

① 范丽群，石金涛等.企业人力资源管理与道德建设关系的思考[J].当代财经，2005(11)：71

我们需要对企业的人力资源管理活动进行深刻的道德反思，努力提升人力资源管理道德水平，彻底解决影响员工安全与健康的道德问题。关于提升企业人力资源管理道德水平的路径主要有：

（一）开展管理道德意识教育与培训

要提升企业人力资源管理道德水平，首先必须增强人力资源管理者的道德意识，帮助他们将良好的道德意识渗透到人力资源管理日常活动中，增强他们确认和处理道德困境的能力。美国通用电气公司等国外优秀公司的实践证明，教授解决道德问题的方法，的确能够使员工的道德行为产生实质性的差别。为了重塑企业人力资源管理道德意识，在教育与培训活动中，一方面应该向人力资源管理者灌输企业的道德观念、道德准则，清晰界定公司的价值观；另一方面则应该培训他们解决可能在人力资源管理实践活动中发生的道德问题的能力，鼓励他们站在更高的道德发展水平上对这些问题进行创新思考。

（二）设立专业机构保障道德管理

设立专门的道德管理部门是提升企业人力资源管理道德水平的最直接的方法。建议在公司成立人力资源管理道德委员会，设立道德执行官或道德主管，同时开通道德热线，监督企业人力资源管理的行为模式，使人力资源部真正变成提高企业道德水平的顾问中心，切实解决企业中常见的人力资源管理道德问题，促进企业与雇员关系的和谐发展，最终推动相关利益者之间形成良好的社会公德和行为准则，创建和谐的社会资本和社会网络。

（三）建立健全公平、公正的企业人力资源管理体系及制度

首先，要完善员工甄选流程。为了避免员工聘用中的歧视现象，人力资源管理者必须切实完善员工甄选流程，设计公平、公正的人员甄选体系，运用公平的人员甄选方法，在甄选面试过程中尊重求职者人格，公平对待所有的求职者。其次，要建立人力资源管理保密制度。为了更好地保护员工隐私，同时也维护企业利益，建议基于公平原则针对人力资源管理者、财务管理等道德附加值较高的管理岗位建立保密制度，并进行动态跟踪考核，在企业内营造健康的保密氛围。第三，要健全绩效管理与评估体系。企业人力资源管理绩效管理与评估体系与员工利益紧密相关，不公正的绩效评估往往会引发员工的强烈不满。健全员工绩效管理与评估体系可以有效降低企业人力资源管理道德问题，实现员工绩效考核的公平、公正，促进员工满意。第四，要建立健全薪酬福利体系。薪酬分配与福利保障体系是企业员工最为关注的核心问题之一，缺乏公平性的薪酬福利体系会严重制约员工积极性的发挥和整体业绩的提升，为此，必须建立一套公平、公正的薪酬福利体系，增强员工对薪酬与福利的满意度。

（四）严格遵守法律法规，推动人力资源管理法制化建设

法律是道德的最低要求，企业在人力资源管理活动中最低层次的选择就是要做到有法必依。现实中，很多人力资源管理道德问题的产生，实际是来自于现有劳动法律法规未能得到有效的执行。不容否认，我国人力资源管理方面的法制建设正在有序推进，《劳动合同法》、《就业促进法》、《劳动争议调解仲裁法》等法律法规将员工的基本合法权益实现了制度化，在很大程度上是可以防止企业人力资源管理中道德缺失的行为的。因此，解决企业人力资源管理道德问题的最简单方式就是要求企业严格基于现行的劳动法律法规开展人力资源管理活动，做到有法必依，执法必严。与此同时，我们还应该不断健全现有的劳动法律法规，推动人力资源管理法制化建设迈向新的台阶。

第二节　工作环境中的员工安全与健康

一、保障员工安全与健康的重要性

安全是指雇员身体处于康乐状态，工作场所的安全主要是考虑避免工伤事故的发生，而健康则是人的生理、心理和精神上的完好状态。《中华人民共和国劳动法》和《中华人民共和国安全生产法》等法律、法规的相继颁布实施，标志着我国保护劳动者安全与健康的工作已由政策指导上升为法律规范调整。具体而言，保障员工安全与健康的重要性表现在以下几个方面：

（一）保障员工的安全和健康是企业重要的社会责任

提高国民的健康素质，保护广大人民群众的健康，特别是企业职工的健康，不仅是政府的重要责任，也是包括企业和职工在内的全社会的责任。人力资源是社会的第一资源，是企业和社会赖以生存发展的基本要素。健康是人类追求的共同目标，已经成为全社会广泛的共识。企业是现代社会的基础，作为社会中的一个重要法人，既是社会财富的创造者，又是社会责任的承担者。它在享受着与其业务有关的民事权利的时候，必须要承担相应的民事义务。这种义务不仅表现在发展生产、增加财富，也表现在维护职工的合法权益，保护职工的身体安全和健康。

（二）保障员工的安全和健康就是保证企业生产运作顺畅

如果员工的安全与健康受损一方面会导致伤亡的员工非正常缺席企业的生产运作活动，另一方面会导致受伤或未受伤的员工心理出现不安定。这些必然会造成企业生产运作活动受到阻碍。因此，维护员工的安全与健康，可以保证企业生产运作顺畅进行，使企业的生产得以在正常的轨道上发展。

（三）保障员工的安全和健康可以让企业减少损失

安全事故与员工健康问题不仅会导致企业减产、停产、人员损失，而且企业还要为此支付大量的赔偿费、补偿费和医药费，有的甚至要为此而负上刑事责任。因此，保障员工的安全与健康，有利于减少这些不必要的损失。

（四）保障员工的安全与健康有利于社会发展与稳定

现实中不少工伤和健康事故的发生，常常会造成部分员工因此而失去或暂时失去工作能力，有的甚至因此而终身残疾。这使得社会失去了很多劳动力，从而拖累了社会生产的发展，也影响了社会的稳定。保障每个劳动者的身心健康将使社会发展不至于暂时失去一部分劳动力，有利于维持生产力的持续发展。

二、劳动过程中的员工安全管理

（一）引发不安全事故的原因

劳动过程中引发不安全事故的原因有物的因素、人的因素、行业因素、环境因素、进度因素、管理因素以及偶然因素，具体如表 11-1 所示。

此外，随着现代科技发展速度的不断加快，很有可能会制造出威胁劳动者安全的新因素。在实际中，安全事故的频繁发生，很大程度上是由于各种因素综合作用所致。为了尽量减少生产活动中不安全事故的发生，必须针对引发事故的各种原因制定有效的保护措施。

表 11 –1　引发不安全事故的主要原因

因素类型	该因素的具体内容
物的因素	对器械的防护不够充分，设备有缺陷，设备结构不安全，存在危险的生产过程和作业等，缺乏作业工具盒防护工具等
人的因素	如不安全的作业方式，进行未经准许的作业，拆掉或停用安全设施，不安全的速度，利用不安全或不合适的装置，恶作剧，开玩笑，不适用保护用具和作业用具，等等
行业因素	指一些行业危险性的工作，如吊车操作员、外墙粉饰员、装卸工等
环境因素	如照明不良和不充分，噪音，温度不合适，生活条件困窘，工作场地拥挤，等等
进度因素	如超过 8 小时工作制的过度加班，或者由于疲劳原因导致事故等
管理因素	如劳动组织不合理，安全教育不充分，保养管理不善，不够高度重视安全计划的实施，等等
偶然因素	指处于管理者控制之外的偶然性事故

（资料来源：根据孙海法. 现代企业人力资源管理［M］. 广州：中山大学出版社，2002 第 326 页相关内容绘制而成，略有修改。）

（二）安全生产事故的预防

如果发生了安全生产事故，企业必须迅速采取必要的措施抢救伤员，包括呼叫救护车、停止有关的机械运动、对伤员做适当的初步处理等。但是，从管理的角度来讲，我们必须牢记"安全工作，重在预防"。"安全第一，预防为主，综合治理"，是我们党和国家的安全生产方针。其中，"预防为主"，应是安全工作的重中之重。在安全生产过程中，要在突出安全第一的前提下，严格坚持预防为主，超前防范的原则。始治于未现，防患于未然。即在安排部署各项工作中，首先想到的就是把各类安全隐患的预防和治理工作计划好、安排好。然后，再通过严密有效的组织落实工作。

关于预防安全事故的对策，主要有：

1. 从硬件上进行预防

首先，企业必须有相应的安全投入资金保障，购买和配置了必要的安全装置和设备。其次，企业结合自身的生产特点，针对不同的机器设备制定和采取了有效的技术措施来保证生产安全。为了消除劳动生产过程中的不安全因素，预防人体受到伤害和财物受到损害，企业有必要根据劳动对象、工艺过程、生产方法、生产外部条件等对有关设备制定必要的安全技术措施，以预防安全生产事故的发生。再次，加强对设备进行维护和检修。做好机器设备的维护与计划保修，可以有效防止和减少机器设备遭受意外损坏。

2. 加强员工安全教育

"思想不牢，地动山摇。"只有认识到安全生产的重要性，有高度的安全意识，才能真正做好安全工作，实现安全生产。机器设备毕竟是要人来操作的，而很多事故的发生都是因为操作人员的不熟练或者违章操作等因素造成的，因此，单单从硬件上做好安全防范是不够的。加强员工安全教育，即是指通过宣传、培训、制定执行计划等手段提高员工的安全意识，使员工掌握自我保护的方法和技能，自觉地执行安全规定，避免事故的发生。

①宣传。就是通过无处不在的宣传使员工时时刻刻都能得到安全的提醒。宣传的手法可以是安全手册、海报、内部广播、内部报刊、最近事故通信等。

②培训。包括新员工的培训和技术改进的培训。培训可以替代经验，而经验会减少事故。因此，对于公司新员工应该把安全事件和程序交给他们，提醒他们潜在的危险，并培养他们的安全倾向。同时，对技术改进的培训也很重要。随着科技不断发展，企业对生产技术的改进以及新设备的引进，都需要不断对原有员工的技能进行升级，帮助他们不断更新掌握自我保护的技能。培训可以通过开设培训班、发放学习手册、开展规章制度考试等方式进行。

③制定执行计划。制定执行计划，是对宣传和培训环节的积极强化，有利于巩固员工教育的效果，有效提高员工的安全意识。执行计划要有合理的目标，并向员工沟通该目标，确保他们知道管理者对他们的工作绩效的期望。

3.严格执行规章制度

没有规矩，不成方圆，安全规章制度不健全，安全管理措施不落实，势必埋下不安全因素和事故隐患，最终导致事故。因此，建立规章制度是实现预防事故的前提条件。严格执行规章制度，必须要做到奖惩分明。例如，安全生产达到一定天数的班组或个人，可以给予金钱或荣誉上的奖励；屡次违反安全生产规章的就要公开处罚，以起到教育和警示的作用。

4.狠抓安全检查，排查治理事故隐患

俗话说，铲除杂草要趁小，整改隐患要趁早；杂草丛生庄稼少，险象环生事故多。加大检查力度，排查治理事故隐患是预防事故、保证安全的重要条件。要加大日常监督检查和重大危险源监控的力度，重点查处在生产经营过程中发生的、并且导致事故的安全生产违法行为。此外，发现了事故隐患应当依法采取监督措施或者处罚措施，并且严格追究有关人员的安全责任。

当然，安全生产事故预防是一项长期、艰苦、细致的系统工程，控制和事故预防要持之以恒，常抓不懈，只有这样才能大大减少事故的发生。

三、劳动过程中的员工健康保护

在工作过程中危害劳动者的不仅仅有生产的不安全因素，还有各种影响劳动者健康的因素。要维护员工健康，必须注意劳动卫生。所以劳动卫生，又称为职业卫生，是以职工的健康在职业活动过程中免受有害因素侵害为目的的工作领域及在法律、技术、设备、组织制度和教育等方面所采取的相应措施，主要研究的是如何防止职工在职业活动中职业病的发生。

（一）影响员工健康的有害因素

1.与生产过程相关的有害因素

①化学因素，包括有毒物质，如铅、汞、氯、一氧化碳、有机磷农药等；生产性粉尘，如矽尘、石棉尘、煤尘、有机粉尘等。

②物理因素，包括异常气象条件，如高温、高湿、高气压、低气压等；噪声、振动；射频、微波、红外线、紫外线、X射线、γ射线等。

③生物因素，如附着在皮肤上的炭疽杆菌、布氏杆菌、森林脑炎病毒等。

2. 与劳动过程相关的有害因素

劳动过程中的有害因素主要包括：劳动组织和劳动制度不合理，如劳动时间过长、休息制度不合理、不健全等；劳动过程中精神过度紧张；劳动强度过大或劳动安排不当，如安排的作业与劳动者生理状况不相适应、生产额过高、超负荷加班加点等；劳动时个别器官过度紧张，如光线不足引起的视力紧张等；长时间处于某种不良体位或使用不合理的工具等。

3. 与生产环境相关的有害因素

生产环境中的有害因素主要包括：生产场所设计不符合卫生标准或要求，如厂房低矮、狭窄、布局不合理，有毒和无毒的工段安排在一起等；缺乏必要的卫生技术设施，如没有通风换气、照明、防尘、防毒、防噪声、防振动设备，或效果不好；安全防护设备和个人防护用品装备不全。

在实际的生产场所中，职业危害因素往往不是单一存在的，而是多种因素同时对劳动者的健康产生作用，这对劳动者的危害更大。

(二)职业病及其防治

1. 职业病的概念和特征

职业病是指生产过程、劳动过程和劳动环境中有害因素的作用达到一定程度，持续一定时间，在防护不良的情况下造成的急性或慢性的功能性疾病或器质性病理改变。职业病的发病有两个比较明显的特征：一是缓发性伤残，在较长时期形成；二是不可逆性损伤，表现为体内器官生理功能的损伤。此外，从管理和防治职业病的角度看，还应该注意职业病的其他一些特征：

(1)病因明确。所有职业病都有明确的病因，比如法定尘肺是劳动者在职业活动中吸入过量的粉尘引起的。

(2)疾病的发生与劳动条件密切相关。职业病的发生与生产环境中有害因素的数量或强度、作业时间、劳动强度及个人防护等因素密切相关。

(3)群体发病。在同一生产条件下接触某一种有害因素，常有多人同时或先后发生同一疾病的情况。

(4)临床表现有一定的特征。许多生产性有害因素对职工的危害有一定的特征，比如，矽肺表现为以肺间质纤维化为特征的胸部 X 线改变。

(5)可预防性。因为职业病的病因明确，所以我们能够针对性地采取有效的预防措施，防止疾病发生。这些措施包括工艺改革、生产过程实现自动化、密闭化、加强通风以及采取必要的个人防护措施等。

2. 职业病的预防对策

(1)要强化落实用人单位的责任。《职业病防治法》明确规定用人单位是职业病防止的责任主体。因此，用人单位应该为劳动者提供符合国家职业卫生标准和卫生要求的工作环境与条件，采取措施保障劳动者获得职业卫生保护，建立健全职业病防治制度，对本单位产生的职业病危害后果承担责任，并依法参加工伤社会保险。

(2)加强职业病防治机构建设。目前，我国各级职业病监管部门普遍存在着机构不健全、监管人员少、技术装备差、经费无保障等困难。为此，建议各级政府加强职业病防治机构建设，把职业病防治机构建设纳入到中央和地方疾病预防控制体系。同时，制定吸引人才的政策，引导多学科高素质技术人才加入到职业病防治队伍。

（3）加强职业病防治监管。现实中，由于各级政府对职业病防治工作不够重视，导致有关行政部门各管一段、互相脱节，比如，安全生产部门执法监督不到位、劳动保障部门对用人单位违法使用农民工的监管不力、卫生部门对职业病防治机构的定位不准确等，大家未能形成通力合作、齐抓共管的局面。因此，建议政府加强职业病监管力度，使一些防治措施落实到位，减少职业病的危害。

第三节　压力管理

在日益激烈的市场竞争中，员工的素质和能力决定着企业的命运，同时，员工的心理状态和身体状态也决定着企业的发展和生命周期。在越来越强调以人为本的环境条件下，如何有效地开展员工压力管理，使员工正确地应对压力、适应和缓解压力，正成为组织管理无法回避的问题。

一、压力及压力的来源

（一）压力的含义

日常生活中，压力是普遍存在和经常出现的，不过这里主要讨论的是工作压力，即人与组织环境交互作用所产生的结果。魏拴成（2006）认为，工作压力是个体对某一没有能力应对的重要情境的情绪与生理紧张反应过程。张向前则构建出了压力的一般反应模型，如图 11－1 所示。其中，压力导致的心理反应包括：烦躁、食欲减退、意志消沉、对人际关系和性关系兴趣减退等；压力导致的生理反应包括：溃疡、周期性偏头痛、血压过高、背痛、关节炎、气喘和心脏病等。

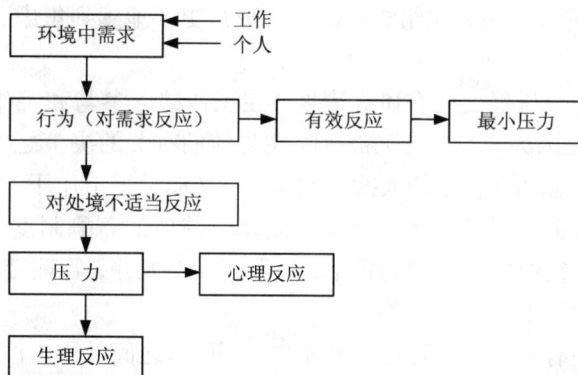

图 11－1　压力一般反应模型

（资料来源：张向前.西方的压力管理理论简述［J］.燕山大学学报（哲学社会科学版），2005（8）：27）

（二）压力的来源

了解引发压力的来源是进行压力管理的前提。根据压力一般反应模型可以看出，压力的来源因素主要分为两类：一类是来自于工作，即与组织相关的压力因素；一类是来自于个人，即与员工个人相关的因素。下面分别进行阐述。

1. 与组织有关的压力因素

（1）职业活动的内在特征与要求。职业活动的不同内在特征及其对人的不同工作要求，往往构成了不同职业之间工作压力上的差别。容易引发较高工作压力的职业工作特征主要有以下几方面：

第一，工作中需要经常地、不断地做出正确的决策；

第二，工作中需要快速、准确地处理大量信息，并及时做出反应；

第三，工作难度较大，需要复杂心智活动参与；

第四，工作中要求较多的进行人际接触与相互信息沟通交流；

第五，工作环境恶劣，条件较差；

第六，工作性质比较危险；

第七，工作活动变动频繁，难以形成工作经验。

（2）角色模糊与角色冲突。在角色行为中，角色冲突和角色模糊是造成较高工作压力的原因之一。角色模糊指的是某个人在工作中没有明确的任务事项、权利责任，以及工作的要求与标准，使之不知如何展开工作的状况。角色冲突一般是指角色间冲突，即由于个人承载着多种角色，而各种角色要求不一，导致角色间的冲突，使人无所适从的状态。种种相互冲突的角色要求，使得许多人不得不努力在各种矛盾要求中寻求平衡，造成人们在工作中的种种违心之举，并形成极大的内心压力，如忠孝不能两全的情况。

（3）工作负担过重。工作负担过重主要表现在：一是工作责任重大，比如需要承担风险决策的不利后果，从而造成个人精神负担过重，寝食不安；二是工作活动安排过于紧张，比如整天忙着应付各种工作事务，不得停歇。

（4）工作活动的对象。在企业里面，每个人的分工各不相同，有的人工作过程中更多的是与机器或资金打交道，而有的人则更多的是与人打交道。由于人际沟通的冲突问题，往往使得与人打交道的人往往要比组织中的其他成员更多地感到焦虑和紧张，从而承受更大的压力。

（5）对有关决策的参与程度。有研究表明，在工作缺乏参与和工作压力之间，存在着明显的相互联系。这是因为，如果员工被排除在与他们有关的决策之外，就会缺乏成就感和认同感，产生工作控制力下降、任人摆布的感觉，从而觉得工作压力增加。

（6）其他与组织有关的因素。比如企业采用基于绩效的薪酬制度；恶劣的、令人不适的、危险的工作环境；组织内在结构的重组，企业间相互兼并，管理措施的变革，等等。

2. 与个人有关的压力因素

（1）与压力承受性有关的个体特性。现实中，不同人之间的压力敏感性存在很大差异。有的人极易屈服于工作生活事件所带来的压力，表现出紧张、焦虑和沮丧等症状。相反，有的人则能够很快修复心灵创伤，正确有效地应付紧张。因此，不同的个体特性会产生不同的压力反应。

（2）压力的排解与释放能力。压力是具有积累效应的。因此，对于那些排解和释放压力的能力比较差的员工来说，无疑要比那些能够迅速、及时的排解释放工作压力与烦恼的承担更多来自压力的消极影响。

二、重视员工压力管理的动因分析

"水激石则鸣，人激志则宏。"适度的压力可以提供员工的工作效率，激发员工的斗志，但是如果压力过大则不仅会影响员工的工作效率，还会损害员工的身心健康。重视员工压力管理的原因主要表现在三个方面：

（1）重视员工压力管理是企业秉承以人为本管理理念的重要实践。员工身心健康的保持，离不开企业的压力管理工作。通过加强员工压力管理，一方面可以降低压力对员工造成的伤害，另一方面又有利于帮助员工保持适度的、最佳的压力状态，从而提高其工作效率。这可以充分体现企业以人为本的管理理念，帮助企业构建良好的企业文化，增强员工对企业的归属感与忠诚度。

（2）重视员工压力管理是企业构筑可持续创新能力、延长企业生命周期的重要举措。俗话说，身体是革命的本钱。企业要培养可持续创新能力，必然离不开一大批身心健康愉悦的员工为之坚持不懈地努力。显然，这是离不开对员工的压力进行有效管理的。并且，开展压力管理还可以促进员工与企业之间的沟通和交流，缩短员工与企业之间的距离，增强企业的凝聚力，建立企业发展的良性循环机制，并最终有利于延长企业的生命周期。

（3）重视员工压力管理是企业服务社会、对社会负责的重要体现。企业是社会的细胞，在一定程度上决定了社会的文明程度。重视员工压力管理不仅有利于提高员工的健康水平，而且也保证了企业的可持续发展。这样企业不仅帮助了员工，也帮助了自身，并同时还推动了社会的进步，体现出了企业对社会的责任与义务。

三、压力管理的对策

压力管理的目的是将工作压力控制在一个员工可以接受的水平，从而减少过高工作压力对员工工作行为的不利影响。基于压力的来源因素，可以从组织与个人两个角度采取一些管理措施。

（一）基于组织的压力管理对策

根据前面的与组织相关的压力因素的分析，可以得出如下基于组织的压力管理对策。

1. 开展管理方式变革

组织中的管理手段与管理方式，或多或少会与工作压力有着一定联系。要降低员工的压力，具体而言，企业可以尝试采取这样的管理方式：

（1）加强分权授权，明确工作的权利与责任。充分授权可以降低部分高层人员的过高责任压力与工作负担，减少失助感。而明确工作的权利与责任，则有助于减少员工的角色不清与角色冲突现象。

（2）为提高员工的主人翁意识和归属感，可以考虑给员工提供更多参与决策的机会，特别是在关系到他们个人工作生活的决策，更应充分听取他们的想法，采纳他们的建议。

（3）在员工利益问题上，要尽量做到公平公正，特别是在绩效评估、奖酬分配、岗位调整与提职升级等方面。这是因为，组织内的不公平现象会造成组织成员的心理失衡与紧张，在利益政策上尽量做到公平公正、合情合理，使全体员工都能认可接受，可有效地减少他们在这方面的心理压力。

（4）在组织内部营造良好的人际氛围。改善人际关系，减少人际矛盾，可以避免员工关系紧张，并且还可以帮助员工在必要的时候获得来自同事的支持与帮助。因此，企业应注意建立合适的沟通渠道，加强组织成员的相互沟通与交流，增加人员相互交往的机会，加深同事之间的相互了解与认识，建立友谊关系。

2.进行工作轮换或工作丰富化，合理调适工作负担

工作轮换或者工作丰富化都可以改变员工工作生活单调乏味的状况，降低员工的心理厌倦程度，提供工作本身对员工的吸引力。只要员工热爱自己的工作岗位，就会把劳动视为一种享受型的活动，有利于缓解工作过程中出现的疲劳与紧张。另外，合理的工作负担有利于员工保持较高的工作效率，平衡工作与生活的关系，做到张弛有度，从而降低工作带来的压力感。

3.通过技能培训提高员工的技能水平与工作自信心

压力其实就是个人能力不足以应付现实的要求而产生的一种心理失衡状态。所以，通过开展培训活动，提高员工的工作技能，增强他们的工作信心，提升他们对工作的胜任力，也是化解工作压力的一个重要方面。

(二)基于个人的压力管理对策

个人如何舒缓过高的工作压力，抵御压力的有害影响，已经有不少学者提出了许多行之有效的方法与建议。

(1)改变对压力的认知。即使在相同的工作情形中，不同的人也会有不同的压力反应。比如对于职务的晋升，有些人认为是充分发挥自身能力的绝好机会，因此能够轻松应对；有些人则会觉得是对自己的挑战和威胁，从而产生不同程度的压力。这些区别源自人们对压力的不同认知。个体应该充分意识到当今社会压力的普遍性，调节好自己的心态，提高自己的应对能力，以更为乐观、积极的态度来面对工作压力。

(2)选择一些可以使自己保持松弛身心的方法。松弛身心可以有效缓解压力。常见的松弛身心的方式有散步、听音乐、游泳、下棋、唱歌、喝酒、睡觉、练瑜伽、打太极拳等。我们可以选择一些适合自己的方法，或者培养自己的兴趣爱好，帮助自己获得身心的松弛。

(3)加强身体锻炼，让自己拥有健康强壮的身体。健康强壮的身体是承受较高压力的重要保证。也只有身体健康、精力充沛，才有可能在高压力情景下应付自如。

【本章小结】

员工的安全与健康是企业生产力的基础。基于道德对法律的补充作用，人力资源管理道德无疑为员工安全与健康管理开辟了一条全新的路径。因此，企业可以通过提升企业人力资源管理道德水平、加强安全事故预防和维护员工健康、重视压力管理等手段来做好员工的安全与健康管理。当前在我国企业人力资源管理实践中，存在不少人力资源管理道德问题。要提升企业人力资源管理道德水平不仅要严格遵守法律法规，建立健全公平、公正的企业人力资源管理体系及制度，还要开展管理道德意识教育与培训，并设立专业机构保障道德管理。

安全是指雇员身体处于康乐状态，工作场所的安全主要是考虑避免工伤事故，而健康则是人的生理、心理和精神上的完好状态。保障员工安全与健康是企业重要的社会责任，

可以让企业减少损失，保证企业生产运作顺畅，并有利于社会发展与稳定。安全生产重在预防，预防安全生产的措施有：从硬件上进行预防；加强员工安全教育；严格执行规章制度；狠抓安全检查，排查治理事故隐患。员工健康维护的重点在于职业病的预防，为此，必须要强化落实用人单位的责任，加强职业病防治机构建设和职业病防治监管。

工作压力是人与组织环境交互作用所产生的结果。压力管理的目的是将工作压力控制在一个员工可以接受的水平，从而减少过高工作压力对员工工作行为的不利影响。基于压力的来源因素，可以从组织与个人两个角度采取一些管理措施。

从组织角度而言，压力管理的对策有：开展管理方式变革；进行工作轮换或工作丰富化，合理调适工作负担；通过技能培训提高员工的技能水平与工作自信心。从个人层面而言，压力管理的对策有：改变对压力的认知；选择一些可以自己保持松弛身心的方法；加强身体锻炼，让自己拥有健康强壮的身体。

【关键概念】

人力资源管理道德　　员工安全　　工作压力

【思考与练习】

1. 人力资源管理道德与人力资源管理伦理有何区别？

2. 当前我国企业人力资源管理问题的表现形式有哪些？提升企业人力资源管理道德水平的对策又有哪些？

3. 预防安全生产事故的措施主要有哪些？

4. 请分别从组织和员工两个层面简述企业开展员工压力管理的对策。

【拓展学习】

1. 中国人力资源开发网：http://www.chinahrd.net

2. 中国人力资源网：http://www.hr.com.cn

3. 人力资源管理网：http://www.hroot.com

4. 安全文化网：http://www.anquan.com.cn

第十二章　跨文化人力资源管理

【学习目标】

通过本章内容的学习，理解分析文化差异的不同维度；了解人力资源跨文化管理的含义和内容；了解价值冲突的表现层面及跨文化管理的类型；掌握人力资源跨文化管理的对策。

【重点难点】

1. 文化差异的不同维度。

2. 跨文化人力资源管理的含义。

3. 跨文化人力资源管理的对策。

【导入案例】

建屋公司外籍员工的管理

建屋公司基本情况

建屋公司属新加坡国营性质企业，负责新加坡80%的居民住房建设。建设项目由建屋公司负责规划和设计，方案确定后公开向各私有公司招标，中标公司负责承建具体项目，建屋公司负责现场的监督以及验收工作。这是一种国际通行的房屋建设发展商方式，工程的质量可以得到较好的控制，但需要大量的现场监督管理人员。新加坡国小人寡，气候炎热，人力资源匮乏，监督工作需要员工现场工作，工作量大，环境也大大不如办公室工作，新加坡本土员工大多不愿在户外工作，因此，建屋公司在国内很难招募相应岗位人员。从1992年起，公司先后招聘了外籍人员五百多名从事监督工作，这种监督工作对专业水平要求不高，相当于大专水平，这些外籍员工一般拥有大学本科文凭或更高的文凭，在国内多为业务精通的骨干，较高的学历大大提高了建屋公司的员工队伍素质，付给的薪金只相当于本地员工的70%，相对降低了人力成本。数年来，外籍员工对建屋公司做出了极大的贡献，但也带来了许多新的问题。

建屋公司外籍员工的管理问题

1. 现场工作方面

建屋公司同时进行的项目较多，公司采用经理负责制，即每一个项目由一个经理带领若干个监督人员共同监督承包商的工作。经理负责检查工程进度安排，并与总部保持联系。对具体的工作督察，经理多采用定期开会的方式，集中听取汇报工作，只有现场出现问题时，才会到具体工地查看。外籍监督人员当然不愿意听到自己负责的工地出现问题，承包商更不会自己暴露问题，所以汇报会基本是形同虚设，不可能反映实际工作状况。外籍员工的专业水平普遍高于本地员工，工作量却比本地员工繁重，不免产生许多抱怨。

项目负责监督的经理要求监督人员现场工作，常常以员工是否呆在办公室来衡量监督人员的工作，认为那些经常呆在办公室的员工没有努力工作。基于这种考核方式，外籍员工也有对策，有的外籍员工早上签到之后就不回办公室了，有的到承包商办公室去读书报，甚至蒙头大睡，有的干脆远离工地去干私事。虽然每个监督人员都有步话机，但工地实在太大，实际上有些地方是收不到信号的，这样，当经理找不到具体监督人员时，员工常常以没有收到信号，没有电等理由搪塞过去。

加班也是一个突出的问题，有些工作是不能停顿的，如：混凝土浇筑过程不能中断，导致工作经常超过正常的工作时间，负责该项工作的监督人员需要留下来加班，加班的薪金是正常薪资的一倍半。由于监督人员控制工作的进度，许多外籍员工利用这个权力调配工作时间，促使承包商建筑工作经常性超过正常工作时间，承包商又不敢因为这种事情向经理汇报而得罪监督人员，这样，"加班"就被创造了出来。"加班"工作经常被周围的居民投诉，这个时间，经理往往已经离开工地，大多外籍监督员工根本不管，只顾聊天或干其他事情。

另外，承包商中有许多外籍人员，免不了与监督员工是同胞，开始，还可以做到按规定检查，时间一长，彼此熟悉以后，监督员工就睁一只眼闭一只眼了，承包商自然会感谢监督员工，最好的"回报"就是为他们"创造"更多的加班时间。

2. 晋升和学习

公司管理层承认外籍员工的水平比一些本地员工要高，但这些员工对当地的工程运作方式不够了解，英语水平也有欠缺，刚加入建屋公司时，公司承诺工作一段时间后，工作出色并英语过关者，可以晋升为经理助理。开始，外籍员工踌躇满志，努力工作，后来了解到还没有一名外籍员工获此机会，都非常失望，觉得受到欺骗，工作积极性大大降低。

学习培训方面，公司对外籍员工并无针对性的培训计划，许多外籍员工很想在业务和英语方面尽快得到提高，公司没有培训机会，自己利用工作之余学习又很艰难，所以他们索性掌握可以应付工作的知识和英语就可以了，不再进取。

3. 薪金

外籍员工的业务水平比本地员工高，工作繁重，薪金却比本地员工低得多，津贴福利方面，也不如本地员工。依据合同规定，外籍员工的薪金每年只能有一个很小幅度的增加。况且，合同期满后薪金的提高要根据经理的评语而定，经理通常对员工的具体情况不够了解，再加上薪金问题过于敏感，他们实行平均主义，同一个部门的外籍员工加薪的金额都差不多，导致原来工作比较努力的员工不满，工作积极性大幅度下降。

4. 永久居民权问题方面

外籍员工离开自己的国家后，最关心的是身份的问题，永久居民权对他们非常重要。建屋公司曾经帮助一些工作表现出色的外籍员工申请过永久居民权，员工拿到永久居民权后，在新加坡选择工作已没有什么限制，大多跳到薪资较高私人公司，导致建屋公司大量人才流失。鉴于这种情况，建屋公司干脆"一刀切"，不再为外籍员工申请永久居民权。本来建屋公司的薪资已经很低，又失去了这个优势，许多已经放弃国内工作在建屋公司又看不到出路的外籍员工为了得到永久居民权，不得不辞职到私人公司工作，这些离职人员大多工作表现出色。

（资料来源：张德. 人力资源开发与管理案例精选. 北京：清华大学出版社，2002）

在当今信息沟通极度发达的全球化格局下，企业的发展壮大已不再只着眼于一个区域甚至一个国家的市场发展，而更应该将眼光向整个世界拓展。随着加入 WTO，北京成功举办奥运会，上海举办世博会，中国也将自己的身影逐渐展示在世界舞台上，而全球的企业也开始将其目光投向中国这个庞大的市场，因此，在这种全球化背景下，跨文化人力资源管理成为全球企业的人力资源管理的发展趋势，如何最有效地针对不同的文化特点采用合适的人力资源管理方式，以激发不同文化背景下企业员工的工作主动性和积极性，就成为摆在中国企业面前的严峻课题。此外，不同文化、不同制度、不同传统之间的差异往往会造成许多管理中的冲突，很好地协调和解决这些冲突也成为跨文化人力资源管理的重要内容。

第一节　企业管理中的文化差异与冲突

一、企业管理中文化差异的概述

（一）文化差异的识别维度

文化差异是导致跨文化管理失败的主要因素之一。要有效地进行跨文化人力资源管理，首先要识别不同文化之间存在的差异。从 20 世纪 60 年代以来，对文化差异的研究非常丰富，代表人物和研究成果如表 12 - 1 所示。

表 12 - 1　文化维度流派的主要理论

豪斯	霍夫斯泰德	霍尔	施瓦茨	克拉科恩
以绩效为导向	长期期望和短期期望			行为导向
未来导向、人类导向		时间导向	传统	时间导向
性别平等主义	男性化和女性化		仁爱主义	人性导向
权力距离	权力距离		权力和成就	
集体主义	个人主义/集体主义		安全归属	关系导向
人类本质与关系			一致性/广泛性	人类导向
风险规避	不确定性的规避	低关系环境/高关系环境	安全性	

（引自王玲旦. 跨文化人力资源管理理论综述. 中小企业管理与科技，2010(10)）

霍夫斯泰德（Gerte Hofstate）的文化维度理论（Cultural Dimensions）是分析文化差异的一个重要理论。是荷兰管理学专家和荷兰文化协作研究所所长霍夫斯泰德对分布在 40 个国家和地区的 11.6 万名 IBM 员工进行文化价值观调查的基础上总结出来的。根据霍夫斯泰德的文化维度理论，文化差异可用五个文化维度来进行描述和比较。这五个维度分别是个人主义/集体主义、权力距离、回避非确定性、刚性/柔性倾向和短期/长远取向。这五个文化维度从跨文化管理的角度透析不同文化之间的差异，使从事跨文化管理的工作者更加明晰国家文化之间的差异。

霍氏的五个文化维度的含义如下：

（1）权力差距。指权力在社会或组织中不平等分配的程度。

在任何组织内部由于成员的能力不同，权力也不等。组织成员之间权力的不平等分布是组织的实质。

　　通过权力距离这个维度，判断权力在社会和组织中不平等分配的程度。对这个维度，各个国家由于对权力赋予的意义不完全相同，所以也存在着很大的差异。比如，美国人对权力的看法与阿拉伯国家的人对权力的看法就存在很大的差异。

　　(2)避免不确定性局面的意识(强/弱)。指一个社会考虑自己利益时受到不确定的事件和模棱两可的环境威胁时，是否通过正式的渠道来避免和控制不确定性。

　　所谓回避不确定性(Uncertainty Avoidance)，是指一个社会感受到的不确定性和模糊情景的威胁程度，并试图提供较大的职业安全，建立更正式的规则，不容忍偏离的观点和行为，相信绝对知识和专家评定等手段来避免这些情景，其强弱是通过回避不确定性指数(Uncertainty Avoidance Index)。

　　一个鼓励其成员战胜和开辟未来的社会文化，可被视为强回避不确定性的文化；反之，那些教育其成员接受风险，学会忍耐，接受不同行为的社会文化，可被视为弱回避不确定性的文化。

　　(3)个人主义/集体主义。指社会是关注个人的利益还是关注集体的利益。个人主义和集体主义这一维度也是全球性文化范畴中截然对立的两大文化。个人主义社会是指人与人之间的关系较为淡薄的社会，人们只顾及他/她自己及其直系家属。而集体主义社会就是人们一出生就结合在强大而紧密的集团之中。这种集团为他们提供终生的保护，而他们反过来也毫无疑问地忠诚于自己的集团。在霍夫斯泰德对 IBM 的研究中，一个社会的个人主义/集体主义倾向是通过个人主义指数(Individualism Index)来衡量的。这一指数的数值越大，说明该社会的个人主义倾向越明显，如美国；反之，数值越小，则说明该社会的集体主义倾向越明显，如日本和亚洲大多数国家。

　　(4)阳刚/娇柔意识(男性主义/女性主义)。用以描述文化中的性别角色系统。指社会是否对男性特征，例如对"攻击性"、"武断"的赞赏，还是对其他特征的欣赏，以及对男性和女性职能的界定。

　　霍夫斯泰德把这种以社会性别角色的分工为基础的"男性化"倾向称之为男性或男子气概所代表的文化维度(即所谓男性度，Masculinity)，它是指社会中两性的社会性别角色差别明显，男人应表现得自信、坚强、注重物质成就；女人应表现得谦逊、温柔、关注生活质量；而与此相对立的"女性化"倾向则被其称之为女性或女性气质所代表的文化维度(即所谓女性度，Femininity)，它是指社会中两性的社会性别角色互相重叠，男人与女人都表现得谦逊、恭顺、关注生活质量。

　　在男性气质突出的国家中，社会竞争意识强烈，成功的尺度就是财富功名，社会鼓励和赞赏工作狂，人们崇尚用一决雌雄的方式来解决组织中的冲突问题，其文化强调公平、竞争，注重工作绩效，信奉的是"人生是短暂的，应当快马加鞭，多出成果"，对生活的看法则是"活着是为了工作"；而在女性气质突出的国家中，生活质量的概念更为人们看中，人们一般乐于采取和解的、谈判的方式去解决组织中的冲突问题，其文化强调平等、团结，人们认为人生中最重要的不是物质上的占有，而是心灵的沟通，信奉的是"人生是短暂的，应当慢慢地、细细地品尝"，对生活的看法则是"工作是为了生活"。

　　(5)短期/长期取向。这是指一个人在生活中长远观念抑或短期观念。在这个维度中，长远观念是儒家观念的集中表现，并表现为一种积极的创业精神，创业精神中最主要的特征是坚韧、不屈不挠地追求目标，而不管这些目标是什么，实现目标会有多大困难。短期观念与长期观念不同，包含另一些儒家的观念，如"个人恒常性"，它指人们的行为要守常，不能太变幻莫测，如表12-2所示。

表12-2　部分国家或地区的长期观指数

排名	国家或地区	指数	结论
1	中国	118	很强的长期观倾向
2	中国香港	96	很强的长期观倾向
3	中国台湾	87	很强的长期观倾向
4	日本	80	很强的长期观倾向
5	韩国	75	较强的长期观倾向
14/15	德国	31	较弱的长期观倾向
14/15	澳大利亚	31	较弱的长期观倾向
17	美国	29	较弱的长期观倾向
18/19	英国	25	很弱的长期观倾向
20	加拿大	23	很弱的长期观倾向

（引自汤新煌，关哲．试析霍夫斯泰德的文化维度理论———跨文化视角．辽东学院学报（社会科学版），2006(4)）

　　霍夫斯泰德的文化维度理论为我们认识各种文化差异和进行更有效的跨文化管理提供了理论依据。其实，不论使用什么维度来研究地域文化对管理过程的影响，都不可能把所有的文化范围包括进去，但都会涵盖主要价值观、指导哲学和行为规范这些文化的主要特征。

　　（二）文化差异对跨文化人力资源管理的影响

　　文化环境对跨文化人力资源管理的影响分为六个方面：

　　（1）价值观与行为准则。包括：工作动机与价值观、时间观、合作观、风险偏好。

　　（2）语言。语言是人们相互沟通的重要工具，而沟通又在企业管理中起着十分重要的作用。除了运用正式语言（书面语言和口头语言）进行交流以外，人们之间的沟通往往还通过无声语言（形体语言）进行。

　　（3）教育和人力资本。教育是人力资本投资的重要形式，教育水平高，教育质量好的国家和地区，人力资源质量越高，人力资源素质越好。如果不了解一个国家或社会的教育水平和教育体系，跨国公司就很难在该国进行有效管理。

　　（4）宗教。宗教是文化的又一重要组成部分。宗教禁忌是影响跨国公司管理最常见的因素。众所周知，犹太教和伊斯兰教禁食猪肉，印度教禁食牛肉，佛教徒不沾荤腥，伊斯兰教禁烟。

　　（5）法律制度。东道国法律制度是跨国企业必须熟悉的又一经济营运环境。它与各国的文化有着紧密的关系。

　　（6）风俗习惯。世界上不同国家风俗习惯千差万别，甚至在同一国家里，不同地区也会有极不相同的习俗，从而对人力资源管理产生不同的影响。

二、组织中文化差异引起的文化冲突

（一）跨文化人力资源管理的价值观冲突

科学的研究结果表明，文化决定价值观。价值观影响着人们对模式、手段和行为目标的选择，并形成一定的偏好。管理人员的价值观影响着企业的组织行为，包括组织中的评价、选择、奖罚制度、上下级关系、群体的行为、组织成员的交往、领导以及冲突。霍夫斯塔德也以价值观为标准探究了多元文化，说明了人力资源管理不可避免地带上地域文化的特点，员工参与的强弱与权力距离有很大关系，绩效考核中个人和团队评估所占的不同比例反映了个人主义和集体主义的侧重不同，女性管理者的晋升机会也与男性主义和女性主义有关。因此，跨文化企业中的文化差异必然导致人们在跨文化人力资源管理中价值观的冲突。

任何一个国家的企业管理者在经营管理过程中都要面对如何处理下面七个方面的价值选择：

（1）制订规则与发现例外（普遍主义/特殊主义）。

（2）分析结构与建构整合。所有企业必须能分解其所生产的产品或服务，以便能分析其中任何可能的缺点，并进行改善。同时，企业也必须能不断重组产品的零部件，以便更新产品的整体设计。

（3）人与组织的管理（个人主义/集体主义）。企业一方面要为成员提供照顾、关心、信息和支持，另一方面还要确保成员完成企业整体的目标。这取决于个人主义和集体主义之间的融合程度。

（4）外部世界的内部化。企业如何调节内部导向与外部导向两种相反力量，以及能否将外部世界内部化，以便采取果断而明智的行动是决定企业特性的重要因素。

（5）增值过程的快速同步处理能力（依序处理/同时处理）。企业真正的挑战是如何协调许多必须快速完成的工作。企业如果要抢先占领市场满足顾客的需求，就必须兼顾依序处理与同步处理两种作业方式。对财富创造过程而言，增值过程的快速同步处理能力显然越来越重要。

（6）成就者的认定（赢得的地位/赋予的地位）。企业要有效运作，就必须将地位、职位和权责给予为企业尽心尽力，并且在工作上有所成就的人。企业创造价值的能力取决于其对成就的定义。例如他们比较赏识赢得的地位还是比较重视赋予的地位。

（7）提供成员均等的表现机会（平等/层级）。企业必须提供所有成员表现的机会，否则员工的创意与建议会受到压抑，同时企业也没有利用好这些资源。企业的特性取决于成员表现机会是否均等，以及负责评判部属表现的管理层级体系的决策特点。

以上七个方面本身都蕴含着冲突，这七种不同价值观所带来的冲突与紧张，在跨文化管理上称为价值两难。不同文化在面对上述价值两难时都充满强烈的意识形态色彩。要成功整合这些价值冲突是非常困难的事情，因为它与人的思维方式和行为方式直接相关，尤其是其中的（3）、（6）和（7）项，直接与人力资源管理的职能相关。也正因为存在这些不同的价值选择，跨文化管理中的冲突才可能发生，而人力资源的跨文化管理才会非常具有挑战性。

（二）跨文化人力资源管理的信任度冲突

由于人们之间本能的信任度不同，形成关系文化模式也不同。我们对比东西方的企业可以发现，以中国为代表的东方文化国家都有相当强烈的高度关系文化现象。人们倾向于先建立起社会信赖，建立个人关系和信誉，在相互信任的基础上达成共识，签订协议，用缓慢的速度与保守的方式进行协调。而以德国和美国为代表的西方国家，人们倾向于立即办正事，以专业技术能力和表现来评价个人，以法律契约来达成协议，以尽可能有效的方式来协商。

(三)劳动力成本水平存在差异

在不同的国家尤其是发达国家与发展中国家间，劳动力成本通常是不同的。发达国家的劳动力成本较高，而在我国，劳动力资源相对丰富，所以劳动力成本相对要低得多，这就导致了人力资源管理目的上的差别。在发达国家，昂贵的劳动力成本使企业不得不集中考虑效率问题，相应的，人力资源管理的目的也就变成尽量改善雇员的工作绩效。而在我国，劳动力成本较低，当加大为提高雇员的生产率而进行投入时，反而会使成本收益率降低。由此，是否把握好当地的劳动力成本并对员工进行激励也是跨文化人力资源管理中的困境。

第二节　人力资源管理中的跨文化管理

一、跨文化管理的相关研究

从 20 世纪 70 年代开始，美国逐步形成了跨文化管理学，它研究的是在跨文化条件下如何克服异质文化的冲突，进行卓有成效的管理。在不同形态的文化氛围，设计出可行的组织结构和管理机制，最合理地配置企业资源，特别是最大限度地挖掘和使用人力资源的潜力和价值。管理学家们的研究在 70 年代以后开始占据主流，他们在跨文化管理方面的主要成果有：

管理心理学家阿德勒（Adler）定义了一种跨文化管理中的所谓"文化上的协调配合"的方法。即经理根据个别组织成员和当事人的文化模式而形成组织方针和办法的过程。文化上协调配合的组织所产生的管理和组织形式，超越了个别成员的文化模式。这种处理方法是承认由多种文化组成的组织中各个民族的异同点，并把这些差异看成是构思和发展一个组织的有利因素。

斯特文斯(O. T. Stervens)提出了组织模型理论。他认为，权力距离与中央集权相关，而不确定性避免与形式化——即对正式规则和规定的需要，将任务派给专家等有关。因此，不同的国家在其组织观念上有不同的理解，如法国的组织为"金字塔形"，德国为"润滑机器"，英国为"乡村市场"，美国处于以上三种类型的中间位置，而亚洲国家的组织是"家庭"式的。

我国俞文钊教授从管理心理学科跨文化研究的角度出发，提出了共同管理文化模式CMC。CMC 指合资双方在共同利益的基础上，在共同经营管理中对双方不同的文化进行组合、协调、融合最终达成的双方成员共识的新的管理文化。CMC 是一种新的跨文化管理模式，它所形成的是合资企业内部合理的企业体制和高效的运行机制。

朱药筌等采取一种比较研究的方法，在对跨文化管理的历史简要回顾的基础上，对文化问题做了较为全面的介绍，提出了中国企业的跨文化管理应在更高的层次和维度上全面展开。

二、跨文化人力资源管理的定义

对跨文化人力资源管理的界定，国内外学者的看法并未统一。Phatak（1983）认为所谓的跨文化人力资源管理是有效的整合人力资源三大功能面及组织物质资源面的活动，而这里指的三功能面即是指获得、配置与运用。

Brisco 和 Schuler 在他们2004 年出版的《跨文化人力资源管理》一书中，将跨文化人力资源管理进行了如下定义：跨文化人力资源管理是关于理解、研究、应用和改革所有人力资源活动的学科。企业在全球环境中的人力资源活动通过影响人力资源的管理过程去增强包括投资者、客户、员工、合作伙伴、供应商、环境和社会在内的股东的体验和价值。这个定义范围极广，但归根结底，这是关于人的管理如何适应文化特征的科学。

余建年提出跨文化人力资源管理是指企业在国际化经营中对来自不同文化背景，具有文化差异的人力资源管理进行获取、融合、保持、培训、开发和调整等一系列的管理活动和管理过程。并认为跨文化人力资源管理中经常表现出三种文化心态：民族中心态度、多元中心态度和全球中心态度。

笔者认为，所谓人力资源的跨文化管理，就是如何对来源于不同文化背景的人力资源进行整合和融合，所关注的问题就是一个带有文化特点的个体行为与另一种文化之间会发生的冲突，冲突的范围和影响，冲突的文化原因以及如何减少冲突的对策等。

三、跨文化人力资源管理模式

跨文化人力资源管理模式可分为四类。

（一）民族中心模式

在这种方法之下，公司总部作战略决策，国外的分支机构基本没有自主权。国内和国外运作的关键位置都由总部人员担任。换句话说，分支机构由总部的外派人员管理。采用此法的主要原因有两个：一是当地缺乏合格的人才，二是更容易与公司总部维持良好的沟通、协调和控制。

（二）多元中心模式

跨国公司将每个分支机构看成具有某些决策自主权的独立个体。这些分部通常由当地人主管，但他们一般不会被提拔晋升到总部的位置。相应的，总部的管理人员也很少被派到国外的分支机构去工作。采用此法的主要好处如下：

（1）使用当地管理人员能消除语言障碍，避免了外派经理人员及其家属的文化适应问题，也没有必要举办昂贵的文化意识培训课程。

（2）使用当地管理人员在政治敏感地区能使公司保持低调，不被关注。

（3）使用当地管理人员能为公司节省大量开支。

（4）使用当地管理人员能使当地的公司在管理上有延续性。

（三）全球中心模式

跨国公司采取全球性方法去管理其运作，并认识到每一个部分（分部和总部）都对公司整体以其独特的优势做出独特的贡献。公司有全球整合的商业模型，不注重个体的国籍但重视个体的能力。也就是说，一个人的个人护照的颜色在他的奖励、晋升和发展上都不起作用。在公司的每一个层面的重要位置上都可以看见来自总部、当地人或外地的管理人员，甚至在总部的高管层和董事会都是如此。采用这一模式的主要原因是：

（1）有才华的管理人员不只集中在总部，分支机构中也不乏人才；

（2）跨国经历是高管人员成功的重要条件；

（3）具备高管潜力的管理人员时时都为从一个国家调任到另一个国家做好了准备；

（4）他们具有非常开放的心态并能适应诸多不同的职务；

（5）通过海外岗位的锻炼，可以培养管理人员的开放心态和文化适应能力。

（四）地域中心模式

该模式反映跨国公司的组织结构和地区战略。它采用有局限性的手段雇用大量的管理人员。管理人员被允许可以离开自己的母国工作，但必须呆在某一特定的区域之内。地区的管理人员虽然不可能被提升到总部的位置，但却能享有一定程度的地区决策的自主权。使用这一模式的主要动机有：

（1）区域总部的管理人员与分部的管理人员可以有较好的交流；公司总部与区域总部的管理人员也可以有较好的交流；

（2）体现对地区文化的敏感，大多数管理人员由该区域内的员工担任；

（3）该模式能帮助公司从民族中心、多元中心过渡到全球中心。

四、人力资源跨文化管理的内容

不论在什么文化背景下，使人力资源取得最大的使用价值、发挥最大的主观能动性、培养全面发展的人才，这既是人力资源管理的目标，也是跨文化管理的根本宗旨。文化是动态可变而非一成不变的，这就是要实施跨文化管理的原因所在。在跨文化企业中，文化差异造成的摩擦和矛盾比较多，如何管理好这些不同文化背景的员工、跨文化企业内部各部门之间的沟通、不同文化背景员工之间的沟通、以及企业收购兼并中企业文化的整合等，都是跨文化人力资源管理亟待解决的问题。

不同文化之间的管理冲突的影响深度和冲突的主要方面是不同的，这已经在不同的合资企业，例如日美合资企业和日中合资企业的管理中表现出来。从人力资源管理的角度出发，冲突主要表现在人员的录用与调配、职位分类、人员的考核和激励、人员的培训、劳资关系、管理人员的任免和晋升、领导作用的发挥上等人力资源管理的各个环节。

例如，对在华德资企业进行研究发现，在中国的德国合资企业在管理中由于文化差异所带来的冲突数不胜数，在人事管理方面，德资企业发现很难挑选合适的外派人员到中国工作，即使派出了，由于对中国员工的强烈集体归属需求估计不足，以及与中国企业不同的西方领导风格、不同的地位待遇、不同的教育培训体制，工作效果也非常不理想，还出现了母公司发出指示，而由于指示不适合合资企业而不被接受的现象。德国企业发现中国企业内对工作任务的描述不具体，因此质量也很难保证，工作岗位设置与德国也大不相同，员工缺乏参与精神，所以原来在德国行得通的管理制度和手段也很难贯彻实施。以上的这些冲突虽然在实践中表现在管理上的沟通、决策、计划、组织、激励、控制、领导等各个方面，但归根结底是人的方面，表现在人的思维、价值观、规范、信念、哲学等文化方面。对这些冲突进行整合和融合就是人力资源跨文化管理的基本内容。

当然，在具体的人力资源管理实务中还应该注意到，各个国家的一些在招聘、晋升、工会、休假、工资等方面的制度规定不同，即使他们的地域文化属于同一类型。例如，所有的欧洲国家和北美国家对于性别、种族歧视等方面都有严格规定。对这些差异(还没有上升为冲突)的认识和遵守也是人力资源跨文化管理的具体内容。

第三节　跨文化人力资源管理的实施

在跨文化管理中，无论何种原因造成的文化冲突只要存在，就要想方设法去解决冲突，人力资源管理在很多时候都承担了解决冲突的任务。

一、跨文化管理的类型

随着世界经济一体化的进行，跨国之间的经济活动和企业活动包括人员之间的流动也必然越来越频繁。跨文化管理会发生在企业到本土之外进行活动，合资企业，企业之间的合并，兼并等行为中。这包括三种情况，即强势文化和强势文化之间，强势文化和弱势文化之间，弱势文化和弱势文化之间的整合和融合。各种跨文化管理的方法和手段也在不断接受着实践的检验，概括起来，可以分为三种类型，也是跨文化管理的三个层次。

（一）移植

这是最简单直接的方式，也就是直接将母公司的文化体系全套照搬到子公司所在国家或地区，而无视子公司所在地的本土文化或合作方的原有组织文化。在具体的文化贯彻和实施过程中，都不可避免地带有强迫的色彩。如果母公司文化是强势文化，而子公司的地域文化或原有文化是弱势文化，那么在移植过程中反映出的冲突相对会小些，但如果两种文化势均力敌，都属强势文化，那么爆发出的冲突就会更为激烈，第三种情况就是两种文化均为弱势文化，则这种移植就会毫无结果，徒劳无功。而如果是子公司所在地域或组织文化为强势文化，则弱势的母公司文化的移植则很有可能不仅不能保持母公司文化中的精华，反倒会更为弱势，或者为子公司的文化所同化。这是最低层次的跨文化管理。

（二）嫁接

这种类型的跨文化管理是在母公司认识到子公司所在地域文化的特征，并在尊重当地文化的前提下采取的方式。嫁接多以子公司的地域或组织文化为主体，然后选择母公司文化中关键和适应的部分与之结合。这种方式的优点在于对当地文化的充分认识和尊重，但容易出现的问题则是母公司文化的特性不突出或者是没有尽取精华，对当地文化中的不适宜的成分也没有充分地剥离，使协同效应无法充分地发挥出来。

（三）文化合金

这是跨文化管理的最高层次，也是经实践证明最有效的方式。文化合金是两种文化的有机结合，选择各自精华的部分紧密融合，成为兼容性强、多元化的合金。它不是以哪一种文化为主体，而是两种文化直接融合。具有这样性质的文化也可以兼容更多的文化，适应更多不同文化的环境，具有普遍推广的能力。因此是经济全球化下跨国公司最强的核心竞争力。

要实现文化合金，就必须进行有效的文化融合，而实现文化融合的基本前提是：

（1）确认原则：没有大的基本原则就不能确定文化中哪些应该改进，哪些应该扬弃，哪些应该废除，哪些属于落后。不同文化背景下的人们在一起工作中，要能完成人力资源开发的任务，双方就必须先确定一些基本原则。

（2）相互理解：在确定原则之后重要的态度和意识就是相互理解，在文化融合过程中没有所谓对错，先进与落后的概念，只有符合原则和不符合原则的问题。现实中往往是强势文化在影响和同化弱势文化。弱势文化背景下的员工情感、意志、态度、兴趣等会产生挫折感，并由此产生一些非理性行为，对于这些要事先给予充分重视。

（3）相互尊重："入乡随俗"是文化融合中一个重要原则。本土文化不论是处于强势还是弱势，在本土地域内依然具有很强的影响力。外来文化，尽管可能是强势文化也不能咄咄逼人，处处以自己的原则和规范行事，把自己的意识形态当成天下的真理，威迫别人接受。

中国的海尔创造了"激活休克鱼"的奇迹，就是用强势文化成功地改造了弱势文化，实现了用无形资产盘活有形资产，证明了成功的文化融合可以产生巨大的经济效益。不论是何种态势下的文化融合，只有在文化双方的人们在相互理解和相互尊重的前提下，才能实现文化融合。

整合不同文化首先要求承认不同文化管理经验中先进性的一面，并积极、开放地予以吸收接纳，理性地对待他山之石，并不断地刺激跨文化的交流和学习。其次比较不同文化类型并找出其分歧、差异、相对以及相近的不同层面，从组织目标与整体利益出发进行从优择取，为跨文化性的交融和整合互通做好铺垫。最后，通过交流和整合不同文化，促进企业和组织在全球范围内，相互的借鉴、融合和创新，在比较、优化中形成适合于自身发展境况的人力资源管理模式。但这一管理模式的形成并不意味着人力资源管理模式发展的终结，它还需随时代发展和全球日新月异的环境变化而不断地发展、改进和创新，从而使组织的管理模式充满生机与活力。

影响文化整合方式的因素很多，最重要的是文化特质的差别大小和文化特质所代表的管理模式高效与否。若文化特质差别大，整合初期最好采取保留型的文化融合方式，当企业运作一段时间后，再转向其他文化整合方式，以减少文化冲突。若文化特质差别小，则必须先考察哪种文化特质所代表的管理模式在其文化背景中更高效，再以代表高效的文化特质为主，采取吸收型、反吸收型或融合型的文化整合方式。值得注意的是在跨文化性整合过程中，应该考虑到组织本身作为一个特定的文化团体的整体均衡性问题。

二、人力资源跨文化管理的实施对策

现代企业面对多元文化的国际环境和人力资源，能否成功取决于对跨文化差异的理解与融合程度。企业必须把管理重心转向企业所具有的多元文化的把握和文化差异的认识上，克服多元文化和文化差异带来的困难，充分发挥多元文化和文化差异所具有的潜能和优势，形成适合于自身发展的人力资源管理模式。具体来说，跨文化的人力资源管理的实施应做好以下几个方面的工作：

1. 基于本土化的人员配置

首先，人员配置要以本土化为主。为减少文化差异的负面影响，跨国经营企业在人员配置上要尽量做到本土化。人员本土化不仅能降低成本，更重要的是能充分发挥人在文化融合中的媒介作用。一般来说，使用本地人才可以消除文化背景和语言差异引发的种种误解，并可以利用他们在当地良好的人际关系迅速打开市场，拓宽销售渠道，大大降低交易和信息成本。但仍有许多跨国公司或跨区域的大公司不愿意使用本地管理者，主要理由是为了更好地贯彻总部的战略部署和管理模式，而且便于控制。但非本土的管理者往往会遇到文化冲突的问题，如果语言再不通，冲突升级的可能性就会加大，并不利于整个公司的发展。所以至少管理者要学习本土语言，因为语言是文化的主要符号和载体，只有掌握本土语言，才能学习和了解本土文化。并且争取在时机成熟的时候，提拔和使用真正本地的管理者。

跨国经营企业一旦决定在当地招募员工，就需要针对公司的目标计划确定招收员工的数量和标准。这就需要对当地有关劳动的法律规范、劳动力资源状况、平均工资水平等方面进行详细的调查，然后通过当地的相关政府部门向社会公开招募。招聘东道国当地人员可以通过以下途径：东道国各大著名高校、东道国举办的外国企业人才招聘会、东道国的涉外企业服务机构、母国或第三国的高校。

其次，人员配置要以多元化为辅。跨国经营企业要根据实际情况，实行人员配置多元化。为了转移公司总部生产技术、经营诀窍和特定的企业文化时，常常需要从公司总部派出职员。这些驻外人员有助于和公司总部进行良好的沟通，并有效地传递核心优势。外派的管理人员必须一方面能够贯彻总部的战略，忠实代表和维护总部的利益，另一方面还需具有丰富的专业知识、管理经验和较强的管理能力，尤其要具备在多元文化环境下工作所必需的特定素质。因此，除忠诚和才干之外，海外管理人员的选拔，应该尽可能选择那些具有全球经理人技能和素质的人。他们应该喜爱新的文化，喜欢在外国工作的挑战，不断地寻找机会学习，乐于接受别人的意见并有寻找反馈和利用反馈的行为。他们具有冒险精神，有很强的与人交往的能力，更为重要的是，他们对文化差异有较高的敏感性，与来自其他文化的人一起工作时，能够努力去理解他们的观点和态度。这样的全球经理人就能够适应文化融合的要求。为了减少文化近视，当进一步推行全球化战略时，跨国经营企业要在世界范围内任何可能发现优秀雇员的国家开展招聘和选拔，更注重其与职位的匹配性，淡化个人国籍或任职国家的考虑。

越来越多的企业意识到了跨文化误解的高昂代价。据 Selection Research International, Inc. 咨询公司称，一项失败的外派任职的直接损失在 25 万～50 万美元之间。而摩托罗拉公司估计的数字更高，一名失败的中层职员每年造成的损失为 7.5 万美元。而 3 年期任职的损失约为 60 万～125 万美元。摩托罗拉公司对讲机事业部负责外派任职的经理 Linda Kuna 指出，任职失败损失的不仅仅是钱，外派选错人，就有可能破坏跟东道国的关系，这不仅会丢失业务机会，而且会损害那些原本可能不应该外派的职员的职业通道。

2. 基于跨文化的人员培训

人力资源具有很强的可塑性，通过对其培训不仅能提高企业的生产效率，还可提高员工的忠诚度。跨国经营企业除了有计划地对员工进行技能深化和知识拓展培训外，还要特别注重跨文化培训。

首先，对管理人员的培训。管理者要掌握和灵活运用本行业的知识以及有关的国际市场、国际惯例和东道国政策法规等知识，要具备跨文化管理的能力，包括语言能力、文化移情能力、社会适应能力、工作决策能力、组织协调和控制能力等。按培训对象的不同，跨国经营企业的管理人员培训大体分为以下两类：一类是对外派管理人员的跨文化培训。这一类培训主要是通过文化敏感性训练，使管理人员了解异文化环境，迅速适应当地环境，消除文化隔阂，融入当地文化并正常开展工作。跨文化培训的主要内容是：文化的认识、文化的敏感性训练、语言学习、跨文化沟通及冲突的处理、地区环境模拟等。在文化敏感性训练上，要注意当地习惯和传统，绝不能对当地人抱有成见。在语言学习上，要掌握好语言与文化的关系。在跨文化沟通和冲突处理上，要注意到沟通是一个动态过程，并要注意文化冲突的双重影响。在地区环境模拟上要设身处地并反观本国文化，通过对不同文化的比较分析，加深对异国文化的认识和了解。跨文化培训可以通过企业内部的培训部门及培训人员或者学校和专门的培训机构进行培训。另一类是，对在东道国招聘的管理人员的培训。内容主要侧重于生产技术、管理技能、企业文化等方面，跨文化培训通常不是重点。关于企业文化的培训则是面向全体企业成员进行精神激励，对内增强企业的向心力和凝聚力，对外提高企业的国际竞争力。

其次，对一般员工的培训。由于在东道国不易招到熟练的工人，因此多数新招收的雇员需要培训，同时，科技进步和国际市场的变化也要求对原有雇员进行培训。培训的类型可分为在职培训和脱产培训。员工的在职培训可以采用多种方式进行，如在岗培训、师傅带徒弟、课堂教育、会议讨论以及模拟等。师傅带徒弟是一种特殊形式的在岗培训，要注意处理好师徒之间的文化差异以及文化冲突对师徒关系的影响。脱产培训是将员工送到外面的学校，由具有丰富理论知识和实践经验的熟练教员对他们进行培训，这种培训方式与企业自设机构相比，可以节省开支，增强培训效果。

例如，朗讯科技微电子集团（Lucent Technologies Microelectronics Group）制定了富有创意而又低成本的培训规划，旨在解决文化多样性和重大经营问题。这套基于高技术的课程包括：通过影像向全体员工播放半天针对国别情况的研讨会，向所有面临现实需要或问题的相关员工提供半天的经营文化洗礼课程，设立公司内部网站，提供各国文化和实用旅行信息。

3. 基于针对性的人员考核和激励对策

跨国经营企业在制定考核和激励制度时，只有将企业成员的个人发展与企业发展有机地结合起来，才能让来自不同文化背景的成员尽心尽力地为本企业工作。

首先，要建立合理的绩效考核体系。考核的主要目的是为了客观地评价职工的成就，为确定职工的工资、奖金、晋升和培训提供依据。考核的内容一般包括工作成绩、工作能力和工作态度三个部分。对于不同的岗位要有不同的考核内容和标准。跨国经营企业应公正地评价职员业绩，实行以能力为主的人才提拔机制。考核标准要根据东道国经营环境的好坏及子公司内部政策的特点加以区别，要定量和客观才能服众。对员工实施的绩效考评工作要注重"员工参与"、"结果导向"以及上下级"双向沟通"。考核结果不仅与员工的晋升、薪资等相结合，更重要的是同员工个人职业发展相联系。

其次，要建立多样化的激励措施。跨国经营企业要正确理解和认识文化差异，把母公司企业文化与东道国文化有机融合，形成本企业独特的合理文化内核，并以此激励员工。跨国经营企业要建立良好的沟通渠道和开放氛围，使企业员工能够为企业发展建言献策；要提拔和重用那些具有团队精神、在本部门及相关部门有亲和力、业绩突出、客户反映良好的员工；要根据员工的心理特征和客观需要，制定物质和精神激励措施，比如为当地的员工提供更高的薪酬，为身处异乡的员工提供更丰富的业余文化生活等。

4. 基于多元化的人员薪酬对策

跨国经营企业在制定报酬政策时，必须考虑各种综合因素，包括母国与东道国的工资水平，东道国政府、工会、企业的接受程度等。

首先，薪酬体系要符合并略高于当地标准才能吸引和留住人才。国家之间存在劳动力成本的差异，跨国经营企业应根据当地的劳动力成本制定企业的薪酬战略，根据企业自身的实力来选择企业的薪酬是领先型战略还是与当地市场同步型战略，然后再根据员工的绩效制定员工的可变薪酬。各类报酬的高低要有一个合理的尺度，既要使这些岗位有吸引力，又要尽量降低企业的有关费用。当地人员的报酬要略高于当地工资标准，才能吸引当地人才。另外，在支付外派人员的报酬时还要考虑币种以及汇率变动等因素。

其次，多元化的福利体系有助于吸引人才并发挥其潜能。跨国经营企业可以提供带薪休假、集体外出旅游、定期体检以及购买集体保险等福利。由于企业内员工文化背景、信仰追求、生活方式不一样，企业可以提供除基础性福利外的选择性福利。例如按东道国当地节日或传统进行现金福利发放使当地员工感到"受尊重、被肯定"、提供母国员工回国团聚的机会、给第三国员工休假安排等人性化的多样福利。

5.基于尊重与宽容的基础上的跨文化的沟通与协调

企业的有效管理离不开有效沟通，跨文化沟通是跨文化人力资源管理的重要手段。对跨文化企业来说，有效沟通是跨文化企业管理的起点，因为在跨文化企业中，管理者和员工有着不同的文化背景、语言、价值观、心态和行为方式，这就要求选聘、培训、考证、薪酬体系的设计等工作都需要在异质文化沟通交流的基础上进行。

各国之间最直观的沟通交流方式是语言。交流需要从一种语言翻译成另外一种语言时，翻译不只是确定相应的词语搭配，还涉及从一国的文化方式和观念去解释另一国的文化方式和观念。但是交流不总是以语言的形式进行，往往还包括一些非语言信息（手势、眼神、行为等）的表达方式。例如，对于美国人来说，在一次约会中迟到半个小时可能是非常无礼的表现。可对于拉丁人，可能算是正常的。文化的差异往往导致企业人员对人或事物的判断以自己的文化为衡量标准，而不是自己所观察的客观环境。只要认为人或事物与自己的文化相背离，便认为不好，就会导致错误的感知。错误的感知必然带来错误的解释与评价，很容易造成交流的阻塞。文化理解更多地来自心态，而非知识基础或了解有关某国的一大堆事实。员工对文化差异有开放的心态，更好地觉察到那些差异，并对此宽容。

总之，跨国经营企业内部存在的不同程度的文化差异给其人力资源管理带来了各种障碍，但只要正确认识和理解文化差异，并深入、系统、全面地研究企业中的多元文化对人力资源管理的影响，善于在不同文化的结合点上创造出新的人力资源管理模式，跨文化经营企业一定能拥有美好的前程。

【本章小结】

经济全球化浪潮下，越来越多的企业开展了跨国经营活动，跨文化和多元文化是跨国经营企业有别于国内企业的基本特征。本章主要介绍了不同文化差异的维度划分及文化差异导致的文化冲突，阐述跨文化的管理及跨文化人力资源管理的概念、重要作用、模式及跨文化人力资源管理的基本内容，并重点阐述了跨文化企业如何采取相应的跨文化人力资源管理模式及有针对性的跨文化的人力资源管理对策，以吸引与激励企业的核心人才，保持企业的竞争优势，来确保企业顺利发展。上述内容的介绍可以使学生掌握有关跨文化人力资源管理的原理和知识，并获得在实践中应用的技能。

【关键概念】

跨文化管理　跨文化的人力资源管理　文化维度　价值冲突

【思考与练习】

1. 如何理解霍夫斯泰德的文化维度理论？
2. 什么是人力资源的跨文化管理？
3. 跨文化人力资源管理的模式有哪些？
4. 企业管理者要处理哪七个方面的价值冲突？
5. 跨文化人力资源管理的实施对策有哪些？

【拓展学习】

1. 中华英才网：http://www.chinahr.com/index.htm
2. 中国人力资源开发网：http://www.chinahrd.net

第十三章 网络化人力资源管理

【学习目标】

通过本章学习，了解网络化对人力资源管理的影响，理解并掌握网络化人力资源管理的实施和人力资源管理信息系统的相关概念、系统模块和实施情况。

【重点难点】

1. 网络对人力资源管理的影响。

2. 网络化人力资源管理的实施。

3. 网络化的人力资源管理信息系统。

【导入案例】

泰达荷银全员幸福之梦

泰达荷银基金管理有限公司（ABN AMRO TEDA Fund Management Co., Ltd.）原名湘财荷银基金管理有限公司，成立于2002年6月，是中国首批合资基金管理公司之一。目前公司的注册资本金为1.8亿元人民币。旗下有13支基金产品，占据重要的行业领导地位。2008年泰达荷银旗下基金获得年度收益第一。

人性化管理模式

作为典型金融行业，公司在其HR管理方面有着诸多方面显著的特点，主要在于以下几个方面：

（1）公司性质为中外合资企业，业务的发展更加需要良好的规范化管理控制。

（2）公司结构稳定，薪资福利待遇良好，人员流动性很小。

（3）公司注重培养员工工作的积极性和创造性，为员工提供良好的成长空间和发展空间，非常注重对公司员工的培训。

（4）公司管理制度比较完善，人事、薪资、考勤、人事合同都有相应的规章制度。

（5）人力资源管理比较人性化，从员工自身出发考虑薪资、福利、考勤的设置。

明晰难点问题 提出信息化需求

正是基于以上特点，泰达荷银在HR管理方面存在着几大关键性问题，这些问题直接关系着公司的发展，有效地解决这些问题能够提高HR管理水平，从长远角度看更能促进公司业务发展。在经过对泰达荷银的深入调研后，用友与泰达荷银主要在以下方面进行了探讨：

难点及问题方向	难点及问题描述	形成问题的深层次原因	造成的损失或潜在影响	信息化需求
考勤请假和出差审批业务	无法及时了解员工出勤情况	公司手工考勤进行请假	影响领导分配任务	希望通过员工自助和经理实现考勤办公自动化
人事合同纸质管理	合同到期无法提醒		违反《劳动法》	提醒合同到期功能

难点及问题方向	难点及问题描述	形成问题的深层次原因	造成的损失或潜在影响	信息化需求
员工信息的共享	员工信息不共享	异地办公		希望通过员工自助和经理查询本人和他人的一些信息
培训计划和培训需求	缺乏系统化管理		无法做分析	培训管理达到系统化管理,记录培训计划,培训需求和员工培训费用的分析
如何动态完成人事报表的统计分析	无法进行数据采集		领导无法及时了解人事数据	系统提供一些报表

全员应用业务协同

针对以上的问题,用友 U8 – HR 为泰达荷银提供了相应的人力资源管理解决方案:

1. 总体解决方案

本次人力资源业务应用建设模块为:人事管理、人事合同管理、保险福利管理、考勤管理、培训管理、员工自助和经理自助。未来在一期规划成功实施的基础之上将进一步实施招聘管理和绩效管理两个模块,与招聘网站进行关联直接在线管理招聘业务,并借助绩效管理平台实施全员绩效考核和结果应用。

2. 关键业务应用描述

(1)借助员工自助和经理自助实现全员应用、异地审批。

①实现出差、请假、员工转正、部门调动、培训与资格申请等审批流程,员工直接在系统内发起业务申请,相关负责人在系统内进行审批,审批后的结果直接传递到 HR 系统中与档案关联,优化了操作流程,尤其解决了异地申请和审批不便的难题。

②实现员工在线查询自己的薪资、保险福利、合同情况,提交培训需求等,大大扩展了人事信息向每一个员工共享的渠道,彻底解决了 HR 部门应付人事查询的瓶颈工作量。

(2)通过预警功能提醒,防范风险。

系统定期自动将预警消息以系统内提醒、邮件、短信等多种方式发送到相应人员处,便于及时处理,避免合同漏签、迟签的情况,保障依法用工、规避风险,提升员工满意度。

(3)利用强大的报表功能进行各种统计分析,支持决策。

系统预置了大量常见报表,同时 HR 特有的报表工具支持灵活定制各类人事报表,随时进行多角度统计分析。

人事信息共享管理透明度提升

(1)人事信息变分散为统一,集中在人事信息平台上,实现人事信息的完整性,及时性,人事信息共享,提高了人事管理效率。

(2)审批流程自动传递,审批流程可检查,信息记录完整,实现了关键 HR 流程的规范化。

(3)通过预警提示,及时决策,防范风险。

(4)加强了员工和员工,员工和经理,员工和人力资源之间的互动性,提升了管理透明度。

（5）基本实现无纸化办公，只打印必要的审计文档，降低了管理成本。

泰达荷银管理者的心声：彻底解决人事查询的瓶颈工作量

泰达荷银通过用友 U8－HR 的运用，很大程度上提高了企业人力资源管理水平以及员工主动积极的工作态度，泰达荷银基金管理有限公司人力资源部张慧勇这样评价到："解决了异地申请和审批不便的难题；彻底解决了 HR 部门应付人事查询的瓶颈工作量；基本实现无纸化办公，只打印必要的审计文档，降低了管理成本。"

（资料来源：用友人力资源成功案例. U8－HR：泰达荷银全员幸福之梦. http://www.ufida.com.cn/case/100707/20104707114738.shtml）

第一节　网络化对人力资源管理的影响

随着网络时代的到来，网络化的全方位发展（内部网、局域网、因特网）和应用于人力资源管理相关环节的网络技术的不断更新，人力资源管理手段的网络化和虚拟人力资源管理的出现标志着人力资源管理正在走向网络化。

网络化有以下一些特征[①]：第一，组织的活动以团队为单位，而不是以个人或群体为单位，且团队成员的构成跨越了原有的职能单位。第二，可以获得横向的、纵向的多方面的信息，并得到各部门的协作。第三，可以更好地满足客户的需求，同时与供应商保持更密切的联系。第四，可以与企业的利益相关者保持更良好的关系。

网络化是一把双刃剑，它对人力资源管理的影响存在着正负两面性。一方面，网络使人们摆脱了时间、空间和人力的束缚；另一方面，网络的发展由于如技术短缺、规划不完善、用户拒绝行为等，使网络化的优势无法充分发挥，使人们置疑网络化的进程。但不管怎样，网络已成了现代人生活和工作不可或缺的部分，网络化对人力资源管理的冲击和影响已成为网络化时代不容回避的事实。

一、网络的发展改变了传统的时空观念

进入信息网络化时代以来，电子网络的发展改变了传统的时空观念，创造了一个不受地理边界限制与束缚的全球工作环境和视野，企业之间的竞争已经从有形的市场逐渐转向了无形的网络。

传统的中层经理协调和监督的功能已逐渐被取代，公司的高层管理者和基层管理者可以通过计算机网络进行沟通和联络，组织结构因此已日益变得扁平化、开放化，组织层级在逐渐减少，少层级的纵向管理已经成为发展趋势。另外，更灵活和更具流动性的"项目本位制"的组织结构已经盛行，员工被安排到不同的项目中，受多个团队领导人领导。企业开始通过工作流程分析对工作本身获得更为宽泛的认识，在编写工作描述和工作规范时需更大的灵活性。网络化对员工个人的影响很大，员工有很大的活动空间，许多业务活动由以前的以部门为活动单元转变为以团队或个人为活动单元，个人在家办公或移动办公已不是什么新鲜事，如当前盛行的网络化企业，在网络化企业中，其人力资源的特点为：人力集成化与虚拟化、文化多元化、组织动态化、结构虚拟化，因此，传统的时空观念逐步被

---

① 谌新民. 人力资源管理概论（第 3 版）[M]. 北京：清华大学出版社，2005

网络虚拟化取代。

二、网络为人力资源管理提供了展示自身价值的平台

随着网络化时代的到来，人力资源管理也运用先进的 IT 技术和人力资源管理技术，以互联网为工具，实现人力资源管理功能的网络化，通过网络进行人力资源管理相关信息的更新、管理、查询和发布，集中的数据库、集成的环境和相对规范化的定义的 E－HR 应运而生，它可以有效地改进数据的完整性、相关性、可查询性和可获取性；而 E－HR 的自助式服务功能，可能降低人力资源管理人员数据输入和更新的工作负担，使得人力资源管理部门能将更多的精力关注于流程的改进、数据的分析和汇总。从而看出，网络为人力资源管理提供了展示自身价值的平台，网络不仅给人力资源管理提供了改善服务的机会，使原来不可能或难以实现的服务如自助式的福利计划、信息查询、假期申请和审批等工作可以不受时间、地点的限制成为可能。

三、网络化对传统的人力资源管理模式提出了挑战

（一）促使人力资源管理方式的改变

在全球化的竞争中，人力资源管理面临着经济全球化、信息网络化、社会知识化、人才国际化以及企业管理广泛变革的挑战。信息技术、网络技术以及其他技术迅速发展，消除了企业之间和人与人之间的地理隔离，创造了一个不受地理边界限制和束缚的全球工作环境。新技术发展，不仅提高了企业生产效率，而且降低了交易成本，对企业管理方式产生了巨大的冲击。信息技术的广泛应用要求人力资源管理利用信息技术，以网络为供应区，进行网上招聘、网上培训、网上沟通和网上考评等。

（二）促使人力资源管理职能的改变

网络化环境下的企业人力资源管理职能正在发生转变。企业人力资源管理者逐步从作业性、行政性事务中解放出来，更多地从事战略性人力资源管理工作。因此，企业人力资源管理部门已逐渐由原来的非主流的功能性部门，转而成为企业经营业务部门的战略伙伴。人力资源职能的转变方向如表 13－1 所示。

表 13－1　人力资源职能的转变

现在的职能	未来的职能	现在的职能	未来的职能
职能导向	战略导向	以活动为重点	以有效性为重点
内部重点	顾客重点	视野狭小	视野开阔
被动反应	主动出击	方法传统	思考非传统方法
行政管理	咨询者	互不信任	合作伙伴
受活动驱动	受价值驱动	行为型	解决问题型

（三）促使人力资源管理角色的改变

随着网络的推广和普及，推动了人力资源职能的转变，人力资源管理角色需要重新定位。人力资源管理在企业中的角色定位要逐渐地实现战略转变：从传统的功能部门和成本

中心变成企业的经营伙伴，从被动解决问题到预先防止问题，从传统的定性和局部的分析变成现代的定性和整体的分析，从日常操作到前瞻性的分析预测。密歇根大学的沃尔里奇（Ulrich）教授认为，作为企业获取竞争力的帮手，人力资源管理应更注意工作的产出，而不仅仅是把工作做好。根据人力资源管理的战略决策、行政效率、员工的贡献和变化能力这四种产出，沃尔里奇归纳了人力资源管理的四个基本角色。他们分别是管理战略性人力资源、管理组织的机制结构、管理员工的贡献程度、管理转型和变化。其主要人力资源管理角色如表 13 - 2 所示。[①]

表 13 - 2　人力资源管理角色

角色区分	有效产出/结果	形象化比喻	行为
管理战略性人力资源	实施战略	战略伙伴	把人力资源和经营战略结合起来
管理组织的机制结构	建立有效机制结构	职能专家	组织流程再造
管理员工的贡献程度	提高员工的能力和参与度	员工的支持者	倾听并对员工的意见作出反应，为员工提供所需资源
管理转型和变化	创建一个崭新的组织	变革的推动者	管理转型和变化，保证应变能力

四、网络化提高了对人力资源管理从业人员的要求

伴随着网络时代的到来，人力资源管理也迎来了 E - HR 时代，给人力资源管理从业人员带来了光明的同时，更多的是他们将面临更大的挑战。面对 E - HR，对于人力资源管理从业人员来讲，与人进行良性、顺畅的沟通从而建立和维护良好的员工关系这样的要求远远不够了。当前需要的人力资源管理从业人员素质，不但有良好的沟通能力，而且需要专业的 IT 技能，对数字和逻辑构建相对敏感，并善于进行定量的汇总和数据的深入分析，从而使人力资源管理部门掌握更多的信息，信息的准确性、及时性，甚至人力资源管理体系和流程的缺陷和不足等等可能都会一目了然。因此，当网络化系统顺利切换后，投入运行并且与企业内员工们逐步从流程上、工作习惯上和日常工作中完成磨合之后，人力资源管理从业人员应该做什么就是摆在每一个人力资源管理人员面前的严峻挑战。人力资源从业人员不但要从事传统的员工甄选、员工管理处理、公司文化建设等方面的工作，而且需要拓展其工作领域，学习并掌握原来相对缺乏的 IT 和数据处理知识，根据市场信息和企业内部员工的相对完整的信息，结合从事人力资源管理工作所积累的知识和经验，给企业管理人员和员工提供分析、预算和汇总报告，并根据这些定量分析的结果提出相应的建议。这不仅关系到人力资源管理部门在企业业务中扮演的角色和前景，而且也会影响到人力资源管理从业人员的个人职业生涯。

甚至，网络化还模糊了企业的组织边界，导致了虚拟企业的产生。这种组织无形化，以信息网络加以联结的企业组织，既可以是一种基于相互合作的实体基础之上的组织结构，也可以是一种为了一个特殊目的暂时聚在一起的人力、构想、才能和资源的网络。虚拟企业中的人力资源是网络化人力资源管理的中的新事物，实际上也就是人力资源管理外

① 黄劼敏. E 时代：HRM 走向前台. IT 经理世界，2001(6)

包问题，这部分内容我们将在第十四章中再讨论。本章仅讨论网络化给人力资源管理带来的有形改变，即人力资源网络化管理问题。

第二节　网络化的人力资源管理

一、网络化的人力资源管理的概念

管理大师杜拉克在《新时代、新组织》中指出："未来的企业将是一个大部分有专业人员组成的知识型组织，必然会走向以信息为导向的组织结构。"促成这种趋势的主要力量，除了劳动人口结构的改变，以及经济需求导致的变革外，信息技术的快速发展是最大的推动力之一。伴随着人力资源管理科学理论和信息技术的发展，人力资源管理工作经历了从传统方式向信息化管理转变的过程，即网络化的人力资源管理，也称信息化人力资源管理（Electronic Human Resource Management，简称 E–HR）。

网络化的人力资源管理是指所有基于 IT 手段（包括计算机技术、通信技术、网络技术）对人力资源各个领域提供支持，实现低成本、高效率、全员共同参与管理过程，实现人力资源战略地位的全面提升、开放的人力资源管理模式。它通过人力资源管理网络化使人力资源管理人员摆脱传统的行政性、事务性工作的束缚，可以有更多的时间进行战略性工作；并通过信息化人力资源管理整合内外资源、全员参与管理实现人力资源管理理念的变革。其中人力资源管理系统（Human Resource Management System，HRMS），又称人力资源管理信息系统，是现今较为普遍的系统软件。

二、信息技术运用于人力资源管理的发展历程

信息技术运用于人力资源管理系统的起步和发展经历了四个阶段。

1. 第一阶段：HR 信息化管理的雏形阶段

第一代人力资源管理系统产生于 20 世纪 60 年代末，当时计算机技术已经进入了实用阶段。当时传统的人事管理把精力用于员工的考勤、档案和发放薪酬等事务处理上，一些大型企业为了避免过于烦琐的计算和出错，利用计算机代替手工计算工资，这就是 HR 系统的雏形。但是由于技术条件的限制使这种系统仅仅是一种自动计算薪资的工具，既不包含非财务的信息，也不包含薪资的历史信息，几乎没有生成报表的功能和薪资数据分析功能。因此，该阶段我们将其定义为"信息统计"阶段。

2. 第二阶段：手工计算机化阶段

第二代人力资源管理系统出现于 20 世纪 70 年代末 80 年代初。随着计算机技术的飞速发展及应用的普及，人事工作定位的转变和企业内部信息技术应用程度和应用范围的变化，企业在人力资源管理方面的应用开始转向内部的专项应用，如薪资计算、招聘、培训等方面，使它扩展到了非财务的人力资源信息和薪资的历史信息、考勤和认识档案管理等管理范畴，报表和薪资数据分析也有了较大的改善。但由于进行系统研发的计算机专业人员未能系统考虑人力资源的需求和理念，其非财务的人力资源信息也不够系统和全面，企业的应用关注点主要是薪资计算和以面向外部的海量数据处理为核心。因此，该阶段我们定位为"手工计算机化"阶段。

3. 第三阶段：革命性转变阶段

第三代人力资源管理系统出现于 20 世纪 80 年代末 90 年代初。随着信息技术的发展和组织对信息化要求的普遍提高，很多组织已经不再满足于单一的、孤立的人力资源信息化状态，尤其是对于广泛地域分布的集团化组织，人们开始关注网络技术，基于 Intranet 技术的网络版的人力资源系统应运而生。在该阶段，人力资源管理从自身的职能完善和效益提升角度，进入了与信息技术应用融合阶段。但此阶段的人力资源管理系统还只是简单的信息处理工具，只着重对于人力资源信息的采集、维护等功能，主要表现在系统中的模块大多是人事信息管理、考勤、薪资计算、福利管理等，还没有上升到对业务的全面升级管理和提升。此时的系统面向组织 HR 部门的业务管理系统，用户对象主要为组织的人力资源管理者。

4. 第四阶段：全面应用阶段

第四代人力资源管理系统出现于 20 世纪 90 年代的后期。随着组织管理思想的逐步成熟，人们开始从如何提升人力资源管理价值入手，考虑如何改善组织内部的人力资源管理状况，进一步对这些数据进行挖掘，依靠各种模型和工具，提供优化的管理流程、智能的分析、战略的决策参考。此外，随着计算机的进一步普及，数据库技术、网络技术，尤其是 Internet 技术的应用和发展，为这种管理思想的变革奠定了技术基础，由此逐步形成了 E－HR 这种新的人力资源管理系统模式。

三、企业内部人力资源管理的网络化

信息技术、网络技术以及其他技术迅速发展，消除了企业之间和人与人之间的地理隔离，创造了一个不受时空限制和束缚的全球工作环境，对企业内部的人力资源管理产生了巨大冲击，使企业内部的人力资源管理呈现出网络化管理的特点，以网络为供应区，开展一系列网上招聘、网上培训、网上沟通和网上考评等活动。

（一）网络招聘

网络招聘也称在线招聘，它是指利用互联网技术进行的一系列的招聘活动，包括信息的发布、简历的搜集整理、电子面试以及在线测评等。他并不是将传统的招聘搬到网上，而是互动、无地域限制的，具备远程服务功能的一种全新的招聘方式。[①]

1. 发布招聘信息

网络招聘信息的发布直接关系到企业招聘的效果，如何根据企业的实际情况，选择适当的信息发布渠道就显得尤为重要。

2. 搜集、整理信息与安排面试

招聘信息发布以后，要及时注意反馈，从众多的应聘者中挑选出符合条件的求职者安排面试。企业制定查询条件对招聘网站、相关专业网页或求职者主页进行人才信息的收集和整理；根据不同的求职者安排不同的电子面试，如利用电子邮件、聊天室、视频会、会议系统、在线测评等电子面试。

对用人单位来讲，在网上招聘有着收费低、速度快、针对性强等好处；对应聘者来讲，足不出户就可以向各个公司投递简历，省时、省力。但是由于网络招聘在我国刚刚兴起，无论

---

① 于东阳.如何有效实施网络培训[J].中国人力资源开发，2004(3)

是技术上还是观念上都存在着许多问题。我国的网络招聘模式一般为广告招聘模式，这只是传统的专业招聘报纸的延伸。相信在不久的将来，随着网络技术的日益成熟、网络法规的完善、企业上网力度的加大，网络招聘会以它独特的优势，在众多招聘方式中脱颖而出。

（二）网络培训

网络培训又称电子培训，它是指以互联网（Internet），局域网（Intranet）为基础、以培训管理系统为平台、以个人电脑为工具的一种培训模式。它并不是传统培训方式的一种补充，而是企业培训的一次变革。

1. 硬件准备

硬件设施是网络培训实施的基础，其性能直接决定了网络培训的效果。实施网络培训有较高的设备要求，首先应具备一台性能良好的计算机，并且通过宽带与互联网连接；其次还应配备遥控摄像头、麦克风、音箱、耳机；除此之外，最好还具备多媒体大屏幕显示器、传真机、打印机、幻灯机、投影仪、VCD 或 DVD 等设备。

2. 软件准备

软件系统是计算机运行所需要的程序，网络培训除应具备基本的系统软件（如 Windows、Linux）和应用软件（如 Office、Wps）外，还应具备视频会议软件和网络培训软件。视频会议系统（Videoconferencing），有时又被称为电视会议系统。所谓的视频会议系统是指两个或两个以上不同地方的个人或群体，通过传输线路及多媒体设备，将声音、影像及文件资料互传，达到即时、互动的沟通，以完成会议目的的系统设备。目前，适合视频会议的软件较多，主要有：MicrosoftNetmeeting、NetscapeConference、CU – SEEME 等。

网络培训软件功能完善是实施有效培训的前提，图 13 – 1 给出了一套培训管理信息系统应包含的模块。

3. 课程准备

传统培训开始前，一般是企业通过培训需求分析，确定哪些人员需要接受何种类型的培训，而网络培训使得每个人都可以根据自己的情况在网上报名参加培训，满足学员的个性化学习需求。首先，学员通过网上报名，经过审核后会获得用户名和密码，可以方便地登录培训系统；之后，学员既可以随时下载自己需要的培训资料，也可以选择自己喜欢的培训课程。这些培训课程有些是以音像资料的形式存储于网络服务器上，学员可以随时观看；有些培训内容是音像资料无法实现的，需要集中培训。比如案例讨论，这就需要有一个报名时间，当报名人数积累到一定规模才开始实施培训。通常情况下，企业都会将近期要举办的培训活动通过电子布告栏公布在网上，提前接受学员的报名。

4. 培训方法选择

网络培训的方法不仅仅局限于 E – Learning 的学习方式，传统的培训方法中有一些可以很方便地与网络技术结合，提升培训效果。可供选择的培训方法有：演讲法、案例讨论法、多媒体演示法。

5. 培训效果评估

在培训过后，一方面，学员可以填写网上调查问卷，对所接受培训的讲师、课程内容等进行评价；另一方面，企业可以通过网上测试及依据学习记录的数据生成的学习报告来检验学员的学习效果，并与绩效管理系统对接，跟踪学员今后的工作表现。

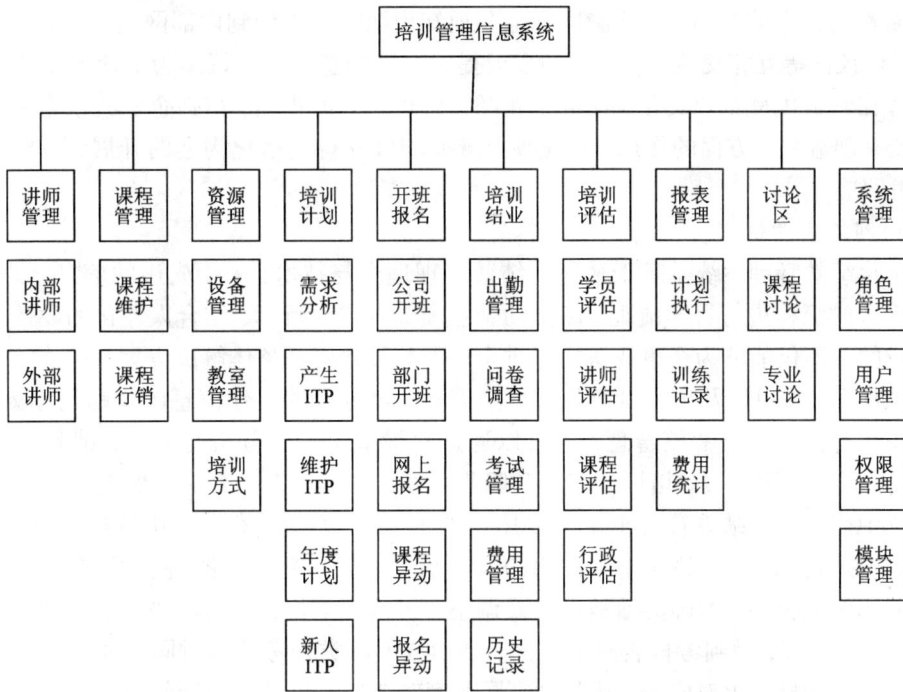

图 13 - 1　培训管理信息系统模块

(资料来源：于东阳. 网络化人力资源管理应用研究[D]. 聊城大学学报(社会科学版)，2007)

(三)网络化沟通

网络化沟通作为互联网在人力资源管理中的应用，正在为越来越多的企业所实践，由此而产生的信息快速、直接、广泛、有效的传播和思想、感情的交流、融合，充分显示出网络化沟通的魅力所在。网络化沟通的形式很多，可以在企业内部网上建立员工的个人主页，可以开设 BBS 论坛、聊天室、建议区、公告栏以及企业各管理层的邮箱等等，主要的形式是电子邮件、共享文件夹、内部网和互联网。

(1)电子邮件成为员工日常工作交流和信息传递的平台。公司新出台的规章制度、职能部门向部门经理递交的报告、员工相互之间交流的信息等等，都只需通过起草一封电子邮件，点击"发送"后就可以通过网络传递给收件人。软件还可以提供发件人跟踪信函是否被阅读、设置文档保密等级、自动回复、项目提醒、会议预约等功能，也使交流较之传统方式更加强了针对性、安全性和时效性。

(2)基于服务器的共享文件夹成为部门信息共享的得力帮手。与以往打电话、发传真、计算机之间互相拷贝的方式不同，所有最新的人事政策、操作流程、实施工具、项目进展、会议纪要等都存放在总部服务器上人力资源部项下，被授权的人力资源部可以随时就需要查询的信息进行访问。甚至一些需要多位跨地区的人力资源部同事协作完成的文件也存放在此，位于总部和地区的顾问跟在本机操作没有两样，但却大大节约了合并整理的时间，还避免了格式版本的不一致可能产生的问题。

(3)内部网/互联网扮演了信息传递者的重要角色。内部网和互联网从技术层面解决日常工作中人力资源部与员工的基本沟通障碍，提供了信息交谈的平台。同时将员工被动地等待回答变为主动查询，企业制度规范和通知说明等可以传到内部网上，员工也可以通过 BBS、建议区等互相交流，对公司的发展提出自己的意见和建议。为了使电子化沟通更好地发挥在营造优良企业文化、促进企业经营管理水平的提高，增强企业凝聚力和激发员工进取心、创造力等方面的作用，企业领导既要积极支持网络化沟通的开展，更要积极参与，及时回应。

（四）网络化考核

电子化绩效管理系统是基于最新的绩效管理理念与技术，采用先进的信息管理技术，对绩效管理的流程进行科学梳理，以推动企业绩效发展为目标，结合人性化的设计理念而开发完成的。不仅能够为企事业机构提供全面的高绩效管理整体解决方案，有效实现从公司战略到部门、项目以及个人计划制订，全方位、全过程的工作信息的跟踪与绩效支持，以及运用多种模式进行考核管理，还可以通过对绩效结果的分析与处理，绩效反馈与沟通，形成相应的报酬计划、培训计划以及职业生涯规划等。在一套完善的电子化人力资源管理系统中往往包含绩效管理模块。以用友的 E－HR 系统为例，其中的绩效管理模块，按部门职责及目标、岗位说明书中注明的岗位职责为主要考核要素，同时结合自定义指标库中的通用绩效指标，准确灵活地设计及调整不同部门与岗位的考核方案，合理选择考评指标，形成考核表，做到考核表的个性化。能形成不同类别考核人对同一考核对象多张考核量表。利用考核结果对应表，从各种不同角度对考核结果进行统计分析。

（五）网络化信息管理

人力资源管理在职务分析、人事档案、人力资源计划、员工甄选、薪酬福利、绩效考核、考勤、人事调动、人员培训等许多方面都有大量的事务性、程序性工作，通过计算机网络来实现信息的采集、传输、处理和输出，可以有效克服信息堵塞现象，实现信息资源共享，消除在利用信息资源过程中的"排队等待"现象，加快信息的处理和流通，提高快速反应能力，实现"无纸化"办公，从而大大提高工作效率，节省大量的工作时间及费用，把人的创造性从烦琐的行政事务性工作中解脱出来。

第三节　网络化的人力资源管理系统

一、网络化人力资源管理系统的主要职能

网络化的人力资源管理系统包括八大职能模块，它们分别是：

（一）人力资源规划

人力资源规划模块主要用于企业制定、调整人力资源规划方案时的人力资源现状数据参考值和未来需求预测的数据参考值，在规划执行出现异常情况时提供预警提示。

它提供了人力资源的供需预测、人力资源计划等功能。所用的规划模型、计算工具大大简化了规划中的事务性工作，提高了实现速度和精度。

人力资源规划可提供的主要功能有：人力资源预测功能；人力资源计划功能；其他人员配置规划、培训规划、招聘规划、人员调整规划、薪酬规划、骨干人才培养规划、人才储备规划、人力资源预算规划等功能。

（二）人员招聘管理

通过人员招聘管理模块可以使整个招聘工作中职位空缺、员工需求申请、依据职位说明书、发布招聘计划、接收和处理简历、面试到产生录取信件等的过程更加方便和容易。网络招聘手续简单，加快了反馈、处理和录用的速度，提高了招聘的效率。

招聘管理模块可提供的主要功能有：招聘计划制定；招聘预算管理；招聘信息发布功能；应聘人员管理功能；面试、考核和决策功能；录用管理功能等。

（三）员工信息管理

员工信息管理模块全方位地提供了与员工相关的基本信息，是其他功能模块的辅助模块，也可以借助其他模块实现查询功能。它增强了组织对员工信息的控制，确保信息的有效利用，及时掌握员工的配置和变动情况，随时把握人力资源的变动趋势，形成人才储备库，使组织可以迅速挖掘这类所需人才，制定发展方向，推动组织发展。

人工信息管理模块可提供的主要功能有：基本信息导入、跟踪管理、查询功能等。

（四）考勤管理

考勤管理是组织最常规的人力资源管理方式，通过考勤来统计出勤和加班等情况，考勤数据可以直接与薪酬福利系统和财务关联。

考勤管理模块可提供的主要功能有：提供对不同考勤机的数据导入接口，无须人工录入统计情况；灵活定义上下班时间与考勤规则；灵活设置倒班类型和加班类型；可以对每个部门或每位员工设置不同的考勤规则；记录每位员工的出勤状况，根据此员工的上下班类型自动判断是否迟到、早退或旷工；制定加班计划，并记录员工的加班情况；记录员工的请假情况，并作销假预警提示与销假处理；统计每位员工的月出勤结果并提供给薪资系统进行计算；通过图形，可以直观地提供特定时间内个人/部门/公司的出勤数据，并进行各种比较和分析。

（五）人员培训发展

培训开发是人力资源开发的重要途径，是员工和组织发展的重要手段。人员培训发展模块极大地提高了培训管理和职业开发的效率和效果；同时，由于人力资源知识的"保质期"已经从以往的 4 年降到现在的 18 个月，在线学习提供的实时、全时的特点日益显著。

人员培训发展模块可提供的主要功能有：培训管理、课程管理、组织管理等；在线学习；职业规划及接任计划等。

（六）薪酬福利

薪酬福利模块用于计算和管理组织薪酬福利的全过程，也是最早应用的人力资源管理电子化手段。其可以借助计算机的强大计算功能，实现薪酬福利的大量繁杂的计算任务，同时可以和财务系统并联。

薪酬福利模块可提供的主要功能有：根据组织的薪酬福利政策，定义和管理多样化的薪酬需求；个人所得税的自动计算、社会保险等代扣代缴项目；与考勤模块连接，自动计算由于年假、事假、病假等带薪假期以及迟到、早退、旷工等形成的对薪酬福利的扣减。

（七）绩效管理

绩效管理模块作为一个战略系统，运用非常多的管理工具，如 KPI、OPM、EVA、BSC等，对组织、团队、岗位、个人等进行绩效管理战略和业务基本信息等的处理。

绩效管理模块可提供的主要功能有：绩效流程管理；绩效考评管理；绩效结果分析等。

可按岗位设置不同的评估规则，每一评估规则可适用于多个岗位，每个岗位每年可以多次考评。

（八）自主管理

自主管理是 E－HR 的特色模块，充分运用了 Internet 技术，包括自助服务和在线沟通模块。自助管理模块可提供的主要功能有以下几方面：

1. 自助服务

经理自助服务一般可包括总经理自助服务和直线经理自助服务。经理可不通过 HR 部门的帮助，自助式的在线获取企业人力资源的状态信息和决策辅助信息，在授权范围内在线查看所有下属员工的信息及与其相关的人力资源信息；同时提供参与 HR 管理活动的工作平台，可在授权范围内在线更改员工考勤信息，向人力资源部提交招聘、培训计划，对员工的转正、培训、请假、休假、离职等流程进行审批，并能在线对员工进行绩效管理等。

员工自助服务。员工经过授权，可采用浏览器在任何地方进行实时访问人力资源信息或参与到人力资源管理流程中，无须安装客户端软件；方便地查看、录入和更新诸如地址、亲属、紧急联系人、税务和银行数据的信息，允许员工在线查看企业规章制度、组织结构、重要人员信息、内部招聘信息、个人当月薪资及薪资历史情况、个人福利累积情况、个人考勤休假情况等；员工可利用系统平台，与 HR 部门进行电子方式的信息传递，如提交个人培训需求、提交休假申请，管理出差事宜，进行个人绩效管理等。

2. 在线沟通模块

网络使得员工沟通更为直接、广泛、有效。在线沟通模块建立 BBS 论坛，聊天室、建议区、公告栏以及公司各管理部门的邮箱等，这样员工的想法有了表达的地方，公司领导可以随时了解基层员工的各种心声、了解员工对企业的各种建议等。这样，部门内、外员工沟通次数与效率提高很多。

除此外，还有合同管理、休假管理、离职管理、政策制度管理、报表管理、系统管理等功能模块。

二、网络化人力资源管理系统的特点和作用

（一）网络化人力资源管理系统的特点

与传统的人力资源管理相比，网络化的人力资源管理系统有了重大的改变：

（1）在管理模式上，从人力资源管理的角度出发，根据集中统一的信息开展全面的人力资源管理。人力资源管理系统不再独立于企业的核心系统之外，而形成了与财务、业务等系统的有机结合。

（2）人力资源管理信息系统有了更加友好的用户界面，灵活的报表生成工具、分析工具，使得人力资源管理人员摆脱了繁重的日常工作，逐步集中精力从战略的角度来考虑企业人力资源规划和政策。

（3）人力资源管理信息系统已逐渐发展为从科学的人力资源管理出发，从企业的人力资源规划开始，包含了人力资源管理的内容和所有信息，覆盖了所有现代人力资源管理的所有范畴，如人力资源规划、组织结构、员工考核、工时管理、时间管理、人才招聘、薪资福利、培训发展、绩效评估、知识共享、自助服务和工作流程管理等。它与财务、业务等系统高度地集成在一起，所有信息以一种相容的、一致的、共享的、易访问的方式储存到集

中的数据库中，消除了数据的臃肿性和冗余性，保证了数据的统一。

（二）网络化人力资源管理系统的作用

网络化人力资源管理系统对于组织的发展有着多方面的作用，主要表现在以下几个方面：

1. 提高工作效率

（1）提高 HR 部门工作的效率。

在人力资源管理部门的业务流程中涉及诸如员工考勤、薪酬计算、绩效考评等大量事务性工作，HRMS 的应用可以大大降低这些工作占用人力资源管理人员时间的比例，尤其是 E - HR 的实施使得组织所有员工参与人力资源管理，经理自助、员工自助等应用使人事数据的更新更加迅速，使得 HR 经理能抽出更多时间考虑对组织人力资源战略更有价值的问题。

（2）提高信息利用的效率。

①信息传递的及时性。相对于传统的人力资源管理的层次推进而言，E - HR 通过互联网使人力资源管理的触角成功地延伸到了每个员工的身边，使人力资源的信息传递畅通及时有效，使高层的有关信息和资料可以直接传递给基层员工，有利于管理和政策的贯彻实施。

②信息管理的集中性。人力资源管理系统可以用集中的数据库将与人力资源管理相关的信息全面、有机地联系起来，取代了原来组织中有关人力资源管理方面用一般纸质材料或自制程序、Foxbase、Execel、Word 等工具进行的不同形式的信息存储，从而有效地减少了信息更新和查询中的重复劳动，保证了信息的相容性，从而大大提高了工作效率。

③信息检索的方便性。传统的人力资源管理在统计数字时需要依赖该部门的相关人员从不同的计算机文件、打印机或档案柜中查找相关的信息，再汇总，这样需要耗费大量的人力和时间，而信息化人力资源管理系统只需组织管理人员通过获得相应的权限进入计算机系统查阅相应的信息，并且获得的资料全面、详细。对于高层管理者来说，可以随时检索相关信息，发现不公平现象，借助其透明度规避组织管理中的潜在风险。

2. 降低组织运行成本

E - HR 可以通过减少 HR 工作的操作成本、减少行政人力资源人员、减少通信费用等达到降低企业运作成本的目的。首先，办公无纸化，减少办公用品等开支；其次，通过系统和网络完成原本需要大量人手来完成的行政工作，减少行政管理人员的费用开支；最后，对于网络及分支机构分布较广的组织，通过网络实现人力资源管理，大大减少通信费用。

3. 提高管理水平

E - HR 是在先进的计算机技术基础上融入了先进的人力资源管理理念和流程的一个人力资源管理电子化工具，因此，在实施该系统的过程中包含了组织本身的机构和岗位设置、管理流程、薪资体系等，并根据软件中蕴含的先进管理思想来改变现行的体系，同时也是一个反思先行制度、重组、改进和提高管理水平的契机。

（1）有利于改善管理流程。

国内很多人力资源管理人员并非专业出身，并没有系统地掌握人力资源管理的日常内容和业务流程。而 E - HR 则将管理技术和信息技术、现代人力资源管理思想和本地组织文化相结合，构建了基于标准化的人力资源业务流程的工作平台，一定程度上对不同管理人员的个人习惯进行了规划，提供了专业的信息化、职业化、个性化的管理流程，提高了管理质量。

（2）有利于量化管理数据。

组织管理者经常需要诸如准确的员工人数、平均工资、培训费用、成本、利润等数据用于其管理决策，而这些数据市场出现变化，一套完整的 E－HR 可以及时进行数据更新、汇总和统计，并给出精确的数据。

（3）有利于体现公平原则。

人力资源管理系统提供了一个公平环境，组织通过 E－HR 在一定程度上提供了公平的环境，在 E－HR 中，组织的制度要求都可以实现共享，可以让员工了解。并且，体现公平原则不仅在于选拔合适的人才，而且它还给予员工一种暗示：个人在本组织的前途不在于是否善于在领导面前表现，而是在于个人的努力程度，从而达到激励员工的目的。

（4）有利于提升决策水平。

一套合理完善的 E－HR 软件还可以提升决策水平。由于数据库完整地记录了组织所有员工的人事、考勤、考核、培训、薪资、福利等各方面信息，这些经过整合的、较为全面、准确、一致并且相容的信息可以让组织高层管理者对本组织人力资源的现状有一个比较全面和准确的认识，同时，系统可以快捷、方便地获得各种统计分析结果，为组织的战略目标的实现提供人力资源要素的决策支持。

4. 提供个性化服务，提高员工工作满意度

E－HR 不仅融入了现代人力资源管理的理念，而且通过系统所提供的模块和功能，提供了很多个性化服务。如系统中的劳动人事法律模块，给组织各个层次的员工了解组织的现状和国家的相关法律、法规。E－HR 的员工自助服务功能是人力资源部门为员工提供个性化服务的有力工具，员工根据个人的特点和爱好来申请和选择自己的福利计划及休假、培训报名及个人信息的更新等，从而有效地改进人力资源部门提供服务的质量，提高员工对组织的认同感，提高员工的满意度。

三、如何管理人力资源管理信息系统

（一）人力资源管理信息系统的实施流程

人力资源管理信息系统的实施通常划分为项目筹备、业务蓝图设计、主要功能实现、二次开发、模拟运行、整体上线几个阶段。实施阶段对企业人力资源管理从思想观念到管理模式，从工作习惯到思维方式的整体调整。在实施阶段项目进度按照项目主计划进行严格控制，在项目筹备期需要明确项目内部的管理职能、预警方式，建立问题档案。规定问题相应的周期等以保障项目在有序的状态下运行。

1. 项目筹备

项目筹备阶段最主要的目的是针对实施公司所提供的项目计划做最后调整，在这个阶段中，成立项目小组，召开项目启动会议，完成第一阶段教育培训和执行项目筹备阶段质量检验。本阶段的工作内容及双方的职责如表 13－3 所示。①

---

①　洪玫. 人力资源信息化管理. 北京：中国发展出版社，2006

表 13 – 3 项目启动及准备工作阶段工作内容及双方职责

阶段	工作内容	实施方	企业方
项目启动及准备阶段	沟通项目进行的方式，做最后调整并完成项目计划书	负责拟定项目计划	确认项目计划
	成立项目小组	选择实施方项目人员	选择客户方项目人员
	整理业务流程文件	检查并提出意见	提供集团现有业务流程及使用的表单
	准备项目办公室及网络环境	确认	负责
	准备启动会议	沟通	准备会议启动工作

（1）成立项目小组。

在成立项目小组之前，必须确定项目经理。项目经理是一个项目的灵魂，对保证该项目按照既定的目标建设起着至关重要的作用。一个成功的人力资源管理信息系统的项目经理应具备人力资源管理者的丰富经验、领导的才能、沟通者的技巧、推动者的激情。项目经理在成立项目小组要确保小组成员具有代表性，能代表组织所有重要的、相关的部门，小组应包括组织的高层管理层、重要管理人员、人力资源专业人员、计算机专业人员和系统用户等，也可以引入一家第三方专业人力资源管理信息系统咨询商一起参与。项目实施小组将主要负责整个项目的组织协调、进度控制，评估人力资源管理信息系统使用者的需求，对系统进行调试和人员的培训等，项目实施小组也将是组织运行和维护人力资源管理系统的主要骨干和技术支持。

（2）召开项目启动会议。

在项目启动会议中，企业方主要负责向实施方说明组织项目目标、介绍项目小组成员、宣布项目正式启动；而实施方将要向企业组织成员说明项目进度安排、说明项目进行方式、介绍项目相关议题、说明项目进行中所用的管理控制文件。其主要的工作内容为：与企业内部相关方充分沟通项目安排；企业高层体现对项目实施的决心，调动企业全体人员积极配合项目的进行。

（3）第一阶段教育培训。

充分的培训是项目实施的基础，因此在启动阶段需要对相关的人员进行培训。首先，要确定培训内容，准备教育培训材料，及时安排培训的地点及相关准备工作；其次，积极组织项目成员参加项目培训，使所有项目成员都能了解 E – HR 的基本模块功能和基本画面操作；最后，对该阶段的培训结果进行考核和反馈，建立相应的激励措施。

（4）执行项目筹备阶段质量检验。

通过再次与决策委员会确认公司策略、目标和项目目标，再次确定项目计划的实现以及与集团目标的匹配程度，便于企业方确定完成本次项目的范围、确认项目计划时间进程，从而对本次项目的范围做最后的确认重新检查并获得决策委员会的认可。企业方需检查实施方所提供的全面项目管理文件，实施积极的项目沟通，确保项目成员对项目进度和内容的充分理解。执行项目筹备阶段质量检验，最后审核质量检验报告是否符合标准要求。

2. 业务蓝图设计

(1)安装系统。由企业方制定完成软硬件系统的使用管理规划，协助实施方安装设定系统，并对实施方启用建设指南、完成系统测试环境与上线运作环境的规划进行确认，协助实施方完成关键用户前段安装和设定打印机，最后对完成安装线上支持系统进行确认。在整个安装系统的过程中，企业方主要承担了及时对工作内容进行确认、保证项目按计划进行、了解必需的技术和标准、技术文档的技术保存等工作。

(2)架设培训、测试、开发环境。在本阶段中，主要由实施方负责架设，而企业方起到协助作用。

(3)完成项目成员第二阶段的教育培训。充分的培训是项目实施的基础。在此次的培训中，首先，企业方通过实施方说明企业人力资源管理流程范例，使全部项目成员都能熟悉所负责的模块各流程设定及将来系统运作，运用测试资料详细介绍系统功能模块接受培训。接着，实施方运用测试资料对企业方组织练习，检查培训结果。最后，通过双方的沟通，实施方对企业方现有的程序做深入的了解，进行最后的设计改良。

(4)确认企业组织架构。由企业方安排组织架构讨论会议的地点、议程、时间和参加人员，实施方组织讨论其组织架构，最后与决策委员会确定上线后系统的组织构架。

(5)确定优化后的人力资源管理流程。

(6)未来适用性差异分析。本阶段工作安排如表 13 - 4 所示。①

表 13 - 4　未来适用性差异分析工作内容及双方职责

阶段	工作内容	实施方	企业方
未来适用性 差异分析	汇总且记录项目开展以来所遇到的问题	汇总问题并组织讨论	对问题进行讨论
	评估未来流程设计适用程度及差异分析	评估未来流程适用程度并分析	参与评估并发表意见
	确认未来流程设计与应用系统的功能	提供设计的未来流程与应用系统的功能说明	对流程设计与应用功能进行确认
	确认需要增加或修改的功能或流程	讨论确认	讨论确认

(7)确认人力资源管理报表及窗体需求。

(8)确保资料转换需求。

(9)企业人力资源管理业务蓝图阶段质量检验。

3. 主要功能实现

实现过程阶段是根据人力资源管理业务蓝图所定义的组织架构、业务流程和执行程序要求，在测试环境完成信息系统中各项参数的设定经由单一功能的测试至整体测试，确保系统的完成与集成。

---

① 洪玫. 人力资源信息化管理. 北京：中国发展出版社，2006

（1）企业基础参数设定。

（2）各模块单元功能测试。由实施方编制测试计划，企业方审核该测试计划是否符合项目计划。组织项目成员熟悉负责模块流程设定并进行联系，让他们了解必要的技术、标准和工作过程，强化知识传递。实施方组织相关成员运用测试资料详细进行作业练习，并对他们进行各模块功能、使用窗体及报表详细测试，由企业方进行验收。

（3）进行第一次功能测试。本阶段的工作如表13-5所示。

（4）准备资料转移计划。企业方需要确认实施方提供的截取程序初步意见、加载程序初步意见、实施方测试程序以确保资料移转的成功。最后审核确认要转移的资料计划。

（5）完成上线系统环境设定。

（6）使用权限建立。使用者权限需要与业务实际运作情况符合；权限设置合理，体现分级控制的管理思想。

表13-5　第一次功能测试工作内容及双方职责

阶段	功能内容	实施方	企业方
进行第一次集成测试	运用客户实际资料	整理资料	收集资料
	规划测试内容及测试流程	制定测试流程	审核
	测试设定系统环境	设定测试系统环境	协助
	执行集成测试（第一次）	执行测试	协助
	测试流程及结果验收	提供测试报告	审核测试报告

（7）筹备终端使用者教育培训。由企业方组织，实施方制定实施培训计划对各模块的项目组成员的最终使用者实施教育培训，并对培训结果进行考核和反馈，建立相应的激励措施。

（8）项目实施阶段质量检验。积极的项目沟通，确保双方对项目进行和工作内容的充分理解，审核质量检验报告是否符合标准要求。

4. 二次开发

二次开发完成要开发的程序工作内容及双方职责如表13-6所示。

表13-6　完成要开发的程序工作内容及双方职责

阶段	工作内容	实施方	企业方
完成要开发的程序	拟定外挂程序开发需求程序	拟定需求程序	确认
	确认完成外挂程序/功能	提出功能初步建议	确认
	确认与完成要求的报告	提出报告初步内容	确认
	完成程序/功能测试	提供程序/功能测试报告	审核测试报告

5. 模拟运行

在最后筹备阶段的主要目的是完成最后的系统测试、训练末端使用者、调整资料与系统来仿真上线环境。最后的系统测试包括测试资料移转程序、测试接口以及进行使用者最后接受测试。完成上线前系统检查,透过线上支持系统进入公司系统测试系统的参数设定,确保系统的效能在最佳状态。

(1)决策委员会报告。企业方与决策委员会成员进行项目进度及相关情况的沟通,组织好汇报会议工作,提前与决策委员会成员安排工作内容,对其做一个上线前项目进度报告。

(2)最终使用者培训。由各模块的项目成员对最终使用者实施教育培训。培训最终使用者运用客户实际资料。由实施方制定测试内容与程序,并通过企业方审核,从而对受训者进行第二次测试,在实施方提供测试相关资料的情况下,由企业方进行测试流程和结果的验收。

(3)上线系统环境管理设定。

(4)上线前最终系统功能测试。测试的相关内容如表13-7所示。

表13-7 上线前最终系统功能测试工作内容及双方职责

阶段	工作内容	实施方	企业方
进行上线前最终系统测试	进行上线前最终系统测试	编制测试计划	审核
	设定系统测试环境	设定测试环境	协助
	资料正确性确认	提供资料内容	确认资料的正确性
	将上线前月度资料移转入测试系统	资料转移	确认
	规划测试内容及测试程序	制定测试内容与程序	审核
	完成使用者权限设定后的系统测试	执行测试	确认

(5)完成上线前系统检查。通过在线支持系统对集团系统的参数设定进行测试,确保上线系统成功。

(6)完成内部上线支持计划,成立支持中心。审核内部上线支持计划是否与项目计划匹配,明确支持中心人员构成,职责分工。及时审核回报与支持流程。

(7)确认上线计划。确认资料转移计划是否需要调整;任务编组是否合理,任务是否完成分配;做好计划的沟通协调工作;确认上线时间计划是否与项目计划匹配。

(8)项目最后筹备阶段质量检验。确认项目工作计划是否按照项目计划执行;积极的项目沟通,确保双方对项目进度和工作内容的充分理解;审核质量检验报告是否符合标准要求。

6.整体上线

企业方开始系统上线之后,系统必须经过检查和调整,以确保业务环境获得完整的支持。系统上线后一段时间内,实施方将通过线上支持系统对企业方信息系统进行另一次上线测试,确保系统的功能能充分执行。

(二)人力资源管理信息系统的维护

系统维护的目的是保证信息系统正常可靠地运行,并能使系统不断得到改善和提高,以充分发挥作用。系统维护就是为了保证系统中的各个要素随着环境的变化始终处于最新的、正常的工作状态。系统维护是面向系统中各种构成因素的，按照维护对象不同，维护的内容分为以下几个方面：

（1）系统应用程序维护。当程序发生问题或业务发生变化时，对程序进行修改和调整。

（2）数据维护。人力资源管理工作对数据的需求是不断变化的，除了主体业务的定期正常更新外，还有很多数据需要进行不定期更新，或随着业务和环境变化而进行调整。此外，数据的备份与恢复，也是数据维护工作的内容。

（3）代码维护。随着系统应用范围扩大、环境变化，系统中各种代码都需要进行一定程度的增加、修改和删除，以及设置新的代码。

（4）硬件设备维护。维护工作是根据系统文档而来的，一个程序的改变可能会涉及其他程序或系统，因此，系统维护要特别谨慎，并通过一定的审批手续。由企业方或系统操作人员提出维护要求，通过实施方和领导的审批，建立维护小组，进行系统维护。将维护程序对应文档进行维护，保证一致性，从而使实施方和企业方共同验收。

【本章小结】

随着网络化的发展，网络化对人力资源管理产生了一定的影响，不但使传统的人力资源管理的时空观发生了变化，而且为人力资源管理提供了展示自身价值的工具，并对人力资源管理模式提出了新的挑战，从而改变了对人力资源管理从业人员素质的要求。

信息技术、网络技术以及其他技术迅速发展，消除了企业之间和人与人之间的地理隔离，创造了一个不受时空限制和束缚的全球工作环境，对企业内部的人力资源管理产生了巨大冲击，使企业内部的人力资源管理呈现出网络化管理的特点，以网络为供应区，开展一系列网上招聘、网上培训、网上沟通和网上考评等活动。

网络化的人力资源管理系统包括八大职能模块：人力资源规划、人员招聘管理、员工信息管理、考勤管理、人员培训发展、薪酬福利、绩效管理、自主管理。

人力资源管理信息系统的实施通常划分为项目筹备、业务蓝图设计、主要功能实现、二次开发、模拟运行、整体上线、持续优化几个阶段。实施阶段对企业人力资源管理从思想观念到管理模式，从工作习惯到思维方式的整体调整。在实施阶段项目进度按照项目主计划进行严格控制，在项目筹备期需要明确项目内部的管理职能、预警方式，建立问题档案。

【关键概念】

网络化的人力资源管理　虚拟企业　虚拟人力资源管理

【思考与练习】

1. 虚拟人力资源管理具有哪些特征？

2. 虚拟的人力资源管理如何实施？

3. 人力资源管理信息系统实施过程中主要划分为哪几个阶段？各个阶段的主要工作是什么？

【拓展学习】

1. 用友软件——用友企业管理软件创建幸福企业：http://www.ufida.com.cn/

2. 金蝶国际软件集团有限公司：http://www.kingdee.com/

3. 用友经典案例：《中国联合商报》信息化：物流行业新思路
　　http://www.ufida.com.cn/case/110407/20112307022343.shtml）

第十四章　人力资源外包

【学习目标】

通过本章学习，可以了解人力资源外包的概念；掌握如何成功实施人力资源外包；学习人力资源外包的具体内容；了解人力资源外包在中国的发展。

【重点难点】

1. 人力资源外包的概念。

2. 成功实施人力资源外包的步骤。

3. 人力资源外包的具体内容。

4. 人力资源外包在中国的发展。

【导入案例】

联想招聘　中华英才网"代庖"

中国联想集团计划招聘2004年度应届毕业生2200名，主要缺口是下属各分公司。即使对于联想这样的大公司来说，2000多人的招聘任务也是一项异常艰巨的任务。进入8~9月份以来，联想人力资源部门就开始进行招聘的规划，总公司的人力资源部和分公司对用人事宜进行了沟通，以确定招聘的人数、职位和要求。由于人数庞大和以往工作繁重的教训，联通决定，采用外包的形式来完成此次招聘。将信息发布、宣讲和推广、简历接收、第一轮筛选等费时费力的非核心环节外包给第三方机构来做。对于外包商的选择，联通采取了招标的方式。经过10月份的招标之后，中华英才网被确定为此次招聘的外包单位。按照双方认可的流程，11月份，联想校园招聘工作正式启动，除了在相关网站进行招聘信息发布外，在一些目标大学，例如吉林大学、北邮、成都科大等，都举行了大规模的巡讲活动，而巡讲的组织、宣传和协调工作，都由中华英才网来完成，联通公司只需派出主讲员即可。之后是最为琐碎的简历接受和筛选。通过第一轮的筛选，一个星期后，1万份简历按地域送到了真正的用人单位——联想人力资源部和各地分公司的人力资源部手上，这些部门将按照其用人标准，进行第二轮的选拔，安排笔试和面试工作，从这个阶段开始，直至最后的招聘合同的确定，新员工的培训等一系列真正涉及核心的关键环节，决策的重心开始转移公司方。但外包的故事没有就此结束。据中华英才网校园招聘事业部经理刘芳介绍，中华英才网亦提供跟踪服务，如新人走上工作岗位后的半年或一年内，进行回访，对招聘工作进行总结和修正。自此，招聘外包才真正宣告结束。

联想的外包工作成功了，但并不是每个外包决策都能达到期望的效果。如何选择外包方案？什么能外包，什么不能外包？如何正确实施外包？外包的具体内容有哪些？它在中国是如何发展的？通过本章的学习，你会得到相应的答案。

（资料来源：http://www.nanfangdaily.com.cn/osouthnews/gl/rl/200312230126.asp）

第一节　人力资源外包概述

近年来，随着信息技术的飞速发展，产品的更新换代越来越快，企业面临的市场竞争空前激烈，为此许多企业都积极进行组织结构及管理方式的变革和创新，努力朝着水平化、虚拟化的方向发展。人力资源外包这种新型管理模式已成为当今国际的一种流行趋势，适用于各个不同类型的企业，为其赢得竞争优势。

一、人力资源外包的概念

外包(Outsourcing)，直译为"外部资源"，是指组织将其特定的工作职能转包给组织外部优秀的专业化资源来完成的一种管理模式。

人力资源外包是指企业根据需要将人力资源管理中非核心部分的工作或全部工作外包出去，交给专业化的机构或组织进行管理。人力资源外包不是简单的代加工性质的外包，它是指策略地整合利用组织外部的专业化资源，更经济有效地解决组织内部人力资源管理中所涉及的工作，使组织充分发挥自身核心竞争力，实现效率最大化。人力资源外包涉及的业务包括工作分析与岗位描述、员工招聘、员工培训与开发、薪酬和福利等。

二、人力资源外包的优势及存在的风险

(一)人力资源外包的优势

随着企业对人力资源管理工作认识的不断加深，以及人力资源管理的迅速发展，"人力资源外包"这一当前国际流行的思潮已逐渐被越来越多的企业所接受。不论是对新成立的公司和处于高速发展阶段的公司还是对大中型的成熟企业，人力资源外包都有其自身独特的优势。

(1)能够使人力资源部门更加专注于其核心能力，而不必花时间在可以外包的重复性的日常事务中，从而提升人力资源管理的质量和核心竞争力。

(2)通过将工作交给更加有效的专业化机构或组织来完成，可以减少成本，舒缓资金压力。例如，很多企业不愿意购买昂贵的计算机技术和软件来管理其福利计划，就可以将外包作为替代大量技术投资的积极方案。

(3)通过外包可以获得一流的技术和人才而不必拥有它，从而避免了人事方面棘手问题的发生以及因大量投资于人才带来的不确定风险。例如减少了在薪资发放、福利管理以及工作人员补偿等相关法律方面的负担。

(4)人力资源外包促使社会分工进一步细化，有利于提高社会整体运作效率。

(二)人力资源外包的风险

当然人力资源外包不是万能的，它也有其潜在的风险。

(1)由于人力资源外包使得部分或全部工作流失到外部，这对于员工而言是一种变革，如果员工不了解这种变革，会认为这将影响到他们的职位，那么员工会进行抵制，从而给管理的正常运转带来不确定风险。

(2)人力资源外包可能导致企业的核心机密外泄。在合作过程中，企业需要与承包商进行沟通，可能会透漏企业的相关信息，例如企业文化建设、产品技术创新、竞争对手的情况、市场需求及发展趋势，等等。

（3）人力资源外包不一定能提供更高标准的服务。由于承包商的水平良莠不齐，加上市场信息的不对称性等，企业选择人力资源外包不一定能获得成功，很有可能是花费了资金却没有达到期望值。

三、人力资源外包产生的理论根源

人力资源外包的产生不但有现实的社会根源（降低企业成本、提升企业核心竞争力、促进社会分工细化），也有其理论根源。

（一）交易成本理论

交易成本理论是用来预测组织关于治理结构选择的一种描述性理论，它认为企业总是使交易成本最小化。

通过外包获得人力资源服务所产生的交易成本与企业自身进行人力资源活动所产生的交易成本是不同的，市场治理结构有效降低了交易成本，企业就选择了人力资源外包服务。

（二）核心竞争力理论

核心竞争力理论认为，那些能够给企业带来长期竞争优势的和超额利润的能力和专长，才是企业的核心能力。核心能力是企业增强竞争力、获得竞争优势的关键，也是成功企业的竞争优势得以长期保持的原因。

通过人力资源外包将非核心的工作外包给组织外部专业的服务商，通过与服务商的联盟与合作，从而可以集中企业有限的资源发展核心业务，以增强人力资源活动在提升企业核心竞争力方面的作用。

（三）战略管理理论

企业的战略包括经营范围、资源配置、竞争优势和协同作用四个因素。

采用人力资源外包可以通过合理的运用外部资源，促使企业对内部资源进行最合理、最有效的配置，从而发挥企业外部资源和内部资源的协同作用，建立企业竞争优势。

四、人力资源外包在中国的发展

人力资源外包在中国的发展可以追溯到改革开放初期。1980年国务院出台了《关于管理外国企业常驻代表机构的暂行规定》，强制性规定了外国企业常驻代表机构应当委托政府指定的外事服务单位办理中方工作人员聘用手续，虽然这项被称为"向外国企业常驻代表机构提供中方雇员"的服务是强制性政策催生出来的，并且当时它离实际上的人力资源派遣服务相差甚远，但多多少少看到了人力资源派遣的影子。[①]

（一）人力资源外包的萌芽期

从20世纪80年代初期到80年代末的十年期间，是中国人力资源外包行业的萌芽期。这个时期的人力资源外包以类似人力资源派遣的"提供中方员工"的方式为中国人力资源外包行业积累了宝贵的经验，为后来人力资源外包行业的起步和发展奠定了人才基础。

（二）人力资源外包的起步期

从20世纪90年代起到90年代末的十年是中国人力资源外包行业的起步期。这个阶段，"提供中方员工"继续发展；另外伴随着改革开放的步伐，民营企业和外资企业相继出现，人才也开始小范围流动，各地人才交流中心和职业介绍中心开始为民营企业和外资企

---

① 百度百科. 人力资源外包. http://baike.baidu.com/view/677229.htm#sub677229

业提供基于人事档案的劳动用工手续的服务，人事事务外包终于揭开了它的面纱；此外，由于外资企业的进入和先进西方人力资源管理理念的引进，我国部分企业从人事管理概念转入人力资源管理的概念，特别是一些发展快速的高科技企业投入了大量资金和精力打造自己的人力资源管理体系，这个过程造就了一批人力资源管理实践专家，这些专家利用自己的专业知识和实践经验纷纷成立了人力资源管理顾问公司，开始推动中国人力资源管理职能外包市场。从华为走出来的中华英才网总裁张建国便是这一过程的典型例子；在这一阶段中后期，出于下岗职工就业的需要，真正市场运作的人力资源派遣开始粉墨登场。

（三）人力资源外包的发展期

从 21 世纪起，中国人力资源外包行业进入了一个发展期。人力资源管理职能外包先行一步，不但向规范化、专业性发展，还出现了市场细分。人事事务外包由于众多跨国企业在华业务的发展、分支机构和人数的增多，纷纷开始由其在华总部牵头，将其人事事务统一外包出去，例如 IBM、Microsoft 等；人力资源派遣在这之前完成了初步探索，各个专业人力资源派遣机构崭露头角，相关人员开始有组织的对人力资源派遣进行经验总结和理论研究，相继出台了一些相关法规，行业协会的成立也开始提上议程。

（四）人力资源外包的规范期

总结人力资源外包在中国 20 多年的发展历程，可以看到一个异常清晰的具有中国特色的特点：①人力资源派遣的政策性"催生"和"喂养"（早期的"提供中方员工"和后来安排下岗职工需要、国有企事业单位用工编制限制）；②人力资源管理职能外包的市场化发展；③人事事务外包"傍洋大款"（跨国外资企业在华业务发展带动了人事事务外包）。

中国是发展中国家，目前中国企业真正进行人力资源外包的还不到 10%，中国人力资源外包市场与欧美差距巨大，人力资源服务业的发展水平有限，规模相对较小。但随着中国客户对外包服务认知度的提高，外包服务的需求将大幅增加，中国的人力资源外包行业潜力巨大。

五、外包的选择方案

对于企业而言，在寻求有关外包问题的答案时，会有很多选择。企业可以结合自身的实际情况以及打算外包的人力资源工作去进行选择，一般来说有以下几种外包选择。

（一）全面人力资源职能外包

这种外包对于中大型企业来说是个挑战，因为需要有一个核心人力资源小组去和外包商进行互动沟通，并从事日常管理工作。对于规模较小的企业，全面人力资源外包比较适合。

（二）部分人力资源外包

企业根据其打算外包出去的人力资源工作，例如人员配置、薪资发放和福利管理等，可以选择保留一些人力资源职能并将其他职能外包出去的做法，或许会使成本效益更佳。

（三）人力资源工作人员外包

有些企业保留了所有的人力资源职能，但要求外包商提供维持企业内部人力资源职能正常运作的人员，这实际上是一种雇员租赁的方法。对于这种外包选择，企业在采取之前必须要进行彻底的调查，可以先和雇佣过租赁人员的企业详细谈谈，以便了解雇员租赁是如何运作的，最后要彻底考察打算合作的外包商这方面的业务。

（四）分时外包

这是一个很经济的外包选择。企业可以分时间段与外包商合作，分配系统时间和设备，让外包商提供技术人员。这样人力资源职能人员就可以专注于企业经营活动的核心内容，而由外包商处理非核心的辅助管理工作。

六、适合外包的人力资源职能

对于企业来说并不是所有的人力资源职能都可以进行外包，有些人力资源职能如果外包的话，会对企业的长期稳定和发展造成不良影响。以下内容总结了哪些人力资源职能可以有效地外包，哪些更适合在企业内部管理。

（一）可以有效外包的人力资源职能

1. 沟通

口头和书面的员工沟通；与边远地区人力资源部门的远程电信会议；公司的员工聚会或野餐；员工通信。

2. 薪酬管理

职位说明书；职位评价；薪资调查；薪资方案设计；高级经理薪酬；管理人员的薪资方案培训；薪资发放。

3. 人力资源信息系统

建立计算机系统，维护技术性人力资源信息系统。

4. 国际/外派人员的管理

外派政策与计划；制作委派成本预算、委派信任和有关文件资料；外派人员的薪酬和福利；外派人员及其家属的岗前引导培训；人员重置；沟通；外派人员之间的沟通；社会保障条约管理；政策执行情况监控；回国。

5. 组织发展

有关计划制定和发布的培训；继任计划；向外安排；新员工岗前引导培训。

6. 规章约束

在公司的各个场所张贴政府要求公开的招贴；准备政府要求提供的报告。

7. 安全和风险管理

OSHA 培训与汇报；工作人员的补偿管理；工作人员的补偿报告；与人力资源管理相关的保险政策的管理；规章执行情况的报告。

8. 培训

技能训练；基层管理培训；管理人员培训；安全培训；团队建设；计算机培训；教育费用报销。

9. 工作/生活

方案和政策；方案评价；儿童/老人照看服务；选择性工作安排。

（二）适合在企业内部进行的人力资源职能

1. 员工关系

管理指导；仲裁与争议解决；劳动合同谈判（可以与外部辩护律师一起进行）；劳动力精简；沟通战略、政策和计划；多样性规划、培训和人员招聘；健康和安全问题；员工职业发展；工作绩效评价；员工咨询。

2. 人事管理

人事记录管理；员工日常状态变化管理以及非技术性人力资源信息系统维护；现场人事档案管理。

3. 人力资源规划

制定增长和扩展计划；制定精简计划；制定组织发展计划；制定人力资源工作人员配置计划。

七、外包项目成功的 12 个步骤

企业必须了解做外包决定时应采取的实际步骤，这点至关重要。需要充分权衡利益与风险，考虑外包过程中的各种问题。另外，在思考其业务活动中的变化时，要注重程序和时机选择。企业的经营方式做这种重大变革应当分阶段进行，而且这些阶段应该是可以计划、执行以及全程有效控制的。成功进行外包项目有 12 个步骤，如图 14 - 1 所示。

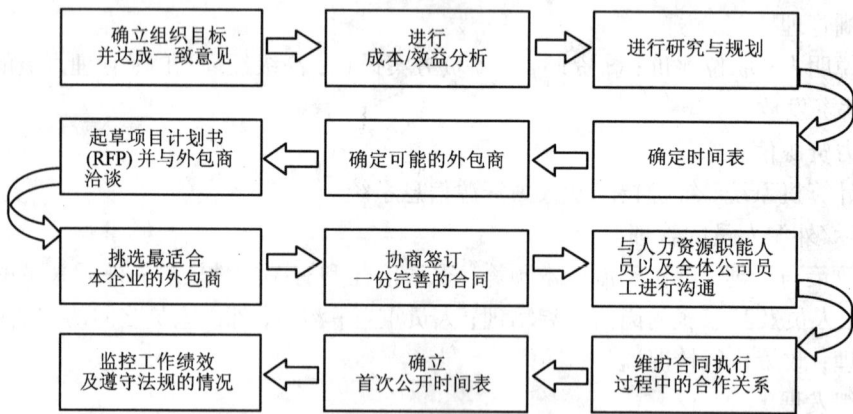

图 14 - 1　外包决策流程图

（资料来源：玛丽·F.库克. 人力资源外包策略. 北京：中国人民大学出版社，2003）

（一）确立组织目标并达成一致意见

成功的人力资源职能外包方案始于清晰的长期和短期目标，外包工作委员会应当考察整个业务以及公司的个性及文化，来确定相适应的外包方案。在了解企业目前和未来预期的需求，企业内部人员能力的基础上，可以确定哪些人力资源职能适合外包，从而可以作出明智的决策。在这个过程中，企业会越来越适应外包的思路，开始明白这个过程应当如何进行。

（二）进行成本/效益分析

在做人力资源职能外包决策的时候，很多高层管理人员会关注成本以及可能的投资回报，这种成本/效益分析是企业所期望的。许多企业确定是否外包时采取的一种简单的衡量标准是：计算现有工作人员完成某特定活动的成本（包括薪资、福利、办公空间、电话、计算机设备及其使用），再将此与该活动外包的成本进行比较。但是成本只是一个因素，还有很多要考虑的问题。例如，企业必须考虑员工和管理人员对以外包方式完成此工作的满意度、现有工作人员的未来能力、企业的技术现状等。高层管理人员要考虑，究竟怎么做才会带来最高的回报率和最小的组织混乱。

外包传统的人力资源职能，如福利、培训等，在多数情况下会减少企业的运营成本，使企业免于自购设备以及其长期维护所付出的高昂的资金费用。随着外包活动的经验积累，企业将快速确定某项具体的人力资源活动的成本/效益分析中包括的因素。并且能准确判断外包活动的费用及成本水平是否值得、是否适合。

（三）进行研究与规划

企业需要仔细研究决定外包的每个人力资源职能领域，这点很重要，因为每个领域都有其特定的一系列风险和机遇。需要研究的三个重点领域是：企业内部能力、外包上的可获得性以及成本/效益分析。在着手实施外包之前，要仔细调查外包市场，明白外包不是一种产品也不是一种流程。外包是一种合作关系，企业和外包商需要对双方工作人员的优势和劣势进行公开对话。这样做之后，可以避免以后会发生的麻烦。

（四）确定时间表

接下来企业可以开始确定外包计划各阶段的时间表，建立要遵循的时间路线，时间表可以随企业的计划改变而修改。为了使外包工作顺利进行，所有参与制定和执行外包计划的工作人员都应当提出意见，保证时间路线的有效性。表14-1显示的是一种简单的数据列表。

表14-1　某外包计划管理项目时间表

日期	活动
5月1日	确定可能的外包商
5月8日	起草RFP并与内部委员会一起审议
6月1日	完成RFP并提交给选出的外包商
7月1日	收到外包商的回复
7月8日	内部委员会审议外包商的回复并分析比较
7月25日	最后选定2~3家外包商，委员会听取其演示讲解
8月10日	确定最终的外包商
8月20日	外包商提出合同文本
8月30日	本企业的法律顾问审核合同条款，定稿
9月5日	外包前期工作准备完毕

（五）确定可能的外包商

企业可以优先考虑熟悉的或者曾经成功合作过的外包商，如果从未使用过外包业务，可以咨询一下正在做人力资源职能外包业务的专业人员，了解外包商情况。在决定与外包商洽谈之前，最好多咨询几位专业人员，多联系几家外包商，以便充分了解他们的价格以及能提供的服务类型，这样就有利于确立选择最佳外包商的标准。

（六）起草项目计划书（RFP）并与外包商洽谈

起草项目计划书的过程很重要，也很艰苦、费时。外包商认真按计划书做出答复也是个费时费力的过程。写好 RFP 的关键要素是企业要确定询问的最重要问题，以便获得有效的信息，对每个外包商的经验、可信度及其以往的成就作出充分判断，这样有利于了解哪个外包商更适合承担企业的外包业务。

一份典型的项目计划书要求包括本企业介绍、背景信息以及一系列与要外包的人力资源职能相关的具体问题。以下是一份完整的项目计划书要求所应包括的 12 项内容。

①介绍。介绍本企业的背景、类型、员工数量、地理位置等。

②要求与期望。说明要外包的活动类型，如薪资发放或福利等。

③外包商形象描述。要求提供有关外包商的详细信息。

④档案保存与管理。要求介绍被指定作为外包商代表人员的信息，包括指定的原因、他们本人的背景、证明材料以及服务信息。

⑤沟通与教育。要求说明外包商具备的沟通能力，就拟定召开的员工教育会展开讨论。

⑥技术。要求外包商备有互答式语音应答系统、在线存取系统等。

⑦转换与执行。要求说明随职能外包而来的转换如何得以实现，就将要执行这种转换的人员以及该项目时间表展开讨论。

⑧服务。询问提供什么类型的咨询建议、计划或方案设计的帮助。

⑨提交报告。询问将提供什么定期报告。

⑩协助遵章守法。询问该外包商是否进行有关遵章守法情况的最初审定，是否提交什么必需的报告。

⑪受托管理人服务。要求提交报告、检查处理以及提供信托协定(只为福利计提供)副本。

⑫有关财务细节。询问外包商的收费标准，索要一份外包商的服务合同样本。

(七)挑选最适合本企业的外包商

企业收到所有联系的外包商对 RFP 的回复后，就可以开始挑选剔除，并将注意力集中到最符合本企业要求的两到三家外包商身上。在进行剔除的过程中，可以先做一份用于外包商分析的电子数据表，这份数据包括本次外包业务成功关键的各种项目。

(八)协商签订一份完善的合同

这是内部委员会的一个重要工作。从委员会中选出最佳谈判者并主持谈判。要采取最适合企业的方法进行谈判，并且要有专家在场。一个好的谈判者不必在每个要点上都占上风，合同对于签约双方来说必须是双赢的结果。在努力达成最佳交易的过程中每一方都必须慎重，因为这将是一种不断发展的合作关系，需要在合作之初就建立良好的合作关系。

这份合同的重要内容之一是费用构成。企业必须仔细审查合同的时间长度，在合同执行过程中是否会有费用的增加，如果有，何时增加，增加多少，最重要的是，将如何决定这些增加。而且还要清楚隐含的费用，大多数外包商的合同都包含隐含成本，方法是找出可能导致成本变化的因素。

(九)与人力资源职能人员以及全体公司员工进行沟通

沟通是外包业务取得成功的至关重要的因素。要从战略角度讨论和评价外包决定将会对企业全体员工产生的影响。沟通中应当清楚地说明，什么会外包，什么不外包，对目前从事要被外包的职能工作的员工来说会有什么变化，留下来的员工会受到什么样的影响。要有针对性地与不同的人员沟通，这样能帮助员工减少或消除可能出现的悲观想法。要尽可能提前通知会被解雇的员工，并要给他们提供最后的福利以及尽可能帮助他们准备另一份工作。对留下来的员工要让他们了解此次变化将给他们带来的影响。以下是有关外包决定的沟通过程包含的 10 个步骤，如图 14 - 2 所示。

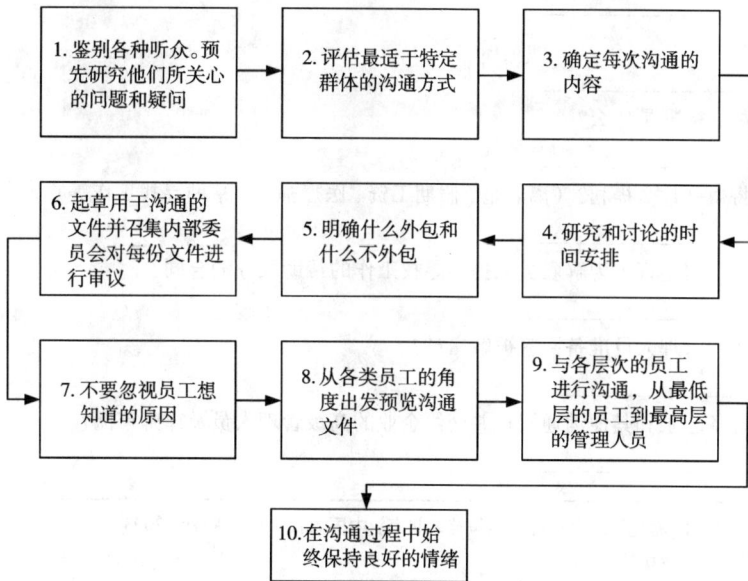

图 14 - 2 外包决定的沟通过程

(资料来源：玛丽·F. 库克. 人力资源外包策略. 北京：中国人民大学出版社，2003)

1. 沟通的预先策划

员工本身的信息很灵通，如果企业的沟通工作做得不到位，会给外包工作造成困境，因此时间安排和情况说明非常重要。利用沟通活动清单可以使沟通要点无　遗漏，提倡使用这种方法，如表 14 - 2 所示。

2.5W 沟通法

在准备将外包决定通知给员工的时候，可以采取一种简单的方式去设计沟通内容，即5W 方法：[①]

为什么(why)：为什么要采取外包的做法？

什么(what)：什么人力资源职能将被外包出去？

谁(who)：哪些员工将被外包出去，他们是否会被外包商雇佣？ 如果不是，将向被解雇的员工提供什么福利？

何地(where)：合作的外包商位于什么地方？

何时(when)：这个变化将在什么时间发生，持续多久？

---

① 玛丽·F. 库克. 人力资源外包策略. 吴雯芳译. 北京：中国人民大学出版社，2003

表 14 −2　　人力资源外包沟通活动清单

哪些人力资源将被外包出去?

_____

多少人会被解雇?

_____

确定被解雇人员的标准是什么?

_____

被解雇的员工将得到什么福利?（离职金、假期工资、医疗福利、帮助寻找工作等）

_____

是否已经与顾问公司签订了为解雇员工提供寻找工作的帮助服务的合同?

_____

是否已经通知福利管理人员准备回答被解雇员?

_____

是否已经准备好备忘录和其他沟通资料并交给企业的高级管理人员及律师审阅?

_____

（资料来源：玛丽·F. 库克. 人力资源外包策略. 北京：中国人民大学出版社，2003）

3. 三种沟通方式

（1）方式一：与所用员工进行沟通。

首次发布的外包公告应当让全体员工知晓。告诉他们为什么决定将人力资源职能全部或部分外包出去。这个公告中应当说明外包商的名称、基本情况以及本次变革的时间安排。另外还要说明本企业的人力资源工作人员是否会被外包商雇佣，是否会进行裁员以及其他有关重组的细节。

（2）方式二：与被外包商雇佣的员工进行沟通。

本企业和外包商都应该与这些员工进行沟通。首先企业应该召集员工开会，宣布外包决定并给员工提问时间。然后企业给被外包出去的员工寄发会议备忘录，确认会上所讲的事情并详细说明外包的原因。再者，外包商会起草一份给雇佣员工的信，具体说明薪资和福利以及录用日期，并且随函附上一份需要填写和寄回去的雇佣申请表。

（3）方式三：与因为这次变革而被解雇的工作人员进行沟通

如果企业计划将某些人力资源职能外包，并且合作的外包商又不愿意雇佣本企业员工的话，企业就应该为这些将要离职的员工制定特殊的资遣计划，为他们提供一揽子离职补偿，包括离职金，帮助员工寻找工作以及支付某一特定期限（至少 30 天）的医疗福利。沟通应该真诚及时，以减少员工的慌乱和害怕。

（十）维护合同执行过程中的合作关系

在与外包商进行讨论的初期，企业会得到一份关于代表该外包商开展工作、与企业内部的人力资源职能人员还有其他员工保持联系的人员的名单。企业要求外包商提供这些人员的简历和证明材料，并审阅这些资料。通过定期安排会议和保持沟通的原则，企业开始与外包商之间建立一种积极的关系。为了使外包项目取得成功，在整个合同执行期间，双方都必须作出努力去建立和维护良好的合作关系。

（十一）确立首次公开时间表

一旦确定了外包商并签订了合同，企业就要与外包商讨论首次公开时间表。如果外包的活动涉及一个契约计划年度，企业就要提前落实所有的事情，这样才能执行新的合同，在该计划年度开始之日起注册。例如，企业希望每年的 10 月 1 日开始计划年度，则必须在 8 月 15 日之间完成整个项目计划书要求程序、选定外包商、签订合同，以便得到必要的内部表格，安排员工沟通会，确保所有的登记表能在 9 月 10 日之前收齐。否则，企业就不能按照计划规定的 10 月 1 日这个最后注册期限发薪。

需要注意的是，首次公开时间表对企业面见最终确定的外包商，作出外包决策非常重要。一定要让外包商知道最后的期限是什么，并且预先询问它们是否能符合这些最后期限。如果不能，则不能展开合作。

（十二）监控工作绩效及遵守法规的情况

外包合同应当确定企业期望的特定绩效标准和服务水准。包括详细说明需要提供什么服务、由谁提供、在何处提供以及谁作为提供代表者，还要确定企业将如何监控和评价每个人力资源职能领域的服务质量。

监控服务的方式之一是建立一种双方都同意的定期报告制度，确定对不合格绩效的处罚手段，要尽可能简便地实施这种监控手段，控制企业在对外包商数据跟踪和起草报告方面的投入成本。

第二节　人力资源外包的具体内容

企业需要根据自身的发展战略和实践需要确定外包内容。不同的企业选择的人力资源职能外包的内容不同。[①] 为保证人力资源外包工作的顺利进行，企业需要对外包内容进行严格界定并进行监控。人力资源职能外包常包含以下内容。

一、常规人员配置、临时人员和高级管理人员的招聘

（一）常规人员配置

今天的企业所面临的最艰巨、最重要的挑战就是招募和聘用人才要赶得上企业发展需求的速度。快速发展的企业一直缺乏优秀人才，特别是富有经验的招聘人员。这正是很多企业常将其常规人员招聘职能外包出去的原因所在。

在进行常规人员招聘职能外包的时候，企业常常外包以下活动：

（1）起草和发布招聘广告；（2）接受和筛选求职简历；（3）初次面试；（4）向管理人员推荐最终入围的求职者；（5）审查证明材料。

以上活动需要富有经验的人员花费很多时间去完成，将这方面的工作外包出去可能会为企业节省大量的成本。

1. 劳动力市场评价

企业决定将其常规人员招聘和录用活动外包出去的原因之一是人才难寻，招聘是一个困难费时的职能。在考虑做这方面职能外包时，企业可以对劳动力市场做一次评价，以了

---

① 李富兰. 人力资源管理外包理论与应用的研究（博士学位论文）. 天津大学，2007

解其所在行业的各级技能水平人员的供给情况，这样有助于企业作出正确的外包决定。对劳动力市场进行评价可以获得以下信息：

（1）当地劳动力库以及失业统计的整体情况；

（2）对人才的可获得性及最常见指标的评价，如企业在当地报纸上刊登招聘广告的行数；

（3）对各种职位和各个地方的最佳招聘资料来源的检查和评价；

（4）对企业进行招聘的各个地方所提供的工资和福利一揽子计划的比较；

（5）对企业进行招聘的每个地方的最佳人员招聘方法的分析。

2. 符合企业要求的外包商

有些企业根据自己的需求雇佣外包商全面负责整个招聘和录用工作，它们认为将这一职能外包出去比自己做更有效、更省钱。对于企业来说，做这种决定很重要的一个环节就是挑选合适的外包商，并确定其服务的范围。在外包招聘职能的时候，企业应该多与几家外包商面谈，并咨询一下其他有经验的人员。有些外包商配备足够的人员，能迅速承担新的业务，会对企业的要求作出积极的回应，但是这类外包商一般收费很高，而有些规模较小的外包商可能会适合，因为它们既满足企业要求又收费合理。无论如何，不要为了节省成本而牺牲外包质量，因为新招的员工对企业的发展具有长期影响。

（二）临时人员招聘

临时人员招聘职能外包正成为一种趋势，因为它们解决了一个棘手的人力资源问题：如何在不增加固定工资成本或者临时解雇人员来解决问题的前提下管理和完成短期项目。临时工已不再仅限于事务类、行政类或蓝领人员。如今企业还希望临时雇佣具有独特专长及管理技能的专业人员，包括软件工程师、项目经理、财务主管、市场策划员等，来帮助企业在既定的时间内完成短期项目。培训成本、高福利成本以及雇用和解雇人员成本促使企业寻求通过外包去解决实际困难。

（三）高级管理人员招聘

如今，靠公司内部的力量来进行高级管理人员招聘是非常困难的，大多数人力资源主管都没有获得相应信息的渠道，而人才寻访机构拥有按行业和职能检索的计算机数据库，通常可以为各种职业找到很多合适的候选人信息，其数量比企业内部进行人才寻访要多得多。因此，很多企业都将高级管理人员的招聘职能外包出去，与人才寻访机构进行合作。

1. 进行高级管理人员招聘外包的五个步骤

（1）人才寻访机构与企业签订人才寻访协议；

（2）签约的人才寻访机构与企业一起确定职位资格要求，要反映本企业的工作方式和公司文化；

（3）人才寻访机构将书面的任职资格说明书寄给企业，征询其意见；

（4）支付费用选择。若企业想以分期签约寻访方式与人才寻访机构合作，可以先预付对方50%的约定费用，在候选人被录用时再付余款；

（5）企业与人才寻访机构达成协议，即在其为别的企业寻找人才时不猎取本企业人员，并决定与人才寻访机构是以签约预ք还是一次性服务的方式来合作。

2. 高级管理人员寻访方式选择

人才寻访机构将采取以下方式来获取高级管理人员：

（1）全额预聘费。在一次寻访开始时要求企业付 1/3 的费用，第 30 天时再付 1/3，完成本次寻访，人员到位时付清余额。服务费按任职者第一年总收入的一定比例收取。

（2）部分预聘费。在一次寻访开始时，企业会付给其 50% 的费用。其余费用在完成本次寻访，人员到职时再付。如果企业自己找到候选人或者取消此次合作，人才寻访机构无需退款。但是，若企业又有新的职位空缺，则原来支付的费用可用于新职位的人才寻访。服务费按任职者第一年薪金的一定比例收取。

（3）唯一性偶然人才寻访。只有一家特殊的人才寻访机构担任企业的寻访任务。这个唯一的任务（30 天）是可以依据共同协议来改变的。服务费按任职者第一年总收入的一定比例收取。

（4）非唯一性偶然的人才寻访。只有在人才寻访机构推荐的人员被企业录用时才付费。人才寻访可以是直接或者间接的为企业提供所需人员。服务费按任职者第一年总收入的一定比例收取。

二、员工租赁

近年来，员工租赁产业（不要和提供临时员工招聘服务的机构混淆）正在发展壮大，很多企业为此可以节省 3% 到 5% 的工资支出。员工租赁组织会向合作的企业提供福利计划（包括医疗、牙医及视力保险）以及员工的薪酬服务，并履行发放工资、缴纳税金以及其他管理职能。同时作为大雇主，员工租赁组织能从医疗计划服务提供商那里获得很大的价格优惠。这种职能外包或许更适合于规模较小的企业，因为员工租赁通过提供福利和薪酬服务可以拉平小企业和大企业之间的活动领域，而这些职能服务通常是小企业自己提供不起的。

（一）标准的员工租赁组织合同

如果企业决定考察一家员工租赁组织，将会拿到一份标准的员工租赁组织合同。企业的律师应该仔细审阅这一份合同，并与其进行协商。这份合同应说明哪些问题由企业自己负责，哪些由它们负责，尤其是代扣税款以及工作人员的薪酬给付。

（二）如何评价员工租赁组织

企业租赁员工时，可能会存在一些意外的财务和法律风险，所以应该慎重选择合作的外包商。通常来说要注意以下 9 点：

（1）调查员工租赁组织的财务实力及背景。了解该公司经营的时间、负责人的背景；要求由企业的会计师查看经过审计的财务报表；要求出具银行及信用证明；询问该公司将如何证实已交付工资总额税和保险费。

（2）咨询核查证明人。要其提供该员工租赁组织的客户名单，并向这些客户了解实质性问题，如工资是否及时发放，该组织中的工作人员是不是专业人员，是不是好共事，如果工作中发生伤害会怎么处理等。

（3）评价他们的专业水平。选择一家员工租赁组织就是在选择外包合作的伙伴，企业需要调查其掌握的法律知识，给员工提供的培训等。

（4）核查工作人员薪酬保险费。员工租赁组织一般不会节省企业在工作人员薪酬保险方面的花费，企业应当警惕哪些服务费大大低于竞争对手的外包商，如果它们不执行有效的工作人员薪酬政策，这样的话企业可能会陷入巨额赔偿的诉讼。

（5）警惕过分的承诺。租赁得到合适的员工不能保证企业能免于一些诉讼或者罚款，如果外包商在雇佣工作方面做得很到位的话企业就会很安全，企业要注意根据适当的承诺做好有关人员的雇佣、纪律处罚和解雇等敏感的人事问题，不要因为承诺过多给自己带来不必要的麻烦。

（6）检验员工租赁组织的保险。要求外包商提供每一种保护员工的保险政策的保险费证书副本，如果不符合要求的话，若该组织破产，企业将得不到医疗索赔。

（7）尽可能与得到许可证或通过认证的外包商合作。员工租赁组织认证学会已经建立了一套严格的有关员工租赁组织的财务、伦理以及操作的认证标准。企业挑选一家符合这些标准的外包商进行合作会比较好。

（8）理解协议。在签署之前，要自己审阅该租赁协议，并且让企业的律师和注册会计师一起参与进来。协议应当说明外包商将对其所犯的任何错误负责。例如它将为工资税错误付罚金。要问明该员工租赁组织是否会为企业处理诉讼，应该就适合企业的特殊条款与外包商进行协商。另外，还要确信在提前30天通知的前提下，企业有权中止该租赁合同。

（9）询问外包商是否会根据企业的需要制订方案。这点对企业很重要，外包方案应该符合企业的需求并为企业服务。

三、企业的人员重置

随着企业业务的日益发展，甚至趋于国际化的形势，越来越多的企业在审议其内部人员重置问题时开始考虑选择外包作为解决的手段。

（一）人员重置外包决定前的建议

如果企业打算外包人员重置职能，那么以下建议或许有助于作出决定：

（1）考虑清楚将人员重置职能外包出去的目的是什么，制定一个计划并确立某些特定的目标。

（2）内部委员会审议以上计划还有企业外包决定的理由。

（3）关注企业内部对于人员重置职能外包决定的反应。除非企业打算在一年中重置许多人，否则外包可能不是最有效的方式。

（4）作出符合企业目标和计划的决定。

（5）对外包商进行一次彻底的调查。考察多个因素，包括财务和会计系统、领导力、文化适应性以及雇佣惯例等。

（6）确定外包商后，需向外包商清晰地概述企业的战略创新和企业文化。

（7）确立人员重置服务提供商的绩效标准。

（8）企业不仅要从直接成本出发来评价外包服务费，而且要从员工满意度的角度来评价。

（9）起草一份人员重置政策，并与外包商一起审议。

（10）建立人员流动批准权限。

（11）制作人员重置批准表并要求预先报批。

（12）要求每月提交被调任者以及所有人的调动成本报告。

（13）在外包之前，尽量简化人员重置程序。

（14）在全企业范围内宣讲政策和程序。

（15）定期监控绩效和成本。

（二）全面的人员重置政策

企业在作出外包决定之前，需要有全面的人员重置政策和计划。在制定人员重置计划时，大多数公司都有两个目标：一方面有利于被调动人员及其家庭体验高质量人性化的人员重置过程，从而使生产率损失最小化；另一方面使人员重置成本最小化。要实现这两个目标不是件简单的事。不存在一份适合企业所有人员重置需求的完美方案，员工的每一次调动都有自己的要求，而且都会给企业的人力资源工作人员带来困难。企业的人员重置政策是整个计划的基础，要保证计划运行有序，成本效益高，政策必须内容和取向清晰，而且经常更新。

无论是利用内部资源来制定政策，还是和外包顾问一起商讨，其基本流程都相似，有以下六个步骤：

（1）分析企业的现状。首先审查现有的人员重置政策，分析企业人员重置统计数据，包括人员调动数量，各种调动的费用，以及发生与现有政策不同的人员重置的频率。

（2）制定人员重置政策规定。以下是一个有效的人员重置政策所应阐明的 15 个特殊问题：

①企业中谁有权确定或者审批人员重置费用？确定对会计责任范围有清晰的定义，并且企业调动的人员都了解这些定义。

②包括哪些费用？哪些限制不必要，如何取消？

③什么是搬运过程中的物品装箱和打包、拆包费用以及存放时间要求，额外的取件或送件服务费用，器具服务或安装费，以及汽车装运费？

④包括哪些特别的费用？例如游艇和二手车重置费。

⑤包括哪些保险？这个问题很重要，要和一些对风险控制富有经验的人谈谈，以确保对所有风险都有保险。

⑥企业是否会对现有员工和新聘员工，或者不同层次的员工提供不同水平的服务？

⑦是否会对提供费用的员工搬家的家用物品总量作出限制？企业可以确定一个装运重量最高限额或者支付运输费用最高限额。

⑧是否包括存放费？一般来说，企业会确定一定的存放时间限制。

⑨对差旅津贴有什么限制？企业可以限定最高日津贴或整个津贴总额，或者只支付某些费用（如住宿费）而不支付其他费用。

⑩如何支付这些费用？是预付款项还是事后由员工提供报告再予以报销？

⑪使用哪些运输工具？

⑫如何选择服务提供者？例如，是由员工直接挑选还是由企业来决定？选择方式通常与支付方式相联系。

⑬如何向提供服务者支付费用？企业可以选择直接付账单，或者发给员工一系列补贴，让他们自己去支付。

⑭如何处理索赔？要详细确定这个程序，并专门指定联系人回答和解决问题。

⑮如何评价服务质量？最有效的方法是员工问卷调查。由于大多数服务商都是通过问卷调查来监控其服务质量，因此企业可以要求他们提交调查结果。

（3）检验该政策并报批准。在企业内部真诚地征求该政策关键用户的意见，并根据他们的反馈去修改政策规定，在获得最终批准前还要将定稿预告给同样的关键用户。

（4）实施外包政策。当企业决定外包时，要准备一份项目计划书要求（如表14 – 3 所示）给外包商，并向内部员工讲解人员重置政策及管理方针。

（5）制作一张人员重置表附在该政策后面。

（6）让员工了解该政策，特别是被调动的员工。

表14 – 3　人员重置外包商项目计划书要求

以下提供我们企业将外包出去的人员重置活动的详细信息。请仔细阅读这些信息，并回复我们的特定要求，说明贵公司如何能满足这些要求。另外，请提供以下有关贵公司及人员重置服务的信息：

1. 公司完整的背景信息（包括一份客户名单，三个最新客户的名单及联系电话，以便我们能取得联系，了解贵公司的业绩）；

2. 管理活动的人员名单及他们的证书；

3. 一份关于每次调动细节的分析，包括不同调动方式的成本和效益比较；

4. 一份关于每位调动者的问题及需求的分析；

5. 为每位调动人员提供搬迁方式的客观咨询；

6. 有关可供选择的运输方式的专业知识，并确定一个广泛的服务提供商；

7. 一个能很好地适应员工需求和公司规范的搬迁解决方案；

8. 搬迁及时间管理；

9. 对每次搬迁过程的全程跟踪；

10. 为公司客户和调动人员提供的联系点；

11. 全面的调动人员咨询服务及搬迁信息包；

12. 完整的搬运管理，从签订合同开始到处理任何索赔要求；

13. 通过全面的票据审核、运输时间控制、避免不必要的花费等来加强成本控制；

14. 全面、准确、及时的管理报告；

15. 严格的质量保证程序。

请贵公司提供所有能帮助我们更透彻地了解你们服务的资料样本和人员重置的资料样本。

（资料来源：玛丽·F. 库克. 人力资源外包策略. 北京：中国人民大学出版社，2003）

四、培训外包

多年来，很多企业已经将培训职能的某些活动外包出去了，采取的做法虽然名义上不叫外包，但实际上是外包的做法。在确定培训需求后，如果企业内部没有能设计、实施和管理课程的人员，就会去寻找外部专家。但是，外包培训不是聘用外部讲师来讲授课程，也不是签订合同，派离岗员工去参加一天的研讨会。今天的外包培训是将培训的职能外包出去，包括制订培训计划，设定课程内容、办理报到注册、确定时间表、营销、提供后勤支持，进行设施管理，选择讲师、进行课程评价等等。经过考察有关培训职能外包的正反面意见，很多人力资源工作人员认为，外包关系有可能会以费用更低、管理更好、成本效益更佳的方式提供高质量的培训和开发，并且直接责任更清晰，这正是培训职能外包发展得越来越快的一个原因。

（一）培训外包的步骤

外包培训职能有九个步骤。通过考查这九个步骤（如图14 – 3 所示），企业将全面了解在外包培训计划时所必须了解的特殊问题和时间安排。以下就是这九个步骤中的关键问题。

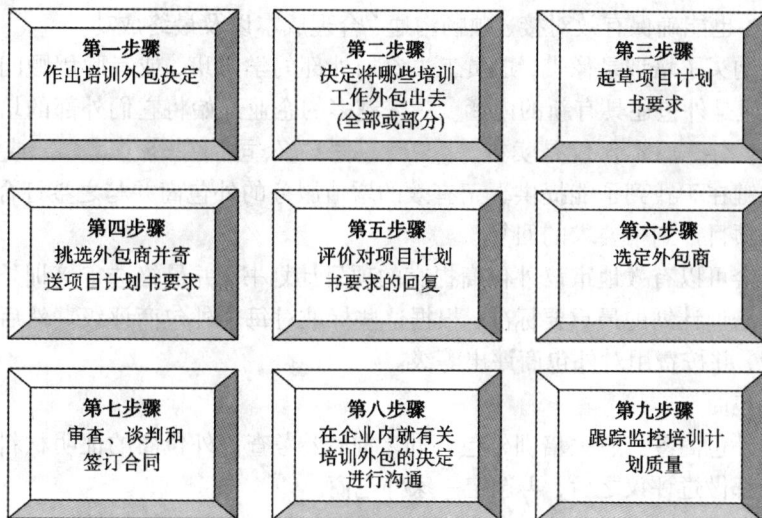

第一步骤 作出培训外包决定	第二步骤 决定将哪些培训 工作外包出去 (全部或部分)	第三步骤 起草项目计划 书要求
第四步骤 挑选外包商并寄 送项目计划书要求	第五步骤 评价对项目计划 书要求的回复	第六步骤 选定外包商
第七步骤 审查、谈判和 签订合同	第八步骤 在企业内就有关 培训外包的决定 进行沟通	第九步骤 跟踪监控培训计 划质量

图 14 – 3　培训职能外包的九个步骤

（资料来源：玛丽·F. 库克著. 人力资源外包策略. 北京：中国人民大学出版社，2003：127）

1. 作出培训外包决定

培训外包是一个相当容易作出的决定，但是在作出决定之前，应当完成组织的培训需求分析。然后再考查一下由内部进行培训或将培训外包的成本。

2. 决定培训工作的外包内容

当企业处于精简状态下时，比较明智的决定是将培训职能的部分工作(如讲课)外包出去，而将培训计划设计、物资设备管理以及报到注册留给内部工作人员去做。培训外包决策要根据现有工作人员的能力以及特定培训计划的成本而定。最好的做法是在作外包决策之前审视一下所有的选择。如果企业正处在发展之中且急需培训计划，分析表明不可能足够快地、及时地聘请到有能力的培训人员，则公司应当考虑外包某些或全部培训活动。

3. 起草项目计划书要求

在决定将培训活动外包出去之后，应当起草一份项目计划书要求寄给外包商。项目计划书要求应集中说明所需培训的具体类型和水平，以及将参加听课的员工。要向服务商提出一些有关技能培训的特殊问题，而不只是向提供管理能力开发的培训公司提出常规问题。外包委员会要审议该项目计划书要求以征求意见。项目计划书要求应根据将要实施的外包项目的层次来起草。

4. 挑选外包商并寄送项目计划书要求

有很多富有经验的公司可以提供企业所需要的培训服务。有些公司只提供某一专业领域的培训计划，而有些公司则具有 5 ~ 6 个核心培训计划的专业能力。这种专业知识是经过多年在各种行业、为不同的组织完成同类培训计划而积累下来的。与这些外包商签订合同的企业能从它们多年积累的经验中受益，且不必为由企业内部人力资源部门自己创建这种培训计划和方法而支付成本。

　　将公司人力资源开发(培训)的任何职责委托给企业外部的合作伙伴,都需要对其特定方面的专业能力、文化兼容性及表达技巧有一定程度的信心。外包活动双方的这种高度匹配能确保质量,也能确保有效对接、顺畅沟通、合理成本以及最终成功。

　　很多企业购买了培训录像带,送员工去参加外部的学习班,或者聘用顾问来制定或实施培训计划,但是外包还具有新的内涵。越来越多的企业开始将它们外部的培训外包商看做是战略合作伙伴,而不仅仅是卖方。今天,大多数公司都在外包其全部或部分培训活动。成功的关键在于找到了能提供真正有效的增值服务的外包商并与之签订合同。

　　5.评价对项目计划书要求的回复

　　外包委员会可以有效地审议外包商提交的项目计划书,并最终选定培训外包商。挑出十个用以选择培训计划的最重要标准,根据这些标准对每个外包商评级。然后再审议每个外包商的收费,并按费用对外包商评出等级。

　　6.选定外包商

　　在与培训外包商签订有关培训外包合同之前,要考查该外包商的证明材料。在对可选择的全部对象都做过评议之后,再选定一家外包商。

　　7.审查、谈判和签订合同

　　在与外包商签订合同之前,要让律师审查该合同,还要外包委员会,尤其是一名会计或财务人员审查该合同,以便确定财务问题以及收费结构。要确保合同中有关培训效果不佳或不符合时间要求的赔偿条款。

　　8.在企业内就有关培训外包的决定进行沟通

　　就外包一个或数个培训活动的决定与员工进行有效而及时的沟通是保证外包活动成功的关键。企业必须让员工了解外包培训情况,并通过沟通及时征求员工对外包培训计划质量的反馈,从而进一步保障外包培训的顺利进行。

　　9.跟踪监控培训计划质量

　　建立一种监控各种外包培训活动的质量和时间进度的机制,跟踪监控以确保培训计划的效果。要定期监控服务费,成本以及培训计划的质量。

　　(二)挑选外部服务商的标准

　　在挑选外部服务商时,确立一套挑选外部服务商的标准是至关重要的。常用的外部服务商评价指标如下:

　　(1)名声。希望与在其领域中享有良好声誉的外包商合作。因此要取得一份证明人名单进行全面的调查。

　　(2)财务稳定性。了解将与之合作的外包商在财务上是否稳定。如果培训外包商面临破产的危险,企业也会因此蒙受动荡和混乱的考验。因此,一定要求外包商提供信用证明。

　　(3)经验。培训外包商的以往经验可以证明其是否能在确定时间表内提供企业所需要的培训。

　　(4)文件。要求外包商提供能说明其长期以来持续有效的业绩的文件。

　　(5)人员招聘与培训能力。在长期培训过程中,外包商可能存在人员变动问题,快速高效补充新人是确保培训顺利进行的前提,因此,外包商内部必须拥有一套成熟的招聘和培训系统。

（6）共享价值观。企业和培训外包商的价值观一致，是企业培训外包获得成功的关键。在确定外包之前，需要对外包商的价值观进行大概的了解，并向其讲述本企业的企业文化和价值观。只有在观念上统一才能获得合作的顺利完成。

（7）相关的数据。企业可以通过对外包商是否对企业的项目计划书要求做出正确和简洁的答复，是否提供了相关的信息和相关的数据来了解外包商的专业业务水平。

（8）时间选择和承诺。要求外包商满足企业对时间和工作量的要求，并履行承诺。

（三）对外包活动的审查评价

为了使培训活动符合企业的短期和长期目标，必须定期审查培训计划。企业可以从以下问题进行审查：

（1）是否增加了所有员工的培训机会？

（2）现在是否在实施以往没得到的新培训服务和计划？

（3）通过这个新的培训安排是否提高了员工的满意度、管理人员的满意度以及顾客的满意度？

（4）在设计和实施培训计划的过程中是否得到了时间和成本方面的节省？

（5）从分配管理费用转变为支付外部用户培训服务费是个积极的变化吗？

（6）是否已经稳定或削减了课程收费？是否已削减了培训预算？

（7）员工调查和课程评价是否表明员工对现在所提供的培训计划感到满意？

（8）是否已经重新调整了人力资源部以及公司对核心价值的关注？

（9）是否已经将培训与企业目标、公司体制以及战略领导力整合为一体？

随着企业的成长，新的角色和新的培训需求会涌现出来，需要审查和重新评估外包培训活动应如何进行。

五、雇员援助计划（EAP）

雇员援助计划的产生源于与工作相关的个人生活问题，例如压力、职业发展路径、精神健康、法律问题等，而不是工作问题。EAP的焦点是确定有关员工工作及工作团队问题的解决方案，为员工提供解决个人问题的援助。大多数企业外包其雇员援助计划（EAP），因为在企业内部雇佣工作人员来管理雇员援助计划的成本效益不合算。

（一）雇员援助计划的九个要素

企业在正式实施雇员援助计划前需要了解其方案的基本内容，并且在与雇员援助计划外包商讨论之前，应该仔细研究一下该方案的每项内容，这样就能掌握项目处理过程中将要面对的重要问题所需的知识。雇员援助计划通常包括九项内容：

1. 问题评价

在一个企业中，每6名员工中或许就有1人正在与个人问题作斗争，这些问题足以分散其工作注意力、降低生产率，并可能危及其长期健康。雇员援助计划顾问的作用就是要很快与员工建立和谐信任的关系，尽可能多地收集信息，对具体问题得出准确的判断，直接目标是得到员工的理解并找到问题所在。

2. 短期问题解决

雇员援助计划可以为非常具体和短期的问题提供情景咨询，比如亲人去世、工作变动、压力以及家庭问题等。有些情景通过召开雇员援助计划来解决，具有良好的成本效益。

3. 直接接触专家

在出现个人危机的时候，企业需要直接与能够以提供帮助的专家取得联系。大多数雇员援助计划拥有专家工作人员，包括律师、财务计划人员、儿童护理/老人护理专家、工作问题专家以及物质滥用及精神健康专业人员。

4. 转荐

雇员援助计划不提供传统的长期处置或治疗。它的作用是解决短期的问题，帮助员工查找并联系最合适的帮助机构或人员。以下是雇员援助计划在做转荐时需要考虑的要素：

(1)问题的性质和严重性。

(2)健康保险范围的适用性。

(3)员工的财务资源。

(4)工作地点及家庭住址。

(5)工作时间表。

(6)交通。

(7)其他的家庭需求。

(8)特殊关注问题或局限性(如文化、语言或残疾)。

5. 危急事件情况咨询

在工作场所，组织和员工偶尔会经历危急事件或损伤，例如意外死亡、同事被谋杀或自杀、抢劫、火灾或水灾等的自然灾害、劳动力骤减或工厂关闭等，所有这些事件都会导致员工心理上、生理上以及情绪上的压力，影响到员工及管理人员的情绪、士气以及生产率。为了对这些事作出反应，大多数雇员援助计划都备有危急事件情况质询干预队。一旦发生危急事件，只需一个简短的通知，他们就立即进入公司并提供必需的服务。这种服务能最大限度地减少个人损伤和工作场所的混乱。对那些具有严重影响的事件，建议企业举办一系列单独的雇员援助计划咨询会。如果症状维持，则建议推荐一种长期援助机构去处理该问题。

6. 24 小时危机中心

该危机中心的服务可能是最重要的。员工及其家庭成员有时会遇到危机或紧急情况。基于这个原因，雇员援助计划提供一种每天 24 小时，每周 7 天服务的危机中心，由一名危机顾问对紧急情况立即作出反应。如果危机发生在常规工作时间，可与该危机顾问取得联系。如果危机发生在下班以后，则由危机中心里能够对危机事件作出相应处理的人员来回应电话。

7. 经理人员培训

管理人员培训是雇员援助计划的最重要要素之一。一线基层管理人员必须了解雇员援助计划如何进行工作，了解在出现问题时如何使其员工参与。雇员援助计划通常为基层管理和经理人员，包括新雇佣的人员提供培训。这种培训非常重要，这也是将人力资源的雇员援助计划事务外包的另一个原因。培训的内容包括对危机做出反应的方式，还有对如何管理问题员工等所做的特殊培训。在掌握了所必需的技能之后，经理人员对帮助问题员工会感到更加自信和从容。如果企业决定与外包商签约，应当询问以下两个重要问题：①你们提供多少培训？②这种培训多长时间提供一次？并要求外包商提供有关培训计划的具体信息和监督管理人员培训的计划大纲。

8. 跟踪

在咨询、处理以及转给另一个处理机构的过程中，企业要为管理人员和员工提供支持和鼓励，必须有适当且及时的跟踪。一个完善的雇员援助计划会对这种活动投入大量的时间。在将员工介绍给某些社区机构的时候，雇员援助计划顾问会要求该员工签署一份信息表，为该受理机构提供有关受理对象的基础信息。然后，顾问在一至三周时间里会对该员工的情况进行跟踪。跟踪时间长短取决于具体情况的严重程度，目的是确保该员工与受理机构联系上并对问题解决感到满意。如果该员工没有与机构保持联系或对问题处理不满意，雇员援助计划顾问就要与该员工一起努力，找出令人满意的问题解决方案。

9. 保密

为使这类计划取得成功，要求保证严格的机密性。雇员援助计划人员非常注意机密性，他们知道自己的声誉与此紧密相关。雇员援助计划必须遵循有关某些疾病以及滥用药品、酗酒等问题的各种法律和规章。大多数雇员援助计划不要求披露员工姓名。员工在与危机中心通话时，不需要在录音电话或语音信箱上验证个人身份。

这九个要素是构成一个有效的雇员援助计划的关键。在这些要素俱全的情况下，公司的管理人员对棘手的员工问题会感到比较从容，因为他们知道这些问题会由这方面训练有素的人员进行处理。

(二)EAP 外包的基本步骤

企业在外包雇员援助计划职责的时候，有四个基本步骤是应当着重考虑的。

1. 设计计划

为设计一个对企业最有效的计划，雇员援助计划外包商将会见企业的关键管理人员，一起制定一个沟通方案和一些宣传资料。

2. 制定政策

借助雇员援助计划外包商代表的帮助，制定一些政策和程序，以供企业内部员工在采用雇员援助计划的情况下遵循。

3. 确定转荐机构

雇员援助计划外包商必须确定解决各种类型问题或事务的最佳转荐机构。如果企业的办事处或工厂遍布全国，可以选择在全国各地设有机构，并拥有全国各地转荐机构资源的雇员援助计划外包商。

4. 提供计划样本

雇员援助计划外包商应当提供包含以下计划要素的样本，其中每个要素都对员工利用该计划具有重要作用。

(1)一封向企业员工介绍该计划的信；

(2)一份描述该计划的文件；

(3)一本描述该计划针对企业员工及其家属提供的服务，并让他们了解如何能到该计划服务的小册子；

(4)有关该雇员援助计划的员工引导书和录像；

(5)管理人员培训大纲；

(6)来自管理层的有关雇员援助计划福利的跟踪备忘录。

大多数雇员援助计划外包商提供分类资料，帮助企业从一个成功的起点起飞。资料包括宣传海报、便携卡片、辅导资料录像带以及小册子。这些资料会定期邮寄，保证人们及时了解该计划。

人力资源外包的内容还包括国际外派人员服务、继任计划和组织发展、福利、高级管理人员薪酬、工资发放、薪资方案设计等。

【本章小结】

经济的全球化，科学技术的迅猛发展，产业结构的加快调整，产品周期的逐步缩短，使企业面临的竞争更加激烈。企业的竞争归根到底就是人才的竞争，人力资源是使企业获得持续竞争力的潜在的核心资源。因此，人力资源管理成为现代企业管理的核心内容，人力资源管理在企业中发挥着越来越重要的作用。人力资源管理部门要从低层次、重复性、事务性的工作中解脱出来，开展与企业战略相关的人力资源管理核心业务，真正实现其职能。这就使得人力资源管理外包成为可能。人力资源管理外包这一新的管理理念和经营方式已成为 21 世纪人力资源管理新的发展趋势。

人力资源职能外包绝不是简单的"包出去"工作，如果没有深入研究企业及员工的情况，缺乏与外包商的谈判协商，忽视外包过程的监控和评价，人力资源外包就不能发挥其应有的作用。成功实施人力资源外包，需要企业仔细分析备选的外包方案，清楚哪些职能可以外包，哪些不能，需要正确制定外包计划并按照步骤实施，这样能帮助企业降低成本，并获得更高的人力资源服务。

人力资源外包在中国可以追溯到改革开放初期，加入 WTO 以后，国际交往更加频繁，大批跨国公司进入中国，对我国人力资源外包业务的发展起到推动作用。同时，随着国外公司的进入，他们对人力资源外包的需求，也会给我国人力资源外包市场带来巨大的发展潜力。

【关键概念】

人力资源外包   员工租赁   人员重置

【思考与练习】

1. 什么是人力资源外包？人力资源外包的优势和风险有哪些？
2. 成功实施外包的步骤有哪些？
3. 人力资源职能外包的具体内容有哪些？培训外包时，企业挑选外包商的标准有哪些？

【拓展学习】

1. 中国人力资源外包网：http://www.hros.cn/

参考文献

[1] 加里·德斯勒. 人力资源管理(第9版). 吴雯芳, 刘昕译. 北京: 中国人民大学出版社, 2005

[2] 威廉·P. 安东尼, K. 米歇尔·卡克马尔, 帕梅拉·L. 佩雷威. 人力资源管理战略方法. 上海: 立信会计出版社, 2004

[3] 蒋蓉华. 人力资源管理基础. 北京: 清华大学出版社, 2007(7)

[4] 钱振波. 人力资源管理理论·政策·实践. 北京: 清华大学出版社, 2005

[5] 俞文钊. 人力资源管理心理学. 上海: 上海教育出版社, 2005

[6] 于桂兰, 魏海燕. 人力资源管理. 北京: 清华大学出版社, 2005

[7] 郭咸纲. 西方管理思想史. 北京: 经济管理出版社, 2004

[8] 董克用, 叶向峰. 人力资源管理概论. 北京: 高等教育出版社, 2003

[9] 赵秋成. 人力资源开发研究. 大连: 东北财经大学出版社, 2001

[10] 林新奇. 国际人力资源管理. 上海: 复旦大学出版社, 2004

[11] 张德. 组织行为学. 北京: 高等教育出版社, 2004

[12] 黄渝祥. 企业管理概论. 北京: 高等教育出版社, 2000

[13] 廖毓麒, 袁玲, 刘岚. 人力资源管理. 长沙: 国防科技大学出版社, 2006

[14] 刘安鑫. 人力资源管理实务. 北京: 北京理工大学出版社, 2006

[15] 黄瑛, 李宇红, 刘航, 王滨有. 人力资源管理. 北京: 中国财政经济出版社, 2002

[16] 夏骏, 朱菊妹. 新编人力资源管理. 合肥: 安徽人民出版社, 2005

[17] 赵曙明. 人力资源战略与规划. 北京: 中国人民大学出版社, 2002

[18] 周占文. 人力资源管理. 北京: 电子工业出版社, 2009

[19] 彭剑锋. 人力资源管理概论. 上海: 复旦大学出版社, 2003

[20] 陈天祥, 王国颖. 人力资源管理(第2版). 广州: 中山大学出版社, 2004

[21] 伍争荣. 人力资源管理教程. 北京: 中国发展出版社, 2006

[22] 廖三余. 人力资源管理. 北京: 清华大学出版社, 2006

[23] 张小林. 人力资源管理. 杭州: 浙江大学出版社, 2005

[24] 姚艳虹. 人力资源管理. 长沙: 湖南大学出版社, 2003

[25] 雷德蒙·A. 诺伊等. 人力资源管理: 赢得竞争优势. 刘昕译. 北京: 中国人民大学出版社, 2001

[26] 斯蒂芬·P. 罗宾斯, 玛丽·库尔特等著. 管理学(第9版). 孙健敏等译. 北京: 中国人民大学出版社, 2008

[27] 李冰, 李维刚. 人力资源管理. 北京: 清华大学出版社, 2009

[28] 杨生斌. 培训与开发. 西安: 西安交通大学出版社, 2006

[29] 王明琴. 人力资源管理. 北京: 科学出版社, 2009

[30] 杨蓉. 人力资源管理. 大连: 东北财经大学出版社, 2009

[31] 顾琴轩. 绩效管理. 上海: 上海交通大学出版社, 2009

[32] 刘银花. 薪酬管理. 北京: 东北财经大学出版社, 2008

[33] 赵永乐, 王全蓉, 陈丽芬. 人力资源管理概论(第2版). 上海: 上海交通大学出版社, 2010

[34] 石金涛. 现代人力资源开发与管理. 上海: 上海交通大学出版社, 1999

[35] 姚裕群. 职业生涯管理. 大连：东北财经大学出版社，2009

[36] 卢福财. 人力资源管理. 北京：高等教育出版社，2006

[37] 曲振国. 大学生就业指导与职业生涯规划. 北京：清华大学出版社，2008

[38] 陈国海. 人力资源管理概论. 北京：高等教育出版社，2009

[39] 侯光明. 人力资源管理. 北京：高等教育出版社，2009

[40] 夏光. 人力资源管理教程. 北京：机械工业出版社，2006

[41] 夏兆敢. 人力资源管理. 上海：上海财经大学出版社，2006

[42] 周文霞. 职业生涯管理. 上海：复旦大学出版社，2011

[43] 张再生. 职业生涯规划. 天津：天津大学出版社，2010

[44] 周立珍. 人力资源管理. 长春：东北师范大学出版社，2010

[45] 徐娅玮. 职业生涯管理. 深圳：海天出版社，2002

[46] 许小东. 人力资源管理理论与实务. 北京：高等教育出版社，2005

[47] 孙海法. 现代企业人力资源管理. 广州：中山大学出版社，2002

[48] 颜爱民. 中国企业人力资源管理诊断与优化. 长沙：湖南科学技术出版社，2010

[49] 廖泉文. 人力资源管理. 北京：高等教育出版社，2003

[50] 曹嘉晖，张建国. 人力资源管理（第2版）. 成都：西南财经大学出版社，2010

[51] 朱勇国. 国际人力资源管理. 北京：中国人事出版社，2006

[52] 黄兴发，汤云周. 企业人力资源法律实务：指引与对策. 北京：中国法制出版社，2009

[53] 钱斌，刘德妍. 人力资源管理理论与实务. 上海：华东师范大学出版社，2006

[54] 杨河清. 人力资源管理. 大连：东北财经大学出版社，2006

[55] 于维英，张玮. 职业安全与卫生. 北京：清华大学出版社，2008

[56] 赵曙明，彼德·J. 道林，丹尼斯·E. 韦尔奇. 跨国公司人力资源管理. 北京：中国人民大学出版
社，2001

[57] 余建年. 跨文化人力资源管理. 武汉：武汉大学出版社，2007

[58] 陈晓萍. 跨文化管理（第2版）. 北京：清华大学出版社，2009

[59] 谌新民. 人力资源管理概论（第3版）. 北京：清华大学出版社，2005

[60] 胡昌平. 网络化企业管理. 武汉：武汉大学出版社，2007

[61] 朱勇国. 人力资源管理信息化. 北京：中国劳动社会保障出版社，2006

[62] 张培德. 现代人力资源管理（第2版）. 北京：科学出版社，2010

[63] 田新华. 企业人力资源管理外包研究（博士学位论文）. 福建：厦门大学，2009

[64] 黄勖敬. E 时代：HRM 走向前台. IT 经理世界，2001(6)

[65] 苗青，王重鸣. 组织创新前沿：虚拟人力资源管理研究. 外国经济与管理，2003(02)

[66] 周新军. 劳动关系与劳资关系：两种体制下的经济关系——中国转型期的经济关系研究. 现代财经，
2001(12)

[67] 姜颖. 对集体合同形式化的反思. 工会理论与实践，2004(12)

[68] 周德良. 论企业人力资源管理道德. 知识经济，2010(3)

[69] 吴红梅. 企业人力资源管理专业人员的伦理困境与对策. 道德与文明，2009(1)

[70] 张洁梅. 我国企业人力资源管理伦理分析. 学术论坛，2009(9)

[71] 魏栓成. 压力的根源于组织压力管理机制的建构. 上海管理科学，2006(4)

[72] 任再稳，周银珍. 职业压力管理——现代企业人本管理的新视野. 科技情报开发与经济，2005(21)

[73] 史天林，马燕翔，范静. 企业跨国经营中的跨文化管理. 山西财经大学学报（社会科学版），2004(2)

[74] 俞晓安. 跨文化人力资源管理的几点思考. 科学与管理，2001(4)

[75] 肖兴政. 跨文化人力资源管理探讨. 四川理工学院学报，2005(2)

［76］冯胜明. 浅议我国企业跨文化人力资源管理. 中外企业文化, 2007(8)

［77］翟海燕, 杨海儒. 对中外合资企业跨文化人力资源管理的思考. 商场现代化, 2006(30)

［78］崔子龙. 跨文化人力资源管理策略分析. 经济论坛, 2008(1)

［79］赵曙明. 跨国公司在华面临的挑战: 文化差异与跨文化管理. 管理世界, 1997(03)

［80］陈辉荣. 企业国际化中的跨文化管理策略. 商业时代, 2006(10)

［81］祝欣. 企业虚拟人力资源管理研究. 广东工业大学, 2004

［82］周斌. 网络化的企业人力资源管理. 企业经济, 2002(7)

［83］叶双慧, 程明. 从勒温场论看国企人才流失. 武汉冶金管理干部学院学报, 2004(3)

［84］叶金松, 吴存凤. 库克曲线与中国人力资源管理. 经济与管理, 2007(1)

［85］陈刚, 薛蛟. 工作轮换在中国企业中的作用. 经济研究导刊, 2009(27)

［86］康伟. 刍议培训需求分析. 现代管理, 2010(12)

［87］B. Peter, M. Ilan. Human resource strategy. Formulation, Implementation, and Impact. Sage Publications, Inc. , 1999

［88］Jeffery Pfeffer, Competitive Advantage Through People. unleashing the Power of the Work force. Harvard Business School Press, 1994

［89］Lawrence S. Kleiman, Human Resource Management. A managerial Tool for Competitive Advantage. China Machine Press, 2003

［90］F. Taylor. The Principles of Scientific Management (New York: W. W. Norton, 1967)(originally published in 1911 by Harper&Brothers)

［91］R. Griffin and G. McMahan. Motivation through Job Design. in OB: The State of the Science, ed. J. Greenberg(Hillsdale, NJ: Lawrence Erlbaum Associates, 1993)

［92］Gomick, E. J. (1976). Human Factors in Engineering And Design. 4th ed. New York: McCraw－Hill

［93］Lepak DP, Snell SA. Virtual HR: Stategic Human resource management in the 21st century. Human Resource Management Review. 1998(8)